Aufbruch ins Industriezeitalter Band 3

Veröffentlichungen zur
Bayerischen Geschichte und Kultur
Nr. 5/85

Herausgegeben von Claus Grimm

Haus der Bayerischen Geschichte

Aufbruch ins Industriezeitalter

Band 3

Quellen
zur Wirtschafts- und Sozialgeschichte Bayerns
vom ausgehenden 18. Jahrhundert bis
zur Mitte des 19. Jahrhunderts

Herausgegeben von Konrad von Zwehl
unter Mitarbeit von Susan Boenke

R. Oldenbourg Verlag München

CIP-Kurztitelaufnahme der Deutschen Bibliothek

Aufbruch ins Industrie-Zeitalter. / [hrsg. von Claus Grimm]. – München : Oldenbourg
ISBN 3-486-52721-5

NE: Grimm, Claus [Hrsg.]

Bd. 3. Quellen zur Wirtschafts- und Sozialgeschichte Bayerns vom ausgehenden 18. Jahrhundert bis zur Mitte d. 19. Jahrhunderts. – 1985

Quellen zur Wirtschafts- und Sozialgeschichte Bayerns vom ausgehenden 18. Jahrhundert bis zur Mitte des 19. Jahrhunderts / hrsg. von Konrad von Zwehl unter Mitarb. von Susan Boenke. –
München : Oldenbourg, 1985.
(Aufbruch ins Industrie-Zeitalter ; Bd. 3)
ISBN 3-486-52721-5 (Gesamtw.)

NE: Zwehl, Konrad von [Hrsg.]

Herausgeber Claus Grimm

Gestaltung und Produktion
Rudolf Paulus Gorbach, Buchendorf

Reproduktion Eurocrom 4, Villorba
Satz und Druck Druckerei Appl, Wemding
ISBN 3-486-52721-5

Umschlag: strand design, München

Inhaltsverzeichnis

V. Schule und Kirche

VI. Armenwesen und soziale Fürsorge

VII. Medizinische Versorgung

VIII. Industrialisierung – pro und contra

IX. Technik, Erfindung und Industrie

Einleitung

Die vorliegende Quellensammlung ist als historisches Lesebuch für ein breiteres Publikum gedacht; es enthält anschauliche, leicht lesbare und nicht selten auch unterhaltsame zeitgenössische Texte, die die Lebens- und Arbeitswelt vornehmlich der breiten Masse des Volkes aus unterschiedlichen Blickwinkeln her vor Augen führen. Zugleich soll dieser Quellenband als ergänzende Lektüre zur Ausstellung »Aufbruch ins Industriezeitalter (1750–1850)« dienen, die in Augsburg gezeigt wird und den Übergang von althergebrachten zu »modernen« Lebens- und Arbeitsformen häufig an Beispielen aus dieser Stadt dokumentiert, in der am frühesten in Bayern der durch die neuen technischen Möglichkeiten ausgelöste Wandel sichtbar wurde.

Bei der Auswahl der Quellenauszüge spielten mehrere Gesichtspunkte eine Rolle. Es sollten in sich verständliche Texte gebracht werden, die nicht allzuviele Vorkenntnisse oder Kommentare erfordern. Dazu eignen sich am besten Texte, die die Zeitgenossen bereits für die Öffentlichkeit formuliert haben: Bücher, Zeitungsartikel und Reden. Dennoch sind in diesem Band etliche noch unveröffentlichte Archivalien wiedergegeben. Thematisch mußten Einschränkungen hingenommen werden. So wurde beispielsweise die hohe Politik ausgeklammert, sofern nicht ein größerer Bevölkerungsteil aktiv in ihr mitwirkte; deshalb wurde der Revolution von 1848/49, in deren Rahmen auch die Anfänge einer sich deutlich vom Zunftwesen abhebenden, organisierten Arbeiterbewegung liegen, breiter Raum zugebilligt, während die napoleonischen Kriege und das Reformwerk Montgelas' stillschweigend übergangen wurden, obwohl sie wichtige Rahmenbedingungen schufen, ohne die die spätere Industrialisierung nicht denkbar gewesen wäre. Die für die Zeit vor 1815 ausgewählten Texte beleuchten Zustände der »alten« Zeit, um Vergleichsmaßstäbe für das, was gleich blieb und was sich veränderte, zu bringen, können aber nicht der Ereignisfülle der Umbruchjahre um 1800 gerecht werden.

Die Konzentration auf die Welt des »kleinen Mannes« bringt es mit sich, daß z.B. beim Thema »Schule« die Gymnasien und Universitäten fortfallen, oder daß es bei »Kirche« nicht um die Institution geht, sondern um die Zielrichtung ihres Einflusses auf das Volk. Auch wenn nicht alle Lebensbereiche gleichmäßig ausgeleuchtet werden, so wurde doch versucht, die wesentlichen Bereiche in einer oder in mehreren, zum Teil durchaus widersprüchlichen Quellenaussagen zur Sprache zu bringen: die unterschiedlichen Verhältnisse in Stadt und Land, im Handwerk und in der Fabrik, im häuslichen und öffentlichen Bereich, in normalen Zeiten und in besonderen Notlagen. Auch die wesentlichen Machthaber, die Leben und Arbeiten der breiten Masse vorprägten, sind zu vernehmen: voran der Staat, der den öffentlich-rechtlichen Rahmen setzt, Ansässigmachung und Verehelichung an den »gesicherten Nahrungsstand« knüpft und Gewerbepolitik betreibt, und der Unternehmer, der zugleich Arbeitsplätze schafft und vernichtet, und der über Fabrikordnungen und erste patriarchalische Fürsorgemaßnahmen das Leben der Fabrikarbeiterschaft bestimmt.

Jede sozialgeschichtliche Quellensammlung – zumal für die Zeit vor 1850 – leidet unter der Schwierigkeit, daß der »kleine Mann« selten etwas Schriftliches über seine Lage und seine Hoffnungen hinterläßt. Dafür diskutieren in diesem Band umso ausführlicher Abgeordnete und Publizisten über die »neue sociale Frage«, d.h. die Massenverelendung, die die Einführung der durch die Maschinenkraft ermöglichten Massenproduktion begleitete und gar nicht einmal primär die Fabrikarbeiterschaft betraf, und die zudem gelegentlich von traditionellen, also durch Mißernten ausgelösten Hungerkrisen verschärft wurde (wie z.B. 1846/47). Ein verwandtes Kontroversthema ist die Frage nach den Vor- und Nachteilen der Industrialisierung. In diesen Stellungnahmen wird das Elend indirekt erfaßbar; zugleich verdeutlichen sie die Wertvorstellungen und Denkhorizonte der Zeit. Daß in diesem Band eher die Schattenseiten der Industrialisierung zum Ausdruck kommen, liegt an dem vorgegebenen zeitlichen Schlußpunkt um 1850; der vorliegende Band findet seine Fortsetzung in der vom Germanischen Nationalmuseum für die gleichzeitig in Nürnberg stattfindende Ausstellung vorbereiteten Quellensammlung, die bis zur Gegenwart reicht. Darin kommt sicher zum Ausdruck, daß nur durch vermehrte Industrialisierung die wachsende Bevölkerung Arbeit und Nahrung finden konnte, und daß sich tatsächlich die Lebensumstände allmählich besserten. Im übrigen sind am Schluß des Quellen- und Literaturverzeichnisses vergleichbare, auf Deutschland bezogene Quellensammlungen aufgeführt, die ergänzende Texte bringen.

Die ausgewählten Quellenauszüge sind nach Themenbereichen zusammengestellt und sind innerhalb der Kapitel nach einer groben chronologischen Reihenfolge angeordnet; spielt aber die Zeitenfolge keine Rolle, weil es um länger anhaltende Zustände geht, dann stehen sachlich zusammengehörige Texte unmittelbar hintereinander; so lassen sich die Quellen leicht hintereinander lesen. Zur leichten Verständlichkeit trägt auch bei, daß sich die Kapitel gelegentlich thematisch überschneiden und bestimmte Aspekte mehrfach vorkommen. Einige Querverweise machen auf sachlich verwandte Texte aufmerksam. Die alte Schreibweise und Zeichensetzung wurden im wesentlichen beibehalten und nur dort vorsichtig modernisiert, wo die leichte Lesbarkeit gefährdet schien; heute vergessene Ausdrücke werden in Einschüben erklärt.

Die vorliegende Quellensammlung wäre nicht so reichhaltig geworden ohne die vielen Hinweise – vor allem auf Archivalien –, die ich von einer Reihe von Personen erhalten habe. Besonderen Dank habe ich an die Mitarbeiter im Hause der Bayerischen Geschichte, vornehmlich an Frau Ulrike Laufer M.A., Frau Dr. Elisabeth Plößl und Herrn Peter Fassl M.A., sowie an die Autoren der begleitenden Aufsatzsammlung, vornehmlich an Dr. Karl-Joseph Hummel, Dr. Toni Liebl, Dr. Karl Mühlbauer und Herrn Stefan Fisch M.A. abzustatten. Den größten Dank schulde ich meiner zeitweiligen Mitarbeiterin, Frau Susan Boenke M.A., ohne deren im wesentlichen eigenverantwortlichen Tätigkeit und Engagement dieser Quellenband nicht in einem knappen halben Jahr hätte fertiggestellt werden können.

Konrad von Zwehl

I. Die alte Reichsstadt Augsburg (um 1800)

1. Die Stände

Übrigens sind die Sitten in Augsburg ungefähr so, als in andern Reichsstädten. Zwar nehmen sich die Patrizier gegen Bürger nicht so viel Freyheit heraus, als in Nürnberg, und nicht einmal so viel, als wie in Ulm. Aber dennoch unterscheiden sich die verschiedenen Stände gar sehr durch eine steife Etikette, und sind ziemlich von einander abgeschnitten. Der Adel in Augsburg, das heißt der Kaiserl. Gesandte, die Domherren, die Stiftsfräulein, gehen wenig mit den Patriziern um, aber leben doch mit ihnen nicht ganz auf einerley Fuß. Die Patrizier halten sich weit von den Kaufleuten zurück, und die Kaufleute suchen sich wieder von den gemeinen Bürgern zu unterscheiden. Der Gelehrte, der Künstler, der Mann von Talenten, hat in Augsburg wenig Anspruch zu machen. Es giebt wenigstens daselbst Leute, welche glauben gegen ihn Ansprüche machen zu dürfen, die ihn im gemeinen Leben unter seinen Werth herabsetzen. Jede Partey hat ihre besondere Kotterien [abgeschlossene Gesellschaften], und in jeder Partey giebts zuweilen wieder Parteyen. Dieß macht den Umgang steif und ceremoniös, und hindert die allgemeine Geselligkeit, welche den wahren Genuß des Lebens ausmacht.

Aus: Friedrich Nicolai, Beschreibung einer Reise durch Deutschland und die Schweiz im Jahre 1781, Bd. 8, Berlin 1787, S. 159f.

2. Gebräuche

Die Patrizier herrschen ziemlich unumschränkt, aber auch, zu ihrer Ehre seys gesagt, ziemlich sanft und gelinde. [...] Nach den Patriziern folgen im Rang die Kaufleute und Fabrikanten. Sie gebehrden sich sehr hoch, weil einige unter ihnen noch ein artiges Kapital besitzen. [...] Der gemeine Haufe in Augsburg ist in der Atmosphäre eines Bierfasses allemal guter Laune; und in diesem einzigen Punkt kommen sich die Religionsverwandten beyder Partheyen etwas nahe. An jedem Sonntag und Feyertag stecken alle Gärten in der Jacober-Vorstadt, in der Rosenau, auf den Schüßgraben etc. voll Volks. Alles füllt sich dort den Bauch mit dem ziemlich schlechten Bier, und vergißt während dem sein häusliches Elend. Die Mädchen gehen schwarmweise ohne Chapeau [Hut] in die öffentlichen Wirthshäuser und Gärten, und trinken auf ihren eignen Konto mit den Mannsleuten in die Wette. Stubenmädchen und Kammerjungfern in französischem Putze lassen sich von ihrem Anbeter willig zu einem Krug Bier führen, wenn sie nur einen Amanten haben. – Die Patrizier und

Kaufleute fahren an diesen Tagen nach Oberhausen, auf die Sieben Tische, und nach Göckingen; die mittlern Bürger schüßen nach der Scheibe, und der Troß von Schneidern, Schustern und Webern übt sich im Pfeilschüssen.

Aus: Johann Pezzl, Reise durch den Baierschen Kreis, Salzburg 1784, S. 104ff.

3. Religion und Parität

a.
Der Religionshaß ist in der That sehr sichtbar, was auch immer die Augsburger dagegen sagen und schreiben mögen. Sie sperren sich mächtig gegen diesen Vorwurf, so daß man die gute Hoffnung schöpfen darf, daß sie im Stillen selbst von der Schändlichkeit dieser elenden niederträchtigen Denkart überzeugt seyen; und daß vielleicht in einigen Generationen dieser Flecken ihres Karackters allmählig ausgefegt werde. Heut zu Tage aber wirkt dieser Paroxismus noch in aller Stärke, die selbst des siebzehnten Jahrhunderts würdig wäre. Doch ist der Magistrat davon ausgenommen, und dieß ist eine seiner schönsten Seiten. [...] Ueberhaupt ist ein Fremder, dem nicht die Gesellschaft der toleranteren Patrizier offen steht, mit seiner Religion in Augsburg sehr in Verlegenheit. Sobald er sich als Katholik erklärt, und mit Katholiken Umgang hat, so ist er platterdings von der Gesellschaft der Lutheraner ausgeschlossen; und sobald er sich auf diese Seite schlägt, ist ihm die Gegenparthey unzugänglich. Um hier einige erträglichere Gesellschaften von beyden Partheyen genüssen zu können, muß man seine Religion ganz verläugnen, und sich eher für einen Türken, Heiden oder Juden ausgeben, als für einen Anhänger der zwo paritätischen Religionspartheyen; denn statt daß sich diese vermöge ihrer Paritätsrechte einander nähern und zusammenflüssen sollten, entfernen sie sich vorsetzlicher Weise am weitesten, und jede treibt von ihrer Seite die Bigotterie [Scheinheiligkeit, äußerliche Frömmigkeit] so hoch sie kann.

Aus: Pezzl, Reise, S. 107ff.

b.
Die socialen Zustände Augsburgs sind durchaus nicht zu scheiden von den kirchlichen; durch das kirchliche Volksleben erhält das weltliche hier erst seine volle Eigenthümlichkeit. Man mag Sitte und Herkommen fassen, wo man will: überall reckt die »Parität«, Gegensatz und Gleichberechtigung der Confessionen, den Kopf hervor. [...]

Im achtzehnten Jahrhundert bestanden in Augsburg acht Kaffeehäuser – natürlich paritätisch: vier protestantische und vier katholische. Als 1762 zwei neue concessionirt wurden, gab man das eine in katholische, das andere in protestantische Hände, damit die Parität nicht gestört werde. Parität soll überall bestehen, bei den Bürgern und im Rath, bei Civil und Militär. Denn auch bei der Stadtgarde unterschied man eine katholische und eine protestantische Lieutenantsstelle. Solche Unterscheidungen galten aber nicht bloß gestern, sie gelten vielfach auch heute noch. Soll der Protestant sein Fleisch bei einem katholischen Metzger kaufen? Soll der Katholik ein zerbrochenes Stuhlbein von einem protestantischen Schreiner zusammenleimen lassen? Das sind für manchen Augsburger noch immer scrupulöse Fragen. Entschieden fordert es aber die Sitte, daß katholisches Gesinde nicht in protestantischen Häusern stehe und umgekehrt, und vollends daß eine ordentliche Bürgersfrau sich nicht durch eine Hebamme der andern Confession entbinden lasse.

Aus: Wilhelm Riehl, Culturstudien aus drei Jahrhunderten, Stuttgart 1859[2], S. 317ff.

4. Regierungsform

Die Regierungsform ist aristokratisch; aber dennoch sind die Bürger in Augsburg mit ihrem Rathe viel zufriedener, als z.B. die Bürger in Nürnberg oder in Ulm. Die Patrizier in Augsburg sind zwar oft stolz genug, und empfinden ihre Vorzüge eben so, wie in andern aristokratischen Reichsstädten; aber die Regierung gehöret ihnen nicht ausschließlich, sondern es sind viele Bürger, sowohl Kaufleute und Künstler, als auch sogar Handwerker, im großen Rathe, welche mehr zu sagen haben, als die acht Jaherren von »Rathsfreunden«, oder die wenigen bürgerlichen »Genannte« in Nürnberg. Die Bürgerschaft hat den Sinn republikanischer Freiheit, der in Nürnberg ganz fehlt. Sie weiß auch ihre Rechte bey allen Vorfällen geltend zu machen, und der Rath geht in allen Fällen mit ihr sehr gelinde um. Wegen dieser weisen Mäßigung hört man von Mißvergnügen und Zwistigkeit viel weniger als in manchen andern Reichsstädten.

Aus: Nicolai, Reise, Bd. 7, Berlin 1786, S. 64

5. Verwaltungsmängel

Die zu Ende des Jahrs 1794 hier gewesenen, durch die Weber und Leinwandhändler erregten Unruhen,[1] welche glücklich gedämpft wurden, so daß das vom Magistrat zu Hülfe gerufene Kreis-Kommando von 600 Mann Wirtembergischen Truppen am 1sten May 1795 wieder abgehen konnte, und das bürgerliche Militär die öffentliche Sicherheit zu schützen übernahm, haben die für das Wohl der Republik erspriesliche Folge gehabt, daß ein ordnungsmäßig ernannter Ausschuß des großen Raths den Auftrag bekommen hat, die in der Verfassung und Verwaltung des gemeinen Wesens obwaltenden Mängel und Gebrechen aufzudecken, und dem Magistrat zur Beherzigung und Abhülfe vorzulegen. Dieser Ausschuß hat nunmehr an die zu diesem Geschäft bestimmte ausserordentliche Rathsdeputation am 15ten Febr.

[1] zu den Weberunruhen vgl. Nr. II/2.

[1796] einen Vortrag über die öffentlichen Staats-Verwaltungs-Gebrechen gethan, welcher, wie es in Freystaaten seyn muß, durch den Druck bekannt gemacht worden ist, und leider! ein klägliches Bild vom jetzigen Zustande dieser sonst so blühenden Stadt ausstellet. Folgender getreue Auszug daraus wird zeigen: daß auch kleinere Staaten, wenn sie nicht dem Grundsatz der immer fortschreitenden Verbesserung des Ganzen und der Theile befolgen, allmählich in Verfall geraten müssen.

Augsburg soll nach der vom K[aiser] Karl V. gegründeten und durch den westphälischen Frieden wieder hergestellten Verfassung einen kleinen Rath haben von 31 Personen aus den Geschlechtern, 3 aus der Mehrern-Gesellschaft und 7 von der Gemeine. Der große Rath soll bestehen aus 44 Personen von den Geschlechtern, 36 von der Mehrern-Gesellschaft, 80 von den Kaufleuten und 140 von der Gemeine. Allein da viele Geschlechter ausgestorben sind: so können jetzt kaum die Stellen des kleinen Raths mit verfassungsmäßigen Personen aus denselben und der Mehrern-Gesellschaft besetzt werden. Zum großen Rath geben diese 2 Stände, mit Einschluß des Stadtgerichts 23 statt 80 Repräsentanten. Deshalb kann bey Uebertragung der öffentlichen Geschäfte keine genugsame Auswahl der Personen geschehen; Jünglinge, die kaum die Schule verlassen, werden als Richter aufgestellt; die durch die Geburt so leicht zu erhaltende Beförderung zu den höchsten Stellen erstickt den Trieb, sich deren würdig zu machen u. s. w. Auch die Bestellung der Rathsglieder aus der Kaufmann- und Bürgerschaft ist ausgeartet, wird oft von Unwürdigen durch Wege gesucht, deren sich der Würdige schämet: so daß die obrigkeitliche Würde selbst in der öffentlichen Achtung dadurch gesunken ist.

Augsburg hat kein eignes Gesetzbuch, keine wahren Statuten; nur die Ämter-Verwaltung ist theils durch den westphälischen Friedensschluß und den Reichs-Exekuzions-Rezeß von 1649; theils durch den 1719 zu Stande gekommenen Aemter-Rezeß bestimmt und festgesetzt. In besondern Fällen muß man sich nach einer unendlichen Menge einzelner, dem Publikum größtentheils unbekannter Raths-Dekrete richten, welche, wie die Bibel, jeden finden lassen, was zu seiner Privatmeinung passet. Eine Sammlung dieser Gesetze, die man in vorigen Zeiten oft geflissentlich vor der Bürgerschaft verheimlichte, ist ein wahres Bedürfnis. Aus diesen Mängeln der Grundverfassung sind nun allmählich folgende vom Ausschuß erörterte Mißbräuche und Gebrechen des Regiments entstanden.

Fürs erste klagt man über eine allgemeine Erschlaffung und Langsamkeit des Geschäftsganges, und Mangel an Nachdruck und Kraft im Regiment. Bey wichtigen Gegenständen, besonders wo verschiedene Interessen sich kreutzen, verhindert eine gewisse Unentschlossenheit, auf den Grund der Sache zu gehen. Man sucht nur oberflächliche Aushülfen für den Augenblick, die keinen Theil befriedigen. [...] Dieß ist die Ursache, daß die Zwistigkeiten zwischen den Fabrikanten und der Weberschaft die Magistratur seit Menschengedenken beschäftigten und endlich zu dem leicht voraus zu sehenden und abzuwendenden Ausbruch kamen, den die guten Bürger verabscheuten, aber aus Mangel eines Annäherungs-Punktes, wo sie mit dem Magistrat zusammen treffen konnten, nicht zu hindern vermochten; so daß letzterer für gut fand, fremde Hülfe zu suchen. Freywillig stellten in der Folge die Bürger ihre in Verfall gerathene Militär-Verfassung wieder her, ersetzten den Dienst der fremden Soldaten, schützten die Obrigkeit und Gesetze; aber noch erwarten sie die obrigkeitliche Bestätigung dieser patriotischen Wehranstalt, welche ihren Nutzen bey der neuerlich wieder versuchten Meuterey bewährte. [...]

Zu Anfange des Winters, der Theurung und Mangel für den ärmern Theil der Bürgerschaft befürchten ließ, erbot sich der Ausschuß, das Proviantamt bey der Anschaffung eines Vorraths von Getreide und Holz zu unterstützen: dieses wurde als eine constitutionswidrige Anmaaßung gegen dessen Rechte gedeutet, und – kein Vorrath angeschafft.

Zweytens zeigt sich eine für das Wohl der Bürger äußerst nachtheilige Schwerfälligkeit im Gange der Augsburgischen Gerechtigkeit. Nirgend, sagt der Ausschuß in seinem Vortrage, findet vielleicht die Chikane einen weitern Spielraum, um Prozesse in die Länge zu ziehen. Unter zwanzig immatriculirten Advokaten, ohne die handlangenden Pfuscher zu zählen, sind zwar viele der tauglichsten und rechtschaffensten Männer; aber auch manche, die nicht viel mehr wissen, als mit einigen praktischen Kunstgriffen dem unerfahrnen Bürger, der sie in Streitsachen berathet, den Kopf zu verrücken, und eine an sich mißliche Klage oder Vertheidigung durch alle Instanzen so durchzuarbeiten, daß jede Parthey oft Jahre lang die Hoffnung des Sieges genießen kann, aber glücklich ist, wenn sie den Ausgang erlebt. [...]

Die Vorgesetzten der Aemter werden nicht allemal nach Anlage oder Neigung zum Amte, sondern meist nach Gunst oder Verwandtschaft gewählet; und der Gewählte widmet sich nicht immer eifrig den Geschäften des Amtes, weil er seine Blicke schon weiter auf ein einträglicheres gerichtet hat, zu welchem er bey der ersten Vacatur [Freiwerdung] übertritt, ohne seine Kenntnisse oder Kräfte zum jetzigen oder künftigen Amte berechnet zu haben. [...] Insbesondere wird dem neuen Gewerb- und Handwerksgericht beygemessen, daß so viele Gewerbe, wider Ordnungen und Artikel, aus Gunst übersetzet; untaugliche Leute durch Patronanz oder Eigennutz aufgenommen; die obrigkeitlich vorbehaltene Minderung und Mehrung bestehender Ordnungen auf unbeschränkte Willkühr misdeutet; die Vorgeher und Geschwornen nicht nach Verdiensten aus Männern, die des Handwerks Zutrauen besitzen, sondern aus Wohldienern angestellt werden, welche, um nicht zu misfallen, oder ihr Privatinteresse zu fördern, alles geschehen lassen, was den Rechten ihrer Innungen zuwider ist. Die Kramerszunft, welche vielleicht nicht am zweckmäßigsten unter dem Handwerksgerichte steht, klaget, daß Leute, die nichts gelernet haben, die ihr Beruf niemals zu Handel und Wandel geschickt gemacht hat, zu Hunderten als Krämer einkommen dürfen; Leute, die aus Unwissenheit in wenigen Jahren ihr bischen Vermögen einbüßen, ihre Gläubiger beschädigen, sodann mit ihren Familien dem Staate zur Last bleiben, wodurch aber die übrigen, wegen der unverhältnißmäßigen immer wieder nachwachsenden Concurrenz, an ihrem Brode verkürzt werden, und bald alle verderben müssen. Sie klaget, daß ausser der übermäßigen Anzahl bürgerlicher Krämer, das fremde Hausiren der Juden und Auswärtigen geduldet, öfter in Schutz genommen, wenigstens selten, oder niemals gesetzlich bestrafet werde. [...]

Eben so bittere Klagen führt der Ausschuß über den durch Mangel an strenger Aufsicht und jährlicher Rechnungs-Abnahme verursachten Verfall der ansehnlichen milden Stiftungen, welche Augsburg als Beweise vom Gemeingeist und dem Wohlstand der Vorfahren aufzuweisen hat.

Den Schluß macht eine Beschwerde über die geheimnißvolle Dunkelheit, welche über den Finanzen der Republik schwebet.

Aus: Nationalzeitung der Deutschen, Nr. 15–17, 1796, S. 340ff.

6. Steuern und Bürgerrecht

Ich darf Ihnen nicht erst sagen, daß es in Republiken gewisse Dinge giebt, welche theils die Politik (in Reichsstädtischem Umfange genommen) nicht zu jedermanns Wissenschaften gelangen läßt, theils ihrer Natur nach so mancherley öftern Veränderungen und Abwechselungen unterworfen sind, daß es schlechterdings nicht möglich ist, sie genau zu bestimmen. In beiderley Rücksicht gehören die Einkünfte der Stadt Augsburg in diese Klasse. Sie bestehen außer den Gebühren für das Bürgerrecht, in den Steuern und Anlagen, im Wasserzins, und dann vorzüglich im Ungelde [Verbrauchssteuer] von Bier, Wein, Brodt, Fleisch und andern Bedürfnissen. Das Ungeld ist die beträchtlichste Einnahme; allein der Betrag läßt sich niemals genau angeben, weil eben das Ungeld, z.B. vom Bier, von Zeit zu Zeit nach den Preisen des Getraides verhältnißmäßig mit derselben Steigen und Fallen regulirt wird. Ueberdies kommt vieles auf die Konsumtion selbst an, welche ein Jahr gegen das andere größer oder geringer ist; die Unterschleife nicht zu vergessen, die Ihnen häufig und beträchtlich scheinen werden, wenn ich Ihnen sage, daß die katholische Geistlichkeit, und alles was unter dem Fürsten Bischofe stehet, vertragsmäßig davon befreiet ist. [. . .]

Jeder ist schuldig, seine Steuern selbst zu erlegen; läßt ers damit anstehen, so stehet man ihm wohl ein bis zwey Jahre zu, macht ers aber zu lang, so wird er erinnert, und wenn dies nichts hilft, endlich auf gewöhnliche Weise exequiret. [. . .] Kein Bürger in Augsburg kann sein Haus und Gut, in der Stadt und deren Jurisdiktion belegen, an Fremde und Unverbürgerte verkaufen, vermachen oder verpfänden, ausser mit zuvor dazu erhaltener Erlaubniß; und wer nicht verbürgert ist, kann keines besitzen, außer auf den Namen eines hiesigen Bürgers, der für ihn Prästanda prästirt [Bürgschaft leistet].

Das Bürgerrecht selbst wird entweder angeerbt oder erheurathet. Es kostet gemeiniglich einer fremden Person 25 Fl., sind aber beide fremd, das doppelte. Zuweilen wird es gratis ertheilt, welches z.B. bey langen Diensten statt findet.

Aus: Nicolai, Reise, Bd. 7, Beilage IV.4, Berlin 1786, S. 15ff.

7. Justiz

Ich besuchte in Augsburg die Gefängnisse. Sie sind ein Meisterstück von festem, undurchbrechlichem Gebäude. So sehr die unterirdischen Gefängnisse dumpfe, schauerliche Winkel sind, so sehr empfehlen sich die oberirdischen an Raum und Reinlichkeit. Man findet hier noch Monumente des alten Aberglaubens, ein Hexenloch, einen Hexenpelz u. s. w. Die Torturkammer ist voll von Reliquien richterlicher Unmenschlichkeiten, die erst seit einigen Jahren, und um ein gutes später als anderswo aufgehört haben, unentbehrliche Werkzeuge zur blutigen Erpressung zweideutiger Geständnisse zu seyn.

In Rücksicht auf die Verpflegung der Gefangenen muß man der väterlichen Sorge des Magistrats alle Gerechtigkeit widerfahren lassen. Ich war gerade zugegen, als ihnen die Speisen gebracht wurden. Sie bekamen eine gute, fette Brodsuppe, schmackhaft gekochtes Zugemüse mit einer Portion Rindfleisch belegt, und ein ziemliches Stück Brod. Jeden zweiten Tag wird ihnen eine halbe Maß Bier gereicht. Ich besprach mich mit den meisten Gefangenen, und erstaunte, als sie mir in Gegenwart des Gefangenenwärters klagten, daß sie seit den zwei und drei Jahren ihrer Gefangenschaft erst ein oder zweimal zum Verhör gerufen worden sind. Ich erkundigte mich dann bei Leuten, von denen ich zuverlässige Nachricht erwarten konnte, um die Wahrheit dieser Aussage, und alle sagten mir einstimmig: Der Mann, dem dieses Geschäft von Amtswegen zukömmt, [. . .] finde vor lustigen Zerstreuungen oft in mehreren Monaten keine freie Stunde für die Geschäfte seines Berufes.

Aus: Franz Kratter, Bemerkungen, Reflexionen, Phantasien, Skizzen von Gemälden und Schilderungen auf meiner Reise durch einige Provinzen Oberteutschlands, Brünn 1791, S. 207 ff.

8. Armut und Wohltätigkeitsanstalten

Übrigens aber ist nicht zu läugnen, daß es hier verschiedene gute Anstalten und Stiftungen giebt. Es sind Armenhäuser, Waisenhäuser, Findelhäuser für beide Religionen. Allein bey dem Anblicke der Kinder aus diesen Letzteren mögte man lieber wünschen, daß gar keine solche Häuser wären! Das ganze Ansehen der Unglücklichen spricht laut und schrecklich von inneren Gebrechen dieser Anstalten. Die elenden Geschöpfe sehen bleich, wie die Gespenster; haben dicke Köpfe und durchaus etwas Aeltliches in ihrer Miene. Manche unter ihnen sind sogar krum, schief gewachsen, höckerich – kurz! ich habe in meinem Leben kein sprechender Bild von der schlechten Verfassung dieser Häuser gesehen; und ich ward von Neuem in der Meynung bestärkt, daß der Menschheit durch diese Gattung von Stiftungen insgemein weit mehr Übel, als Gutes widerfährt. Als ich darauf hingieng, sie zu besuchen, fand ich, daß dumpfe, unreine Luft, die die Folge der Lage ist, wohl nicht wenig zur Ungesundheit der Kinder beytragen möge; auch bemerkt' ich, daß alles Küchengeschirre aus Kupfer bestand, das noch dazu ganz schlecht verzinnkt war – und daß Kinder Dienste von Kindermägden versehen mußten: woraus ich mir zum Theil die Krüppelhaftigkeit ihres Körpers erklärte, die durch das Tragen und Heben der Kinder, nicht allein bey den Unmündigen, die diese Dienste thun, sondern auch bey den Kindern, die von ihnen gehoben und getragen werden, gar leichtlich bewirkt werden. Endlich glaubt ich, eine Ursache von dem ungesunden Aussehen der Kinder, in dem Mangel an genügsamer Bewegung, bey der schweren Kost, die meist aus groben Mehlspeisen besteht, zu finden. [. . .]

An Armenstiftungen und Armenanstalten mangelt es hier noch weniger; aber um so mehr am Gebrauch und Anwendung derselben. Die wahren Dürftigen erhalten insgemein sehr kärglichen Unterhalt. [. . .]

Wenn man nun alle diese Stiftungen und Armenanstalten zusammen hält: so läßt sich daraus ein Begriff von der übergroßen Menge der hiesigen Armen machen; derjenigen nicht zu gedenken, die durch die schühleinischen[1] und andere Kottonfabriken kärglich ernährt werden, und die allein, ohne zu übertreiben, eine Anzahl von mehr tausenden ausmachen.

Aber eben so großen Nachtheil bringen diese Kottonfabriken der ehemals so blühenden Augsburger Weberzunft, und in der Maße, wie sich jene erhuben, so sank diese bis zu dem Elende herab, worinn sie itzt darbet. Das lose Gesindel hingegen wird durch die häufigen Kottonfabriken hereingezogen; und dieß sind die vielen Kottonmahler und Mahlerinnen, Drucker und Druckerinnen etc. wovon besonders die Ersteren so schlecht bezahlt werden, daß sie aufs Kärglichste kaum davon leben können, und daher zu allerley schändlichem Gewerbe ihre Zuflucht nehmen. In den Schlupfwinkeln dieser Leute – denn Wohnungen kann mans nicht nennen– sieht man allenthalben die frappantesten Bilder des menschlichen Elendes.

Aus: Reise eines Engelländers durch einen Teil von Schwaben und einige der unbekanntesten Gegenden der Schweiz, Amsterdam 1789, S. 18ff.

9. Armenversorgung und Arbeitshäuser

Weil Sie bey Ihrem Hierseyn von einer neuen unternommenen Armenversorgungsanstalt gehört haben, so muß ich Ihnen melden, daß sie mit unsäglicher Mühe vermittelst einer freywilligen Beysteuer der gesamten Bürgerschaft glücklich zu Stande gebracht worden, so daß man jetzt weder ausserhalb der Stadt, noch in derselben, von Bettlern geplagt ist. In wie weit die Absicht, das müßige Volk zur Arbeitsamkeit zu gewöhnen, und dadurch diese Klasse moralisch zu bessern, erreicht werden werde, muß die Folge der Zeit lehren.

Aus: Nicolai, Reise, Bd. 7, Beilage IV.4, S. 19

[1] Zur Schüleschen Manufaktur vgl. Nr. II/1.

[Aus dem vorstehenden Text] ist zu ersehen, daß man im Jahre 1782 dadurch von Gassenbettlern gänzlich befreyet war. Es ist gar kein Zweifel, daß diese Sammlungen und Austheilungen mit wahrem Patriotismus und redlicher Absicht verwaltet werden. Aber schon jetzt klagt man auch in Augsburg, wie an andern Orten, daß diese sonst so menschenfreundliche Anstalt dem Zwecke, die Armuth zu vermindern, nicht ganz entspreche. In der vor mir liegenden gedruckten Nachricht von 1785 wird ausdrücklich geklagt: Aus der Berechnung werde »die Vermehrung der Armenanzahl, aber nicht der Gaben, zu ersehen seyn«. Aus der obigen Berechnung erhellet zwar deutlich, daß die Einnahmen, folglich auch die Gaben größer werden; aber man siehet auch, daß ohne alles Verhältniß die Ausgaben stärker werden, und alle Jahr die Armenzahl sehr zunimmt, so daß die Gaben nicht zureichen. Ich glaube, dies ist die Folge von jedem reichlichen Almosengeben. Es wollen mehrere daran Theil haben; die Armen und diejenigen die Armen seyn wollen, kommen weit her, um sich Almosen geben zu laßen. So menschenfreundlich die Sache ist, so erfolgt gerade das Gegentheil von dem, was man sich verspricht: der Armen werden mehrere. [...]

So lange man die Ursachen der Armuth nicht hebt, so lange erlangt man nimmermehr seinen Zweck. Ganz elende Armen müssen freilich ganz verpflegt werden. Je mehr man aber andern Almosen umsonst giebt, desto mehr erstickt man Fleiß und Industrie. Man muß Fleiß erwecken, man muß neue Nahrungsquellen eröffnen, man muß öffentliche Arbeiten von den Armen verrichten laßen, dem der arbeiten kann, nicht Almosen umsonst, sondern jedem Gelegenheit Lohn zu verdienen geben. Aber eben hieran fehlt es leider! allenthalben. Ich sehe auch aus den Augsburger Nachrichten, daß man daselbst ein Arbeitshaus angelegt hat, um muthwillige Bettler zu verwahren; daß man aber noch keine Anstalt zu Stande zu bringen bedacht gewesen, um denen, die gerne freywillig arbeiten wollen, denen es aber an Arbeit fehlt, Arbeit zu verschaffen. Dieß ists eigentlich, was die Armuth wirklich hemmet. Eine solche Anstalt würde die allerwohlthätigste unter allen Arten von Armenanstalten seyn. Fast nirgend ist sie noch auf solche Art angelegt, daß ein armer Bürger die Wohlthat, die man ihm erzeigen will, mit seinen Begriffen von bürgerlicher Ehre vereinigen kann. Dieß ist die Ursache, warum die noch hin und wieder vorhandenen Arbeitshäuser gar den vorgesetzten Zweck nicht erreichen.

Aus: Nicolai, Reise, Bd. 7, S. 70ff.

10. Augsburg wird bayerisch (1806)

Am 4. März gieng königl. baierischer Seits zu Augsburg die feierliche Civilbesitznahme vor sich. Der bisherige franz[ösische] Kommandant, Brigadegeneral René, erklärte auf dem Rathhause, in Gegenwart des Magistrats, des Stadtgerichts, des Konsulentenkollegiums, daß er von seinem Kaiser beauftragt sey, den anwesenden königl. baierischen Kommissarien die Stadt Augsburg nebst ihrem Gebiet zu übergeben; letztere erklärten, daß sie dieselbe übernähmen, und es wurde über den Akt ein Verbalprozeß aufgesetzt. Hierauf legten die obenbenannten städtischen Kollegien den Huldigungseid ab, die vor dem Rathhause paradirende Stadtgarde wurde in Pflicht genommen, und das königl. baierische Besiznahmspatent vom Balkon, so wie unter Eskorte eines Detaschements bürgerlicher Kavallerie auf allen Hauptstrassen unter Trompetenschall proklamirt, auch nebst dem königl. Wappen an den Thoren und öffentlichen Gebäuden angeschlagen.

Aus: Augsburger Allgemeine Zeitung, Nr. 69, 10. März 1806, S. 274

11. Stimmungsbericht (1806)

Die öffentliche Stimmung war nach der Religion des Augsburgischen Publikums verschieden. Der evangelische, aber bekanntlich weit geringere Teil war frohe, an einen Fürsten überzugehen, unter dessen weiser Regierung Handel und Künste blühen und schädliche, im Finstern genährte Vorurteile mit der Fackel der Aufklärung verscheuchet werden. Der katholische hingegen, der beinahe zwei Dritteile an Augsburgs Bevölkerung hat, war auffallend mißvergnügt, weil er aus dem neuen Zustand der Dinge die noch bestehenden Klöster aufgeben, die Kirchen zu Kasernen oder Theatern verwenden, die Litaneien, Rosenkränze und Brüderschaften bei Tag und Nacht verschwinden und endlich gar die Exjesuiten nach Rußland auswandern und Glück und Segen von hiesiger Stadt hinweg und mit sich fortziehen sah. Darin kamen aber beide Religionsteile überein, daß die bisher reichsstädtische Verfassung nichts tauge und nicht länger bestehen könne. Auch teilten sie die Besorgnis, daß ihre Söhne zum Militär ausgehoben würden. [. . .]

Die Mehrheit des Magistrats fühlte zwar das Ende tief, war aber selbst billig genug einzusehen, daß die Auflösung hiesiger Reichsstadt als solcher bei ihrer geographischen Lage und ihrer finanziellen Zerrüttung unvermeidlich sei und wünschte sich Glück, einem so weisen und aufgeklärten Monarchen zugeteilt worden zu sein.

Bei dem hohen und niederen Clerus war der Tag der Zivilbesitznahme durch Bayern ein Tag des Schreckens und der Verwirrung, weil mit diesem Tage seine Privilegien, Immunitäten und, was das Schmerzlichste war, sein Einfluß auf das Volk zu Grabe gingen.

Der Adel, der in Augsburg außer dem kleinen Hof des Kurfürsten von Trier nur dem Namen nach besteht, ist und war nie für die Neuordnung der Dinge und klagt sich seine Not im Stillen; er war ehemals sehr empfänglich für gute Nachrichten aus Österreich, scheint aber jetzt, bei dem langen Ausbleiben derselben, keine mehr zu erwarten.

So wie die Religion der Handelsleute, so ihre Stimmung. Die evangelischen sind mit der Neuordnung der Dinge zufrieden und denken auf Mittel, ihre Glücksumstände durch ein den gegenwärtigen Zeitläuften angepaßtes industriöses und spekulatives Bestreben zu heben und den Handel in Augsburg wieder aufblühen zu machen. Die katholischen hingegen sind, wenige ausgenommen, träge und würden ihren eigenen, durch ihre Voreltern erworbenen Wohlstand recht gern nachsetzen, wenn sie nur die Klöster, Prozessionen, Kreuzgänge, Rosenkränze und Litaneien erhalten könnten. Unter den letzteren zeichnen sich besonders einige Häuser als Zufluchtsorte vertriebener und hiesiger Mönche und durch ihre auffallende Anhänglichkeit an das Interesse des österreichischen Hauses aus, dem sie nicht selten schon einen großen Teil ihres Vermögens zum Opfer gebracht haben.

Bei der übrigen Bürger- und Innwohnerschaft kommt anzuwenden, was schon oben gesagt worden; doch ist ein großer Teil derselben für die künftige Staatswohlfahrt unempfindlich und ein anderer wünscht immer Veränderungen, weil er mit solchen bessere Zeiten hofft, und dieser Teil ist sehr zahlreich, weil er alle diejenigen einschließt, die durch die bisherigen Kriege, Einquartierungen und Abgaben ihr Gewerbe und ihre Habe verloren haben.

Endlich bleibt noch eine nicht unbedeutende, aus Falliten [Bankrotteuren], Raisoneurs [Schwätzern] und ewigen Dienstkompetenten und arbeitsscheuen Leuten zusammengesetzte Klasse, welche der Polizeiaufsicht besonders zu empfehlen ist; übrigens habe ich mit der Zivilbesitznahme durch sorgfältige Beobachtungen und Erfahrungen die Überzeugung erhalten, daß eine wirklich erfolgende Militärokkupation, die Aufhebung der Klöster, deren Verwendung zu Kasernen und die allenfallsige Befestigung der Stadt allgemeines Mißvermögen erzeugen wird, welchem man nicht wird ausweichen, wohl aber begegnen können.

Aus: Der bayer. Organisationskommissär Frhr. von Widnmann an das K. B. Generallandeskommissariat Ulm, 23. 9. 1806, zit. nach: K. Haupt, Die Vereinigung der Reichsstadt Augsburg mit Bayern, München 1923, S. 99f.

II. Handwerk und Manufaktur

1. Die Schülesche Manufaktur in Augsburg (1787)

Die Weberey verschiedener leinenen und baumwollenen Zeuge, war seit drittehalbhundert Jahren beständig ein sehr wichtiger Zweig der Augsburgischen Industrie; bekanntlich ward das Barchentweben schon im fünfzehnten Jahrhunderte durch die Fugger gar sehr empor gebracht. In den neuern Zeiten hat das Weben baumwollener Zeuge und das Drucken derselben bekanntlich in Augsburg ungemein viel Hände beschäftigt. Die Kattundruckerey des Hrn. Joachim Heinrich von Schüle ist in Deutschland sehr berühmt. Dieser fleißige und geschickte Unternehmer ist ein Wohlthäter vieler tausend Menschen geworden, welche durch ihn Arbeit und Verdienst fanden. Er selbst ist ein rühmliches Beyspiel für viele, indem er durch Fleiß, Ordnung und Unternehmungsgeist aus ganz geringen Umständen selbst ein sehr großes Vermögen erworben, und zugleich die Industrie in Augsburg auf eine unglaubliche Weise vermehrt hat. Er befand sich eine Zeitlang zu Heydenheim an der Brenz, im Herzogthume Würtemberg; daselbst hatte eine Manufakturier Namens Fink eine Kattunmanufactur angelegt, bey welcher er zurück kam. Schüle aber übernahm dieselbe, und brachte durch den ihm beywohnenden Geist des Fleißes und durch Ordnung dieselbe in kurzem in ziemliche Aufnahme. Er erweckte Neid dadurch, und ward, wie man sagt, von der dortigen Regierung in Formalien verwikkelt, die unangenehm waren. Es mag auch wohl seyn, daß seinem weit umfassenden Geiste der Ort zu klein und zu einer wichtigern Unternehmung, wozu er Kräfte fühlte, nicht gelegen war. Er ging nach Ulm, wo er eine größere Manufaktur anlegen wollte. Man gab aber daselbst nicht Achtung, was ein Mann wie er einer Stadt werth seyn kann. Man empfing ihn ziemlich kalt, und wollte ihn auch mit verschiedenen steifen Formalien hinhalten. Er ward darüber ungeduldig, und ging 1758 nach Augsburg. Es waren daselbst schon sehr gute Kattunmanufakturen; aber Hr. von Schüle, welcher nicht gemeine Kenntnisse von Waaren besitzt, und in seiner neuen Manufaktur etwas noch besseres liefern wollte, sorgte für ein viel feineres Gespinnst, und ließ die dortigen Weber den Kattun breiter und feiner weben, und ihm ein besseres Ansehn geben. Er trat erst mit dem Hrn. (nachherigen Grafen) von Fries in Wien in Gesellschaft, setzte sich aber nachher mit demselben auseinander und zahlte dessen Kapital zurück. In dem Jahre 1761 fing er sein großes Manufakturgebäude vor dem rothen Thore an, welches aus einem sehr breiten modern gebaueten Hauptgebäude mit zwey sehr langen Flügeln bestehet, und beynahe das Ansehen eines fürstlichen Pallastes hat. Erst nach 12 Jahren 1773 ward es ganz fertig. In demselben werden theils zu Augsburg gewebte, theils ostindische Kattune appretirt, gedruckt, gemalt und gepreßt; alles auf eine so vorzügliche Weise, daß die Schüleschen Kattune sich von vielen andern sehr vortheilhaft unterscheiden. Wenig Anstalten dieser Art habe ich mit so großem Vergnügen gesehen, wie diese. Alles zeugte von Ordnung, vortheilhafter zweckmäßiger Einrichtung, Reinlichkeit und Bequemlichkeit. Es arbeiteten damals daselbst ohngefähr 350 Personen, und unter denselben viel Weiber und Kinder. Die Arbeiter kommen im Sommer täglich früh um 6 Uhr und arbeiten bis Abends um 8 Uhr, doch werden sie nicht nach der Zeit, sondern nach den Stücken bezahlt. Man zeigte uns kleine Mädchen, die täglich nur 8 Kr. verdienen konnten; und dagegen einen Drucker in gedeckten Mustern, von welchen man sagte, daß er wöchentlich bis 2 Louisd'or verdienen könnte, welches letztere aber fast unglaublich scheint. Die einfärbigen Muster werden mit großen Kupferplatten abgedruckt, wozu zwey besondere Kupferstecher gehalten werden. Die vielfarbigen Muster aber hat man noch nicht in Platten versucht, sondern man bedient sich hölzerner Formen, wozu eine besondere Innung von Modellschneidern ist, die zum Theile recht gut arbeiten. Es war mit Vergnügen anzusehen, mit welcher Fertig- und Genauigkeit die Drucker bey den verschiedenen auf einander folgenden Formen die rechte Stelle wieder trafen, oder wie es etwa in der Buchdruckerey heißen würde, Register hielten, ohne das etwas einer Punktur ähnliches zu bemerken war. Die Kupferplatten werden auf einer Presse abgedruckt, welche durch ein Schwungrad in Bewegung gesetzt wird, das 2 Stirnräder treibt, welche in einen Trilling greifen. Es ist noch eine besondere Vorrichtung da, vermittelst welcher das ganze Stück, so wie der Abdruck fortgehet, sanft in die Höhe bis an die Decke des Zimmers gezogen, und unten wieder auf eine Rolle gewickelt wird. Es scheint mir, als ob die gewöhnlichen Kupferdruckerpressen, große Platten, z. B. Landkarten und dergl. durch ein Schwungrad viel gleicher und kräftiger abdrucken und die Kräfte der Menschen viel weniger erschöpfen würden. Die große Mange oder Rolle, in welcher 3 hölzerne Walzen über einander gingen, wird von einem Pferde getrieben, wie es auch in andern dergl. Manufakturen gewöhnlich ist. So ist es auch mit dem Glätten, wobey ein besonderer Vortheil seyn soll, der aber wenigstens in der äußerlichen Vorrichtung nicht liegen kann; denn es geschiehet auf die gewöhnliche Weise durch einen Stein an einem hölzernen Stiele befestigt, der bis an die Decke des Zimmers gehet, und daselbst beweglich ist. Man zeigte uns auch ein Stück feinen Zitz mit Gold und Silber herrlich gemalt, eine Kunst, die dieser Manufaktur eigen ist. Es kostete 7 Karolinen. Es ist aber zu bemerken, daß solcher Zitz nicht gewaschen werden kann, weil das Gold und Silber entweder ausgeht, oder schwarz wird; daher ist derselbe auch mehr zum Ansehen, und wird sehr wenig gebraucht.

Aus: Nicolai, Reise, Bd. 8, S. 23 ff.

2. Die Weberunruhen in Augsburg 1794

Sie schreiben mir, daß ich über den dermaligen Weberkrieg einige Nachricht ertheilen solle, bevor ich aber in das ganze mich einlaße, und den am Dienstag Abends ausgebrochenen, der Pariser Revolution im kleinen ziemlich ähnlichen Auftritt beschreibe, muß ich Sie auch zuvor mit dennen Urgründen dieses fürchterlichen Aufruhrs bekannt machen. Seit vielen Jahren ist die Augsburgische Weberschaft mit einigen der Kaufleuten, welche mit Baumwoll und Cotton handeln, eben so unzufrieden, als mit dennen Fabrikanten und Cottondruckern, welche sämtlich fremde Waaren einführen und selbe zum Nachtheil der hiesigen Weber in solcher Menge drucken und verarbeiten lassen, daß dennen hiesigen Webern ihre weit beßere Stücke als die fremden (wie sie behaupten) liegen bleiben, und dadurch die ganze Weberschaft um so ehender außer Nahrung setzen, als sie die fremde schlechte Waar für hiesige Fabrikate ausgeben, folglich dadurch die hiesige Cotton auch im Ausland in Mißcredit setzen, und dem Absatz derselben hinderlich sind. Über diesen Streit sind zwar verschiedene Decreta und öffentliche Anschläge, welche immer mehr dennen Fabrikanten und Druckern vortheilhaft, als dennen Webern waren, ergangen; manchmal überzuckerte man diesen auch die Pillen, und räumte ihnen scheinbare Vortheile ein, welche sich mit der Zeit nicht nur wiederum zerstäubten, sondern auch noch über das schädlich waren. Über die unzählig unpatriotische Behandlung aufgebracht, erregten die Weber öfters einige Unruhen, und wollten die fremde Waaren zerreißen oder verbrennen, allein man wußte sie durch allerley ausgesonnene Schleichwege dergestalten einzuschläfern, daß sie sich wiederum besänftigen ließen, und dadurch ganz unvermerkt dem gänzlichen Zerfall des sämtlichen Handwerks immer näher zugeschoben wurden. Hier muß aber nothwendig beigerückt werden, daß dieser Zerfall aus vielen zusammengetroffenen Neben-Ursachen herzuleiten sey. Denn *primo* hat sich das Handwerk vor älteren Zeiten durch die schmeichelhaften Versprechungen des Herrn von Schüle, welcher ihnen genugsame Arbeit versprochen, verblenden, und durch den guten Nutzen bey Wirkung der Cottone dahin reizzen laßen, daß sie die übrigen Arbeiten, z. B. das Leinwand-, Barchent-, Bomasin- und Gräthe-Würken vollkommen aufgegeben, und ihre Stühle sämtlich nur zu Cottone zugerichtet haben; durch dieses unüberlegte Verfahren ist drum umliegend und auswärtigen Webern die Verfertigung aller oben angezeigter Artikel in die Hände gespielt und die hiesige Weberschaft dadurch in einen unersetzlichen Schaden versetzt worden.

Secundo ist bei keiner Zunft-Innung oder Handwerk so leicht die Meisterschaft zu erringen, als bey dem der Weber. Denn es werden alle Jahr zu der oft schon auf 900 gestiegene Anzahl der Meister noch 6 hiesige und 10 fremde, auch noch mehrere, zu dennen Meisterstücken zugelassen, ohne darauf Acht zu geben, daß das zusammenkommende Ehepaar oft nicht zwey Gulden baar Geld zusammenbringen und der Mann die Meisterschaft an Nagel hängen, und gleich den anderen Tag bey einem andern Meister als Gesell oder sogenannter Knappe arbeiten muß. Wenn aber *tertio* zu Zeiten der Fall eintritt, daß ein kleines Vermögen in die Ehe gebracht wird, so ist solches anfänglich der Kleiderpracht und unnützen Einrichtungen bestimmt, ohne sich in Stand zu setzen, durch eigene Mittel sein Handwerk betreiben zu können. Aus dieser Quelle fließt *quarto* die Nothwendigkeit, Schulden zu machen und die Wolle aus Mangel baarer Bezahlung in einem höheren Preis von dennen Kaufleuten und Fabrikanten auszuborgen, wobey bedungen wird, daß der Weber seine zu verfertigende Stücke dem Kaufmann überbringen und die Hälfte des Betrags derselben an der aufgeborgten Wolle abziehen, die andere Hälfte aber sich baar bezahlen lassen solle. Bey dieser hebräischen Kaufmannsspeculation wird der gute Weber freilich um 20 oder 25 per cento geschröpft, weilen er die schlechte Wolle im Ansatz der besten zu verarbeiten gedrungen ist, allein der Kaufmann ist hiebey in etwas zu entschuldigen, weilen er oft um die Hälfte, öfter um ein Drittel und nicht selten um das ganze Quantum der geborgten Wolle, wo nicht geprellt, doch zum wenigsten mit der Zahlung auf 10 oder 15 Jahre hinausgeschoben wird, denn wenn ein solcher Weber vor Amt als Beklagter erscheint, macht er den Vorschlag, daß er wöchentlich nicht mehr als 15 Kreuzer zu bezahlen im Stand sey. *Quinto* sind 4 Fünftel der Weberschaft so herabgekommen, daß sich von 8 zu 8 Tagen ihre verfertigte Waaren zu verkaufen gezwungen werden; trifft nun der traurige Fall ein, daß die Stücke unwerth sind und die Kaufleute und Fabrikanten 2 bis 3 Wochen nicht kaufen, dann ist das Elend unbeschreiblich; der Meister kann weder die Gesellen lohnen, weder Brod in das Haus schaffen, noch viel weniger aus Mangel der Baumwolle fortarbeiten. Nun klagt der Gesell, jammert die Magd, weint das Weib und schreien die Kinder um Brod. Wenn noch ein Kleidungs- oder anderes brauchbares Stück im Haus ist, wird es in das Leihhaus getragen, und solange dieses Geld hinreicht, herrscht eine traurige Stille, in welcher man unter Seufzern, Thränen und Wehklagen den künftigen Kauftag erwartet; schlägt dieser wiederum fehl, und der Meister oder Meisterin lösen kein Geld, sodann bricht das Wetter an allen Enden und Ecken los: Ohne Brod, ohne Arbeit, ohne Hoffnung eines künftigen Unterhalts läuft der Weber zu seinen benachbarten Mitmeistern, und weil fast alle an einerley Krankheit, nämlich dem Geld- und Nahrungsmangel darnieder liegen, wird ein allgemeines Lamento angestimmt, unter welchen sie die fürchterlichsten Projekte, die immer mit Häuser niederreißen, stürmen, morden und ruinirung der Fabriken verflochten sind, schmieden.

In dieser üblen Stimmung *sexto* bestellen sie, nach alteingerissenem Mißbrauch, einander in die Wirtshäuser in der Absicht, nicht nur Gram und Harm zu vertrünken, sondern auch neue Anschläge, wie ihrer traurigen Lage abzuhelfen wäre, auszubrüten; von Hunger, Noth, Wuth und kränkenden Leidenschaften herumgewirbelt, vom Biergeist umnebelt und von übermäßigem Geschrey betäubt, was kann man anders erwarten als tumultuarische Resultate?

Nach nothwendig vorausgeschickter Belehrung komme ich zur Geschichte selbst.

Nachdem die Kaufleute und Cottonfabrikanten vor ungefähr drei, vier und fünf Wochen dennen hiesigen Webern nur wenige Stücke Cotton abgekauft [haben], war es eine ganz natürliche Folge, daß die dennenselben zurückgebliebenen Waaren die ganze Webermeisterschaft in Verlegenheit setzen, und sonderheitlich die minder vermögende in Harnisch jagen mußte. Sie überreichten dahero bey dem Magistrat eine Klageschrift und stellten ihre traurige Lage, in welche sie durch die wiederholte

Nichtabnahme ihrer Stückl und durch den unergründlichen Eigennutz der Handelsleute sowohl als durch die unbiegsame Halsstarrigkeit der Fabrikanten gestürzt werden, mit den lebhaftesten Farben vor, betheuern, daß die übermäßige Menge der hier eingeführten fremden Waaren diese Stockung veranlaßt, durch welche das ganze Handwerk nach und nach zu Grund gerichtet würde, mit angehängter Bitte, die Kaufleute und Fabrikanten von Obrigkeits wegen zur vorzüglichen Abnahme der hiesigen Stückeln anzuhalten und erst nach Vergreifung derselben zu vergünstigen, daß Commissions-Waren angenommen und fremde in gemäßigter Anzahl eingeführt werden dürften. Dieses Ansinnen wurde dem Handlungsstand zu Abgebung seiner Einwendungen zugestellt, welcher herkommen ließ, daß dieses den freyen Handel und Wandel beschränke und wider Friedensrecesse und Reichsabschiede laufe, beyfügend, daß die mehrsten fremde Stücke nur Commissionswaaren wären, welche die Fabrikanten gegen Darreichung des Lohns verfertigten, und entweder durch diese immediate oder durch die commissioneurs an den Eigenthümer zurückgehen, so niemalen verbotten werden könne, vergaßen nebenbey auch nicht die liederlichen Streiche, ohnerlaubten Praktiken, sonderheitlich aber den unverzeihlichen Hang zum Schwärmen und Sauffen der meisten Weber, wenn ihnen etwas überzwerch geht, ins Licht zu stellen, sohin den von ihnen erlittenen Verlust und noch habende Gutstände zu schildern, und endeten mit dem wichtigen Vorwurf, daß in ihrer Mitte noch ehrliche, brave, redliche und wohlvermögende Meister zu finden seyen, dennen noch niemalen ein Stückel liegen geblieben, oder die an ihrem grundlosen Klagen niemalen als nur durch verheerende Drohungen aufgeschreckt einigen Antheil genommen.

Magistrat sah gar wohl ein, daß keine Parthei ganz recht, aber auch keine ganz Unrecht habe, dahero wurde beschlossen, einen Mitteweg auszukundschaften und zur Erzielung dessen die ganze Sache dennen Herren Consulenten zur Beratschlagung zuzuschlüßen: Allein die Weberschaft verlangte schon dabey mit gebieterischem Ungestüm, daß diese Anliegenheit dennen beiden Raths-Consulenten, Herrn Biermann und von Steinkuhl, dennen ihr Notstand am besten bekannt sey, zur Ausarbeitung möchte übertragen werden, welches auch geschah. Durch diese Nachgiebigkeit aufgeblasen, wagten sie gleich den anderen Tag einen unverantwortlichen Schritt, denn ein unsinniger Schwarm derselben verfügte sich in die Halle, allwo die fremden Stücke zur Erprobung der bezahlten Gebühr unter obrigkeitlich bestellter Aufsicht gestempelt werden, und forderten die Gewölbschlüssel von dem Hallmeister mit ungebührlichen Ausdrücken, trugen auch dieselbe auf das Weberhaus. Ein anderer Haufen derselben ging täglich zur Waag und schleppte die aufgerissenen Kisten und Colli, worinn sie fremde Waaren erhaschten, obwohlen einige derselben nur transito Gut waren, in das Weberhaus. Von diesem ungeahndeten Betragen immer stolzer gemacht, verlangten sie sogar, diese so widerrechtlich als unbefugt in Beschlag genommenen Waaren, ungeachtet der gütlichen Erinnerung, daß diese noch nicht verbotten seyen, ihnen preiszugeben; ja die Vermessenheit einiger Tollsinniger ging so weit, sammentlich gemelte fremde, meistens Ostindische Stücke dennen K[aiserlich] K[öniglichen] Werbungs-Commandierten zu Bandagen für die verwundeten Truppen anzutragen. Während dieser ganzen Zeit schwärmten

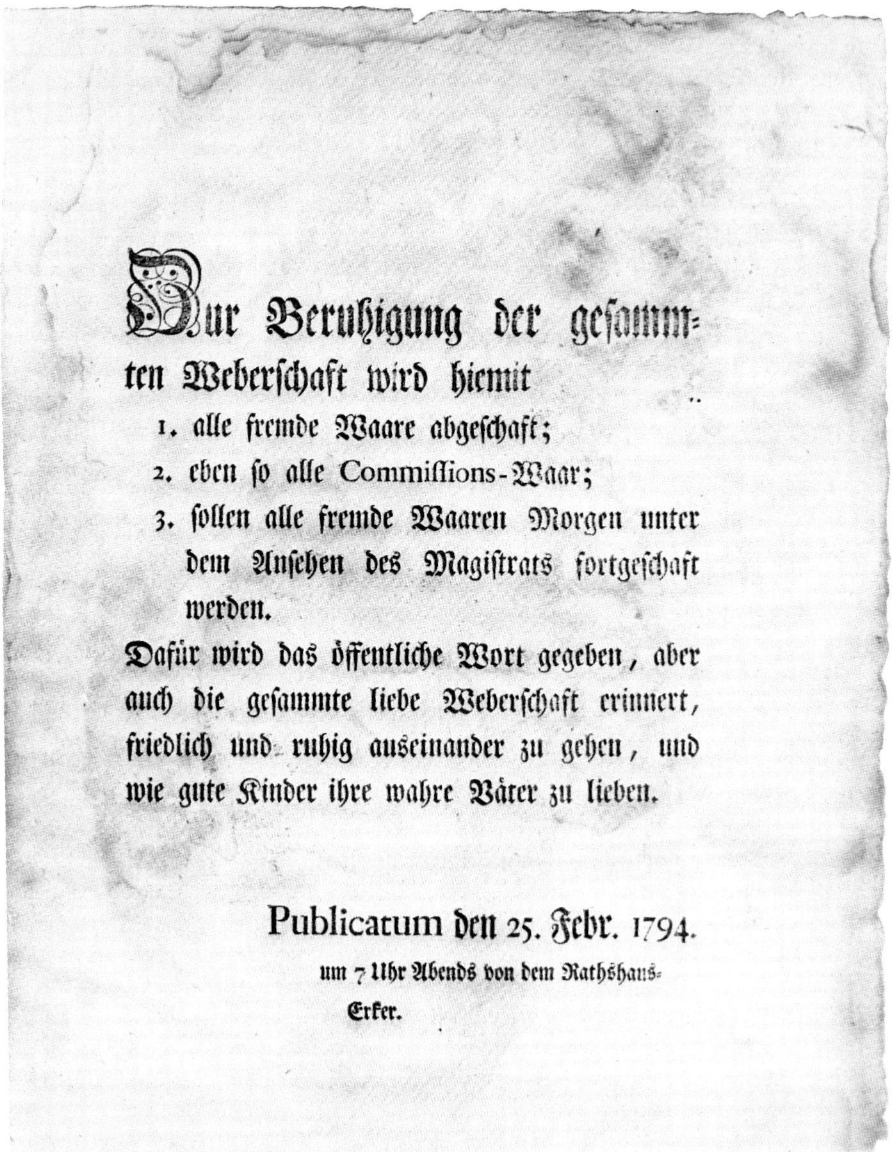

Zur Beruhigung der gesammten Weberschaft wird hiemit

1. alle fremde Waare abgeschaft;
2. eben so alle Commissions-Waar;
3. sollen alle fremde Waaren Morgen unter dem Ansehen des Magistrats fortgeschaft werden.

Dafür wird das öffentliche Wort gegeben, aber auch die gesammte liebe Weberschaft erinnert, friedlich und ruhig auseinander zu gehen, und wie gute Kinder ihre wahre Väter zu lieben.

Publicatum den 25. Febr. 1794.

um 7 Uhr Abends von dem Rathshaus-Erker.

Dekret des Augsburger Magistrats aus Anlaß der Weberunruhen 1794 die Weber von einem Wirthshaus in das andere trotz [sic! wie] dennen Mayenkäfern an einem warmen Maienabend. Unter der Hand erfuhren sie durch geheime Schleichweege, daß das Referat von dennen Herren Consulenten geschlossen und die Akten übergeben worden, mithin werde ihre Sache ohnfehlbar Samstag, den 22. Hornung [Februar] bey Rath vorkommen: die Erfahrung zeigte auch in der That, daß sie sehr gute Kundschaften eingezogen, denn an dem nehmlichen Tag fing man an, bey gebottenem Rath die Relation [den Bericht] der Herren Referenten bis Mittag 12 Uhr im Rath zu verlesen, weilen aber diese samt denen darzugehörigen Votis [Stellungnahmen] und Akten in etl[iche] und 50 Bögen solle bestanden seyn, wurde abgebrochen und das finale usque ad proximam [bis zur nächsten Sitzung] verschoben.

Während dem Rath war das Weberhaus gepfropft voll mit Webern, deren immer einige auf das Rathshaus auf die Spähe gingen, um zu erfahren, was alldorten für ein Wind ginge; als auch einer derselben befragt wurde, auf was sie denn warteten, gab er ganz trocken zur Antwort: Auf den Messias! Nicht so geschwinde waren die Herren des Raths die Treppe herunter, als die Nachricht der unentschiedenen Sache die in und vor dem Weberhaus versammelten Weber gleich einer wetterschwangeren Wolke, welche von dem Sturmwind zerrissen wird, auseinanderstäubte und die wenigeren nach Haus, die mehresten aber in die Wirthshäuser jagten, um allda nach ihrer Gewohnheit unter lärmendem Geschrey die gräßlichste Beschimpfung über die Obrigkeit, Fabrikanten und Kaufleute und alle anderen, welche nicht ihrer Parthei beipflichteten, auszuspeyen. Freilich trafen sie allda noch mehrere Trunkenbolde und unzufriedene Bürger an, die durch mißverstandenen französischen Freiheitssinn verpestet oder von schwarzen Aufruhr-und unseligen Revolutionsgedanken herumgepeitscht, ihnen das Mord und Tod brütende Gehirn noch mehr zu erhitzen, und durch schiefe Darstellung und geflissentliche Wiederholung einiger vorübergegangener, theils von Gerichten und Ämtern, teils von einzelnen Gliedern des Raths nicht genugsam überdachte Vorfälle oder würckliche Fehler Oehl in das Feuer zu gießen äußerst bemüht waren. Unter diesen tumultuarischen Vorbereitungen rückte endlich der schwere Entscheidungstag, der 25. Februar, welcher das ganze Publikum seithero gespannt hielt, heran, dessen frühen Morgen die Weber sogleich durch die allgemeine Ansagung in ihren Häusern, daß jeder Meister auf dem Weberhaus erscheinen, widrigenfalls die Einwerfung der Fenster oder Zerstörung seines Hauses gewärtigen solle, auszeichneten. Die Gesellen, Knappen, Buben, Mägde und Mädlen wurden auch angefrischt, sich gefaßt zu halten, auf den ersten Wink an Ort und Stelle zu erscheinen und sich nach dem Beispiel der Meister zu betragen. Um 9 Uhr strotzte das Weberhaus von Webern, und die nahegelegenen Hauptstraßen waren vor Menge der Leute kaum zu passieren, welche um 10 Uhr etwas abnahm, weilen sehr viele Weber denen nahe gelegenen Wirthshäusern zuströmten, um die schon riech [sic! heiser] geschrieenen Kehlen abzuspielen und neue Ungereimtheiten zusammenzustoppeln. Indessen war die Sache schon abgekartet, daß diese Naßbrüder durch immer hin und her fliegende Partheigänger, welche für ihre Bemühung jederzeit einen ergiebigen Schluck Bier thaten, von dem Lauf der Sache Rapport erhielten; auch sah man auf dem Rathshaus immer 3 und 4 Meister abwechslungsweise hin und wieder gehen, die das Ende des Rathes auszuspähen und dennen übrigen davon Gewißheit ertheilen beordert waren. Ohne dies zu erwarten, zogen sich die Weber in abgetheilten Haufen nach und nach auf das Rathshaus, und um 12 Uhr bey beendigtem Rath besezten bey 400 an der Zahl den Platz vor der Rathsstube und verlangten den Aufschluß über ihre Angelegenheit oder den ausgefallenen Rathschluß mit denen niederträchtigsten Ausdrücken und unbändigem Schreyen zu wissen, beisetzende: daß heute noch ihre Sache beendigt seyn müsse und, wann das Dekret nicht nach ihrem Geschmack ausfalle, sie solches nicht annehmen, sondern sich mit vereinigter Gewalt Recht zu verschaffen und alles unter und über sich zu kehren fest entschlossen seyen. Nicht nur einige Herren des Raths besprachen sich mit denen noch in etwas bescheideneren Meistern und versicherten sie, daß der heraus kommende Rathsschluß vollkommen ihrem Verlangen entsprechen und nur zu ihrem Besten abzwecke, sondern beede Amtierende Bürgermeister, Herr von Precht und Herr Diez (welche zur Zeit von der ganzen Weberschaft aus verschiedenen Gründen gehaßt wurden) waren äußerst bemüht, die aufgebrachten Gemüter theils durch unzeitige Drohungen, theils durch gütliche Vorstellungen zu besänftigen und zu Ruhe solange zu weisen, bis das Dekret auf der Canzley abgeschrieben worden sey. Allein ein allgemeines Geschrey und unzufriedenes Gemurmel ließ nur noch so viel entnehmen, daß sie sogleich den Inhalt des Dekretes abzulesen verlangten. Neben vielen anderen Gründen wurde beygebracht, daß zu Verkündigung des Rathsschlusses dies der Ort nicht, sondern das Weberhaus sey, wohin gegen 3 Uhr dasselbe geschieht und die allenfallsigen Anstände erklärt werden sollen. Einige noch billig denkende Meister ließen sich endlich bis 3 Uhr bescheiden und gingen nach Haus, die mehrsten aber rannten unter beständigem Feldgeschrey, daß die Sache heute noch beendigt seyn müsse, oder ... p. p. dennen Wirthshäusern zu, um alldorten Muth zu ihrem bevorstehenden Kampf (wie sie sich ausdrückten) zu holen. Schon vor 3 Uhr wimmelten alle Gassen und Straßen mit Webern, welche sammentlich dem Weberhaus zu wollten, in der gespannten Erwartung, den Ausschlag ihres künftigen Schicksals anzuhören. Aus dem Gang, aus den Gebärden konnte man den guten, den friedfertigen Meister kennen, deren kleine Anzahl an den Fingern abzuzählen keine Kunst erforderte. Da im Gegentheil die Bierschläuche mit kupferfarben vor Wuth und Biergeist glühenden Gesichtern in zertheilten Haufen, je nach der Lage der Wirthshäuser, wo sie geschlemmt haben, unter fürchterlichem Gestöße und unverständlichem Gemurmel daher schwankten, abgeredtermaßen zum vorhinein dahin gestimmt, alle Anträge zu verwerfen, welche die Preisgebung der in Beschlag genommenen Stücke und vollkommenes Verbot der fremden Waare nicht voraussetzten. So arg und übermäßig das Gelärm unter so vielen unbändigen Leuten auf dem Weberhaus war, eben eine so unerwartete Stille herrschte allda, als das Zeichen zum Stillschweigen und Anhörung des gebottenen Rathsdecrets gegeben wurde.

Ein Ausschüsser der Weberschaft verlas mit vernehmlicher Stimme eben berührtes, in anderthalb Bogen bestehendes Rathsdecret, welches mit welschen Kaufmannsausdrücken so verflochten war, daß nicht nur kein einziger Weber den Inhalt begreifen konnte, sondern auch die Deputation die Zergliederung und Erklärung desselben noch bis diesen Augenblick schuldig verbleiben mußte. Nun war alles rasend, und ein solcher Tumult, daß man nichts hörte als: Wir verstehen diesen Arschwisch nicht! wir können es umso weniger annehmen, als wir dadurch wie allezeit geäfft werden: Auf! wir müssen heute noch ein anderes Dekret mit dem Verbot der fremden Waaren erzwingen! Derjenige, welcher das Rathsdekret hervorgelesen und bey allen Gelegenheiten den Sprecher für die Weberschaft machte, bestrebte sich noch einmal Stillschweigen zu gebieten und Gelassenheit anzurathen, bis sie Erläuterung über den unbegreiflichen Rathsschluß erhalten haben würden, dahero sey er der Meinung, zu dem Herrn Consulenten von Steinkuhl, dem Verfasser dieses Dekrets, zu gehen und Erklärung von demselben abzuverlangen. – Was brauchen wir Erklärung! ruften die unbändigen. Es ist ein Spitzbub wie der andere; alle wollen uns für Narren halten; wir müssen ein anderes Dekret haben! [. . .]

Gleich einem unaufhaltbaren Waldstrom, welcher alles entwurzelt und mit sich fort wirbelt, rasten sie in einer dicken Masse dem Haus des Herrn Stadtpflegers von Stetten zu, drangen hinein und trafen denselben ihnen mit seiner Frau entgegen gehend auf der Stiege an. Sogleich wurde er von 2 berauschten Unholden bey der Brust und am Arm gepackt, die ihm das ungeschliefene Kompliment machten: wenn er uns nicht heute noch ein anderes Dekret verschafft, so soll er eine unsanfte Nacht verschlaffen! Ganz gelassen und mit standthaftem Ausdruck antwortete Herr Stadtpfleger dennenselben: daß dieses nicht in seiner Macht stehe, indennen das Dekret in dem gebottenen Rath beschloßen worden. So laß er, schrien andere taumelnde Naßkittel, sogleich Rath halten, denn wir müssen heute noch ein anderes Rathsdekret haben! [. . .]

Währenddessen der Herr Stadtpfleger sich angezogen und auf das Rathhaus zu fahren versprochen, sodann diese Leute väterlich ermahnte, ruhig und friedlich ihn zu verlassen. Jedoch ein toller Grobian versetzte: Nein! wir weichen keinen Schritt vom Fleck, bis er nicht in die Gutsche sitzt und sogleich mit uns dahin fährt, welches auch uneinstellig geschehen und ein gebottener Rath angesagt werden mußte.

Aus: Brief vermutlich aus der Hand des Ratsconsulenten von Schaden an einen ungenannten Empfänger, undatiert, StadtA Augsburg, Weberakten Nr. 94 b

3. Verfall der Zünfte (1788)

Bey uns in München gehören fast alle Zünfte unter die Klasse der bloß Handthierenden, und bey solchen Zünften muß, wenn man anders ihren Verfall nicht geflissentlich oder unbedachtsam befördern will, eine genaue Rücksicht auf das wechselseitige Verhältniß der Menge, von welcher sie Löhnung, Arbeit, und den Verschleiß derselben zuverläßig erhalten, genommen werden. Also soll z. B. ungefähr für fünfzig Familien Ein Krämer, Ein Schuster, und Schneider, Ein Bierbräuer, zween Becker u. dgl. für 300 Familien Ein Apotheker, Ein Geistlicher u. dgl. festgesetzt, aber auch die Anzahl der Fremden oder Gäste mit in Anschlag gebracht, mit Einem Wort, uns sollte in allen den Dingen, welche eingeschränkt sind, auch ein eingeschränktes Verhältniß vorhanden seyn. Ein Regiment, das tausend Trommelschläger, zween Pfeiffer, hundert Gemeine, und zwenhundert Officiers zählte, würde seiner Bestimmung schlecht nachkommen können. In München ist heut zu Tag noch ebendieselbe Zahl der sogenannten zünftischen Gerechtigkeiten, welche vor hundert Jahren war. Damals zählte man in München 27 000 Einwohner, itzt sind derselben wenigst 38 000. Damals war das Consumo (auch verhältnißmäßig genommen) ungleich geringer; und gleichwohl waren fast alle Zünften besetzt, und die hiesigen Bürger waren, wie bekannt ist, überaus wohlhabend. Heut zu Tag ist das Consumo, worunter ich überhaupt den wechselseitigen Aufwand verstehe, sehr groß; gleichwohl sind sehr viele Gerechtigkeiten unbesetzt, und die Bürger werden im Durchschnitt täglich ärmer, und können sich täglich weniger erschwingen. Einige Zünfte sind ganz eingegangen, und zwar nicht solche, welche, wie überall, mit Moden entstehen, und mit andern Moden fallen, sondern solche, deren Gewerbe stets nothwendig, und in steter Bewegung sind. Es sind nicht einzelne Bürger, deren häußlicher Wohlstand fällt, (denn auch bey guten Verfassungen fallen einzelne, wenn sie nicht wirthschaften), sondern ganze Zünfte, und zwar die wichtigsten derselben, sinken, und es ist demnach ganz unwidersprechlich, daß in Betreff der Zunftordnungen wesentliche Stükke überschritten, oder übersehen worden, oder sonst große Fehler eingeschlichen seyn müssen. [. . .]

Unter den allgemeinen Ursachen, welche den Verfall der Zünfte nach sich ziehen, ist unstreitig die allgemeinste diese, daß die Anzahl der nicht zünftigen Handthierer, als der Schneider, Schuster u. d. gl. bey weitem zu übersetzt ist. Diese nicht zünftigen Handthierer haben entweder den Hofschutz, oder sie sind Pfuscher. Diese letzteren müssen mit jenen nicht vermengt werden; denn wenn sie gleich beede nach ihrer Entstehung von einer und eben derselben Natur sind: so sind sie dieß doch nicht im Entstehen. Wer den Hofschutz bekömmt, erlangt ein ordentliches Recht, sein Handwerk, oder sein Gewerb zu treiben; und da dieses Recht, gewöhnlicher Weise, bloß auf die Person eingeschränkt, und auch die Haltung der Gesellen verboten ist: so würden die Handwerks- oder Gewerbsleute des Hofschutzes an sich nicht immer lästig, und in gewissen Zeitumständen, wo einige Vermehrung vorübergehender Handthierer erforderlich wäre, sogar zum Aushelfen nützlich seyn, wenn a) ihre Zahl niemals übersetzt, wenn selbe b) auf wahrhaft nützliche Gewerbe (dergleichen wahrhaftig z. B. die Koffee- oder Billiardhäuser nicht sind) eingeschränkt, und c) die Genießer eines solchen Schutzes, gleichwie sie die gemeinen Vortheile der Bürger ziehen, also auch die gemeinen Bürden derselben tragen müßten. Entgegen sind Die Pfuscher, welche sich insgeheim ansetzen, und gewöhnlich auch verheurathen, in allem Betracht schädlich. Theils können sie, weil sie gar keine Bürden tragen, wohlfeiler arbeiten, als die rechtmäßigen Handwerker, theils werden sie aber auch, weil sie, wie bey einigen Zünften nöthig ist, nicht im Stand sind, sich ihr Materiale im Großen anzuschaffen, veranlaßt, ihre Arbeiten zu verschlimmern, und sich an dem Kunden, wie immer, zu entschädigen. Hat der Mann Kinder, und stirbt, ehe selbe herangewachsen sind: so brauche ich nicht zu sagen, wem selbe zur Last fallen.

Aus: Lorenz von Westenrieder, Beyträge zur vaterländischen Historie, Bd. I, München 1788, S. 298 ff.

4. Der ausgebeutete Lehrling (1804)

Kömmt ein zum Handwerk aufzudingender Jüngling arm und ohne Geld zu einem Meister, so muß er entweder um einige Jahre länger lernen, und schon nicht mehr des Lernens wegen, sondern zum Vortheil des Meisters sich zur Lehre verdingen. Einige Handwerker fordern sogar hie und da, daß der Junge, wenn er kein eigenes Federbett mitbringt, den Gebrauch der ihm lehenweise eingeräumten Liegerstadt mit Lehrjahren, oder längerer Zeit unentgeldlicher Dienstjahre gut mache. Oft muß der Junge beym Aufdingen schon einen sogenannten Spitznamen annehmen, z.B. Springinsfeld, Stiefelkopf, Fuchsschwanz, Hosenknopf, Gimpel, Meerkuh, Tölpel etc. Von dem Gelde des armen Jungen ziehen oft Magistratsverwandte, verschiedene Aemter, und das Handwerk Gebühren. Die Zeremonien werden bey offener Lade, wie die Wichtigkeiten der jüdischen Synagoge unter manchen Demüthigungen, Burzelbäumen und die Menschheit entwürdigenden Hudeleyen vorgenommen. –

Am Ende des Aufdingungs-Aktus muß der Junge den mit ihm beschäftigten Vorständen und Meistern des Handwerkes etwas Geld zu verschmausen, oder zu vertrinken geben, und hätte er, oder sein Beystand, Vater, Pathe, Bürge kein Geld auf ihn zu verwenden, so müßte es der Junge betteln. – Welche Absurditäten, welche verständige und ehrliebende Jungen sollen solche Begegnungen nicht von der Wahl des Bürgerstandes zurücke scheuen? Und ist es wohl ein Wunder, wenn die meisten, so lange es möglich war, den nichts wirkenden, und eben darum nichts bedeutenden Chorbruderstand in einem weissen oder schwarzen Rocke, oder den ehrwürdigen Bettelsack den bürgerlichen Broderwerben vorzogen? – Ist es ein Wunder? – Doch sind dieß noch Kleinigkeiten gegen das, was den jungen Bürger, den sogenannten Lehrbuben, in seinen Lehrjahren, und in der Werkstatt seines Meisters erwartet. Nur mit dem Kopfe zum Fenster hinaus, was begegnet uns da? [...] Hier lauft der Goldarbeiterjung, der Bier, dort der Uhrmacherlehrling, der Wasser holt. Hier ist einer der Holz kliebt, der andere der es trägt; dieser bey der Wiege als Adstant [Gehilfe] der Kindsmagd, und jener beym Bratenwender als Untergeordneter der Küchenmagd. Es ist keine Arbeit so schmutzig, und keine so verächtlich, die nicht der sogenannte Lehrbube verrichten muß, wenn sie auch wirklich in gar keiner Verbindung mit seinem Lehrgegenstande steht. Es werden diese Geschäfte nicht anders angesehen, als gehörten sie wirklich zum Kunst- oder Handwerks-Metier. [...] Fängt der Lehrling aber einmal an, die Aale, den Griffel, den Hammer, das Werkzeug seiner Beschäftigung in die Hand zu bringen, und wird ihm ein paarmal zu Ohren gerufen: Schurk! so mußt du es machen! so ist der zweyte Theil dieser Unterrichtsrede schon: Und machst du es nicht so, – fehlst du, so bist du karbatscht. – Mit Wehmuth erinnert sich da der arme Junge an die ersten Ruthenhiebe seines barbarischen Zuchtmeisters in der Schule, und mit Schweißtropfen auf der Stirne ergreift er sein Handwerkszeug, und führt es, wie man Geschäft in der Angst führt. Es bleibt auch gemeiniglich Meister und Gesellen nicht lange bey der Rede und dem Drohen allein, sondern es scheint fast zu den unumstößlichen Handwerks- und Kunstartikeln zu gehören, daß sowohl Meister als Gesellen, wenn sie dem unerfahrnen, in Schrekken gesetzten Jungen einmal Schläge androhen, und er unglücklicher Weise fehlt, auch heilig Wort halten.

Aus: Churpfalzbaierisches Intelligenzblatt, Nr. 17, 21. 4. 1804, S. 275ff.

5. Arbeit in der Manufaktur (um 1802)

Officieller Vortrag, die Brügelmannische Baumwoll-Maschinen-Spinnerey ob der Au [bei München] betr.

Als ich jüngst von dem Herren General-Landes-Directions- und geheimen Rath von Stubenrauch vernahm, daß Brügelmann nach dem erfolgten Hintritt seines Vaters die hiesige Spinn- und Bleich, dann Türkengarn-Manufaktur aufzugeben entschlossen und die Maschinen hinwegzuschaffen im Begriff stehe, äußerte ich den Wunsch, dieß Werk zu sehen, indem mich als Respicienten [Leiter] des Straf-Arbeitswesens interessierte, alles zu benutzen, was hierauf eine vorteilhafte Beziehung gewinnen könnte. – Herr von Stubenrauch veranlaßte sogleich eine gemeinschaftliche Besichtigung, deren Resultat meinen Wunsch vollkommen befriedigte. Ich fand in den Sälen des schönen und geräumigen Gebäudes des ehemaligen militairischen Arbeithshauses in der Au 20 Handmaschinen, deren jede 72 Spindeln in Bewegung setzt, um alle Vorrichtungen zur Vorbereitung der Baumwolle nebst einer Roßmühle zum Betrieb der Kratzmaschinen.

Die Vortheile dieser Spinnerei können nicht anders als beträchtlich sein, weil die Maschinen einerseits Zeit und Menschenhände sparen und das Produkt eine außergewöhnliche Gleich- und Feinheit erhält, andererseits aber die Qualität die Nachfrage vermehrt, welche hinwiedero viele Menschenhände beschäftiget.

Einschlüßig den Aufseher sollen gegen 200 Menschen in Arbeit stehen. Die schwächeste Klasse der Menschen hat Kraft genug, diesen Mechanismus dieser Anstalt in Gang zu halten; ich sah Weiber und Kinder angestellt und ohne sonderliche Anstrengung die Arbeit fördern.

Ein vierter Vorzug ist, daß diese Arbeit leicht erlernt wird; in 3 Tag sind Knaben hinlänglich unterrichtet; in 10 Tagen ist auch das schwerere erlernt.

Das Arbeitsverdienst macht den fünften Vorzug aus; 6–8 kr verdient sich das jugendliche Alter, da die gewöhnliche Handspinnerey dieses nie erzwecken könnte.

Endlich macht die Maschine ohne weiteren Zwang für sich schon fleißige Leute. Der kleinste Knabe wird an seine Kratzmaschine gefesselt; er muß den Faden ohne Aufenthalt hinwegnehmen, den sie in gleichem Zeitmaaße unaufhörlich zum Vorschein bringt; und diese Lebhaftigkeit der Maschine gewährt Reitze der Unterhaltung, wobey alle Langeweile verbannt ist.

Ich finde diese Maschin-Spinnerey so zweckmäßig für das Strafarbeitshaus, ... daß ich mich verpflichtet fühle mit dem Vorschlage vorauszukommen, die Regierung möchte sie, wie sie bereits in bester Aktivität ist, übernehmen und den Inhaber Brügelmann zu entschädigen.

Aus: Undatierte Abschrift ohne Unterschrift, BayHStA, MInn 16318

6. Lob der Kinderarbeit (1770)

Es ist aber nicht genug, daß die Kinder und Jünglinge in denen Grundsätzen der in ihrem künftigen Beruf zu verrichten habender Geschäften unterrichtet werden. Es müßen nebenbey auch die Eltern ihre Schuldigkeit beobachten, die Kinder bey Zeiten zur Arbeit gewöhnen, und von dem Müßiggang, Gaßenlaufen, Betteln, und dergleichen Unfug abhalten; Kinder von 10, 8 und minderen Jahren können schon zum wenigsten ihre Kost auf dem Land und in den Städten gewinnen. Ich würde allzuweitläufig werden, wenn ich alle Gattungen von nützlichen Kinderarbeiten hier anführen wollte: Fabricken und Manufacturen in Städten, Wolle, Hanf und Flachs spinnen, Stricken und dergleichen auf dem Land und in Städten geben schon zu erkennen, wie man Kinder, sich selbsten zu ernähren angewöhnen solle. [...] Bey meinem Aufenthalt in England habe ich angemerkt, daß der Arbeitern in Fabricken und Manufacturen täglicher Erwerb durch die Vermehrung ihrer Familien einen merklichen Anwachs erhalte, weilen ihre Kinder vom sechsten Jahr an schon denen Eltern das Brod verdienen helfen; diese Tagarbeiter auch deshalben sehr wohl leben und an keine Ersparniß gedenken, weilen sie gesichert sind, daß nach ihrem Tod denen verlaßenen Waisen es weder an Erziehung noch Nahrung ermangeln werde. Es macht einem Staat eben keine Ehre, wenn man starke Pursch und Mägdens von 12 und mehrern Jahren auf den Gaßen herumlaufen, alle Vorbeygehende ungestüm anbetteln, oder sonst allerhand Bosheiten ausüben siehet.

Aus: Johann v. Ickstatt, Akademische Rede von dem Einfluß des Nationalfleißes und die Glückseligkeiten der Staaten, 1770, S. 12f.

7. Die Augsburger Schlossergesellenordnung von 1805

Artic. I.
Jeder zugereiste Gesell soll sich zu allererst auf die Heerberge seiner Religion begeben, um zu erfahren, welche und wie viele Meister Gesellen bedürfen, bey denen er Arbeit suchen kann.

Artic. II.
Das Interesse der Meister wird von selbst fordern, daß sie auf der Heerberge, wenn sie Gesellen nötig haben, ihre Namen nebst der Straße, Buchstaben und Hausnummer fleißig angeben, damit sie jeder Gesell leicht und geschwinde finden kann.

Artic. III.
Jeder fremde Gesell soll sich sonach selbst um Arbeit sehen, und freye Wahl haben, zu einem Meister zu gehen, zu welchem er will; doch darf er sich nicht länger als dreymal 24 Stunden ohne Arbeit befinden, widrigenfalls ihn die Polizey als Vagabunden betrachten würde.

Seite 35: Lehrbrief eines Schreiners 1823

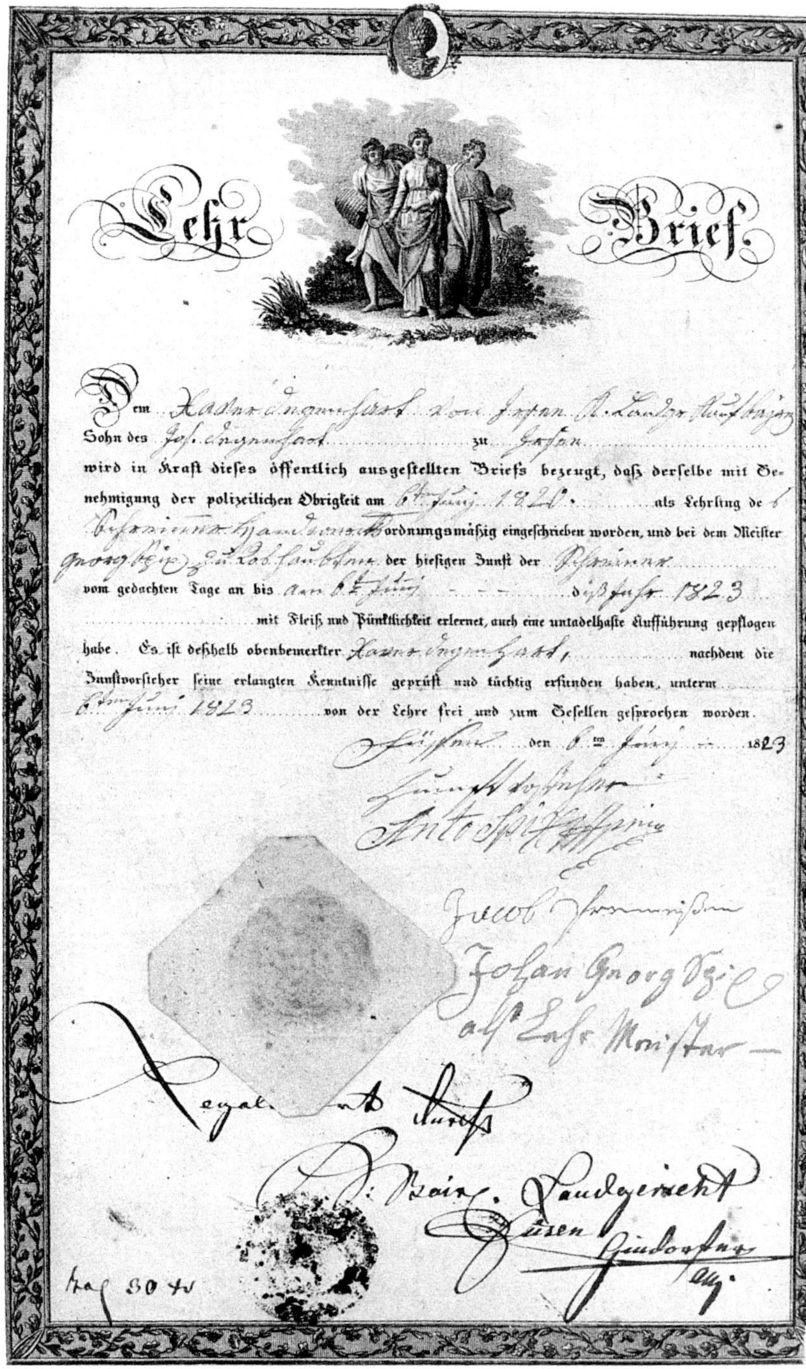

Lehr Brief

Dem Kaspar Engenhart von ... Sohn des Jos. Engenhart zu ...

wird in Kraft dieses öffentlich ausgestellten Briefs bezeugt, daß derselbe mit Genehmigung der polizeilichen Obrigkeit am 6. Juni 1820 als Lehrling des ... ordnungsmäßig eingeschrieben worden, und bei dem Meister ... der hiesigen Zunft der ... vom gedachten Tage an bis am 6. Juni ... 1823 mit Fleiß und Pünktlichkeit erlernet, auch eine untadelhafte Aufführung gepflogen habe. Es ist deßhalb obenbemerkter Kaspar Engenhart, nachdem die Zunftvorsteher seine erlangten Kenntnisse geprüft und tüchtig erfunden haben, unterm 6. Juni 1823 von der Lehre frei und zum Gesellen gesprochen worden.

Füssen den 6. Juni 1823

Zunftvorsteher

Johan Georg ... als Lehr Meister

... Landgericht Füssen

Artic. IV.
Da der Strassenbettel und das Fechten [das Bitten um den Reise-Zehrpfennig] der Handwerkspursche dahier scharf verboten ist, so hat auch jeder Gesell während des Arbeitschauens sich dessen um so gewisser zu enthalten, als er sonst auf Betreten ohne weiters in das Arbeitshaus gebracht werden würde.

Artic. V.
Wenn ein Gesell Arbeit bekömmt, so zahlt der Meister dem jeweiligen Heerbergvater 6 Kr. als ein bloßes Geschenk, für welches letzterer dem Gesellen nichts zu reichen schuldig ist.

Artic. VI.
Meister und Gesellen sind verbunden, nach einer ganzen Woche ordentlich Lohn zu machen, wenn aber kein Lohn gemacht wird, so soll dem Gesellen jeder Arbeitstag mit 12 Kr. bezahlt werden.

Artic. VII.
Läßt ein Gesell vorsätzlicher Weise die Arbeit liegen, und gehet spazieren, so werden ihm nach Verhältniß die müßigen Täge und Stunden vom Meister abgezogen.

Artic. VIII.
Wenn ordentlich Lohn gemacht worden, und ein Gesell ohne Aufkündung den Meister verlassen wollte, so muß er ein Viertel Jahr lang hiesige Stadt meiden.

Artic. IX.
In einer Werkstätte findet das Aufsagen von mehreren Gesellen zu gleicher Zeit nicht statt, sondern nur von einem.

Artic. X.
Wird aber ein Gesell in gehöriger Ordnung fremd, so soll er zu seinem fernern Arbeitschauen von dem Meister, bey dem er gearbeitet, einen Zettel aufweisen können, auf welchem sein Name und die Zeit, welche er gearbeitet, genau angezeigt ist.

Artic. XI.
Verlangt ein Gesell Kundschaft [Zeugnis], so muß er auch einen vom Heerbergvater unterschriebenen Zettel haben, und sollen die Kundschaften selbst ächt und gerecht bey scharfer Strafe ausgefertiget werden.

Artic. XII.
Einem jeden in Arbeit stehenden Gesellen sollen wochentlich von seinem Meister 2 Kr. am Lohn abgezogen werden, welche dem ältesten Geschwornen einzuhändigen sind, und von diesem in die errichtete Krankenbüchse gelegt werden.

Artic. XIII.
Alle Viertel Jahr wird auf jeder Religion, in der ältesten Werkstätte anfangend, ein sogenannter Pfleggesell erwählet.

Artic. XIV.
Jeder kranke Gesell hat sich zuerst an den Pfleggesellen zu wenden, und dieser gehet sodann mit ihm zum Geschwornen, welcher die gehörige Unterstützung zu reichen hat.

Artic. XV.
Alle Viertel-Jahr sollen die ältesten Geschwornen mit den Pfleggesellen über Einnahme und Ausgabe ordentliche Rechnung halten, der Haupt-Rechnung aber, welche jährlich einmal an einem bestimmten Tage zu halten ist, sollen alle Gesellen, wenn sie wollen, beywohnen dürfen.

Artic. XVI.
Wenn ein Lehrjunge frey gesprochen wird, soll er zwey Gesellen als Zeugen haben, wovon einer der Pfleggesell seyn muß, und denselben für ihre Bemühung 30 Kr., in die Krankenbüchse aber 15 Kr. bezahlen.

Artic. XVII.
Alle Streitigkeiten zwischen Meistern und Gesellen sollen zuvörderst von den Geschwornen beygeleget werden; widrigenfalls sie im Kunst-Gewerb- und Handwerksgericht abgethan und entschieden werden sollen.

Artic. XVIII.
In Ansehung der bey den Katholischen üblichen Quatember Messen und anderen Kirchengebräuchen bleibt es bey der zwischen Meistern und Gesellen bisher gehaltenen Observanz.

Aus: StadtA Augsburg, Anschläge und Dekrete Nr. 931

8. Beschwerden gegen das Gewerbegesetz von 1825

Die erste Befürchtung, welche man von dem neuen Gesetze hatte,[1] war, es werde in Folge desselben das Verhältniß zwischen Producent und Nachfrage nach dem Producte auf eine, staatswirthschaftlichen Grundsätzen widersprechende Weise verändert werden. [...]

Die Zahl der Gewerbtreibenden Münchens, welche im Jahre 1806 mit Hinzurechnung derjenigen, deren Gewerbe in der Folge freygegeben wurde, noch 1906 betrug, belief sich am Schlusse des Jahres 1825 auf 2175. Diese Zahl wurde seit die-

[1] Zur Gewerbeordnung von 1825 vgl. Nr. XI/2 u. 3.

sem Zeitpunkte, in Folge des neuen Gewerbsgesetzes so vermehrt, daß sie gegenwärtig 3068, mit denjenigen aber, welche freye Gewerbe treiben, 3672 beträgt. Rechnet man die in der Vorstadt Au befindlichen 386 Gewerbtreibenden dazu, welche größtentheils ihren Unterhalt in München finden, so finden sich in diesen beyden Gemeinden, mit Abrechnung der übrigen Gewerbtreibenden in dem Landgerichtsbezirke, welche ihren Markt in diesen Gemeinden haben, 4058 selbstständige Gewerbtreibende. Nun zählt nach der letzten officiellen Bekanntmachung München 16494, die Vorstadt Au aber 2209 Familien, beyde Gemeinden also 18703; es treffen daher, betrachtet man München allein, auf 449, betrachtet man München mit der Au, auf 460 Familien 100 Gewerbtreibende. [...]

Hieraus erhellt schon klar die Uebersetzung der Gewerbe in München, denn während in Berlin auf 8 Familien eine gewerbtreibende trifft, kommt in München bereits auf 4 Familien eine solche.

Dieses Mißverhältniß muß natürlich von dem nachtheiligsten Einflusse auf den Wohlstand der Gewerbtreibenden seyn. [...] Dabey mehrt sich die Zahl der Armen, es mehren sich die Anforderungen an die öffentlichen Anstalten, welche zur Unterstützung Dürftiger bestimmt sind. Als Belege über das Verhältniß der Dürftigen Münchens möge dienen, daß der Verein, welcher sich hier zur Unterstützung Bedürftiger mit Brennmaterialien gebildet, nach sorgfältiger Prüfung der Verhältnisse fast 5000 Bittstellern aus München und der Au unentgeltlich Brennmaterial spenden mußte. [...]

Es zeigt sich, wie schon im Allgemeinen angeführt und bewiesen wurde, ein Mißverhältniß zwischen Producent und Nachfrage nach dem Producte; dieß Mißverhältniß findet sich jedoch schon bey den nicht selbstständigen Gewerbtreibenden; – es beginnt schon bey den Lehrlingen.

Die frühere Gewerbsgesetzgebung hatte geglaubt, eine Schranke zu setzen, ein Verhältniß zwischen Lehrlingen, Gesellen und Meistern dadurch bestimmen zu müssen, daß Letztere in der Annahme von Lehrlingen beschränkt waren. Diese Bestimmung hielt man indessen für dem Principe der Freyheit widersprechend; deßhalb wurde durch die Verordnung vom 20. Juny 1810 erklärt, daß es jedem Handwerksmeister frey stehen solle, so viele Handwerkslehrlinge aufzunehmen, als er für gut finde. Von dieser Berechtigung wurde nun auch in vollem Maaße Gebrauch gemacht. Mit Lehrlingen zu arbeiten, kam wohlfeiler, als mit Gesellen; Lehrlinge konnten zu manchen Diensten gebraucht werden, welche von den Gesellen verweigert worden wären. Deßhalb wandte sich ein großer Theil der Meister, die Gehülfen brauchten, an die Aufnahme von Lehrlingen; war die Lehre des einen beendigt, so wurde er entlassen; an seine Stelle trat ein neuer. – Durch dieses Verfahren wurde nun natürlich die Zahl der Gesellen vermehrt, der Bedarf von Gesellen nahm aber im Verhältnisse der Zunahme der Zahl ab. Es war ferner natürlich, daß bey diesem Verfahren der Unterricht der Lehrlinge immer schwächer wurde, daß sie, ausgelernet, auf der Wanderschaft immer weniger Gelegenheit zur Arbeit, also auch zur Vermehrung der Kenntnisse erhielten. [...]

Die Zahl der arbeitslosen im Lande wandernden Gesellen wuchs in stetiger Progression; mit ihr die Abnahme der Kenntnisse, die Demoralisation; die verschiedenen Staaten sahen sich genöthigt, ihre Gränzen vor dem Eintritte fremder Handwerksgesellen fast hermetrisch zu verschließen, so lange sich diese nicht über den Besitz einiger Baarschaft auszuweisen vermögen, was bey der vermehrten Schwierigkeit, Arbeit zu finden, immer schwieriger wird, und man kann in gegenwärtigem Augenblicke ohne Uebertreibung behaupten, daß in Bayern fortwährend 20 000 Gewerbetreibende arbeitslos das Land durchstreifen.

Aus: Verhandlungen der Kammer der Abgeordneten 1831, Beilagenband VII, Beil. 33, S. 44 ff.

9. Auf der Walz (ca. 1836)

Den schönen See entlang kamen wir anderen Tages über Nonnenbach nach Lindau.

Es liegt gleichsam auf einer Insel und ist nur durch eine hölzerne Brücke mit dem Ufer verbunden. So waren wir also in Bayern, wo in Hinsicht der reisenden Gesellen ein noch schärferes Lüftchen zu wehen scheint, wie ich es anderswo schon zur Genüge erfahren. Gleich am Stadttor wurde uns ein festlicher Empfang. Hier fiel mir mit eins bei, wie die Studenten in Freiburg doch in manchem recht gehabt hatten. Diese ewigen Grenzen im Deutschen Reich sind wahrhaft vom Teufel erfunden. Das unaufhörliche Passieren von Schlagbäumen, und das Durchschnüffeln des Wanderbuches von Constablern und Stadtsoldaten aller Art ist mit viel Verdruß verbunden und lästig genug für einen ordentlichen Gesellen, der nichts will, als sich in der Welt umsehen und sein Metier tüchtig erlernen. Wie ein Spinnennetz, darin sich der ehrlichste Kerl verfangen kann, laufen die Zollschranken über das Land, und man möcht räsonnieren, wie die Freiburger Leut, wär damit etwas geschafft. Das faule Reden allein ändert nichts nit, und die Neunmalweisen haben die Welt noch keine Elle voran gebracht.

Fang auch noch an mit dem klugen Geschwätz, und will darum besser aufschreiben, wie wir in Lindau am Tor die Wanderbücher abgeben mußten und ohne Umschweif auf das Stadthaus gewiesen wurden, wohin uns zu allem Überfluß ein Stadtsoldat begleitete. Ein guter Kerl und gerad so deutsch wie wir, was man beinah vergessen könnt bei all dem Unstand, den einen die Monturen [Uniformen] machen.

Splitternackt wurden wir auf dem Stadthaus auf Kretz untersucht und mußten unser Reisegeld vorweisen. Ich hatte Zorn und wies den Sekretären meinen vollen Beutel, deren Gesichter so hager waren, daß sie gern eine Geis zwischen den Hörnern hätten bützen [küssen] können. Machten nit schlechte Augen, und das war mir gerad recht. Doch hatte ich falsch gestochen. Mein Reisekollege kam in arge Verlegenheit, dieweil er nur einige Kreuzer bei sich hatte. Die Sekretären freuten sich schon, ihn in städtische Arbeit abführen zu können, wo er sich seine zehn Gulden zusammenverdienen sollte. Sie grinlachten [gezwungen lachen] von Herzen, aber ich stand ihnen entgegen, indem ich angab, mein Reisegesell hätte mir in Konstanz zehn Gulden geliehen, da ich mein Felleisen auf Fracht gegeben und erst in Nonnenbach wieder bekommen hätte. Wär also nit allein das meinige, was ich vorgewiesen, der andere hätt auch seinen Teil daran. Nun zählten sie eifrig darauf los, war aber noch ein gutes über und mußten uns ziehen lassen. Der Herr Sekretär mußte uns aber doch noch bedeuten, daß wir in Bayern wären und nit irgendwo auf der Welt. Ich sagte ihm ganz bescheiden, das hätten wir gleich gemerkt, an der Stadtwache, die hätte so schöne Monturen. Das nahm der Mann für ernst und ließ uns ziehen. Schlimmer noch als die Stadtwach waren aber die Wege, die wir zu marschieren hatten, worauf man besser Obacht gäb, als auf die Kretz von ordentlichen Gesellen. Müßt voller Grind stecken, träf all die Sorgfalt zu, die man dieserhalb auf meinen Leib verwendet. [...]

Am anderen Tag waren die Straßen steinhart gefroren. Bis gegen Mittag hatten wir gut marschieren, dann begann es zu tauen, und wir mußten gehörig durch Dreck waten. Bei unseren müden Beinen war es uns deshalb recht willkommen, daß wir in einem Gasthaus einkehren konnten, dem die große Seltmannsche Fabrik nahe gelegen war, deren Gesellen um 4 Uhr zum Vesperbrot herüberkamen. Wir hatten uns ordentlich darauf gespitzt, recht ausführliches von ihnen über die Arbeit in solcher großen Werkstatt zu hören. Doch taten sie garnit dergleichen, betrachteten uns vielmehr arg ausführlich durch ein Türfenster und wußten nit einmal recht die Zeit zu bieten. Von ehrbarem Zunftgebrauch hatten sie nit soviel, daß auch nur einer gekommen wär, um als rechter Gesell mit uns zu sprechen und nach dem Weg zu fragen. Sie lachten draußen am Schenktisch, als wären wir ihnen die Ursach und gingen dann weg, ohne sich nur nach uns umzusehen. Solch Gebahren war mir noch nit unterlaufen, und mochten wir nach dem langen Marsch auch verdreckt aussehen, daß wir ehrbare Gesellen waren, ließ sich doch leicht erkennen.

Aus: Biedermeier auf Walze. Aufzeichnungen und Briefe des Handwerksburschen Johaan Eberhard Dewald 1836–1838, hrsg. von Georg Hofmann, Berlin 1936, S. 81ff.

10. Eingabe der Augsburger Weber an die Regierung gegen eine Betriebsgenehmigung für die Mechanische Baumwoll-Weberei und Spinnerei Augsburg (1837)[1]

Mit der Maschinen-Spinnerei soll auch eine Weberei von 200 bis 800 Stühlen verknüpft werden, um gefertigte Kaliko [bedruckte Baumwollstoffe] aus der Fabrik hervorgehen zu laßen. Erkennen wir in der Anlage der Spinnerei, in welchem Umfange dieselbe auch geschaffen werden mag, nicht nur den Vortheil des Publikums im Allgemeinen, sondern auch unsern eigenen, weil das Garn zum Weben wohlfeiler geliefert werden mag, so haben wir Weber in Augsburg und der weiteren Umgegend in der Errichtung einer Weberei einen großen Nachtheil zu befürchten. Das Bedürfniß an Kaliko für hiesige und umliegende Fabriken liefern die hiesigen in voller Thätigkeit sich befindenden Webstühle circa 150 bis 160 an der Zahl, und es

[1] Zur Mech. Baumwoll-Weberei und Spinnerei Augsburg vgl. Nr. IX/5 und 6 sowie XI/7.

Tuchmacher-Werkstatt um 1835, Lithographie von G. M. Kirn

sind eben so viele Leute dabey beschäftigt, als den Gewerbemeistern dadurch verhältnißmäßiger Verdienst zugehet.

Würden demnach in der zu errichtenden Fabrik nur 200 bis 300 Webstühle angelegt, so würden die hiesigen und auswärtigen, welche gegenwärtig für die hiesigen Fabrikanten in voller Thätigkeit sind, unthätig gemacht, und es werden ebenso viele Gewerbsmeister und Familien brodlos, als in der gemeldeten Spinnerei Maschinen Webstühle errichtet werden. [. . .]

Die Fabriken erschöpfen den ganzen Verdienst des Ortes und der Umgegend, wollen aber dieselben in ihrem Fortgange nicht gehindert werden, so muß dem einzeln gestellten Handwerker doch auch Gelegenheit verschaft sein, sich neben dem großen Wucher zu erhalten.

Die Existenz der Handwerker neben den Fabriken ist nur dann noch möglich, wenn den Handwerkern der gegenseitige Austausch der eigenen Fabrikate gestattet ist.

Nimmt uns die Spekulation den Verdienst, den wir uns durch Anfertigung von

Kalikostücken verschaffen konnten, so muß die schützende Polizeigewalt dafür besorgt sein, daß wir wenigstens die sonst allgemein im Gesetze gestattete Befugniß erhalten, sohin uns die Möglichkeit der fernern Subsistenz [Lebensunterhalt] gegeben sei.

Aus: Eingabe der Weberinnung Augsburgs an die K. Regierung des Oberdonaukreises, Kammer d. Innern (betr. SWA-Errichtung und Erteilung einer Konzession zur Weberei), 26. 4. 1837, BayHStA, MH 5677

11. Die Schuhmachergesellenunruhen in München 1848

Die, freilich sehr bedauerlichen, Irrungen zwischen den hiesigen Schuhmachermeistern und deren Gesellen dürften in nicht ganz gut unterrichteten Blättern wieder als Folgen revolutionärer Umtriebe geschildert werden, was sie durchaus nicht sind. Wir wollen daher den einfachen Thatbestand erzählen, wie wir ihn aus guter Quelle schöpften; freilich werden wir es dabei machen müssen wie jener Landrichter in den »fliegenden Blättern« und bald diesem bald jenem zugestehen müssen »jetzt hat Der wieder recht!« Sich Verbesserung seiner Lage zu wünschen, liegt in der Natur des Menschen; solche auf dem Wege des Rechts, friedlichen Uebereinkommens und durch Hilfe der Gesetze zu erlangen, hat jeder Mensch die Befugniß. Nun traten denn auch die hiesigen Schuhmachergesellen zusammen, um auf dem Wege des Rechtes und friedlichen Uebereinkommens sich von ihren respectiven Meistern die Erfüllung folgender Puncte zu bedingen: 1. Allgemeine Bezahlung des Lohnes wie in jenen Conditionen, wo am Meisten bezahlt wird. (Dieses Punctes Erfüllung wird sich der Umstand entgegenstellen, daß ein Meister, welcher durchschnittlich feine Arbeit liefert, größere Löhnung zahlen kann und muß als ein Anderer, aus dessen Werkstätte meist gewöhnliche Arbeit hervorgeht.) 2. Beseitigung, vielmehr Verbesserung schlechter Schlafstellen, Anweisung eines passenden Platzes zu Aufbewahrung der Kleidungsstücke für die Gesellen, und eine der Arbeit angemessene Kost. (Diese Bedingung ist gewiß billig genug, zumal wenn man die Löcher und Lagerstätten bedenkt, auf welchen die armen Arbeiter an so vielen Orten von des Tages Lasten sich erholen müssen, während sie jedes herrschaftliche Pferd um seinen Stall und seine Streu beneiden möchten. Aehnliches ist gar häufig bezüglich der Kost der Fall, wie des Aufbewahrungsortes der von den Gesellen so sauer und mühselig erworbenen Kleidungsstücke.) 3. Sollten Licht, Schwärze, Zündhölzer, Glas, Stärke, Borsten, Wachs etc. als zur Arbeit nöthige Dinge auf Kosten der Meister hergeschafft werden und nicht, wie bisher, der Gesellen. (Da die Meister dafür vom Publicum bezahlt werden, wird man den Gesellen das Anschaffen der Arbeits-Materialien nicht zumuthen können, so wenig als das Schreiber-Personal eines Landgerichts etc. die Schreibmaterialien zu zahlen braucht.) Diese letzteren Bedingungen nebst einer eben so billigen bezüglich des Einbringgroschens hätten wohl von den Meistern angenommen werden dürfen, auch haben mir geachtete Schuhmachermeister selbst erzählt, daß die in Artikel 3 enthaltenen Gegenstände per Mann wochentlich im

Durchschnitt höchstens 4 kr. betragen, was dem Gesellen viel, dem Meister wenig heißt. Die Gesellen beschlossen, da, wo sie mit ihren Vorschlägen nicht durchdrängen, die Arbeit aufzugeben. Von vielen Meistern scheinen diese Vorschläge nicht angenommen, eben so wenig eine äquivalente Lohnerhöhung bewilligt worden zu sein. Nun stellte die kgl. Policeidirection mit vollem Rechte und anerkennungswerthem Billigkeitsgefühle den Arbeitern die Alternative: entweder München zu verlassen oder in Arbeit zu gehen. Viele Schuhmachergesellen thaten eines von Beiden, die Uebrigen aber wurden mit vollem Rechte nolens volens aus der Stadt geschafft, wozu die Hilfe des Militärs in Anspruch genommen ward. Daß aber die armen, höchstens unbesonnenen Menschen gleich einer Koppel Hunde oder Sclaven oder gleich Verbrechern paarweise (trotz der zahlreichen bewaffneten Gendarmen- und Soldaten-Begleitung) zusammengekettet durch die Stadt getrieben wurden, das mußte jedes Menschenherz empören! Manche Leute meinten auch: solche Ausweisungen in Masse böten einem hochpreislichen Policei-Directorium erwünschte Gelegenheit: die Stadt von kräftigen Armen zu befreien, die sich etwa dagegen stemmen könnten, wenn man den Staatswagen des Fortschritts wieder in den Reactionsquark zurückschieben wollte. Wir selbst beschränken uns auf den Wunsch: daß jene Herren Schuhmachermeister, welche zwar den Preis der Arbeit, nicht aber Lohn und Loos der Arbeiter steigerten, nun auch mit jenem wieder herabgehen möchten. Auch hätten wir gemeint, daß gewisse Behörden vorerst vermittelnd und schiedsrichterlich hätten zwischen Meistern und Gesellen treten sollen, ehe sie Letztere kurzweg exilirten. Leider war eine große Anzahl von Schuhmachermeistern dermassen von Leidenschaftlichkeit hingerissen, daß sie zweien wohlmeinenden Principalen, welche vermittelnd auftreten wollten, gleich wie Revolutionären begegneten, was freilich beinahe so lächerlich war als die übertriebenen Vorsichtsmaßregeln zum Schutze des Policeigebäudes, in dessen Gängen noch des andern Tages Vormittags eine ganze Compagnie vom »Leibregimente« mit aufgepflanzten Bajonetten als Sauve-Garde aufgestellt war, und als die Plackerei der Linie und Landwehr mit Patrouilliren.

Aus: Der Bayerische Eilbote Nr. 66, 2. Juni 1848, S. 578

12. Gesellenprotest (1848)

Ist das auch recht, wie die Zimmermeister ihre Gesellen behandeln, namentlich der Herr Zimmermeister Br ... n, der am Pfingstsamstag, wo in der ganzen Stadt um 4 Uhr Feierabend ist, seine 24 Gesellen bis 7 Uhr Abends warten ließ, und statt dieselben auszuzahlen nach Hause ging? Wie viele Gesellen sind dabei, die keinen Kreuzer zu Hause haben, wo Frau und Kinder schon mit hungrigem Magen auf den Vater warten, welcher selbst schon den ganzen Tag hungernd in der Arbeit stand und am Abend mit Verdruß und leerer Tasche nach Hause gehen muß! Die Meister trotzen also noch den Gesellen zu einer Zeit, wo letztere so nicht mehr als den Taglöhnerlohn erhalten, denn von 46 kr. Lohn täglich bleiben dem Gesellen oft nicht mehr als 36 kr.; das andere ruinirt er an seinem Handwerkszeug, und wenn es regnet, darf er nach Hause gehen. Möchte doch jeder Hauseigenthümer eine solche Behandlungsweise selbst einsehen und jeden Handwerksmann nach Verdienst selbst bezahlen. Mehrere Gesellen.

Aus: Neueste Nachrichten aus dem Gebiete der Politik, Nr. 65, 12. 6. 1848

13. Meister und Gesellen (1848)

Es ist die Zeit gekommen, wo auch die Gesellen angefangen haben, Menschen zu sein, und wo die ärmere Klasse fast mehr Aufmerksamkeit in Anspruch nimmt, als weiland zu Zeiten des Krummstabes die Grafen und Herren. Das Proletariat ist jetzt das Stichblatt aller, so etwas effektuiren wollen, sei es jetzt in guter oder schlimmer Absicht. Was wir in Folgendem sagen, dürfte wohl unter die gutgemeinten Rathschläge eingereiht werden, Es gibt bei uns Meister, die viel schlechter daran sind, als Gesellen. Von wannen stammt ihre Armuth? Daher, daß irgend ein Reicher zwei, drei Gewerbe in Händen hat. Kein Individuum soll mehr als ein Gewerbe treiben dürfen! Dauert solcher Uebelstand fort, so fließt nothwendig der Ertrag dahin, wo man große Mittel hat, um Alles augenblicklich durchzuführen; während die ärmeren Meister, die sich Leder, Holz, Tuch in kleinen Quantitäten für einzelne bestellte Stücke, theuer kaufen müssen, gänzlich verderben. Daß manche einzelne große Meister 50 und noch mehr Gesellen haben, ist ebenfalls Ursache zum Ruin so vieler Handwerksleute. So ein großartiger Geschäftsmann, der sich fast lieber »Herr von« heißen lassen möchte, geht spazieren und läßt sein Gesellenregiment die Arbeit einer halben Stadt verschlingen, während ein kleiner Meister für seine heruntergeschundenen Kräfte sehnsüchtig auf ein Stücklein Arbeit harrt, oder die Hände wider seinen Willen müssig in den Schooß legt. Daß einzelne eine ganze Armee von Gesellen haben, mithin alles selbst verarbeiten, statt dem Mitmeister einen Theil abzulassen, wovon sie doch noch immer einen Nutzen haben, dieß darf nicht länger so bleiben! Wie aber, frägt man, kann man jemanden verbieten, so und so viele Gesellen zu haben? Das wäre eine schöne Geschäftsfreiheit! Der Freiheit wollen wir gar nichts anhaben, sondern einen Wink geben, wie bedachtes Mißverhältniß auszugleichen. Die Regierung verordne im Interesse der Ruhe, daß jeder Meister gehalten sei, die Gesellen, die er habe, bei sich im Hause schlafen zu lassen, im gleichen selben wenigstens das Mittagsmahl in Natura zu verabreichen. Schlafen die Gesellen beim Meister im Hause, so kann er für selbe gut stehen! Dann fällt auch jener Einwand hinweg, den man bei unserer sogenannten Volksbewaffnung zu machen beliebte, als könne man der Masse unserer Gesellen nicht wohl ohne Besorgniß Waffen geben.

Aus: Münchener Tagblatt, Nr. 103, 12. April 1848

14. Beschwerde eines Handwerksmeisters über das »Blauer-Montag-Machen« der Gesellen (1858)

Da es die Zeit nicht erlaubt, meine Angelegenheit mündlich vorzutragen, so erlaube ich mir, eine Bitte an Sie schriftlich zu stellen.

Ist denn das Blau Montag machen der Handwerksgesellen nicht mehr verboten? –, weil sich dies schon seit einem halben Jahr so eingeschlichen hat, daß der Meister nicht mehr im Stande ist, darüber Ordnung zu halten. Bei mir durfte früher kein Geselle blau machen, dies mußten alle Gesellen, und ich hatte meine Leute, wenn sie auch nicht so viel arbeiteten, doch im Hause. Nun aber bin ich es nicht mehr im Stande, dieselben zu halten.

Kommt nun der Sonntag, so hat man nicht genug verdient, um lumpen zu können, und es wird nun vom Meister immer höherer Lohn erpreßt. –

Würde ich deshalb Klage stellen, so hätte ich nicht nur zu gewärtigen, daß meine guten Arbeiter weiter genügen, sondern ich würde deswegen auch nicht leicht wieder andere bekommen. Ich habe dies schon einem Polizei-Soldaten gesagt, er wolle in Bauerntanz gehen, da könne er genug Blau Montagmacher finden; aber dieser gab mir zur Antwort, er dürfe nicht ins Wirthshaus gehen.

Diese Klage können Sie von mehreren Handwerksmeistern hören. Ich bitte Sie, daß deshalb im Namen meiner Mitmeister um obige Abhülfe, sonst wäre ich genöthigt, mich weiter zu verwenden.

StadtA Augsburg, 4/B245

15. Das »beengende Zunftwesen« (1848)

Was bis jetzt wie ein Alp auf uns lastete, was das aufstrebende Talent in seinem Fluge nach Vervollkommnung hemmte und wieder herabzog zum alten gewohnten Schlendrian, was die intelligentesten Kräfte aus des Vaterlandes Marken nach dem Auslande trieb, um dort sich einen eigenen Heerd, eine eigene Werkstätte zu gründen: das beengende Zunftwesen, es ist von dem neuesten Umschwung der Dinge unerschüttert geblieben; ja es droht noch gewaltiger um sich zu greifen und sogar jenen unerträglichen alten Zwang wieder zurückführen zu wollen, den wir zum Heile kommender Geschlechter weit hinter uns wähnten. – Davon zeugen die aus allen Richtungen nach Frankfurt strömenden Gewerbsabgeordneten, um das Parlament für ihre Sonderinteressen zu gewinnen;[1] davon zeugen die in den jüngsten Tagen dahier stattgefundenen Besprechungen in den Gewerbsausschüssen z.B. der Metzgerzunft, die nichts geringeres im Schilde führt, als zu den bereits innehabenden Vorrechten den Consumenten noch drückendere Fesseln anzulegen, aus der, wegen maßlosen Uebergriffen ihrerseits, ins Leben gerufenen, äußerst wohlthätigen

[1] In Frankfurt fand ein allgemeiner Handwerker- und Gewerbekongreß als Parallel-Unternehmen zur politischen Nationalversammlung statt.

Freibankmetzg. die fremden Metzger zu verdrängen, und – man sollte es nicht glauben und gleichwohl ist es also – selbst aus eigenem Ermessen die Preise zu bestimmen, nach welchen sie das Publikum mit Fleisch zu versorgen Willens seyen! Der starre Gedanke: »das besitzende Recht unter keiner Bedingung los zu lassen,« läßt den Gewerbsmännern alle Vortheile übersehen, die schon der nächsten Generation erwachsen müßten, wenn die gekauften Vorrechte durch billige Entschädigung abgelöst werden würden. – Sie bedenken nicht, daß wenn ein Vater oder Gewerbsmann mehrere Kinder hat, er sein reales Gewerbsrecht nur an ein Kind abtreten kann, während im andern Falle alle Kinder sich frei niederlassen im Stande wären, und daß der Vater sohin – auch wenn er sein Recht ohne alle Entschädigung auf den Altar des Vaterlands niederlegen würde – bei weitem mehr gewänne, als er durch den Verlust des Rechtes einbüßt. – »Bestehen die Innungen fort,« schreibt die »N. Speyr. Ztg.« in einem leitenden Artikel über die Innungsverhältnisse, »so bleibt die Zahl der Gewerbe in jeder Stadt, in jedem Ort beschränkt, die Conkurrenz bleibt es ebenfalls, so wie das Streben nach Vervollkommnung. Daß der Boden Deutschlands frei mache, ist eine Illusion; wenn die Feudallasten überall aufhören, die Vorrechte des Adels erlöschen, so haben wir dafür eine andere bevorrechtete Klasse. Denn will sich Jemand verehelichen, und Bürger in einem Orte werden, muß er nachweisen: 1. mehrere Jahre Lehrbube gewesen zu sein; 2. weil angenommen wird, daß sein Meister ihm das Gewerbe nicht gründlich zu lehren im Stande war, muß er 3 Jahre wandern; 3. ein Meisterstück muß der Petitionirende machen, (oder auch durch Andere insgeheim herstellen lassen!) damit man sich überzeuge, es sey ihm gelungen, sich selbst zu vervollkommnen, oder das erlernt zu haben, was er bei seinem Lehrmeister zu erlernen versäumen mußte; 4. ein Gewerbsrecht muß er an sich gebracht haben; 5. außerdem ein gewisses Vermögen zum Betrieb des Gewerbes nachweisen. – Sind alle diese Formalitäten erfüllt, wird er als Bürger verpflichtet und zahlt die Aufnahme. Aus dem Vorstehenden erhellt, daß der Sohn eines Bürgers, gleich seinem Vater, Bürger werden kann, nur wenn er obige Bedingungen erfüllt. Daher kommt es, daß die Heirathen sich nicht nach Neigung schließen, indem der Werth der Braut durch das Vermögen bestimmt wird, welches sie besitzt. – Der ehelose Stand lastet daher auf Tausenden gleich einem Fluch; das Talent kann und darf sich keine freie Bahn brechen, und kein Wunder, wenn die Immoralität von Tag zu Tag größer wird. Das geschickteste, tugendhafteste Mädchen bleibt ohne Aussicht, daß ein ihr würdiger Mann sie ehelichen kann. In München kostet eine Bierschenke, Kaffeewirthschaft oder dgl. 10000 Gulden! Zu diesem »Rechte« ist dann erst ein Kapital nöthig, um es auszuüben. In diesem Verhältnisse werden die »Rechte« von Schuster, Schneider, Spezereihändler, Nagelschmied, und allen übrigen, gekauft und bezahlt!«

Aus: Der Lechbote, Nr. 214, 3. August 1848

16. Aus den Briefen des wandernden Kupferschmiedgesellen Nikolaus Schwenck an seinen Bruder Christian (um 1853)

Dahme, den 3ten April 1853

Lieber Bruder Christian!

Verzeih mir, wenn ich Dich schon wieder mit einem Brief belästige, was zwar von meiner Seite aus gründlich geschieht, da ich nehmlich bis jetzt immer noch keine Antwort bekommen habe, und doch so sehr danach verlange und warte; das gab mir die Veranlaßung, da überhaupt die Zeiten für mich etwas krittisch, aber weiter nicht gefährlich sind. Was das nähere von meinen Umständen ist, so kann [ich] Dir nur schreiben, daß es auch hier mit unserer Kupferschmiederei etwas gefährlich werden will, nehmlich durch die furchtbar gestiegnen Preiße deß Kupfers, wie aufgrund dem Mangel deßselben, was auch ohne Zweifel bei Euch schon ruchbar geworden sein muß und Bruder Friedrich schon erfahren haben. Hier ist es aber kaum noch zum aushalten, denn der Centner Kupfer ist seit einem Monat um 18 Thaler gestiegen und kostet jetzt 55 Thaler je Centner, wo man ihn früher 37 Thaler gekauft hat. Kein Wunder, daß es auch mit der Arbeit schlecht aussieht, überhaupt die ganzen Aussichten auf dieses Jahr verdorben sind, besonders aber hier in Dahme wir sind jetzt nur noch 3 Gesellen, aber auch wir haben nur noch auf kurze Zeit Arbeit, und mein Ziel ist, längstens bis zum 1. Mai, kann aber auch schon in 14 Tagen sein, daß ich den Wanderstab ergreifen muß, was diesesmal, wie sonst doch noch niemals, nicht meine Schuld, sondern der obgenannte nehmliche Mangel an Arbeit ist, denn die meisten von den dießjährigen Bestellungen sind biß auf weiteres verschoben worden. Ich werde mich also in kurzer Zeit wieder auf der Reise befinden, und dichte und trachte jetzt, welchen Weg ich einschlagen sollte, da ich selbst nicht mehr weiß, wo es noch am besten ist. [...]

Sollte ich daß Glück nicht haben und wieder bald ein Unterkommen finden nach meiner Art, so muß ich im Voraus bekannt machen, daß ich mich, wenn je der Fall eintreten sollte, nicht mehr allen möglichen Beschwerden, welche jetzt das Handwerksburschenleben wie von allen Seiten umzingelt und bedroht, zugleich kränkt, mehr aussetze, sondern gerade zu der Heimath laufe, wenn ich nicht diesesmal besonderes Glück oder Zufall habe. Verzeiht mir diesen Vorsatz und nehmt ihn nicht grob, es geht mir ganz von Herzen, denn hier in Deutschland zu laufen und auf gewöhnliche Art der Handwerksburschen zu reisen, ist nichts kleines mehr, zumahl wenn man sich auf ehrliche Art und Weise durchschlagen will, was aber mein ernster und fester Entschluß ist. Die leichteste Art und Weise, wo mir am besten geholfen, und ich Euch vom Halse komme, ist diese, schickt nebst anderm nöthigen Zugehör die vollständige Adreße von die Brüder Gr ...[?], mir oder andrer Bekannten man's doch geben wird, so befinde ich mich zu meiner größten Freude in einigen Wochen auf dem Wege nach Amerika, sage dann allem dem, was ich hier gehabt und habe, Valet und sehe einer goldenen Zukunft entgegen, wünsche Euch ein herzliches Lebewohl biß auf künftiges Wiedersehen. Denkt nicht, daß mir hier wieder einmal der Kopf verbeult worden ist. Nein, es ist mein einzig alleiniger Wille, denn ich habe hier weder Freund noch Bekannte, mit welchen ich diese meine Angelegenheiten theilen könnte, sondern stehe ganz allein, und werde mir Vertraute später suchen im fremden Lande.

Herzberg, d. 14. Mai 1853

Lieber Bruder Christian!
[...] Nun noch ein vertrauliches Wort, guter Christian, vonwegen Amerika, bis jetzt ist es fürs erste aufgehoben, und wie ich Dir von Dahme geschrieben habe, vielleicht auch für dieses Jahr, überhaupt weiß ich selbst nicht recht, wie ich mir vorkomme, so fest, wie ich es mir schon vorgenommen habe, so kann ich doch nicht zur Ausführung kommen; und macht es mir so manche schlaflose und unruhige Nacht, verbunden mit den glänzendsten und schrecklichsten Träumen, welche in mir fast immer größte und unerklärliche Zweifel und Unruhen verursachen, dazu kam noch Deine Nachricht im letzten Brief, daß Du mir wie auch mein Meister die Sache frei stellst, was zwar eine schöne Sache ist, aber für mich eben das allerschwerste, daß ich muß Dir frei gestehen, ich halte mich selbst für zu schwach, obwohl ich schon hundert von guten und schlechten Beispielen gelesen, erzählt und erfahren, so bleib ich doch immer in einer recht mißlichen Lage und in einer zweideutigen Meinung. Übrigens kann ich mir recht gut denken, wenn ich Euch sollte mit der Bitte von hundert Gulden beehren, daß ihr an deren Erfüllung nie denken würdet, und dabei müßte ich auch noch Oberamtliche Erlaubnis dazu haben, was auch viele Umstände verursachte. Also ist wohl am besten, wenn ich die Sache spare, bis wir mündlich zusammen sprechen können.

Reading [USA], 18. Juni 1854

Liebe Mutter und Geschwister!
Mein guter Christian!
[...] Um nun zum Schluß der Reise noch zu kommen, kann ich Euch noch schreiben, daß wir nach 37 tägiger Fahrt glücklich in dem mächtigen Newyork angelangt sind (von welchen ich wohl einige Bogen vollschreiben könnte) und nun war die Frage, was nun thun? Ich muß zwar sagen, um Arbeit habe ich mich nicht sehr umgesehen, denn ich wußte ja schon von draußen, dem alten Lande, daß hier in dem Neuen mit der Kupferschmiederei nicht viel los ist, was auch die reine Wahrheit ist. Nach einigen Tagen Aufenthalt machte ich mit Dampfschiff (oder auf Englisch Steänebotte) nach Philadälfia, der Hauptstadt vom Staat Pensilvanien, in welch auch diese Stadt Reading liegt. Doch auch hier war kein Bleiben für mich, und so gings mit Eisenbahn weiter hierher, hier hab ich nun Arbeit auf Eisen, nemlich ich so arbeite in einer Gaasröhrfabrick, wo wir wenigstens 300 Personen sind, aller Sorten, die man sich nur denken kann, doch ... amerikaner und Irrländer ... die meisten sind. [...] Jeder der in dieser Fabrik anfängt muß schwören, er mag sein wär er will (hauptsächlich sind wir lauter Feuerarbeiter) und dieses schwören ist dahin, daß keiner hier in diesem Lande weder solch eine Fabrik anlegt, oder auch nur einem ander sagt, wie dieses gemacht wird, so darf auch kein Mensch in die Fabrik eintreten, und ist diese auch ringsum eingemauert wie ein Zuchthaus. Allein man hat seine Freiheit

darin, so daß keiner nicht klagen kann, und wir schaffen von Morgens 7 Uhr biß Abends 6 Uhr. Auch kann man die Arbeit jeden Tag aufgeben, wenns einem nicht gefällt. Deß Mitags geht man zum Essen wo man eine Stunde frei hatt; es sind also 10 Stunden zu arbeiten, davor bekam ich einen Dollar, allso die Woche hindurch verdiene ich 6 Dollar also 15 fl nach Eurem Gelde, davon giebt man hier für Kost und Loschie 3 Dollar, bleibt noch die Hälfte mein, das ist nun recht schön und klingt auch schön, und sieht auch schön mit die kleinen lieben Golddollar [aus], aber noch schöner klingt es, wenn es heißt: 1 Rock 25 Dollar, also 72 fl und ein paar Stiefeln 5–6 Dollar, also ein ganzer Wochenlohn, wo man nicht essen darf. Hier wird was verdiehnt aber auch viel gebraucht, das ist noch immer ein und derselbe Wahlspruch von Ammerika! Aber doch kann ein jeder der nur schaffen will sein Leben besser machen als wie in Europa, ums Geschäft giebt man nicht viel mag einer sein wär und was er will, er braucht sich nicht zu schämen nur schaffen wan er will, und er ist eben so gut wie jeder andere Gendleman der über dausende zu gebieten hat. –

Familienarchiv Schwenck, Langenau

III. Ländliches und städtisches Leben

1. Ländliche Struktur und Abgaben (um 1780)

Die Baierschen Bauern sind, bis auf einige wenige Leibeigene im Pfaffenwinkel, alle freye Leute, die bewegliche und unbewegliche Güter als wahres Eigenthum besitzen. Auch jene wenige Leibeigene kaufen sich vor 45 Kreutzer frey. Die Handwerker auf dem Lande, und die geringsten Taglöhner, sind ebenfalls frey.

Die Bauern werden in ganze, halbe, und Viertel-Bauern eingetheilt. Ein ganzer hat wenigst auf acht Pferde Feldbau und Wiesenwachs, ein halber auf sechs, und ein Viertel-Bauer auf vier: Ich sage wenigstens; denn manche Bauern haben auch 12 bis 24 Pferde zu ihrer Arbeit. Die größten Grundgüter haben gewöhnlich die Einöden oder Einödhöfe, welche von den Dörfern ganz abgelegen, etwa mitten in einer Waldung sind, manchmal eine ganze Quadratstunde an Feldern und Wiesen, auch eignes Gehölze besitzen, das die gewöhnlichen Bauern nicht haben. Diese Einödhöfe bestehen aus dem Bauershause, darin der Bauer mit seiner ganzen Familie nebst Knechten und Mägden wohnt, und zwey bis drey Taglöhner-Häusern, deren Bewohner dem Bauern für einen gewissen Taglohn arbeiten. [...]

Man bezahlte in Baiern schon seit lange gewöhnlich des Jahres vier Steuern, die, vielleicht um sie dem Volk ehrwürdiger zu machen, nach den Namen gewisser Heiligen benennt wurden; z. B. die Georgs-Steuer, die Michaels-Steuer, weil sie um jene Festtage müssen entrichtet werden. Dieser alte Steuer-Anschlag ist in der That sehr mäßig und billig; aber die neuern Hof-Bedürfnisse, und die neue Finanzpolitik hat seitdem eine Menge neuer Abgaben hinzugefügt, die theils nur eine zeitlang dauerten, theils für immer sind eingeführt worden. So ward ehemals schon auf einige Zeit eine Kopfsteuer, eine Vermögensteuer, eine Handsteuer etc. auferlegt; so ward eine Auflage auf jede Herdstätte gemacht, die ehedem 25 Kreutzer betrug, im Jahr 1782 aber auf 50 Kreutzer erhöht ward: »Zur Tilgung der Landesschulden« wie das Manifest sagte; wobey man aber nicht vergessen muß, daß in dem nämlichen Jahr 1782 ein Kapitälchen von 6 000 000, sage sechs Millionen, Gulden angelegt ward zur Errichtung eines Malteser-Priorats« ... Tilgung der Landesschulden, und Malteser Ritter! welches war wohl nothwendiger? In welchem Falle wären die sechs Millionen wohl mehr »ad pios usus« [zum frommen Gebrauch] verwendet gewesen, weil sie doch pie [fromm] verwendet werden mußten? – Auf einer Seite dem blutarmen Taglöhner auf seine kalte Herdstätte 25 Kreutzer neue Auflage machen, und auf der andern sechs Millionen an einige Hochadeliche ..... wegwerfen!! ...

Nebst den landesherrlichen Abgaben giebt der Landmann noch seine Zehenden, die entweder ein Pfarrer, ein Kloster, ein anderes geistliches Stift, oder auch ein Kavalier bezieht. Die Zehenden sind zweyfach: Die Ackerzehenden und die Blutzehenden. Die Akerzehenden bestehen aus allem was auf den Aekern wachst; Waizen, Korn, Gerste, Hafer, Bohnen, Linsen, Flachs, Hanf, Erdäpfeln, Rüben, Kabuskraut, etc. etc. Von den vier grössern Getreidesorten wird in der Erndte beym Aufladen auf den Wagen allemal die zehnte Garbe auf die Seite geworfen. – Bey diesem Manoeuvre kömmt viel auf die Religiosität des Bauern an: Ist er religiös, so wirft er die beßten Garben zu dem Zehendhaufen; ist er es nicht, so fallen die dünnern bey Seite. [...]

Der Blutzehend besteht aus allen Arten von Geflügel und den meisten zahmen vierfüßigen Thieren. Es gehören dahin Dauben, Hühner, Kapaunen, Enten, Gänse, Spanferkel, junge Geißlin und Lämmer, hie und da auch Kälber. Jeder zehnte Kopf, der in dem Hühnerhof und in den Ställen des Landmanns zur Welt kömmt, gehört vermöge des alten und neuen Testaments dem Leviten [Geistlichen]. Fügt es sich, daß seine Henne nicht eben zehn Küchelchen ausgebrütet, und die Schweinsmutter nicht volle zehn Ferkel geworfen hat, so kömmt ein Sykophant [gewinnsüchtiger Denunziant] des Leviten mit einem grossen Buch unterm Arme, schreibt die heurige Geburt der neun Küchelchen und der acht Spanferkel genau ein, zählt dann die im künftigen Jahre auskriechende auf die vorige Zahl, nimmt das zehnte mit sich fort, und dieß so lange das Land kristlich ist.

Wenn der Landesvater und der Levit ihre Gebühren haben, dann kömmt Seine Hochwürdige, Hochgräfliche, oder Hochfreyherrliche Gnaden, der Grundherr, und fordert seine Stift und seinen Dienst. Die Stift ist eine Summe Geldes, die des Jahrs einmal, gewöhnlich im Herbst, an den Grundherrn bezahlt werden muß; sie erstreckt sich vom fettsten Bauern bis zum magersten Taglöhner, die Handwerksleute mit eingeschlossen, und beträgt nach dem Werth der liegenden Gründe von 100 fl. bis zu 15 Kreutzer herunter. Den Dienst entrichten nur die Bauern; und dieser besteht in Naturalien, Getreide, Geflügel, Hornvieh, Eyer, Butter und dergleichen, davon aber auch manchmal ein Theil an Geld ersetzt wird.

Eine der lästigsten Pflichten des Landmannes sind die vielen Frohndienste, oder Scharwerke wie sie in Baiern genannt werden. Alle an Klöster und Kavaliers gehörige Dorfschaften sind diesen Frohndiensten unterworfen, aber nicht alle gleich; sondern die einen mehrern, die andern wenigern. Es sind nicht gewisse Tage für die Scharwerke bestimmt, wie in Böhmen, sondern gewiße Arbeiten; und auf einigen Gütern alle Arbeiten, die es dem Gutsherrn beliebt als Scharwerke verrichten zu lassen. So trifft sichs nun zwar, daß manchmal in einer oder zwei Wochen gar keine Frohndienste gefordert werden, in einer andern Woche aber alle Tage. Das Register dieser Scharwerke ist ungeheuer, und unmöglich im Gedächtniße zu behalten; doch will ich Ihnen einige dieser Arbeiten herzählen. Die gewöhnlichsten, deren ich mich noch erinnere, sind ungefähr folgende: Holz fällen; Holz führen; Brennholz in Ordnung legen; Kalk führen, Sand führen, Stein führen; eben diese Materialien auf- und abladen; von alten schon gebrauchten Steinen den Mörtel abhämmern; die Felder beakern; Getreide schneiden und mähen; Heu mähen; Heuen; Rüben ausziehn; Hanf und Flachs ausziehn; Hanf schlagen; Flachs riffeln (die Ballen vom Stengel reissen); Flachs und Hanf auf dem Feld zum Dörren ausbreiten, und wenn er gedörrt ist, wieder zusammen rechern; Ruben haupten (das Kraut von der Rübe abschneiden); Flachs und Hanf brechen (unter der Breche stossen); Rüben schälen; Dünger aufladen; Dünger auf den Aekern verbreiten; Streu auf dem Feld oder im Wald zusammen rechern; Gärten putzen; waschen; Holzbirnen und Eicheln zusammenlesen; Kabus ausschneiden; Bauschutt hinwegführen; Hopfen ablesen; Schafe waschen; Schafe abscheeren; Vögel fangen; auf das Fuchsklopfen (die Treibjagd) gehen; etc. etc. etc. kurz, alle nur erdenkliche land- und hauswirthschaftliche Arbeiten, die viele Hände erfordern. Diese Arbeiten dauern manchmal einen halben, manchmal einen ganzen, auch zween und drey Tage lang: Jedes Haus muß eine Person, manche auch zwey schicken; wer Roß und Wagen hat, muß die nöthigen Fuhren thun; die übrigen laden auf und ab. An manchen Orten bekommen die im Scharwerk arbeitende Leute des Tags eine Suppe und ein Stück schwarzes Brod; an andern des Tags zwey Pfenninge, oder einen Kreutzer, oder gar nichts; welches vermuthen läßt, daß die Einführung dieser Scharwerke schon alt sey. Bey Arbeiten wo man nicht ein ganzes Dorf braucht, nimmt man einmal die Hälfte, und das andremal die zwote Hälfte. Fügt sichs, daß ein Bauer oder Handwerksmann aus was immer für Ursachen nicht selbst gehen, oder seinen Dienstboten schicken kann, so muß er eine andere Person bezahlen, damit sie statt seiner im Scharwerk arbeite.

Man weiß nicht genau, ob die Pflicht zur Verrichtung aller dieser Scharwerke konventionsmäßig aus Urkunden kann bewiesen werden; denn man sagt, daß einige Klöster und Kavaliers noch in ganz neuern Zeiten ihren Unterthanen Scharwerke auferlegt haben, die ehedem nicht gewöhnlich waren. Man würde also den Minister segnen und benedeyen, der das Wohl des Vaterlandes dem Privatnutzen der Pfaffen und Edelleute vorzöge, und die Frohndienste etwas verminderte; denn jeder bey Frohnarbeiten aufgeopferte Tag ist dem Landmann für sein eignes Hauswesen verloren: Wenn man also nach dem mäßigsten Anschlage nur anderthalb Tage die Woche zu Scharwerken ansetzt, so sind das ganze Jahr hindurch 78 Tage, folglich mehr als dritthalb Monate verloren ... Vielleicht liegt in den häufigen Frohndiensten auch mit eine von den Ursachen, daß das Land nie gehörig angebaut wird.

Nun folgen noch zween Umstände, die dem Landmann Zeit und Vermögen schmälern. Der erste besteht in den Gemeinde-Arbeiten. Dergleichen sind Wege anlegen und ausbessern; Brücken anlegen und ausbessern; Dämme gegen Flüsse und Ueberschwemmungen herstellen; die durch Ueberschwemmungen schon verursachten Zerstörungen wieder gut machen etc. Dazu stellt jedes Haus wieder einen Mann auf seine Kosten. Diese Arbeiten sind ohne Widerrede unvermeidlich; aber mit den Scharwerks-Arbeiten und den Feyertagen addirt, mehren sie die Zahl der verlornen Tage. – Der Zweyte Umstand, der dem Landmann das von allen oben schon angeführten rechtlichen und gerichtlichen Abgaben noch übrige wenige Vermögen schmälert, ist die Existenz der Bettelmönche. Diese überlästigen Gäste überschwemmen das Land von einem Ende zum andern, betteln Gerste, Wolle, Eyer, Butter, Schmalz (ausgesottener Butter), und Geld. Zu ihnen schlagen sich noch die Eremiten, Waldbrüder oder Einsiedler, wie sie in Baiern genannt werden. Ihre Vexationen [Quälereien], die sie mit unbeschreiblicher Zudringlichkeit, Dreistigkeit, und Grobheit gegen das arme Landvolk ausüben, erwecken Abscheu und Unwillen.

Neben den Bauern, Handwerkern und Taglöhnern sind noch die sogenannten

Söllner auf den Dörfern. Dieß sind Leute, die zwischen den Bauern und Taglöhnern schweben; sie haben Feldbau für zwey Pferde oder Ochsen, und bearbeiten für eine gewisse Bezahlung auch die Felder der Handwerksleute.

Die meisten Häuser auf den Dörfern sind von Holz, ein oder zwey Stockwerke hoch. Sie sind zum Theil mit Stroh, zum Theil mit Schindeln gedeckt, die an einigen Gegenden nicht angenagelt, sondern nur mit darauf gelegten Steinen festgehalten sind. Es entstehen oft Feuersbrünste, meistens aus folgenden zwo Ursachen: In einem nahe am Hause stehenden Bakofen wird gewöhnlich Flachs gedörrt; wenn nun der Grad der Hitze zu groß ist, so entzündet sich der Flachs, und steckt das nahe Haus an. Die zwote Ursache: Zu Winterszeit gehen die Landleute oft früh und weit zur Kirche, und beleuchten sich ihren Weg mit Fakeln aus Kienholz oder andern dünnen wohl brennenden Spänen. Diese Fackeln stossen sie von Zeit zu Zeit ganz unachtsam an den Zäunen ab; werfen auch, wenn sie am bestimmten Ort sind, den nicht gut ausgelöschten Rest der Fackel an der nächsten beßten Stelle nieder; der Wind bläst ihn wieder an, führt einige Funken an das Strohdach der nächsten Scheune oder Stallung etc. und das Dorf fängt zu brennen an.

Die neuesten Versuche und Verbesserungen in der Lands-Oekonomie sind in Bayern noch wenig bekannt. Die Bauern haben gar keine Gelegenheit, etwas davon zu erfahren, und sind auch im Durchschnitt zu eigensinnig, etwas an ihren alten Gewohnheiten zu ändern; und Beamte, Landedelleute, und Kloster-Oekonomen sind ebenfalls die Leute nicht, dergleichen Kenntniße nach Verdienst auszubreiten. Die Bayerschen Beyträge selbst schildern sie in einem nicht vortheilhaften Lichte. Auch ist es bisher nicht wohl anders möglich gewesen. Der Beamte hat seine Schulen durchlaufen, die bis auf die neuern Zeiten alle bloß zur Bildung eines Theologen abzweckten; dann ist er einige Jahre Pracktikant, nachher Unterschreiber, dann Mittelschreiber, endlich Oberschreiber gewesen; hat während all dieser Zeit ganz und gar nichts gelesen und gedacht, als was für sein Schreibpult nöthig war, welches in der That sehr wenig ist; ist endlich in die Stelle eines Beamten eingerückt, hat sich verheyrathet, und nun in seiner Behaglichkeit beym Alten gelassen. Ist er auf Empfehlung und Fürsprache einer Kammerjungfer des Grafen oder Ministers zur Beamtenstelle gekommen, so verstehen sich die Folgen von selbst. – Der Landedelmann trinkt, reitet, jagt, spielt, schläft, und bekümmert sich um wenig weiters mehr, sondern verläßt sich auf seinen Verwalter, einen Mann wie der obige Beamte. – Der Klosterökonom ist ein Student gewesen, hat sich so ziemlich ordentlich betragen, hat wenig mit Mädchens zu thun gehabt, hat während seiner Inferiorum [niederen Studien] einige Prämia erhalten, ist in der Philosophie unter den Beßten gewesen, aufgenommen worden, hat sich als Noviz abscheulich hudeln lassen, ist seitdem seinem Prior und Reverendissimus wie ein Kind ehrerbietig gewesen; darum macht man ihn zum Oekonom. Wie könnten diese Menschengattungen aufklären und verbessern helfen!

Aus: Pezzl, Reise, S. 181ff.

2. Die Dienstbotenordnung 1781

Entbieten Jedermann Unsern Gruß zuvor. Es ist Uns mißfälligst zu vernehmen gekommen, auf welch hohen Grad die Zügellosigkeit und der Uebermuth der Dienstboten und Tagwerker, besonders auf dem Lande, in Forderung allzu großen Lohns, willkührlich und schlechter Verrichtung, dann eigenmächtiger Bestimmung der Arbeit, auch Ausübung allerley sonstigen Muthwillens, abermal gestiegen. Wir finden Uns daher aus landesväterlicher Vorsorge für Unsere lieben und getreuen Unterthanen veranlasset, sothanem gemeinschädlichen Unwesen mit verfänglichem Ernste abzuhelfen, und eine solche für Jedermann ohne allen Unterschied gleich verbindliche Ordnung in Unsern Erblanden zu Baiern und der obern Pfalz einzuführen, wodurch die muthwilligen Ehehalten und Taglöhner im Zaum gehalten, doch aber jenen, welche in gebührenden Schranken verbleiben, die billige Hilfe wider ihre Dienstherren nicht benommen werde. Verordnen also und gebieten.

Erstens: Daß alle Dienstboten beyderley Geschlechts auf dem Lande, und welche immer zu landwirthschaftlichen Diensten gebraucht werden, wenigstens auf ein Jahr sich verdingen, und vor Ausgang desselben nicht aus dem Dienste treten dürfen, widrigen Falls ist der Hauswirth einen Lohn zu verreichen keineswegs nicht schuldig, wohl aber bey drey Reichsthaler Strafe verbunden, es der Obrigkeit sogleich anzuzeigen, damit selbe derley Knechte oder Mägde nach Beschaffenheit der Umstände gemessen bestrafe, und zur Auswartung der Zeit anhalte. Um aber

Zweytens: Wegen Aus- und Einstehung der Dienstboten eine durchgängige Gleichheit, und bessere Ordnung zu erhalten, bestimmen Wir für sämmtlich landwirthschaftliche Dienstboten zwey Aus- und Eintrittstermine auf Lichtmessen und Michaeli, an welchen Taegen alle Dienstverwechslungen vor sich gehen, und keine andere Entschuldigung hierunter Platz finden solle, als wenn der Dienstbot wegen Entfernung des Orts, wo er aussteht, anerst ein oder anderen Tag später in seinen neuen Dienst eintreten kann. [...]

Eilftens: Die für Bauern, oder landwirthschaftliche Dienstboten bestimmte Jahrsfrist sich nur auf den Fall versteht, wenn ein Dienstbot sich seiner Schuldigkeit gemäß ehrlich, gehorsam, treu und fleißig aufführet: denn wo dieses nicht geschieht, ist ein jeder Hauswirth befugt, einen solchen Dienstboten außer der Zeit abzuschaffen, anbey zu Ersetzung des etwa verursachten Schaden anzuhalten, und bis dahin ihm weder Abschied, noch Liedlohn [Dienstbotenlohn] erfolgen zu lassen. Hierzu haben alle Obrigkeiten hilfreiche Hand zu bieten, und derley übel beschaffene, unbändige Dienstboten noch sonderheit mit aller Schärfe zu bestrafen, bevorab, wenn Muthmassungen vorhanden, daß er sich geflissentlich übel aufgeführt, um von dem Dienst vor Ausgang des Jahrs entlassen zu werden. Solche boshafte und liederliche Dienstboten sind nach Gestaltsamt der Umstände mit längerem Arrest, konstitutionsmäßigen Karbatschstreichen, Stock- oder Geigenstrafe unnachläßig zu züchtigen, und wenn ein oder andere derley Korrektion noch keine Besserung nach sich zieht, gar auf ein Jahr ins Arbeitshaus zu liefern; wo sie streng zur Arbeit angehalten werden sollen. [...]

Drey und zwanzigstens: Kein Dienstbot soll an Sonn- und Feyertägen ohne Bewilligung seines Herrn ausgehen, und wenn es ihm dieser erlaubet, sich aller ungebührlichen Ausschweifungen enthalten, auch zu rechter Zeit wieder zu Haus einfinden, damit der Dienstherr sich zu beschweren keine Ursache habe.

Aus: Taglöhner- und Ehehaltenordnung für Baiern von 1781, München 1821

3. Klage über den Sittenverfall der Taglöhner und Dienstboten (1800)

Die ursprüngliche Bestimmung der 16ler [die einen Sechzehntel-Hof bewirtschaften] und Leerhäusler war, dem mit Arbeit überhäuften Bauersmanne zu Haus und Felde auszuhelfen, und um billigen Lohn zu handlohnen. Daher ihre Benennung Taglöhner, Tagwerker. In dieser Hinsicht wurde ihnen sich ansäßig zu machen, und zu heirathen von den Dorfs-Gemeinden, oder auch einzelnen großen Guts-Besitzern, denen auch die Last derley Taglöhner, wenn sie sich und die Ihrigen Alters oder unvorgesehenen Gebrechlichkeits wegen mit der Handarbeit nicht mehr fortbringen können, zu unterhalten obliegt, aus guten Willen zugestanden, Plätze zur Auferbauung eigener Häuser ausgewiesen, Antheil an den Gemeinds-Gründen und Nutzungen bewilliget. Nun haben die meisten eigenen Feldbau und Viehe, wodurch sie die nothwendige Speise für sich und die Ihrigen erzielen, kaufen bey jeder Gelegenheit, da sie viel besser als der Bauer stehen, und keine, oder unbedeutende Abgaben haben, die ludeigenen [zu Herrschaften gehörenden] beßten Gründe, und wollen um das dermal auserordentlich hohe Tagslohn, so der Bauersmann ohne seinem zuletzt noch gänzlichen Verfall, und unvermeidentlichen Untergang nicht mehr zu geben im Stande ist. [. . .]

Doch das ärgste und unerträglichste ist die unverschämte Ausgelassenheit, und gränzenlose Bosheit der Dienstbothen. Diese ist einmal auf das höchste gestiegen. Ein Knecht, der vor Zeiten 15 bis 20 fl. jährlich Lohn hatte, begehrt jetzt schon 30 bis 40, ja wohl gar 50 fl., dingt ihm Kost und Arbeit aus, 1 Paar Stifel, Fell zur Hosen, Leinwat zu Hemden, Kittel, Strümpfe etc. Wenn ihm der Dienstherr was schaffet, untersagt, oder nur scheel ansieht, so wirft er ihm den Strohsack vor die Thüre, besonders wenn es auf die Bau- und Aerntezeit zugeht, wo ihn der Bauer am nothwendigsten braucht, und ihm daher alles gefallen lassen muß, oder er verdingt sich, wie es dermal selbst unter ledigen Burschen zur Gewohnheit wird, nach dem täglichen Lohn, um desto weniger gebunden zu seyn, und nach Gefallen, wenn er in einem anderen Orte mehr zu gewinnen weiß, unaufgehalten mit jedem Tage Feyerabend zu machen, oder doch seinen Bauer, wenn er ihn gar nicht entbehren kann, zu zwingen, ihm den nähmlichen Lohn, wo nicht noch mehr selbst zu geben. Die nämliche Beschaffenheit hat es auch mit Mägden und Dirnen. Mann kann ihnen nicht mehr genug Lohn und gut genug zu essen geben, eine will's der andern in der Hoffart und übertriebenen Kleiderpracht zu vor thun, alle Feyertage, selbst die abgeschafften nicht ausgenommen, die auf dem Lande weit feyerlicher (freylich nicht in der Kirche) als der von dem Stifter der Religion eingesetzte Sonntag gefeyert werden, mit ihrem Kerl in die benachbarte Stadt, oder Markt-Flecken, oder doch wenigstens in das Wirthshaus gehen. Ist Tanz, oder Kirchweih-Fest, so ist's ohnehin schon eine ausgemachte Sache, sie kommen bey später Nacht, oft gar erst den andern Morgen nach Haus, und das arme Vieh muß hungern, oder der Bauer und Bäuerinn des Knechts und Mägde Dienste thun. Die Wahl unter den Mägden ist auch nicht mehr wie ehemal. Bey dermaligem Verfalle der Religion und Sittlichkeit fangen die Mägde an auf dem Lande sehr selten zu werden, die nicht ein- und mehrmal zum Fall gekommen. Hat nun eine solche leichtfertige Dirne ein Kind, so kann und will sie schon nicht mehr dienen, giebt sich des Tages mit Spinnen, Nähen, Stricken, und bey der Nacht neuerdings mit Liederlichkeiten ab; daher der Mangel an weiblichen Dienstbothen.

Aus: Kurz gefaßt, doch wohl überlegt, und in Erfahrung gegründete Bemerkungen und Vorschläge. Sämmtlichen biedern baierischen Landständen gewidmet, und in Namen des ganzen Vaterlandes an das Herz gelegt von einem das Vaterland, Fürsten, und seine guten Landesleute treu liebenden baierischen Patrioten, o. O., 1800, S. 15ff.

4. Tagwerker in München (1788)

Es ist noch übrig, daß ich der Tagwerker [...] erwähne. So nützlich und unentbehrlich diese Klasse ist, so schädlich ist ihre Uebersetzung, und übersetzt ist selbe für München schon seit vielen Jahren in einem ganz unglaublichen Grad. [...] Stünden alle die Tagwerker, welche sich für die hiesige Stadt ansiedeln, unter der unmittelbaren Botmäßigkeit der Stadt: so wäre bald, und längst geholfen; aber so sind die Stadttagwerker die wenigsten, und die größte, und unmäßigste Anzahl dieser Leute befindet sich in der Nachbarschaft.

Die Folgen dieser Ansiedeleyen sehen, und erfahren wir. Wenn ein Knecht die Arbeit auf dem Land (wo bekanntlich ein wahrer Mangel an Ehehalten [Dienstboten] ist), zu beschwerlich findet, oder den Einfall, zu heurathen, sich in den Kopf setzt, so pocht er auf, und läuft nach München, dient da etwa als Hausknecht ein Viertel Jahr, sieht sich in der Nachbarschaft um, miethet sich eine Herberg, läßt sein Mensch oder Dirne kommen, bezahlt das Gebühr, und nun haben wir eine Familie. Sie wird sich schon fortbringen. Man darf sich hier nur umthun, sagt man. Wer arbeiten will, findet auch Arbeit. Anfangs haben die jungen Eheleute gemeiniglich auch einen ziemlich guten Vorsatz, sich mit Arbeit recht und ehrlich zu nähren, und nachdem sie eben zu einer Jahrszeit heurathen, oder aus einem besondern Zufall ein Privathaus angetroffen haben, mags auch Arbeit geben; aber für alle trift das nicht zu. Es kommen Jahrszeiten, und darinn ganze Täge, wo sich die Sache in Betracht der Menge dieser Leute ganz anders zeigt, und folgende Sätze sind, nach meiner Beobachtung, keinem Zweifel unterworfen. a. Es ist falsch, daß, wer hier Arbeit suchet, auch zu jeder Zeit eine findet. Manche Maurer z.B. müssen im Winter, und manche Bräuknechte, wenn sie nicht mauern können, oder eine Bauernarbeit verstehen, müssen im Sommer müssig gehen, und betteln. Die Tagwerker, welche irgendwo für beständig aufgenommen sind, haben fast immer einen geringern Taglohn, und gleichwohl heißt es eine Art von besonderm Glück gemacht zu haben, wenn einer ein beständiges Tagwerk erlangt hat. Für die Kinder ist vollends gar nichts vorhanden. b. Es ist ungegründet, daß die Leute nicht arbeiten möchten, falls sie eine nahrhafte und ergiebige Arbeit fänden. Zur Zeit der Feldarbeit stehen am frühsten Morgen ganze Schaaren Tagwerker – und Tagwerkerinnen auf dem öffentlichen Platz, und folgen, mit ihrem eignen Rechen versehen, jedem, wer sie dingen will. Das Bachräumen zur Herbstzeit ist gewiß keine angenehme, noch leichte Arbeit, und doch kann man die Menge aller der Männer, Weiber, und Mägde die sich bittweise dazu stellen, nie sämtlich annehmen; und so würde es bey jeder Arbeit ergehen, welche nährt, und leben macht. Das Flachsspinnen (welches mit dem Wollspinnen nicht vermengt werden darf) nährt einmal nicht, und übrigens ist, außer den erwähnten kurzzeitigen Arbeiten, keine andere gewisse und zuverlässige Arbeit vorhanden. So bald nun das Weib des sogenannten Tagwerkers Kinder bekömmt, steht selbes irgend an einen öffentlichen Platz, oder läuft mit dem Kind in die Stadt, und bettelt. Ganze Heerden lauffen wochentlich von der Nachbarschaft zum Betteln in die Stadt, in welcher selbst noch im J. 1782 die Anzahl der Bettelleute 1275, und sohin jede 41ste Person ein Bettler war.

Aus: Beyträge zur vaterländischen Historie, Geographie, Statistik und Landwirtschaft, hrsg. v. Lorenz von Westenrieder, München 1788, S. 319ff.

5. Löhne und Preise (1784)

Ehehalten, und anderer nöthigen Arbeiter Lohn.
Ein Oberknecht hat jährlich 24 fl.[1] [ca 4 kr. pro Tag] zum Lohne, zwey grobe Hemden, ein Paar leinene Hosen, und ein Pfund Schmeer [Schweineschmalz]. – Ein Mittlerknecht 20 fl. ein Hemd, und ein Paar leinene Strümpfe. – Ein Bube 15 fl. und ein Hemd.

Eine Oberdirne hat 9 bis 10 fl. jährlich [ca 1,5 kr. pro Tag] zum Lohne, dann 6 Ellen flächsene, 14 Ellen werchene [gewirkte] Leinwand, einen Leibbrustfleck, eine Haube, und einen halb leinenen, halb wollenen Rock. Manche dingen sich auch Schuhe aus. – Eine mittlere Dirne hat zum Lohne 8 fl. [ca 1,3 kr. pro Tag] 4 Ellen flächsene, und 10 Ellen werchene Leinwand, auch einen Rock. – Beym Ausstande bekommt jeder Ehehalt einen Laib Brod. –

Eines Maurers Taglohn macht 22 kr., eines Handlangers 15 kr.: so auch bey den Zimmerleuten.

Ein Tagwerker hat für den Tag vom Dreschen und Schneiden 15 kr., vom Mähen fürs Tagwerk 15 kr. – und von einem Klafter Holzhauen 20 kr. – Bekommt aber dabey keine Kost.

Der Hüter hat jährlich zum Lohne vom Stücke Rindvieh ½ Metzen Gerste, ½

[1] 1 fl. = 1 Florin = 1 Gulden = 210 Pfennig = 60 Kreuzer (kr.)

Metzen Korn; von den Schafen vom Haus ¼ Korn, von den Schweinen ¼ Gerste, und ¼ Korn. Von der Gans 1 Groschen, und an Kirchweih Kücheln und Brod.

Preise (Auswahl)

Eine Semmel 1 kr.
Ein Laib Brot (ca 3 Pfd) 6 kr.
Ein Pfund Butter 12 kr.
Ein Pfund Schmalz 14 kr.
10 Eier 4 kr.
Ein Pfund gutes Ochsenfleisch 6 kr.
Ein Pfund gutes Schweinefleisch 6 kr. 2 Pfennig
Eine Maaß weißes Bier 3½ kr.
Eine Maaß Branntwein 12 kr.
Ein Pfund Leinöl 12 kr.
Ein Pfund Inschlichtkerzen 13 kr.
Ein Pfund Seife 13 kr.

Aus: Anton Baumgartner, Beschreibung der Stadt und des Gerichtes zu Neustadt an der Donau, München 1784, S. 137ff.

6. Schwere Landarbeit (1816)

Schon im zarten Jugend-Alter werden die Knaben zu vieler Arbeit angehalten, und verrichten mehr, als sie sollten. Darum erscheinen manchmal Jünglinge mit krummen Beinen, und sind mit Leibschäden behaftet, weil sie übermäßig tragen und heben müssen. Die Mütter sehen sich genöthiget, schon am dritten Tage nach ihrer Entbindung die Hausarbeiten wieder zu übernehmen; besonders aber legt ihnen die Ernte schwere Verrichtungen auf: z.B. das Abladen des Getreides; wodurch sie geschwächt, und manche unglückliche Geburten veranlaßt werden. – Man benützet allgemein die abgewürdigten [abgeschafften] Feyertage, besonders im Sommer; aber außerordentlich streng ist die Arbeit an Werktagen, und der Fall ist nicht selten, daß hierüber in der Ernte einige Menschen krank werden. Ein billiger Hausvater gönnet daher in sogenannt ganzen Wochen, welche kein Feyertag unterbricht, seinen Dienstleuten gern ein Stündchen zur Ruhe.

Aus: Joseph v. Obernberg, Reisen durch das Königreich Baiern, I. T., 3. Bd., München 1816, S. 175f.

7. Ländliche Bräuche (1816)

a.

Die Freuden des Lebens sucht der Mann des Sonntags bei einem Kruge Bier, und die Jugend sucht sie auf dem Tanzplatze. Nach dem Gottesdienste versammeln sich die Mädchen an den gewohnten Plätzen, bis die jungen Bursche endlich kommen, und das eine oder andere in das Wirthshaus abholen, wobei die ländliche Sitte etwas Sträuben fordert. Ein paar Mal zum Biere führen, gilt als Liebeserklärung. Auf den Tanzboden kommen die Mädchen von selbst; der Tanzlustige hat unter der ganzen versammelten Schaar die Wahl; zum Danke nach dem Tanze giebt man gewöhnlich einen Trunk Bier. Die Musik besteht aus einem quäckenden Klarinette, ein Paar Violinen und einem Hackbrette: der stampfende Fuss der Musikanten hält die Instrumente und das herumwüthende Chaos im Takt. Der rasche Walzer ist der Lieblingstanz, und nur bei Hochzeiten zeigt sich noch zuweilen von einem alten Paar aufgeführt der gemächliche Langaus. Das ordnungslose Herumstürmen verursacht Rippenstösse von und nach allen Seiten und Fusstritte, dass das Blut aus den Schuhen läuft, auch verräth sich dadurch zuweilen zärtliche Rache. Eifersucht und Spott veranlassen häufige Schlägereien, woran die Mädchen oft um des Geliebten willen kräftig Antheil nehmen. – Die Männer sitzen ruhig beim Bierkruge, und bereden gegenseitig den Fortgang ihrer Arbeiten, den Feldbau und die Vorfälle ihres Dorfes, denn hier nur treffen sich Bekannte und Anverwandte, da man sonst jahrelang nicht in ein zweites oder drittes Dorf kömmt. Bettelleute und Leichenbitterinnen sind die einzigen Zeitungsträger bei diesem abgeschiedenen Lebensverkehr. Wenn Tanz und Musik mangeln, verkürzen Karten- und Kegelspiel die Feierabende. Des Winters geht man in das eine oder andere Haus in den Rocken zusammen. Die Rockenweil, die bis Abends 10 oder 11 Uhr dauert, füllen Neckereien über die Liebes-Begebenheiten an den Sonntagen, Mährchen und Räthsel aus, die man sich erzählt und vorlegt. Gesänge aus ältern Zeiten und von längerm Inhalte verlieren sich jetzt allmählig aus dem Munde des Volkes, nur alte Weiber lassen sich noch zu weilen damit hören.

Aus: Pfeilschifter, Wanderung durch Baiern, 1816, S. 23ff.

b.

Beynahe jeder Knecht hat die Seinige; und sie glauben, daß man ihnen dieses nicht verargen könne, weil sie nicht heirathen dürfen. Wenn ein Tanz in der Nachbarschaft gegeben wird, führet jeder Bursch die Seinige dahin. Sie tanzet nur mit ihm, mit einem andern aber nur mit seiner Erlaubniß. Ein Mädchen, welches keinen Liebhaber, oder nicht den Ihrigen hat, steht einigermaßen in Verachtung. Da sie nicht mit dem Ihrigen zum Tanze gehen kann: gehet sie auf gut Glück allein, stehet auf dem Tanzboden, eines Kunden harrend. Wenn sie glücklich ist, muß sie erwarten, ob sie der Kunde nach dem Tanze wieder auf ihren Platz, oder mit sich zum Tische führe; im letztern Falle bezahlet er Musik und Zeche allein. [. . .]

Die Weiber sind nach dem Eintritte in die Ehe der Welt abgestorben. Geht auch der Mann am Sonntage zur Schenke: so bleibet das Weib zu Hause. Zu keinem Tanze kommt sie mehr, außer dem Falle, da ihr der Mann in eine Hochzeit zu gehen erlaubt. Gehen die Mägde zum Tanze: so verrichtet die Bauersfrau ihre Arbeiten im Stalle.

Aus: Obernberg, Reisen, S. 178f.

8. Volksfrömmigkeit (1784)

Religiös ist der gemeine Mann über die Maße, so, daß ich, wenn ich einige Oesterreichische Staaten ausnehme, in Deutschland nicht leicht ein Land kenne, wo es so weit darin geht. Der Postknecht oder Fuhrmann wird keine Heiligenstatüe, womit doch die Wege in der Nähe der Klöster und Dörfer häufig begabet sind, vorbey fahren, ohne seinen Huth abzuziehen, ohngeachtet er sonst mit demselben nicht so freigebig wie der gemeine Mann in Schwaben ist. Ja ich habe sie einigemal in den Pferdeställen angetroffen, wenn es eben 12 Uhr geläutet, daß sie bey den Pferden geknieet, und zwischenher doch auf die Pferde gefluchet haben. Was sie in der andächtigen Positur gedacht, kann man sich leicht vorstellen. Die Religion ist bey den Leuten blos mechanisch. In den Städten leidet die Arbeit und Nahrung der Handwerker durch die allzuhäufigen Feiertage nicht allein, sondern besonders durch das übertriebene viele Laufen in die Messen. Ich habe solches vor andern zu Landshut bemerket, wo sie so gar des Nachmittags mit vollen Haufen aus einer Kirche in die andere zur Messe gingen, und den ganzen Nachmittag so zubrachten. Zu Maynz, Würzburg und in andern großen catholischen Städten wird man das Hälfte nicht davon gewahr, und doch dieses in Städten, die noch einmal so volkreich sind. Ich habe im Grunde nichts dagegen, weil es die Religion mit sich bringt, und kein vernünftiger solches tadeln wird, nur das übertriebene, und der, Müßiggang, nebst den üblen Folgen, so daraus entstehen, mißfällt mir. Es heißt, bete und arbeite.

Aus: Pezzl, Reise, S. 157f.

9. Bevölkerung und Kindersterblichkeit in München (1788)

Weil hier auf den Gassen, in den Wirths- Koffee- und Spielhäusern Tag und Nacht Leute zu sehen sind, so glaubten einige noch unlängst, die Anzahl der hiesigen Einwohner sey ganz unermeßlich, und sie äußerten ordentlich einen nicht geringen Verdruß, als wäre man gleichsam der Nationalehre zu nahe getretten, da man sie belehrte, daß in den 1241 Häusern, welche sich gegenwärtig innerhalb den Ringmauern befinden, die Zahl der Einwohner höchstens auf 38 000, mit den umliegenden Zugehörungen auf 40 000, und mit Einschluß des Lechels, der Au, und des heutigen Haidhausen ungefähr auf 46 bis 48 000 Seelen zu bringen sey. Sie sprachen, ich weis nicht, von welchen Anstalten, die man zur Vermehrung der hiesigen Volksmenge treffen, von Vorstädten, die man zu dem Ende anlegen müßte etc. u. dgl.

Von diesem seltsamen Wahn, der mir von der Art zu seyn scheint, als wenn jemand sich einbildete, die Ehre unsrer Stadt hänge davon ab, z. B. die höchsten Thürme in Deutschland zu haben, kam man gleichwohl seit einiger Zeit ziemlich zurück, seit der Zeit nämlich, als die Preise der Hausmiethen, der Viktualien, und beynahe aller Lebensbedürfnisse sehr hoch stiegen, und ihnen endlich die Klage auspreßten, daß die Anzahl der Menschen auf dem hiesigen Fleck bey weitem zu groß, und daß die Volksvermehrung, welche in einem andern Land, und in einer andern Lage, eine Vollkommenheit seyn würde, hier ein offenbares Gebrechen sey.

Und in der That, wenn wir alle sehen, und wissen, daß der Mann, der einst mit einem Einkommen von tausend Gulden glücklich und reich war, nunmehr mit dem nämlichen Einkommen nicht nur in der äußersten Verlegenheit, sondern ganz schlechterdings, auch bey der strengsten Wirthschaft außer Stand ist, mit Frau und Kindern anständig zu leben, wenn wir sehen, daß nicht bloß einzelne Bürger, sondern ganze bürgerliche Gewerbe, und ganze Zünfte, wo noch bey Mannsgedenken wohlhabende Leute waren, allgemein kränkeln, und hinsinken; so kann doch jene Klage wohl nicht mehr verdächtig, noch die freche Stimme einer übertriebenen Schmähsucht seyn. [. . .]

Die Sterblisten, liefern uns noch überdieß eine ganz besondere, höchst merkwürdige Erscheinung, welche ich nicht umhin kann, wenigst im Vorbeygehen zu berühren. Sie betrift die Sterblichkeit der Kinder, welche in der hiesigen Stadt auffallend groß, und schrecklich ist. Im J. 1783 wurden 1428 Kinder gebohren, dagegen vom 1sten bis zum 7ten Jahr 913 gestorben sind. Eine entsetzliche Anzahl!

Aus: Westenrieder, Beyträge, S. 253 ff.

10. Unerwünschte Kinder

Der Bauer freuet sich, wenn sein Weib ihm das erste Pfand der Liebe bringt, er freut sich auch noch beim zweiten und dritten, aber nicht auch so beim vierten. Da treten schon Sorgen an die Stelle der Freude. Er bedauert es, ein Vater vieler Kinder zu seyn, er hat für so viele keine gute Aussicht mehr, sein Vermögen ist zu klein. Er sieht alle nachkommenden Kinder für feindliche Geschöpfe an, die ihm und seiner vorhandenen Familie das Brod vor dem Munde wegnehmen. Sogar das zärtliche Mutterherz wird schon für das fünfte Kind gleichgültig, und dem sechsten wünscht sie schon laut den Tod, daß das Kind (wie man sich hier ausdrückt) himmeln sollte. . . . Mancher Beichtvater, der einige tausend Beichten den Landleuten abgenommen, und anbei ein fleißiger Beobachter ist, könnte der Regierung ziemlich zuverlässig anzeigen, wie viel hundert eheliche Kinder in einem gewissen Bezirke weniger geboren und wie viel geborne frühzeitig verwahrloset werden, daß sie um 50 oder 60 Jahre zu früh himmeln müssen.

Aus: Joseph v. Hazzi, Statistische Aufschlüsse über das Herzogtum Baiern aus ächten Quellen geschöpft, Bd. II, 1. T., S. 182 f.

11. Vernachlässigte Kinderbetreuung (1810)

Unter die allgemeinen Ursachen der großen Sterblichkeit, besonders der Kinder, gehört [die] vernachläßigte physische und moralische Erziehung der Kinder.

In der Stadt hängt die Erziehung von dem guten Willen der Aeltern, ihrem Vermögen und Verstande ab. Oft werden die Kinder der Reichen verzärtelt, und jene der Armen vernachläßigt. Auf dem Lande ist die physische Erziehung aus Eigensinn, Aberglaube und Vorurtheilen schlecht beschaffen. [...] Viele Mütter säugen ihre Kinder nicht mehr selbst, besonders in der Stadt, wobey meistens Vorurtheil und schlechter Wille, selten der Mangel der gehörigen Beschaffenheit der Brustwarzen schuld ist. Arme Weiber stillen ihre Kinder aus Armuth; aber die Milch ist wegen karger Nahrung der Mutter schlecht und wenig. Auf dem Lande kann man zwar annehmen, daß die Mütter ihre Kinder so ziemlich allgemein ein, zwey, auch drey Jahre stillen! allein was sie dadurch gewinnen, verderben sie auf der andern Seite wieder, daß sie sich während des Geschäftes der Säugung weder im Essen noch in Leidenschaften mäßigen, wozu sie auch öfters durch Mißhandlung der Männer gereitzt werden, und daß sie neben der Säugung drey bis vier auch fünf Mahl im Tage das Kindskoch geben, in der Meynung, daß, wenn das Kind schreyt, es hungere.

Dieses Koch besteht öfters, besonders bey der großen armen Klasse, aus schlechtem Mehl, oder wohl gar Habermehl, wird auf dem Lande nicht selten auf einen oder zwey Täge vorhinein gemacht, und meistens in unverzinnten, kupfernen Pfannen zubereitet und aufbewahrt. Nebst dem Koch und der Muttermilch wird auf dem Lande noch überdieß eine Kuh- oder Geißmilch zum Trinken gegeben. [...]

Während auf diese Art die Kinder der wohlhabenden Klasse durch die Quantität und Qualität der gereichten Nahrung um ihre Gesundheit kommen, müssen auf der andern Seite viele Kinder aus Armuth der Aeltern fast verhungern, und der Genuß einer eben so groben und schlechten, als kargen Nahrung muß den Keim zu allen Gattungen Krankheiten in sie legen. Dieses Loos betrifft vorzüglich die so vielen im ledigen Stande erzeugten Kinder, welche nicht nur sehr selten sich des Genußes der Muttermilch zu erfreuen haben, sondern als eine der Gemeinde zur Last fallende Bürde oft absichtlich verwahrloset und verdorben werden.

Die meisten Kinder werden auf dem Lande, besonders im Gebirge, außer dem Bade nach der Taufe, in ihrem Leben nicht mehr gebadet. Man fatschet die Kinder zu fest und Jahre lang ein [wickelt sie bis zum Hals hinauf ein]; man wieget sie zu stark; man läßt sie, besonders zur Feldarbeitszeit, fast den ganzen Tag hindurch in ihren Unrathe schlecht bedeckt liegen. [...] Sie sind voll Ungeziefer und Krätzen. Die Bett- und Leibwäsche wird unrein gehalten, und selten gewechselt.

Aus: Joseph von Koch-Sternfeld, Salzburg und Berchtesgaden in historisch-statistisch-geographisch- und staatsökonomischen Beyträgen, Bd. 2, Salzburg 1810, S. 228ff.

12. Grundherrliche Abgaben (1831)

Vorstellung mehrerer Gemeinden des Isarkreises, die ungerechte Überlastung mit grundherrlichen Abgaben betreffend.

Es ist eine sehr auffallende und niederschlagende Erscheinung, daß seit einigen Jahren so außerordentlich viele Besitzer von Bauerngütern, die unter landesfürstlicher Grundherrschaft stehen, in Concurs gerathen, und gewöhnlich mit Weib und Kindern diese ihre seit Jahrhunderten innegehabten Besitzungen verlassen müssen, wo dann die erwachsenen Kinder vermögenslos in die weite Welt hinausgejagt werden, die unmündigen aber sammt den Eltern der Gemeinde zur Last fallen und von derselben abgenährt werden müssen.

In ältern Zeiten war es nicht so; es war eine große Seltenheit, wenn solche Gutsbesitzer von ihren Höfen abziehen mußten. Der Gutsherr half Verunglückten gewöhnlich wieder auf; nur lüderliche Hauswirthe wurden hin und wieder einem verdienten Schicksale Preis gegeben. Heut zu Tage dagegen müssen dergleichen Besitzer, wenn sie ein paar Jahre lang ihre grundherrlichen Abgaben nicht entrichten können, ohne weiters Vieh, Möbeln, Baufahrnisse, Grundstücke, am Ende das ganze Habe und Gut verkaufen und aus dem Erlös die Grundherrschaft befriedigen. Zwanzig–dreyßig solcher abgehausten Bauern in einem Landgerichte und in einem Jahre sind keine Seltenheit mehr. Die Folge ist steter Wechsel der Gutsbesitzer, Deteriorirung [Verschlechterung] der Gründe, Anfüllung des Landes mit Bettlern. Ohne Verschulden wird der arbeitsamste und ordentlichste Bauersmann an den Bettelstab gebracht.

Da diese Erscheinung in ältern Zeiten nicht war, so kann sie nur die Frucht neuerer Einrichtung seyn. Die gehorsamst unterzeichneten Ruralgemeinden glauben die Ursache in nachbenannten Umständen zu finden.

Bekanntlich besaßen in Bayern fast alle Ruralgemeinden außer den eigenthümlichen auch noch Gemeindegründe, bestehend in Gemeinwaldungen und Gemeindeweiden. Sie waren so beträchtlich, daß sie nicht selten an Flächenraum den eigenthümlichen Grundstücken gleich kamen. Aus diesen Gemeingründen bezogen die grundherrlichen Unterthanen Brennholz, Streu, Moos; auf den Weideplätzen zogen sie ihre Pferde, Rindvieh, Schweine, Schaafe, Gänse u.a. in beträchtlicher Menge, die größern Güterbesitzer mehr, die kleinern weniger, nach dem Maaßstabe des Hoffußes der Größe der Güter und der grundherrlichen Reichnisse. Dafür verabreichten sie an ihren Grundherrn mehr oder weniger Dienstgetreide, auch Schmalz, Butter, Eyer, Hühner und andere Naturalien unter dem Namen Stift, Gilt, Dienst u.s.w. Trat ein Schauer ein, oder ein Mißjahr, oder irgend ein anderes Unglück, so betraf es nicht blos die Grundholden, sondern auch den Gutsherrn, und derselbe mußte, wenn auch nicht das Ganze, doch einen verhältnißmäßigen Theil der ihm gehörigen Gilten und Stiften fahren lassen.

In einigen Gemeinden waren dergleichen grundherrliche Abgaben so hoch gestellt, daß der Grundherr selbst wohl einsah, seine Grundholden können sie nicht leisten; daher traten regelmäßig jährliche Nachlässe ein. Nur mußte von Seite der Unterthanen darum gebeten, und so die Unterthanspflicht gegen den gnädigen

Herrn aufrecht erhalten werden. Besonders geschah dieses bey geistlichen Stiften und Klöstern, deren Unterthanen in der Regel sehr belastete Leibgüter besaßen. Fast die Hälfte wurde von diesen jährlich nachgelassen.

Auch die adelichen Gutsbesitzer, und in ältern Zeiten auch die landesherrlichen Kastenämter verstanden sich zu dergleichen Nachlässen fast alle Jahre, weil sie wußten, daß der Unterthan zu Grunde gehen müßte, wenn er zur strengen Entrichtung angehalten würde. Man darf annehmen, daß von dergleichen grundherrlichen Reichnissen der Unterthanen, wenn nicht die Hälfte, doch sicher ein Drittel im Durchschnitte jährlich erlassen worden ist.

Diese Nachlässe dauern von Seite der adelichen Gutsbesitzer und anderer Privatobereigenthümer zwar noch fort, haben aber von Seite der königl. Rentämter fast gänzlich aufgehört, und es werden von denselben die grundherrlichen Abgaben mit einer unbarmherzigen Strenge eingetrieben. Was fragen sie darnach! Die Giltbauern gehören nicht ihnen; wenn einer zu Grunde geht, folgt ein anderer nach; und je mehr eingeht, um so reichlicher fließt die Tantieme. Man darf annehmen, daß dergleichen Landeigenthümer, welche erbrechtliche und leibrechtliche Güter besitzen, in den abgelaufenen 20 bis 30 Jahren wohl um ein Drittel an Abgaben mehr haben bezahlen müssen, als sie in älterer Zeit bezahlt haben. Dies ist ein Grund der Verarmung dieser Güterbesitzer, und der auffallenden Frequenz der Concurse in unsern Tagen im Vergleich mit der Vorzeit.

Ein zweyter, nicht weniger beachtenswerther Grund ist folgender. In den Jahren 1800, 1805 u. 1806 sind bekanntlich die oben berührten Gemeingründe unter die Mitglieder der Ruralgemeinden vertheilt und denselben zur Cultur als Privateigenthum übergeben worden. Diese Vertheilung hätte dem Gesetze der Gerechtigkeit gemäß nach dem Maaßstabe des Hoffußes in der Weise geschehen sollen, das derjenige Gutsbesitzer, welcher von dem Grundherrn ursprünglich zwar mehr Grund und Boden, aber auch mehr Lasten übernommen hat, nach dem Verhältnisse dieser von dem Gemeingrunde auch mehr hätte erhalten sollen. Denn bey dem ursprünglichen Vertrag zwischen Grundherrn und Grundholden und Vertheilung der Lasten auf die Güter ist gewiß nicht nur auf die jedem Grundholden übergebenen eigenthümlichen Gründe, sondern es ist auch auf die Gemeingründe dergestalt Rücksicht genommen worden, daß der größer Begüterte ein ausgedehnteres Nutzungsrecht als der kleiner Begüterte habe. Den Beweis liefern frühere Vertheilungen und selbst richterliche Sprüche. Auch wird es Jedermann von selbst einleuchten, daß derjenige z.B., welcher 100 Morgen Landes dem Grundherrn um 5000 fl. abgekauft hat, und ihm dafür eine jährliche grundherrliche Abgabe von etwa 30 Schäffel reicht, auf eine größere Fläche von Gemeingründen Anspruch hat, als derjenige, welcher nur 10 Morgen um 500 fl. erkauft hat, und etwa nur 3 Schäffel Gilten reicht. So lange die Gemeingründe bestanden haben, durfte in dem gegebenen Falle der größer Begüterte etwa 30 Klafter im Gemeinholze schlagen, und 30 Rinder, ebensoviel Schaafe und Schweine nebst einer verhältnißmäßigen Anzahl von Pferden auf die Gemeinweide treiben, dagegen der kleiner Begüterte nur 3 Klafter Holz im Gemeindewalde fällen, nur 3 Kühe, ebensoviel Schafe und Schweine und gar kein Roß auf der Gemeinweide halten. Bey Vertheilung dieser Gemeingründe zu Anfang des gegenwärtigen Jahrhunderts ist leider auf dieses Recht nicht gesehen worden, sondern die Kleinbegüterten erhielten ebensoviel an Grund und Boden, als die größer Begüterten, und zwar als freyes Eigenthum.

Vergeblich waren alle Reklamationen der letztern, sie wurden nicht beachtet. Dagegen blieben ihre Lasten, ihre Stiften, ihre Gilten, ihre Laudemien [Gebühren bei Besitzveränderungen] ungeändert, indem die Gemeingründe nicht in den grundherrlichen, sondern nur in den landesherrlichen Verband gezogen, d.h. nicht mit Stiften und Gilten, sondern nur mit Steuern belegt wurden.

Seit der Zeit steigt der Vermögensstand der Kleinbegüterten sichtbar; dagegen fällt in unseren Gemeinden von Jahr zu Jahr jener der größern Güterbesitzer. Die Ursache ist die ihnen von Seite der Regierung widerfahrne oben beschriebene Ungerechtigkeit.

Aus: Verhandlungen der zweyten Kammer der Ständeversammlung des Königreichs Bayern im Jahre 1831, 5. Beylagenband, München 1831, S. 74ff.

13. Lebensbedarf einer Schullehrersfamilie (1846)

Nachweis über den Bedarf zum Lebensunterhalte einer Schullehrers-Familie in Bayern, bestehend aus Vater, Mutter und vier Kindern.
Commentar zu allen Schullehrer-Petitionen um Gehalts-Erhöhung.

	Tages-Bedarf		Jahres-Betrag.	
	fl.	kr.	fl.	kr.
A. Unumgänglich nothwendiger Bedarf.				
Titel I.				
Auf Nahrung.				
Frühstück für die 6 Personen der Familie à 2 kr.	–	12	73	–
Mittagessen à Person 4 kr.	–	24	146	–
Abendessen à Person 2 kr.	–	12	73	–
½ Maß Bier täglich für den Mann	–	2½	15	12½
Wasser nach Belieben für Frau und Kinder	–	–	–	–
Summe	–	50½	307	12½

	Jahres-Betrag.	
	fl.	kr.
Titel II.		
Auf Kleidung.		
a. Für den Mann:		
Alle vier Jahre einen neuen Hut à 2 fl. 40 kr.	–	40
Alle zwei Jahre eine neue Mütze à 1 fl. 20 kr.	–	40
Alle zwei Jahre ein neues Halstuch zu 1 fl. 30 kr.	–	45
Alle zwei Jahre eine neue Weste zu 2 fl.	1	–
Alle zwei Jahre einen neuen Rock zu 14 fl.	7	–
Alljährlich ein neues Beinkleid	7	–
Eine Unterziehhose	1	30
Ein paar Halbstiefel	3	36
Ein paar Stiefelvorschuhe	2	30
Ein paar Schuhe	2	–

	Jahres-Betrag. fl.	kr.
Ein paar Stiefel- oder Schuh-Sohlen	–	36
Alle zwei Jahre ein paar Handschuhe zu 40 kr.	–	20
Alljährlich zwei Hemden à 1 fl. 30 kr.	3	–
Alljährlich zwei paar Halbstrümpfe oder Socken à 30 kr.	1	–
Alljährlich zwei Taschentücher à 24 kr.	–	48
Summe 32 fl. 15 kr.		
b. Für die Frau:		
Des Mannes hälftiger Bedarf	16	7½
c. Für jedes der vier Kinder:		
à 6 fl.	24	–
Summe Titel II	72	22½
Titel III.		
Auf Wohnung.		
Miethzins für eine bescheidene Wohnung	20	–
Vier Klafter weiches Scheitholz zur Beheitzung à 7 fl.	28	–
Für's Kleinmachen dieses Holzes	–	–
Für Lichter im Winterhalbjahr täglich 2 kr.	6	5
Auf Weißen, Kaminfeger-Löhne, die kleinen Reparaturen an Thüren, Fenstern, Schlößern, Oefen etc.	5	–
Summe Titel III.	59	5
Titel IV.		
Auf Instandhaltung der Hausgeräthe.		
Ersatz des Abgangs an Küchengeräthen, als: Messern, Löffeln, Tellern, Schüßeln, Töpfen, Pfannen etc.	5	–
Ersatz des Abgangs an Möbeln, als Tischen, Stühlen, Bänken, Schränken, Bettstätten etc.	3	–
Ersatz des Abgangs an allerlei Hausgeräth, als: Bohrern, Sägen, Hacken, Bürsten, Schwingen, Körben, Besen, Butten, Schäffern, Wasser-Eimern etc.	5	–

	Jahres-Betrag. fl.	kr.
Ersatz des Abgangs auf Weißzeug und Betten	5	–
Summe Titel IV.	18	–
Titel V.		
Auf die Fortbildung.		
Alljährlicher Beitrag zum Lesezirkel der Schullehrer-Fortbildungsanstalt	–	30
Auf Zehrung bei dem Besuche der vier Schullehrer-Conferenzen im Jahre à 11 kr.	–	44
Auf besondere Reisezehrung in der Districts-Conferenz	–	30
Zur Bestreitung der Ausgaben auf politische, wissenschaftliche und pädagogische Tages-Lectüre	3	–
Auf Anschaffung von Büchern, nach dem derzeitigen Bedürfniß des Schullehrers, wenigstens	11	–
Auf Musik-Instrumente, Musikalien, Saiten etc.	5	30
Zu Schreibmaterialien	1	40
Auf Schulgeräthe und Lernmittel für die eigenen Kinder	1	36
Summe Titel V.	24	30
Titel VI.		
Sonstige Lasten und Ausgaben.		
Alljährlicher Beitrag zur Local-Schullehrer-Wittwen-Casse	3	–
Zur Kreis-Schullehrer-Wittwen-Pensionsanstalt	9	–
Familien-Steuer	1	15
Steuer von der Dienstwohnung und den Dienstgründen nebst Kreisfonds-Beiträgen	1	24
Beitrag zur Orts-Armencasse, monatlich 6 kr.	1	12
Zur Seife für den Hausbedarf monatlich 15 kr.	3	–
Summe Titel VI.	18	51

	Jahres-Betrag. fl.	kr.
Zusammenstellung.		
Summe Titel I. .	307	12½
Summe Titel II. .	18	—
Summe Titel III. .	72	22½
Summe Titel IV. .	59	5
Summe Titel V. .	24	30
Summe Titel VI. .	18	51
Betrag des unumgänglich nothwendigen Bedarfs	500	1
B. Sonst nicht unnöthiger und auch nicht unerlaubter Bedarf.		
Auf den Sparpfennig für die Zeiten der Krankheit und anderer widriger Zufälle	6	5
Auf den Wehrpfennig zu Schutz und Trutz gegen Verläumdungen, Schmähungen, Mißhandlungen etc.	3	2
Auf den Ehrpfennig zur Bestreitung der Ausgaben bei Kindtaufen, Leichen, Schul- und Männer-Gesang-Festen, zu Pathen- und Hochzeit-Geschenken etc.	6	5

[1 Florin = 1 Gulden = 60 Kreuzer]

	Jahres-Betrag fl.	kr.
Auf Ausbildung der Söhne für ihren künftigen Beruf	6	5
Auf Ausstattung der Töchter – täglich 1 kr.	6	5
Auf menschenfreundliche Unterstützung entlassener Amtsbrüder	4	—
Auf den Ausbau des Kölner Doms	1	—
Auf Dienstlohn und Verköstigung einer Magd	50	—
Auf's Rasiren und Haarschneiden	2	2
Auf Schuhschmiere und Stiefelwichse	—	36
Auf Rauch- und Schnupf-Tabak, Tabaks-Pfeifen und Dosen	5	—
Auf gesellschaftliche Unterhaltung	5	—
Auf wissenschaftliche und Erholungs-Reisen	5	—
Nicht unnöthiger Jahres-Bedarf	100	—
Nothwendiger Jahres-Bedarf	500	1
Betrag sämmtlichen Bedarfes	600	1

Angefertigt, Schönbrunn 30. Januar 1846.
Höfler, Schullehrer.

[1835 befinden sich in Bayern:]
451 Schullehrer mit einem Gehalte über 400 fl.
852 Schullehrer mit einem Gehalte von 400–300 fl.
2090 Schullehrer mit einem Gehalte von 300–200 fl.
3943 Schullehrer mit einem Gehalte von 200 fl. u. darunter.

Aus: Verhandlungen der Kammer der Abgeordneten 1846, 4. Beilagenband, München 1846, S. 108ff.

14. Löhne und Preise (1847)

A. Die Arbeitslöhne und Gehalte in der Landwirthschaft, den Gewerben, beim Lehrpersonal und bei der Geistlichkeit in Niederbayern, vergleichend zusammengestellt.

Stand	Kost	Wohnung	Tag-Lohn von	Tag-Lohn bis	Wochenlohn von	Wochenlohn bis	Jahr-Lohn von	Jahr-Lohn bis
* I. Landwirthschaft.			Fl. Kr.	Fl. Kr.	Fl. Kr.	Fl. Kr.	Fl. Kr.	Fl. Kr.
Hirtenknabe . . .	mit Kost	mit Wohnung	. .	. .	. .	. .	8 .	10 .
Mägde	mit Kost	mit Wohnung	. .	. .	. .	. .	18 .	36 .
Knechte	mit Kost	mit Wohnung	. .	. .	. .	. .	24 .	60 .
Taglöhner	mit Kost	ohne Wohnung	. 15	. 21	. .	. .	. .	. .
Desgleichen	ohne Kost	ohne Wohnung	. 21	. 24	. .	. .	. .	. .
II. Dienstleute in Städten und Märkten.								
Dienstmägde . . .	mit Kost	mit Wohnung	. .	. .	. .	. .	12 .	40 .
Kutscher und Bediente	mit Kost	mit Wohnung	. .	. .	. .	. .	40 .	60 .
Taglöhner	mit Kost	ohne Wohnung	. 18	. 24	. .	. .	. .	. .
Desgleichen	ohne Kost	ohne Wohnung	. 24	. 30	. .	. .	. .	.
III. Gewerbe in Märkten und Städten.								
Zimmerleute . . .	ohne Kost	ohne Wohnung	. 40	. 42	. .	. .	. .	. .
Maurer	ohne Kost	ohne Wohnung	. 40	. 42	. .	. .	. .	. .
** IV. Löhne der Gesellen in den verschiedenen Gewerben.								
I. Kategorie	mit Kost	mit Wohnung	. .	. .	. 48	1 45	. .	.
II. Kategorie	mit Kost	mit Wohnung	. .	. .	1 .	2 .	. .	. .
III. Kategorie	mit Kost	mit Wohnung	. .	. .	1 30	2 30	. .	. .
IV. Kategorie	mit Kost	mit Wohnung	. .	. .	2 .	2 30	. .	. .
V. Kategorie	mit Kost	mit Wohnung	. .	. .	2 .	3 .	. .	. .

I. Kategorie. Kleidermacher, Schuhmacher, Säckler, Bäcker, Leinweber, Schreiner, Drechsler, Bürstenbinder, Faßbinder, Tuchmacher.
II. Kategorie. Fleischer, Glaser, Hutmacher, Brauer, Kürschner, Müller, Anstreicher, Nagelschmiede.
III. Kategorie. Schlosser, Grobschmiede, Spängler, Geschmeidler, Zinngießer, Seifensieder, Färber.
IV. Kategorie. Lebzelter, Gerber, Kupferschmiede, Seidenweber, Buchbinder.
V. Kategorie. Zimmermaler, Kunstgärtner, Uhrmacher, Buchdrucker, Schriftsetzer, Posamentirer.
NB. Die Löhne verändern sich je nach der Geschicklichkeit der Gesellen und können besonders bei Arbeit nach dem Stücke noch wesentlich sich erhöhen, so wie auch bei solchen Gesellen, welche als Geschäftsführer arbeiten.

* Man kann annehmen, daß drei Viertel der Landwirthe stark verschuldet sind und der Rest nur einige sehr wohlhabende Landwirthe zählt. Der Zehent, die Feudalverhältnisse, der daraus hervorgehende Mangel an Sinn für Fortschritt und der niedrige Zustand geistiger und moralischer Bildung der Landleute erklären dieses Räthsel, da Niederbayern bezüglich seiner Bodenverhältnisse zu den gesegnetsten Ländern Deutschlands gehört.
** Die verschiedenen Gewerbe, von denen die Gesellenlöhne oben bemerkt sind, mögen wohl zu einem Viertheil verschuldet sein, zur Hälfte nur zum genauesten Lebensunterhalte einer Familie dienen und in Betreff des Restes in $^{15}/_{64}$ wohlhabend und $^{1}/_{64}$ reich (d.h. mit einem schuldenfreien Besitz von 20000 Fl.) sich auflösen. Bei $^{7}/_{8}$ aller Gewerbe ist der Wohlstand in fortwährender Abnahme, theilweise in Folge des mangelhaften Handelssystemes des Zollvereins.

Stand	Kost	Wohnung	Taglohn von	Taglohn bis	Wochenlohn von	Wochenlohn bis	Jahrlohn von	Jahrlohn bis
V. Verschiedene Dienstarten.			Fl. Kr.	Fl. Kr.	Fl. Kr.	Fl. Kr.	Fl. Kr.	Fl. Kr.
Schreiber	ohne Kost	ohne Wohnung	. .	. .	. .	. .	150 .	300 .
Handlungs-Commis	mit Kost	mit Wohnung	. .	. .	. .	. .	100 .	800 .
Apotheker-Gehülfen		.	. .	. .	. .	. .	100 .	150 .
Apotheker-Provisoren		.	. .	. .	. .	. .	200 .	400 .
VI. Gehalte des Lehrpersonals								
Schulgehilfe . . .	mit Kost	mit Wohnung	. .	. .	. .	. .	52 .	. .
Schullehrer		.	. .	. .	. .	. .	150 .	400 .
k. Professoren		.	. .	. .	. .	. .	500 .	1200 .
VII. Gehalte der Geistlichkeit (kathol.)								
Bischof		.	. .	. .	. .	. .	8000 .	. .
Domdechant		.	. .	. .	. .	. .	2500 .	. .
Domprobst		.	. .	. .	. .	. .	2500 .	. .
Domherr		.	. .	. .	. .	. .	1400 .	1600 .
Domvikar		.	. .	. .	. .	. .	600 .	800 .
k. Pfarrer		.	. .	. .	. .	. .	400 .	2400 .
Kapläne	mit Kost	mit Wohnung	. .	. .	. .	. .	150 .	200 .

* Die Gehalte der k. Beamten und des k. Militairs habe ich hinweggelassen, da sie ohne Zweifel anderwärts in dieser Zeitschrift folgen werden.

B. Uebersicht der Preise der nothwendigsten Lebensbedürfnisse in Niederbayern.

Produkte	Bayer. Maaß u. Gew.	Im 24 Fl.-Fuß von	Im 24 Fl.-Fuß bis
	1 Schfl.[1]	Fl. Kr.	Fl. Kr.
Weizen*	1 Schfl.	15 .	21 .
Korn	1 Schfl.	12 .	18 .
Kartoffeln	1 Schfl.	3 .	5 .
	1 Pfd.		
Rindfleisch	1 Pfd.	. 9	. 10
Kalbfleisch	1 Pfd.	. 6	. 8
Schaaffleisch	1 Pfd.	. 5	. 7
Schweinefleisch . . .	1 Pfd.	. 12	. 14
Butter	1 Pfd.	. 18	. 20
Schmalz	1 Pfd.	. 27	. 30
Salz	1 Pfd.	. 3½	. 4
Roggenbrot	1 Pfd.	. 3½	. 4
Weizenbrot	1 Pfd.	. 7	. 8

Produkte	Bayer. Maaß u. Gew.	Im 24 Fl.-Fuß von	Im 24 Fl.-Fuß bis
	1 Maaß	Fl. Kr.	Fl. Kr.
Bier	1 Maaß	. 5	. 6
Milch	1 Maaß	. 2	. 5
Obst-Essig	1 Maaß	. 3	. 6
1 Huhn	.	. 10	. 12
1 Ei	.	. ½	. 1
100 Stück Weißkraut	.	1 48	4 .
Summarischer jährlicher Holzbedarf für eine Familie . .		36 .	48 .

* Die Getreidepreise beziehen sich auf die letzten sechs Jahre mit Ausschluß des vergangenen Jahres, wo sie die doppelte Höhe der angegebenen Preise

[1] 1 Schäffel = 222 Liter

erreichten. Die übrigen Viktualien sind jedoch die gegenwärtig bestehenden, welche im Allgemeinen keinen so großen Schwankungen als die Getreidepreise unterworfen sind, die Kartoffeln ausgenommen, welche in Folge der Krankheit derselben sich auf den hohen Preis von 5 Fl. stellen.

C. Die für eine am Rande der Armuth stehende Familie unumgänglich nothwendigsten jährlichen Lebensbedürfnisse.

Namen der Bedürfnisse	Fl.	Kr.
Für Wohnung	25	.
Für Holz (nur zu 3 Klaftern berechnet)	20	.
Für Getreide (3 Schäffel Korn à 12 Fl.)	36	.
Für Kartoffeln und andere Nahrungsmittel	28	.
Für Salz	2	.
Für Kleidung	20	.
Für Licht und Seife	4	.
Für Steuern	1	.
Die Familie zu Vater, Mutter u. 3 Kindern angenommen	136	.
Verhältniß zum jährlichen Verdienst des Tagelöhners.		
260 Arbeitstage (denn 52 Sonntage, 20 Feiertage, 35 andere arbeitslose Tage fallen wenigstens vom Jahre weg) zu 30 Kr.	130	.
dagegen 260 Tage zu dem 2ten Lohne von 24 Kr.	104	.

Wir sehen daraus, daß der höchste Lohn des Tagelöhners in den Städten und Märkten nicht ganz zu unserm Ueberschlag der Bedürfnisse ausreicht, der mindere und allgemeinere Lohn von 24 Kr. jedoch schon weit unter dem Betrage der Bedürfnisse bleibt, in welche noch kein Unglück, als Krankheit und besondere Zufälle, eingerechnet und bei denen der Preis des Kornes auf das Minimum von 12 Fl. berechnet ist, während es in den letzten zwei Jahren auf 24 bis 30 Fl. zu stehen kam. Somit müssen wir leider die große Mehrzahl der Tagelöhner schon zu den Proletariern rechnen, da sie sich die nothwendigsten Bedürfnisse in den gewöhnlichen Verhältnissen nicht mehr verdienen können. Noch trauriger stellt sich das Verhältniß für die Tagelöhner bei der Landwirthschaft dar, wie sich Jedermann aus den beiliegenden Tabellen berechnen kann.

Aus: Zeitschrift des Vereins für deutsche Statistik, 1, 1847, S. 912ff.

15. Augsburger Stadtanlage

Aber selbst die trutzigste patrizische Burg der Stadt, das Imhof'sche Haus, muß uns bekunden, daß es die Zünfte doch zuletzt gewonnen haben über die Geschlechter. Denn das Herrenhaus ist zum Miethhaus geworden und Kaufläden aller Art durchbrechen das einst zur Vertheidigung fensterlos abgeschlossene Erdgeschoß. So steht auch das wichtigste Zunfthaus, das Weberhaus, bedeutungsvoll in Reih und Glied mit den alten Palasthäusern der Maximiliansstraße, und das Bäckerzunfthaus steigt am Perlachberg ganz breit und sicher aus dem eigentlichen Quartier des Handwerks empor und blickt mit der vorderen Schmalseite keck in die Staatsstraße der vornehmen Leute.

Sonst kann man fast sagen, die Rangabstufung der Gesellschaft lasse sich bei dem alten Augsburg in einem Höhenprofil nach der höheren oder niederen Lage der drei Hauptmassen der Stadt bildlich darstellen. Denn so wie man von dem vornehmen Plateau den Perlachberg hinabsteigt, lagern sich am Abhange die wichtigsten Gewerbestraßen; auf der Höhe dominirten die Patrizier, an der Höhe die Zünfte, unten in der Thalsohle aber liegt die Vorstadt, vorwiegend das Viertel der kleinen Leute und der Proletarier. Oben sind die Straßen breit und groß und tragen vornehme Namen; am Hügel werden sie enge, aber Wohlstand und Betriebsamkeit blickt auch hier aus den altersgrauen, winkeligen Gebäuden; unten kommen die kleinen Häuschen, die engen Gäßchen, kommt die berühmte Stadt der Armen, die Fuggerei, und schon die oft sehr wunderlichen Namen melden uns, welche Volksschicht hier seit Alters vorwiegend, wenn auch nicht ausschließend wohnt. Zum Beispiel: das Elend, der Sack, das Ketzergäßchen, das Kautzengäßchen, die Paradiesgasse, kurze und lange Lochgasse, der Saumarkt, die Saugasse, Namen, die durch den Duft der dazwischen liegenden Rosengasse und der ehemaligen Pomeranzengasse doch nicht in ihrem Arom verbessert werden, dazu die Arbeitshaus-, Pulverhaus-, Blatterhaus-, Pilgerhausgasse etc. Wie schon die letzten dieser Namen (dazu auch das ehemalige Nothhaus am Vogelthor, das Holzhaus als Spital für Venerische, und das Schneidhaus für chirurgische Kuren) andeuten, legte man statt der prunkenden öffentlichen Gebäude vielmehr solche hierher, deren Nachbarschaft gemieden wird, und es ist bezeichnend für das alte Augsburg, daß mitten unter diesen Häusern auch das Theater steht, in seiner Façade obendrein fast mehr einem Nothhaus oder Pilgerhaus, als einem Kunsttempel ähnlich.

Aus: Riehl, Culturstudien, S. 275f.

Zeitgemäße Reform!

Wie in Regensburg und andern Städten Deutschlands, wo sich bereits aus allen Ständen Vereine gebildet haben, um das lästige Hutabnehmen bei der Begrüßung zu beseitigen, und dafür die zeitgemäßere, einfache militärische Achtungsbezeugung eingeführt worden ist, so hat sich auch hier ein ganz ähnlicher Verein gebildet, welcher die militärische Begrüßungsart in Aufnahme zu bringen sucht, dem auch schon in vorigen Tagen gegen 500 Mitglieder beigetreten sind. Jeder Theilnehmer soll ein kleines niedliches Abzeichen mit den Augsburger Stadtfarben geziert gegen einen Betrag von wenigstens 18 kr. empfangen, das auf Hut oder Haube gut angebracht werden kann und dadurch gleichzeitig zu erkennen ist: daß der Träger desselben sich gegen das lästige Hutabnehmen befreit hat. Die Abfindungs-Beträge werden der Behörde zu einem wohlthätigen Zweck übergeben werden und dürften eine nicht unbedeutende Summe abwerfen; da zweifelsohne sich gewiß Jedermann gerne dieser Bequemlichkeit anschließen wird, wodurch auch noch so manche Unannehmlichkeiten, besonders für Kopfleidende umgangen sind. — Dem Vernehmen nach wird der Verein diese Woche noch seinem Vorhaben eine größere Ausdehnung geben und durch die Lokalblätter bekannt machen, daß Listen — auf welchen bereits schon die Titl. Herren Beamten der kgl. Regierung und des Magistrats sich verzeichnet finden — in mehreren Stadttheilen zu weiterm Beitritt aufgelegt werden. — Also herbei Ihr Bürger Augsburgs, verschafft der neuen Sitte Allgemeinheit!

H. K. M. V.

Concessions-, Ansäßigmachungs- und Verehelichungs-Gesuche.

Reiner, Jakob, Zimmergeselle und Hausbesitzer hier, um den Consens zur Ansässigmachung und Verehelichung.

Kohlberger, Math., von Erlinghofen, Gesuch um den Consens zur Ansässigmachung hier als Milchmann und Hausbesitzer und zur Verehelichung. Gehring, Jakob, von hier, Gesuch um eine Kaminfeger-Concession. Weiß, Leonh., von Dapfheim, Gesuch um den Consens zur Ansässigmachung hier als Milchmann und Hausbesitzer und zur Verehelichgung.

Concessions-Verleihungen, Ansässigmachungs- und Heiraths-Concense.

Schüblein, Joh. Kasp., von Steinbach, Concession als Schreinermeister hier und Verehelichung. Schütze, Jos. Ant., von hier, Concession als Zirkelschmiedmeister und Verehelichungs-Consens. Bauer, Louis, von Illertissen, pers. Concession als Spezereihändler hier. Geiger, Alois, Kaufmann von Berching, pers. Concession zum Betrieb einer Material-, Specerei- und Farbwaarenhandlung en gros und en detail.

Verstorbene prot. Religion.

Am 23. April. Georg Frisch, Fabrikarbeiter, ledig, von Allerheim, Ldg. Harburg. An Lungenschwindsucht. Krkhs. 22 Jahre. Barfüßer.

Am 24. April. Friederike, d. V. Hr. Friedr. Kraft, Bierbräuer. An Zehrfieber. A. 547. 1 Jahr 8 Mon. S. Ulrich. — Titl. Frau Friederika Dietz, geborne Wagner, Kaufmannsgattin, aus Nürnberg. An Verhärtungen im Unterleibe und Wassersucht. D. 35. 40 Jahre. S. Anna.

Am 28. April. Hr. Andr. Schnörzinger, Platzwirth, von Regensburg. An Brust- und Herzwassersucht, I. 64. 55 Jahre. S. Ulrich.

Am 29. April. Margaretha Regina, d. V. Johann Balthas Zinck, Fabrikarbeiter. An Gichtern. H. 368. 1 Jahr 5 Mon. Barfüßer. — Hr. Daniel Carius, Spenglermeister, von hier. An Stickfluß. A. 43. 55 Jahre 11 Mon. S. Ulrich.

Einladung.
Heute Sonntag den 4. Juni 1848:

Tanz - Musik.

Wozu ergebenst einladet:

L. Hirt,
zum Prinzen von Oranien.

Zeitgenössische Anzeigen (Montage)

11540. **Es wird zu einem Kupferschmied ein Knabe vom Lande in die Lehre zu nehmen gesucht. D. U.**

11575. **Ein eben so wissenschaftlich als praktisch gebildeter Kaufmann von angenehmem Aeußern und einem Alter von 30 Jahren, welcher im Begriff ist, als Kaufmann in einer Kreishauptstadt aufzutreten, sucht zu seiner Lebensgefährtin ein Frauenzimmer aus guter Familie mit einem Vermögen von ohngefähr zehn tausend Gulden. — Darauf eingehende Briefe beliebe man gut verschlossen mit R. M. bezeichnet, an die Redact. d. Bl. gelangen zu lassen und von Seiten des Briefempfängers der strengsten Verschwiegenheit und Discretion versichert zu sein.**

11562. **Ein Frauenzimmer von guter Familie, welches fertig Clavier spielt, in allen Handarbeiten gut bewandert ist, und Liebe zu Kindern hat, sucht als Bonne eine Stelle; sie sieht mehr auf gute Behandlung als großen Lohn, und kann sogleich eintreten.**

11563. **Eine Kinderbettstatt nebst Sessel ist um 2 fl. 42 kr. zu verkaufen. Auch Frauenkleider werden gemacht von 54 kr. bis 1 fl. 30 kr. D. Uebr.**

In der Expedition ist zu haben:

Der

unfehlbare Schlüssel

zum

Sprengen der Lottorie

oder

setze, wie ich dir in diesem Büchlein rathe, und du mußt gewinnen.

Preis 3 kr.

Diese Schrift ist aus den hinterlassenen Papieren der im Monate August 1848 am Comersee in einem Alter von 115 Jahren verstorbenen ehemaligen Nonne

Cäcilia Catalini,

welche ein durch die Lottorie gewonnenes Vermögen von mehreren Millionen hinterlassen hat.

Wohnungen zu vermiethen.

Um dem allgemeinen Wunsche zu entsprechen, zeigen wir an, daß sehr preiswürdige **Wohnungen** um 30 fl., 48 fl., 66 fl., 70 fl., 100 fl., 110 fl., 160 fl. und 180 fl. zu vermiethen und bis Michaeli zu beziehen sind.

b[2] **Expedition des Tagblattes.**

(246,c)[3] **Wohnungvermiethung.**

In Lit. F. Nro. 201 ist der **zweite Stock**, bestehend in 4 heizbaren, mehreren unheizbaren Zimmern, Küche, Keller und allen übrigen Bequemlichkeiten, täglich zu vermiethen und bis Michaeli d. J. zu beziehen.

Kirschen-Kuchen

sind jetzt **täglich** zu haben, und empfiehlt zur gefälligen Abnahme ergebenst

G. Braun.

(595) **Entwendetes.**

In der Nacht vom 31. v. Mts. auf den 1. dies sind auf dem evangelischen Gottesacker dahier aus einem eingeschlossenen Grabplatz **drei baumartige Zierpflanzen** und **dreizehn verschiedene Blumenstöcke** durch ruchlose Hand herausgezogen und entwendet worden.

Derjenige, welcher über den Thäter sichere und verlässige Anzeige machen kann, erhält unter bestimmter Versicherung der Nicht-Angabe seines Namens in Lit. A Nr. 46 im 2ten Stock **drei Kronenthaler Belohnung.**

(589) **Gesuch.**

Ein Frauenzimmer, welches in Hand- wie in häuslichen Arbeiten wohlerfahren ist, wünscht bis nächstes Ziel Jakobi als **Jungfer** oder **Stubenmädchen** entweder hier oder auf dem Lande bei einer Herrschaft platirt zu werden. Näheres in der Expedition des Tagblattes.

In der v. Jenisch & Stage'schen Buchhandlung in Augsburg ist wieder zu haben:

Merkwürdige

Prophezeihungen

des

Cardinals Laroche

auf die Jahre 1844 bis 1850.

Preis 4 kr.

Berichtigung.

In Nro. 151 des Tagblattes lese man unter den Getrauten statt Eva M. Rühl: **Jungfrau Eva M. Rühl.**

Zeitgenössische Anzeigen (Montage)

16. Der Münchner Wohnungsmarkt (1863)

Seit einiger Zeit hat in München die Nachfrage nach Wohnungen das Angebot bei weitem überschritten, und die üblichen Konsequenzen eines unterversorgten Marktes sind entstanden. Die Mieten sind außerhalb jeder Relation zu anderen Preisen angestiegen; die Hausbesitzer sind unverschämt und tyrannisch geworden; Spekulanten haben schlechte Gebäude erstanden und unrechtmäßig blühende Geschäfte abgewickelt; und die Familien sind allem dreien ausgeliefert. Darüberhinaus befindet sich die Rechtsprechung in München auf Seiten des Vermieters, so daß der Mieter keine Möglichkeit der Abhilfe hat. Jetzt sind endlich Schritte unternommen worden, um eine höhere Versorgung mit Wohnungen zu erreichen und das für die Schlafgänger ungerechte Gesetz abzuändern. [...]

Hier stellen die Hausbesitzer ihren Mietern die absurdesten Bedingungen. Wohnungen werden angeboten, die nur kinderlosen Familien überlassen werden, als ob eine Familie über ihre Kinder jeden Augenblick verfügen könnte, nur um den Vorstellungen des Hausbesitzers gerecht zu werden. Bei möblierten Wohnungen mit kostbaren Teppichen und eleganter Einrichtung ist eine solche Bedingung verständlich; aber bei Münchner Wohnungen ist diese übertriebene Empfindlichkeit besonders fehl am Platz. Ich hörte von einem Hauseigentümer, der seinem Mieter kündigte, weil dessen Frau seine Frau nicht grüßte. Und diese Leute sind nicht nur so anspruchsvoll und anmaßend, sondern sie kümmern sich noch nicht einmal um ihre eigenen Häuser. Was auch immer für eine Reparatur ansteht, es ist nutzlos, ihre Ausführung vom Eigentümer zu erwarten. Sein erster Satz bei einer Wohnungsbesichtigung lautet: »Ich tue gar nichts«, auch wenn die Böden gebrochen sind, die Farbe von den Wänden abblättert und die Tapeten zerrissen sind. Man hüte sich davor, so unvorsichtig zu sein und irgendetwas zu unternehmen, um die Wohnung komfortabler zu machen! Der Hausherr wird, statt dankbar zu sein, weil man sein Eigentum repariert hat und seine Pflichten wahrnimmt, sofort die Miete erhöhen.

Wenn jemand ein Haus kauft, kann er sofort die Miete erhöhen und, falls der Mieter sich weigert, mehr zu bezahlen, ihm innerhalb von 14 Tagen kündigen. Auch wenn man einen Mietvertrag über mehrere Jahre abgeschlossen hat, ist dieser null und nichtig. Und der besondere Nachteil liegt darin, daß man binnen 14 Tagen keine andere Wohnung findet. Die Mißstände sind so offenkundig geworden und zu einer so unerträglichen Größe angewachsen, daß dem letzten Landtag eine Petition von vielen Münchner Bürgern eingereicht wurde, mit der Bitte, die Klausel für nichtig zu erklären.

Aus: Edward Wilberforce, Social Life in Munich, London 1863, S. 270ff.

17. Wohnen und Immoralität im Spessart (1852)

Wohin man kommt, sieht man im Spessart relativ kleine Häuser, die über einem meist ganz überirdischen Keller ein einziges Wohnzimmer mit engem Kämmerlein und eine kleine Küche enthalten. Man steigt über eine steinerne Treppe zu einem kleinen Vorplatz herauf, der geradeaus in die Küche, an einer oder auch zu beiden Seiten in die Wohnzimmer, nach oben auf den Vorrathsboden führt. Unter demselben Dache ist häufig auch der Viehstall und die Scheune. Ringsum und namentlich vor dem Hause sind Mistlachen, und an einer Seite gewöhnlich stösst ein kleiner Garten heran. Nur im Kahl-Grunde sind die Häuser meist geräumiger, oft zweistökkig, gewöhnlich auch freundlicher und reinlicher. Allein auch hier fehlt noch der Schornstein, und der Rauch strömt von der Küche gewöhnlich durch den Vorplatz und durch die in der Mitte quer getheilte Thür zum Hause heraus, indem er natürlich alle inneren Räume mit durchdringt. Erst im Sinn-Grund, wo man wieder fränkisches Gebiet berührt, kommen auch wieder die Schornsteine zum Vorschein.

Im Innern einer solchen Wohnung haust eine fast immer sehr zahlreiche und mit Kindern gesegnete Familie. Zuweilen sind mehrere Generationen gleichzeitig, zuweilen auch mehrere fremde Familien zusammen darin vorhanden. Insbesondere häufig ist es aber, dass Seitenverwandte mit Kindern zugleich dieselben Räume mitbewohnen. Die meist sehr schmutzigen und, wo es möglich ist, dicken und heissen Betten stehen in geringer Zahl sowohl im Zimmer selbst als in dem oft dunkeln und dumpfen Kämmerchen, so dass es gewöhnlich ist, wenn 2–3 Personen, selbst von verschiedenen Geschlechtern, in demselben Bette schlafen.

Die Beispiele, welche uns fast in jedem Orte von der Ausdehnung sexueller Immoralität entgegentraten, waren zum Theil im höchsten Maasse abstossend. Wittwen sowohl, als ledige Frauenzimmer mit 3, 4 und mehr unehelichen Kindern und zwar so, dass gleichzeitig Mutter und Tochter in dieser Weise producirten, gehörten nicht zu den Seltenheiten. [...]

Zustände dieser Art finden, wie schon gesagt, ihre theilweise Erklärung in der Enge und Uebervölkerung der Wohnungen. Wenn es fast Regel ist, dass alle Bewohner eines Hauses in demselben Raum schlafen oder höchstens in zwei dicht zusammenstossenden, dass in jedem Bette 2–3 Personen liegen, dass z.B. Knaben und Jünglinge mit der Tante in demselben Bette schlafen, Kinder zweier Familien durcheinander gebettet sind, dass die Jungen die geschlechtlichen Genüsse der Alten unmittelbar vor Augen haben, so ist es nicht zu verwundern, dass der Sinn für geschlechtliche Erregungen früh geweckt und bei günstiger Gelegenheit früh zur Aeusserung gebracht wird. Kömmt dazu eine gewisse moralische Schlaffheit, Gleichgültigkeit gegen ein überdiess nicht strenges öffentliches Urtheil, Häufigkeit des Beispieles, so ist es gewiss nicht zu verwundern, wenn frühzeitige und zahlreiche Vermischungen stattfinden und eine verhältnissmässig grosse, ja zum Theil überraschende Zunahme der Population stattfindet. Es ist nicht nöthig, dann noch ein besonderes Erregungsmittel in dem exclusiven Kartoffelgenuss zu suchen, obwohl sich solche directeren Reizmittel der Geschlechts-Erregung nicht abweisen lassen. Allein es darf wohl nicht verschwiegen werden, dass der niedrige Stand der öffentlichen Meinung, die allgemeine Gleichgültigkeit und Indolenz, der Mangel an Erziehung und sittlicher Gewöhnung angeklagt werden müssen als die wichtigsten Beförderungsmittel solcher Zustände.

Aus: Rudolf Virchow, Die Noth im Spessart, Würzburg 1852, S. 12ff.

18. Ländliche Wohnverhältnisse in Schwaben (1863)

In den Wohnungs-Verhältnissen ist mit der steigenden Wohlhabenheit im Allgemeinen ein entschiedener Umschlag zum Besseren eingetreten; nur in den ärmsten Bezirken des Kreises, in den Landgerichten Bissingen, Monheim und Neuburg a. D. sind die Wohnungen zum größeren Theile noch unbefriedigend, ja nicht selten so schlecht und gesundheitswidrig angelegt, daß es geradezu unerklärlich erscheint, wie nur Menschen in solchen Räumen zu leben vermögen. Der leitende Grundgedanke bei der Construirung dieser Hütten zielt eben lediglich darauf ab: »wenn's nur warm ist«, warm für Menschen und Vieh – und diesem Principe wird alles Andere geopfert. Ueberhaupt grenzt das Verhalten unserer Landleute in letzterer Beziehung gegenüber den Temperatur-Verhältnissen – natürlichen und insbesondere künstlichen – an das Unbegreifliche, und wenn je, so bewährt sich bei unserem schwäbischen Landvolke der von einem erst kürzlich verstorbenen genialen Arzte aufgestellte Satz: »die Stubenhitze kann man als Thermometer der Bildung anschauen; je ungebildeter der Mensch, desto heißerer Oefen bedarf er«. Die Nacht, »das halbe Leben und die schönste Hälfte zwar«, wird in bergartig aufgethürmten Federbetten zugebracht, gleichviel ob Januar ist oder Juli, und das Glück der Ehe erhöhen auch in dieser Richtung die bekannten »Himmel«(!)-Bettstätten; nicht minder muß die gemeinschaftliche Wohnstube, wenn anders der Aufenthalt in derselben »erträglich« sein soll, bis in den Hochsommer hinein den ganzen Tag über bei strenggeschlossenen Fenstern bis zu +25–28° R. wenigstens durch Heizen erwärmt sein.

Aus: Bavaria. Landes- und Volkskunde des Königreichs Bayern, Bd. 2, 2. Abt., München 1863, S. 887

19. Die Not im Spessart (1852)

Die Noth hatte die an sich dürftige und einseitige Nahrung allmälig zu den einfachsten Formen heruntergebracht. Fleisch, an sich kein gewöhnliches Nahrungsmittel, hatte bei den Meisten aufgehört; Butter gab es fast gar nicht, Milch sehr selten. Brod konnten nur Wenige aus eigenen Vorräthen noch backen, da selbst das Haidekorn erschöpft war, und fast überall, wo wir Brod sahen, war es von den Bäckern gekauft oder geborgt, dann aber von bester Qualität. Einzelne hatten nur Mehl, aus dem sie unschmackhafte und kraftlose Suppen bereiteten. Einzelne besassen noch Erbsen, Linsen oder Bohnen, gewiss die beste Kost unter solchen Verhältnissen, allein diese waren so wenig angebaut, dass es mehr Ausnahmen zu sein schienen. Manche gebrauchten getrocknete und geröstete Gerste oder zerschnittene und gedörrte Rüben, und bereiteten daraus einen Aufguss, der als Kaffee getrunken und dessen Satz später als Mahlzeit verspeist wurde. Die, welche noch mehr Mittel besassen, vermischten dies Fabricat wohl mit wirklichen Kaffeebohnen. Die Kartoffeln, welche krank aus der Erde genommen waren, hatten glücklicherweise im Keller keine weitere Zerstörung erfahren; es war mehr ein trockener und daher begrenzter Brand. Allein an manchen Orten waren sie unvollkommen ausgebildet, äusserst klein und wenig mehlhaltig, und Manche suchten jetzt mühsam die Knollen von den Aeckern, die im Herbst vergessen oder absichtlich zurückgelassen worden waren. Relativ reichlich und daher viel gebraucht war das Kraut (Sauerkohl) und nächst ihm die Rüben.

Mochten nun auch Viele fast aller dieser kümmerlichen Genüsse beraubt sein, so sahen wir doch keine eigentlichen Surrogate. Alle die aufgezählten Sachen, so seltsam manche von ihnen erscheinen mögen und so fremdartig sie einer sonst wohlhäbigen Bevölkerung anstehen würden, liegen doch in dem gewohnten Kreis der Spessart-Nahrung. [...] Das Volk hungerte lieber, als dass es die Ersatzmittel aufsuchte, welche bei Menschen, die plötzlich und schnell in solche Noth gerathen, so gewöhnlich sind. Allein es muss auch gesagt werden, dass nirgends die Noth eine solche Höhe erreicht hatte, dass, wie es seiner Zeit in Oberschlesien war, wirklich Todesfälle durch Verhungern eingetreten wären, und die Hülfe kam noch zeitig genug, um auch die am meisten Leidenden wieder zu stärken.

Aus: Virchow, Noth, S. 22f.

20. Ländliche Nahrung in Oberbayern (1860)

Charakteristisch für die Nahrungsweise des Landvolks in ganz Oberbayern ist die fast ausschließende Herrschaft von Mehl-, Milch- und Schmalzspeisen mit einem Zusatz von Gemüsen und die Beschränkung des Genusses von Fleischspeisen auf die fünf höchsten Festzeiten des Jahres: Fastnacht, Ostern, Pfingsten, Kirchweih und Weihnachten, so daß Fleischspeise und Festgericht für den Bauern fast identisch wird; nur an den Festtagen im Leben des Einzelnen – bei einem Kindelmahl oder Hochzeitsschmaus – wird eine Ausnahme von jener Beschränkung, aber dann freilich auch in ergiebigem Maße, statuirt. [...]

Das Frühstück besteht fast nirgends in Kafe, nur im Lechrain kömmt dieser Trank, welcher sonst nur als besondere Herzstärkung hie und da von der Bäuerin im Verborgenen geschleckt wird, in manchen Häusern aus Einfluß städtischer Sitte als regelmäßiges Morgengericht vor. Vielmehr ist das normale Frühstück der Bauern eine Suppe, Milch-, Brenn-, Wasser- oder Brod-Suppe, in reicheren Gegenden mit Teig gekocht oder aufgeschmalzt, warme Milch oder ein Mus. [...] In ärmeren Gegenden, z.B. im untern Lechrain, gibt freilich der Bauer seinen Leuten Morgens nur ein Haber- oder Nachfesenmus und der arme Söldner gar nur eine Wassersuppe, in der statt des Brodes Kartoffeln schwimmen.

Darauf folgt um 9 Uhr Morgens ein zweiter Imbiß, in manchen Strichen nur zur Zeit schwerer Arbeit, namentlich zur Ernte und beim Dreschen, im Winter gewöhnlich aus Brod und Kartoffeln, im Sommer aus Brod und Milch bestehend, bei reicheren Bauern wird Halbbier (Schöps) dazu gegeben, Nachtrunk »Hainzel« genannt und häufig mit Schwarzbrod aus der Schüssel getunkt; in den obstreichen Gegenden des Chiemgaues werden statt dessen Aepfel und Birnen, im Winter als Dürrobst gekocht, gereicht. – Ganz dieselbe wird als Vesperbrod um 3 Uhr als »Unter« namentlich zur Erntezeit den Schnittern, in anderen Gegenden jedoch das ganze Jahr den Knechten und Dirnen gegeben.

Was nun den Mittagstisch betrifft, so lassen sich gewisse Hauptunterschiede der Kost nach den Landschaften allerdings aufstellen, wobei jedoch natürlich, je nach dem Reichthum der Gegend, sowohl qualitativ als quantitativ, innerhalb derselben Küchenart wieder vielfache Abstufungen vorkommen. Auch stellen sich häufig in Uebergangsgegenden Mischungen, wie der Sitte und Lebensweise überhaupt, so auch der Küchenarten dar. So herrscht im Lechrain eine mäßige Kost von Milch, Mehl und Gemüse, und zwar vor allem Kraut, das von Rüben, Gersten, Dotschen (von il torso = der Strunk, namentlich bei den Kolrabi) und Dürrobst abgelöst wird. Charakteristisch ist die schwäbische dicke Suppe, die bei den meisten Mahlzeiten erscheint; auch Erdäpfel und »Schlotter« – gestockte Milch – sind ein gewöhnlich Essen. Doch daneben fehlt auch nicht die reiche Auswahl von gebackenen und geschmorten Kücheln, Nudeln, Krapfen etc., welche meist im Winter aufgegangen, im Sommer gebacken den Stolz der bäuerischen Küche in ganz Altbayern ausmachen. Diese Kücheln, die übrigens in den Tagen des Heumachens und Kornschneidens in den meisten Gegenden allabendlich erscheinen müssen, zieren in ärmeren Landschaften nur den Sonntagstisch, während in mittelreichen die Sitte die Zahl der Wochentage bestimmt, an denen sie das Gesinde fordern darf.

Aus: Bavaria. Landes- und Volkskunde des Königreichs Bayern, Bd. 1, 1. Abt., München 1860, S. 439ff.

21. Ländliche Nahrung in Schwaben (1863)

Im Gegensatz zu der Fett-Milch- und Mehl-Kost von Ober- und Niederbayern finden wir die gut gewählte und in reicheren Gegenden ausgiebige Nahrung in Schwaben, wenigstens in Oberschwaben, mehr aus Vegetabilien und Fleisch bestehend.

An den Ufern des Bodensees z. B. gibt es Morgens Suppe und zwar Wasser-, Bohnen-, Haber-, viel seltner Milch-Suppe, dazu Erdäpfel und 1/16 Maß Branntwein für männliche Dienstboten, bei Aermeren Kaffee ohne Zucker. Als »Nünnes«, d. h. zum Neunuhr-Brod wird bei strenger Arbeit Brod und – wir sind hier im Obst- und Weinland – Most gegeben, anderwärts heißt dieß »das Brodessen«. Der Mittag bringt zum Gemüse täglich geräuchertes oder gesalzenes Fleisch. Denn hier wie an der Iller schlachtet zwischen Weihnachten und Lichtmeß jeder Bauer oder ein Geringerer gemeinschaftlich mit dem Nachbar ein Rind oder ein Paar Schweine, deren

Fleisch im Rauch oder im Salz aufbewahrt wird und ist dieser Vorrath an »Hartfleisch« verzehrt, so muß frisches gekauft werden. Mehlspeisen mit Dürrobst (»Scharben«) gibt es nur an Fasttagen. Um drei Uhr Nachmittags wird wieder Brod und Most gereicht, aber zwischen Martini und Josephi fallen diese »Unter« um 9 und 3 Uhr weg. Abends werden je nach der Jahreszeit Erdäpfel, Salat, Gemüse, Obst mit Most oder schlechtem Wein gegessen. Zu Fastnacht und Kirchweih gibt es frisch geschlachtet Fleisch und Kuchen, aber keinen Braten. Weniger nahrhaft freilich ist die Kost in den alt-lindauschen Gerichten: schlechter Kaffee mit dünner Milch ohne Zucker – ½ Pfd. muß für 4 Personen eine Woche lang reichen und wird oft traurig surrogirt – Kirschwasser statt des Most, viermal wöchentlich Wassersuppe; Gemüse und sehr viel Obst statt Fleisch, weißes bäckergebacknes Weizenbrod statt hausbacknen Roggenbrodes begegnen hier allgemein.

Aus: Bavaria, Bd. 2, 2. Abt., München 1863, S. 849

22. Mann und Frau (1855)

Recht klar veranschaulicht sich das der steigenden Cultur Schritt für Schritt folgende Auseinandergehen männlicher und weiblicher Art in der Kleidersitte. [. . .]

Die Tracht der beiden Geschlechter ist wohl niemals gründlicher geschieden gewesen als bei der feinen Gesellschaft des neunzehnten Jahrhunderts. Hier scheint überhaupt die Trennung der Geschlechter ebenso in's Uebermaß erweitert, als sie bei den untersten Volksschichten unter dem rechten Maß zurückgeblieben ist. Ein unversöhnlicherer Gegensatz ist nicht wohl denkbar, als der des Fracks und des langen Frauengewandes, des topfartig geschlossenen runden Männerhutes, und des gleich den Scheuledern der Pferde zu beiden Seiten offenen Schirmhutes unserer Damen. Selbst in den Farben der Gewandung hat das eine Geschlecht die dunklen, charakterlosen und abgedämpften, das andere die hellen, vollen und saftigen für sich ausschließlich in Beschlag genommen.

Aber auch der geschäftliche Beruf des Weibes aus dem Volke fällt mit dem des Mannes noch völlig zusammen. Je mehr dagegen die Berufskreise Reichthum und Bildung voraussetzen, um so weniger ist dem Weibe eine Mitarbeit an dem Berufe des Mannes vergönnt.

Bei dem bäuerlichen Taglöhner und dem armen Kühbauern schafft die Frau ganz das Gleiche wie der Mann. Auch die geistige Bildungsstufe Beider wird völlig gleichartig seyn. Beide arbeiten im Acker, lenken Pflug und Wagen gemeinsam, säen, ernten und verkaufen gemeinsam oder in zufälliger Abwechslung. Das Waschen im Hause ist nur eine gelegentliche Zugabe für die Frau. Ja, männlicher und weiblicher Beruf findet sich auch hier oft ebenso ausgetauscht, wie die Bezeichnung von Kappe und Haube. So bewacht der Hirt vielleicht, Strümpfe strickend, die Herde, während seine Frau hinter dem Pfluge geht. Es ist selbst oft, als wäre der alttestamentliche Fluch, daß das Weib mit Schmerzen gebären solle, von solchen Weibern genommen; denn sie gebären wohl gar »hinter den Hecken«, packen den neugeborenen Wurm auf, tragen ihn eine Stunde Wegs weit nach Hause und stehen nach drei Tagen wieder an ihrer gewohnten Arbeit. Gerade Schwangerschaft und Kindbett ist es ja, was in andern Kreisen den Frauen unmöglich macht einen äußern geschäftlichen Beruf stätig durchzuführen wie der Mann, der immer seines Körpers Herr ist.

Aus: Wilhelm Riehl, Die Naturgeschichte des Volkes als Grundlage einer deutschen Social-Politik. Die Familie. Stuttgart 1855, S. 28f.

23. Verlust des »ganzen Hauses« (1855)

Es gehört heutzutage viel Muth, viel Selbständigkeit dazu, wenn ein Familienvater aus den gebildeteren Schichten des Bürgerthums die Idee des »ganzen Hauses« noch praktisch aufrecht halten will.

Wenn der Beamte, der Gelehrte es ja wagt, in den der häuslichen Muße gewidmeten Abendstunden mit Frau und Kindern und Gesinde sich um einen großen Tisch zu setzen, so möchte er wenigstens gewiß nicht gern in dieser Situation von einem Dritten überrascht werden, denn man würde ihn einen Sonderling nennen. Und doch ist gerade ein solches regelmäßiges Zusammenseyn des ganzen Hauses so fein und löblich und unbezahlbar für die Festigung des Familienbewußtseyns, für die Kräftigung des Hausregiments.

Bei vielen deutschen Bauerschaften ist der einzige Umstand, ob das ganze Haus einschließlich des Gesindes an Einem Tisch sitzt, geradezu maßgebend für die Beantwortung der Fragen, ob das Gesindeverhältniß dort schon ein rein rechtliches geworden oder ob es noch ein theilweise patriarchalisches sey, ob die alten Sitten überhaupt verschwunden sind, oder ob sie festgehalten und fortgebildet werden.

Wenn der reichere Handwerker oder Kaufmann die Lehrjungen, Gesellen oder Gehülfen mit seiner Familie am selben Tisch essen ließe, dann glaubt er gegenwärtig schon der Würde seines Hauses etwas zu vergeben. Und doch ist es gerade durch dieses Ausschließen des Gesindes und Geschäftspersonals aus dem Kreise des »ganzen Hauses« gekommen, daß jene Leute keinen rechten Respekt mehr haben vor dem Hausvater und Meister, oder daß der Respekt jedenfalls nicht über ihre Lehr- und Dienstzeit hinausreicht. Früher hielt das Band, welches den Lehrling an den Meister fesselte, oft für das ganze Leben fest. Der Meister stand auch dann noch als Patriarch dem Lehrling gegenüber, wenn dieser längst selber Meister geworden war. Er redete den ehemaligen Lehrling, und mochte es derselbe zu noch so hohen Würden und Ehren gebracht haben, seine Lebtage mit »Er« an, während dieser ihm mit dem respektvollen »Ihr« erwiederte. Weil der Lehrling dem Hause des Meisters wirklich angehört hatte, darum nur konnte sein Verhältniß zu jenem immer ein kindliches bleiben. Nicht aus Kriecherei und Bedientensinn entsprang dieses Herkommen, sondern aus der Pietät des deutschen Familiengeistes. Je mehr die freiwillige Anerkennung einer natürlichen Autorität in allen Bezügen unsers bürgerlichen Lebens altfränkisch ward, um so sicherer mußten die späteren Geschlechter politisch haltlos und social meisterlos werden. Wie will man jetzt neue künstliche Autoritäten im Gesellschaftsleben schaffen, bevor man den alten natürlichen einen neuen Widerhalt gegeben hat!

Gegenwärtig hört man in den Städten häufig, daß sich sogar die Knechte und Mägde einer und derselben Herrschaft gegenseitig mit »Sie« anreden! Also haben diese Leute gar keine Ahnung mehr von ihrer natürlichen Verbrüderung als Glieder desselben Hauses. Es macht sich war lustig, ist aber doch sehr probat, wenn der Hausherr neu eintretenden Dienstboten die Verpflichtung auflegt, sich binnen vierundzwanzig Stunden mit ihren bereits zum Hause gehörigen Genossen zu duzen, andernfalls wieder hinzugehen, wo sie hergekommen sind. Das wäre schon ein kleiner Versuch zur »Reform der Gesellschaft.«

Im alten deutschen Bauernhaus redete der Herr den Knecht mit »Du« an, der Knecht den Herrn mit »Ihr.« Also ganz dieselbe Anrede wie zwischen Vater und Kind. Ja es kam sogar häufig vor, und ist bei abgeschlossenen Bauerschaften noch immer nicht ganz verschwunden, daß das Gesinde seine Herrschaft »Vater« und »Mutter« anredet.

Aus: Riehl, Naturgeschichte, 150f.

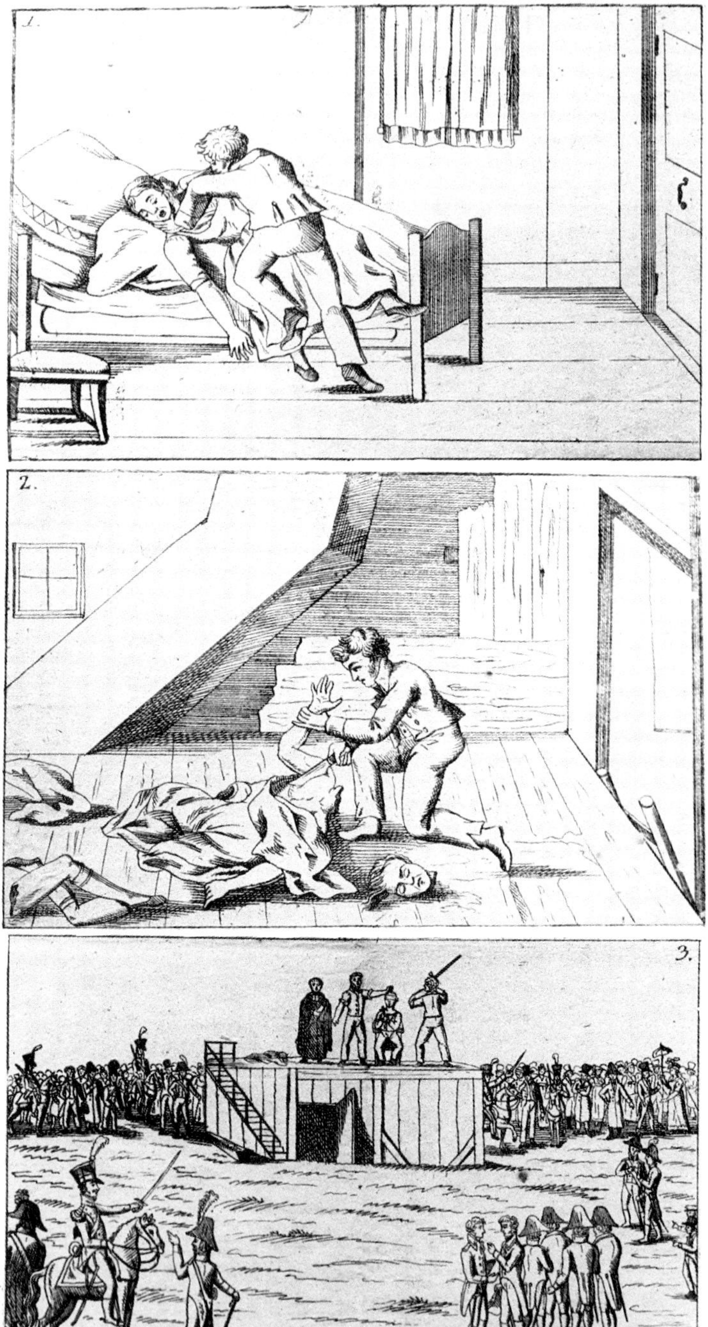

Mordthat und Hinrichtung des Georg Rauschmair zu Augsburg 1822, Kupferstich

IV. Der öffentlich-rechtliche Rahmen

1. Landstände und Justiz (um 1780)

Der Regent von Baiern ist kein vollkommener Monarch. Er hat eine Art von Parlament an seiner Seite, das die Versammlung der Landstände heißt, und grosse Privilegien haben soll, in deren Ausübung es ihm aber manchmal geht wie den französischen Parlamenten. Die Baierschen Landstände bestehen aus dem Ritter-Prälaten- und Bürger-Stande. Sie haben ihre Versammlungen zu München, Landshut, Straubingen, und Burghausen. Seitdem Oestreich den größten Theil der Regierung von Burghausen an sich gebracht hat, ist diese mit jener zu Landshut in Eine zusammengeschmolzen worden. Das ganze Land ist in diese vier Regierungen oder Rentämter eingetheilt, und die Stände derselben wählen aus allen vieren eine Art von Ausschuß, den sie zu der Landschaft nach München absenden, der dann die Versammlung der Landstände heißt, und aus den oben genannten drey Ständen besteht. Ich wage es nicht, meine Anmerkungen darüber zu machen, daß die Klosterprälaten Landstände sind; ohne Zweifel fallen Ihnen selbst die nöthigsten über diesen Artikel bey. – Die Unterabtheilung des Landes besteht aus der Eintheilung in die Gerichte oder Pfleggerichte, oder Pflegämter, die von verschiedener Grösse sind. Manche haben nur eine Quadratmeile zu ihrem ganzen Umfang; andere aber haben 10 bis 12 Stunden in der Länge, und 5 und 6 Stunden in der Breite. Der Vorgesetzte eines solchen Bezirkes heißt Pfleger, und ist ungefähr das, was im Oestreichischen ein Kreishauptmann, und am Rhein ein Oberhauptmann ist. Er verwaltet die Justiz, die Finanzen und die Polizey seines Bezirkes, zu welchen Geschäften er noch einen Gerichtschreiber, und drey bis vier gemeine Schreiber in seiner Kanzley hat. Der Pfleger selbst muß ein graduirter Jurist seyn. Seinen Sitz hat er gewöhnlich in einem Städtchen, einem Flecken, oder auf einem alten kurfürstlichen Schloß. Einige dergleichen Pfleger sind auch Kavaliers, nämlich Barone aus nicht sehr vermöglichen Familien; andere sind vom Halbadel; noch andere von gemeinem Stande, werden aber eben durch die Erhaltung einer solchen Stelle gnädige Herren, und treten dann in den Rang des Halbadels. Ihre Einkünfte mögen gewöhnlich zwischen 1000 bis 1500 Gulden seyn. Mancher weiß seine Revenüen durch strenge Eintreibung der Strafgelder noch zu vermehren, und dann nennen ihn die Bauern einen scharfen Herrn. [...]

Von diesen Pfleggerichten kann man an die Regierung, worunter das Gericht gehört, und von der Regierung an den kurfürstlichen Hofrath appelliren. – Die Kriminalprozesse muß jeder Pfleger vor der Exekution erst an den kurfürstlichen Hofrath nach München zur Genehmigung einsenden, wo dann sein Urtheil entweder bestätiget, oder geschärft, oder gemildert wird.

Die Kriminal-Justiz in Baiern ist überhaupt scharf, kurz, und exakt, wie ein gewisser Schriftsteller sagt. Ihr Koran ist der Codex Maximilianeus, der unter der vorigen Regierung hauptsächlich von dem Herrn von Kreitmayer kompilirt [zusammengetragen] worden, und zum Theil aus Verordnungen der Karolina, zum Theil aus eignen Landesgesezen besteht. Diebereyen werden das erstemal und zweytemal mit öffentlichen Karbatschstreichen, mit Zuchthaus oder Staupenschlägen gestraft; beym dritten Angriff aber, wenn er auch nicht viel beträgt, wird der Thäter als inkorrigibel betrachtet, und mit dem Tode bestraft. Diese Todesstrafen sind äusserst häufig: Noch vor wenigen Jahren hiengen stets alle Galgen neben den Landstrassen voll faulender Kadaver und Todtengerippe; aus übelverstandenen Grundsäzen hatte man die Galgen beynahe alle dicht an die Strassen hingebaut, um den Ruchlosen den rächenden Arm der Themis sichtbar und rüchbar zu machen; aber man bedachte nicht, daß mehr ehrliche Leute durch den Gestank und scheußlichen Anblick gepeiniget würden, und daß der Galgen doch keinen Spitzbuben ehrlich mache. Endlich erbarmte man sich der Reisenden, und gebot, die Gehenkten noch am nämlichen Abend wieder herunter zu nehmen; aber die Galgen selbst stehen noch immer statt der Baumallee an den Strassen; und an den Gränzen jedes Pfleggerichtes stehen hohe Pfähle mit einer breiten Tafel, auf der alle Arten von Henkersarbeiten gemalt sind. Z.B. einer wird geköpft, ein andrer gehangen, ein dritter gerädert, ein vierter mit dem Staupbesen gepeitscht; und darunter steht mit grossen Buchstaben:

»Straf der Bettler, Landstreicher und Vaganten.«

Allein, diese an das Brett gemalten Henkersknechte sind den Landstreichern so wenig fürchterlich, daß sie sich nicht selten in den Schatten einer solchen Tafel setzen, und dort Mittagsmahl halten.

Aus: Pezzl, Reise, S. 172ff.

2. Rückblick eines Geschäftsmannes auf die »gute alte Zeit« vor den napoleonischen Kriegen

Ich könnte dir zu dem, was ich so eben bezüglich der Geschäfts-Verhältnisse andeutete, noch gar Vieles aus dem Leben überhaupt hinzufügen, um dir zu zeigen, was die Gegenwart vor der Vergangenheit voraus hat; ich könnte dir von dem jämmerlichen Zustande der Schulen, die nicht selten mit abgedankten Bedienten besetzt, und auf dem Lande vielfach vom Hirten in dessen Vacanzzeit d.h. nur während des Winters abgehalten wurden; von dem kläglichen Zustande der Sicherheitspolizei, die höchstens durch Invaliden gehandhabt wurde, und Zigeuner, Betteljuden und anderes Gesindel in Schaaren das Land durchziehen ließ; von der zum Theil skandalösen Gemeindeverwaltung, die nie Rechnung legte, wie dieß der Nürnberger Rath sogar als ein Recht ungescheut in Anspruch nahm und es vom Kaiser bei dessen Krönung jedesmal neu bestättiget erhielt; von den Gebrechen der Aemter und Gerichte, wo Anstellungen meist nur im Wege der Erblichkeit, des Kaufes und des Nepotismus zu erhalten waren; von den mangelhaften Civilgesetzen, da man z.B. durch das Vorrecht sog. stillschweigender Hypotheken auch bei der größten Vorsicht im Ausleihen um sein sauer Erspartes kommen konnte; von den barbarischen Strafgesetzen, die wegen bloßer Entwendung zum Tode führten, so daß ich auf meinen Reisen in der Oberpfalz Galgen sah, behangen mit einem Dutzend – von bloßen Dieben, denn für die Mörder war das Rad; von den Gräueln der Tortur, wie ich während meiner Lehrzeit in Nürnberg ein entsetzliches Beispiel an zwei ganz Unschuldigen, einem Kupferstecher und seiner Frau erlebte. Von der grauenhaften Intoleranz, die in gemischten Gegenden es z.B. nöthig machte, die Gräber von Solchen, die in Folge confessioneller Zwiste den Andersgläubigen besonders verhaßt waren, bis zu eintretender Verwesung zu bewachen; von der Ungleichheit und Willkühr, mit der man die Aushebung zum Kriegsdienste vollzog, wie man die jungen Bursche Nachts wie Verbrecher aus den Betten riß, freilich wie Verbrecher, denn man holte sie zu einem lebenslänglichen Zwange; von der Verwahrlosung der Armuth, da noch keine geordnete Armenpflege bestand, und nur, wer noch betteln konnte, vor dem Verhungern gesichert war, von dem Verschmachten so vieler Kranker, besonders aus dem Dienstboten- und Gesellenstande, die in Ermanglung zureichender Krankenhäuser in den unpassendsten Lokalen und bei gänzlichem Mangel an Pflege jammervoll zu Grunde giengen; davon und von noch gar vielem Andern könnte ich dir erzählen, um dir die Gegenwart lieb und werth zu machen, und dich zu veranlassen, Gott zu danken, daß er dich im neunzehnten Jahrhundert hat geboren werden lassen, und daß wir der bayerischen Regierung unterthan geworden sind, denn von ihr sind viele der wesentlichsten Verbesserungen, deren wir uns jetzt erfreuen, ausgegangen.

Aus: Der bayerische Gewerbefreund, Nr. 13, 28. 10. 1848

3. Grundsätze der Verfassung von 1818

Maximilian Joseph, von Gottes Gnaden König von Bayern.

[...]

Freyheit der Gewissen, und gewissenhafte Scheidung und Schützung dessen, was des Staates und der Kirche ist.

Freyheit der Meinungen, mit gesetzlichen Beschränkungen gegen den Mißbrauch.

Gleiches Recht der Eingebornen zu allen Graden des Staatsdienstes und zu allen Bezeichnungen des Verdienstes.

Gleiche Berufung zur Pflicht und zur Ehre der Waffen.

Gleichheit der Gesetze und vor dem Gesetze.

Unpartheylichkeit und Unaufhaltbarkeit der Rechtspflege.

Gleichheit der Belegung und der Pflichtigkeit ihrer Leistung.

Ordnung durch alle Theile des Staats-Haushaltes, rechtlicher Schutz des Staats-Credits, und gesicherte Verwendung der dafür bestimmten Mittel.

Wiederbelebung der Gemeindekörper durch die Wiedergabe der Verwaltung der ihr Wohl zunächst berührenden Angelegenheiten.

Eine Standschaft – hervorgehend aus allen Klassen der im Staate ansässigen Staatsbürger, – mit den Rechten des Beyrathes, der Zustimmung, der Willigung, der Wünsche und der Beschwerdeführung wegen verletzter verfassungsmäßiger Rechte, – berufen, um in öffentlichen Versammlungen die Weisheit der Berathung zu verstärken, ohne die Kraft der Regierung zu schwächen.

Endlich eine Gewähr der Verfassung, sichernd gegen willkührlichen Wechsel, aber nicht hindernd das Fortschreiten zum Bessern nach geprüften Erfahrungen.

Baiern! – Dies sind die Grundzüge der aus Unserm freyen Entschlusse euch gegebenen Verfassung, – sehet darin die Grundsätze eines Königs, welcher das Glück seines Herzens und den Ruhm seines Thrones nur von dem Glücke des Vaterlandes und von der Liebe seines Volkes empfangen will!

Aus: Verfassungsurkunde des Königreichs Bayern, in: Dokumente zur Geschichte von Staat und Gesellschaft in Bayern, hg. v. Karl Bosl, Abt. III, Bd. 2, München 1976, S. 80

4. Der Landtag (um 1825)

Die höchste repräsentative Versammlung zur Vertretung der allgemeinen Angelegenheiten des ganzen Landes ist die Ständeversammlung, bestehend aus zwey Kammern: der Kammer der Reichsräthe und der Kammer der Abgeordneten.

Die Kammer der Reichsräthe ist zusammengesetzt 1. aus den volljährigen Prinzen des königlichen Hauses, denen 2. der jedesmalige Herr Herzog von Leuchtenberg und Fürst zu Eichstädt als erster Standesherr des Reiches vor allen andern Fürsten folgt, 3. aus den Kronbeamten des Reiches (gegenwärtig 3), 4. den beyden Erzbischöfen, 5. den Häuptern der ehemals reichsständischen fürstlichen und gräflichen Familien als erblichen Reichsräthen, so lange sie im Besitze ihrer vormals reichsständischen im Königreiche gelegenen Herrschaften bleiben (gegenwärtig 15, worunter aber einige als solche begünstigend anerkannt sind, deren Besitzungen niemals reichsständisch waren), 6. aus einem von dem Könige ernannten Bischofe und dem jedesmaligen Präsidenten des protestantischen Generalkonsistoriums, 7. aus den Personen, welche der König entweder wegen ausgezeichneter Dienste, oder wegen ihrer Geburt oder ihres Vermögens zu Mitgliedern dieser Kammer erblich (gegenwärtig die Häupter von 13 Familien) oder lebenslänglich besonders ernennt hat. Die Zahl der gegenwärtig auf Würden, standesherrlichen und adelichen Gütern ruhenden Stimmen ist 38. [...]

In der Ernennung der erblichen Reichsräthe ist der König dem Rechte nach an keine Zahl gebunden, allein bey der Entwerfung der Verfassungs-Urkunde stellte man sich den bayerischen Adel reicher vor, als er ist; indem die Bedingung eines Grundbesitzes, von welchem [...] die jährliche Steuer 1500 fl. und der Steuerkapitalswerth 240 000 fl. beträgt, nur von wenigen adelichen Familien erfüllt werden kann. [...]

Merkwürdig ist, daß nach der Verfassungsurkunde Jemand zum Reichsrathe ernannt werden kann blos wegen seiner Geburt oder wegen seines Vermögens und daß nach dem Ausdrucke der Verfassungs-Urkunde der vorzüglichste Titel: ausgezeichnete dem Staate geleistete Dienste durch eines von jenen beyden ersetzt werden kann. Wenn auch in der bürgerlichen Gesellschaft das Verdienst ohne vornehme Geburt und ohne Reichthum erblichen Einfluß nicht gewährt, da es selbst nicht fideikommissarischer Natur ist, so sollten doch die Gesetze nicht zufällige Umstände und am wenigsten den Götzen: Reichthum ohne Verdienst auf den Altar stellen, und dadurch die Begriffe von beyden, von Glück und Tugend, gleichsetzen und verwirren. Eine repräsentative Verfassung hat das mit der republikanischen gemein, daß sie, wie diese, auf Tugend gegründet seyn muß.

Die Kammer der Abgeordneten wird zusammengesetzt durch freye Wahl, welche alle 6 Jahre erneuert wird. Es ist bey einer repräsentativen Versammlung wesentlich, daß sie aus Männern bestehet, auf welchen das Vertrauen des Volkes ruhet, dessen Angelegenheiten dieselbe zu berathen hat. Sie bildet eine ungetheilte, nicht nach Ständen gesönderte, Versammlung; daher ist jedem Mitgliede sein Sitz nicht nach Ständen oder Kreisen sondern durch das Loos angewiesen, und von jedem der Eid zu leisten nur des ganzen Landes allgemeines Wohl und Beste ohne Rücksicht auf besondere Stände oder Klassen nach innerer Ueberzeugung berathen zu wollen. Auch die Anzahl der Mitglieder im Ganzen richtet sich nach der Familienzahl im Königreiche ohne Unterscheidung der Stände in dem Verhältnisse, daß auf 7000 Familien ein Abgeordneter gerechnet wird.

Allein die hienach zu wählende Anzahl von Abgeordneten ist nach Ständen vertheilt, und bey der activen und passiven Wahlfähigkeit kömmt es auf den Stand an. Die Kammer der Abgeordneten ist daher in der That eine Versammlung von Ständen ähnlich jener der älteren Zeit, aber mit der Bestimmung, eine allgemeine repräsentative Versammlung zu seyn. Sie darf daher nicht nach Klassen stimmen, noch die besonderen Interessen eines einzelnen Standes vertreten; sie ist eine Versammlung von Ständen mit der Aufgabe, – den Stand zu verläugnen. Diese Aufgabe ist sehr schwer. Die Menschen sind in der bürgerlichen Gesellschaft selten durch Ideale, meistens nur durch Interesse verbunden; dagegen hilft kein Eid, da selbst die redlichen in der Regel ihr Interesse für das Allgemeine, den Vortheil ihres Standes für das allgemeine Wohl und für ein Recht halten, sowie jede Parthey geneigt ist, ihre Meynung für die öffentliche Meynung zu betrachten, und dem Gelbsüchtigen, wie man sagt, Alles gelb aussieht. Durch die Zusammensetzung der Kammer der Abgeordneten nach Ständen sind daher die besonderen Interessen gleichsam gesetzlich constituirt, und gegen das allgemeine hervorgehoben worden. [. . .]

Bey der Bestimmung des Antheils der verschiedenen Stände und Klassen an der Anzahl der zu wählenden Abgeordneten hat auf einer Seite die Rücksicht auf den Antheil, welchen ehemals einige Stände an der Standschaft hatten, auf der anderen (in Ansehung der Städte und der Landeigenthümer) die Größe der Bevölkerung und des steuerbaren Besitzes im allgemeinen entschieden. Wenigstens zeigt die Vertheilung selbst, daß diese beyden Verhältnisse nicht allein zu Grund gelegt worden sind. Denn die Klasse der adelichen Gutsbesitzer stellt ein Achtel (gegenwärtig 15) der ganzen Zahl der Abgeordneten, obgleich dieselbe schon in der Kammer der Reichsräthe vertreten ist, nur aus 945 Familien (ohne jene der Reichsräthe) besteht, also von der ganzen Bevölkerung nicht den achten, sondern kaum den 833ten Theil ausmacht, und obgleich der Werth ihres steuerbaren Grundbesitzes nicht einmal den 500ten Theil des gesammten Grundbesitzes im Königreiche beträgt.

Die Zulassung besonderer Abgeordneten der Geistlichkeit beruht wohl auf der Erinnerung an die alte Verfassung. [. . .]

Die Klasse der Geistlichkeit überhaupt stellt gleichfalls ein Achtel (gegenwärtig 15) von der ganzen Zahl der Mitglieder der Kammer. Das Verhältniß, nach welchem die katholischen und protestantischen Pfarrer an diesem Achtel Theil nehmen, wird durch die Anzahl der katholischen Pfarreyen (2512) zu den protestantischen (1036) bestimmt und ist daher beyläufig wie ⅔ zu ⅓.

Die Klasse der Städte wählt den vierten Theil (gegenwärtig 29) und jene der Landeigenthümer, welche keine gutsherrliche Gerichtsbarkeit üben, die Hälfte (gegenwärtig 58) der ganzen Anzahl der Mitglieder. Nach dem Verhältnisse der Bevölkerung scheinen die Städte begünstigter zu seyn; da die Bevölkerung der Städte von einer Bevölkerung von wenigstens 500 Familien in Ganzen 116 036, jene des übrigen Landes 671 282 Familien, also diese über 5mal mehr als jene beträgt.

Aber dem Verhältnisse des steuerbaren Besitzthums scheint der den Städtebewohnern im Verhältnisse zu den Landeigenthümern bestimmte Antheil zu entsprechen, indem in den Städten 3770 und auf dem Lande 7181 Individuen sind, welche den Betrag des zur Wahlfähigkeit bestimmten Steuerminimum entrichten.

Aus: Rudhart, Königreich Bayern, S. 337 ff.

5. Ansässigmachung und Verheiratung (um 1825)

Daß der Inländer vor dem Ausländer in Ansehung der Niederlassung ein Privilegium habe, kann man nicht sagen; denn, den Rheinkreis [die bayerische Rheinpfalz] ausgenommen, welcher in allen diesen Dingen gegen Baiern Utopien ist, genügt das beste Zeugniß über Sittlichkeit, Fleiß, Mäßigkeit und Geschicklichkeit nicht. Wenn es dem Bittsteller auch glückt, seinen Entlassungsschein von der Militärpflichtigkeit zu erlangen, die Mittel zur Zahlung der mancherlei Taxen hiefür, für die Niederlassung, Ehelichung, aufzubringen; so muß der Nahrungsstand, dessen Beurtheilung nach der Natur der Sache arbiträrisch, d. h. in den Willen der Behörden gelegt ist, nachgewiesen, und die Einwilligung der Gemeinde erholt werden, in welcher er sich niederlassen will. Demnach hat er gleichsam einen Kampf mit allen bereits Ansäßigen auszufechten, welche ein ausschliessendes Privilegium auf Land, Wasser, Feuer und Luft zu behaupten scheinen, in Neid und Furcht, die Alle ernährende Erde möchte nicht genügen, ihrem Mitmenschen einen Antheil an derselben versagen, und meist desto eifriger sind, je mehr sie den Fleiß und die Geschicklichkeit des Bewerbers um ein bischen Platz unter ihnen zu scheuen haben. Freilich steht der Rekurs an die Oberbehörde offen; aber, wer hat immer die Lust, die Mittel und die Zeit, einen Streit bis dahin zu führen; und welche Behörde hat die Gewalt, einen Einzelnen gegen die vielarmige Intrigue, gegen eine durch die Institutionen selbst aufgeregte Gemeinde zu schützen? –

Die Gründe der Widersetzlichkeit aller Ansässigen gegen Ansässigmachungen sind zum Theile offenbar: sie liegen im Allgemeinen eben darin, daß man dasjenige, was ein Theil der allgemeinen menschlichen Freiheit ist, zur Gunst und zum Privilegium gemacht hat, welches nachgesucht werden muß. Wer, der im Besitze eines Privilegiums ist, theilt es gerne mit Andern? – Der Geist der Aristokratie ist sich allenthalben selbst in der ärmsten Kleinheit gleich.

Ein besonderer Grund des allgemeinen Veto der Ansässigen gegen eine Ansässigmachung liegt aber in der Einrichtung des Armenwesens; da nämlich dieses zunächst und beinahe gänzlich auf die einzelnen Gemeinden beschränkt und jeder Gemeinde die Verbindlichkeit auferlegt ist, ihre Armen zu erhalten, wozu nicht nur jene gezählt werden, welche durchaus erwerbsunfähig sind, sondern auch jene, welche in ihrem Stande oder Gewerbe durch Schuld oder Unglück herabgekommen, von jedem andern Gewerbe ausgeschlossen sind, und sich nicht standesmäßig ernähren können, so ist es wohl erklärbar, daß die Gemeinden, jeder Niederlassung, besonders wenn der Neuankommende nicht zugleich eine hypothekarische Sicherheit durch Vermögen zu geben vermag, aus Furcht vor dieser Last entgegen sind, die, wie jede Assekuranzgesellschaft, desto empfindlicher, je kleiner der Kreis derjenigen ist, welche zu dem Armenverein gehören.

Welches Besitzthum aber gibt denn Gewähr gegen Armuth? – Und welchem rüstigen Manne ohne anderes Vermögen, als gesunde Sinne, ist durch die Natur die Möglichkeit seiner Ernährung genommen? Sollte der Besitz einer ärmlichen Hütte, oder eines Tagewerks Landes mehr Bürgschaft geben, als Fleiß und Mäßigung? [...]

Aber nicht nur die Niederlassung auf Grundeigenthum ist ein Privilegium geworden; auch die Gewerbe sind geschlossen. Daß dieses sey, obgleich Gewerbfreiheit an den Titeln der Gesetze steht, werden wir später zeigen; hier ist es genug, zu bemerken, daß Niemanden frei stehe, ohne besondere Bewilligung der Behörden ein Gewerbe zu treiben, und daß selbst diesen nicht freistehe, ohne vorgängige Vernehmung der Betheiligten hiezu die Erlaubniß zu geben. Mit Bekümmerniß muß man daher gestehen, daß in Baiern, wo so viele politische Freiheit (der Regierung gegenüber) herrscht, sehr wenig natürliche sey, da dem Menschen nicht einmal vergönnt ist, sich, wo er will, und wie er will, mit seinen eigenen Kräften die ihm Gott zum freien Gebrauche gegeben, zu ernähren und fortzupflanzen. [...]

Wir schweigen vorerst von den mancherlei Nachtheilen dieser Beschränkung der Niederlassungen, aber der üble Einfluß auf die Bevölkerung kann nicht mit Stillschweigen übergangen werden. Es ist natürlich, daß eine jede Verhinderung der Niederlassungen zugleich ein Verbot der Verehelichung und der Vermehrung der ehelichen Bevölkerung sey. Die uneheliche freilich ist dadurch nicht aufgehalten; diese – wenn damit gedient seyn könnte, und wenn sie nicht in einer physisch und moralisch zu gleich verdorbenen Generation bestünde – wird durch die dargestellten Verhältnisse vielmehr begünstigt. Oeffentliche Blätter haben das immerzunehmende Wachsthum der Bevölkerung der Stadt München gerühmt, indem sie anführten, daß im Jahr 1823, 1020 eheliche und 990 unehliche Kinder geboren worden seyen; sie haben aber hierdurch, wie im Irrwahn, Schande statt des Ruhmes erwähnt. Auch in der protestantischen Stadtpfarrei zu Baireuth war in demselben Jahre das Verhältniß der unehelichen zu den ehelichen Geburten wie 1 : 2½ und in wie vielen Jahren ist es fast 1 : 1; in der Stadt Bamberg ist es meistens wie 1 : 2½, eben so in Hof, und wer im Unmuth über die Verdorbenheit der Städte sich mit der Sittenreinheit des Landes trösten wollte, würde sich sehr irren; denn im Isarkreise z. B. ist die Verhältnißzahl der unehelichen Kinder zur Gesammtzahl der Gebornen nach einem 10jährigen Durchschnitt 1 : 5 oder das Verhältniß der unehlichen Geburten zu den ehelichen sowohl in Städten als auf dem Lande wie 1 : 4. [. . .]

Mit Unrecht klagt ihr die Verdorbenheit der neuesten Zeit an, die älteren waren, unter gleiche Verhältnisse gestellt, wohl nicht keuscher; vergeblich sucht ihr das Uebel durch Sittenpredigten zu heilen, und noch weniger durch die Wieder-Einführung der Fornikationsstrafen [Strafen gegen Unzucht], wobei nur die Gerichtsherren und Geistlichen, aber nicht die Sitten gewinnen werden. Vielmehr die Gesetzgebung muß man anklagen, welche unnatürlich das Verhältniß der Natur, und wie jeder Fehler gegen die Natur, zugleich die sittliche Ordnung stört.

Aus: Rudhart, Königreich Bayern, Bd. 2, S. 24ff.

6. Militärpflicht

a. Das Konskriptionsgesetz von 1812

Art. 3. Die Militärkonskription ist allgemein, und kein Unterthan des Königreichs, von welcher Religion und von welchem Stande er auch immer seyn mag, in den bestimmten Altersjahren von der Militärpflicht ausgenommen.

Art. 4. Die Vollzähligmachung oder Verstärkung der Armee wird ordnungsmäßig alle Jahre vorgenommen, und richtet sich nach dem Bedürfnisse der Armee, in sofern der Abgang durch die freiwillige Anwerbung nicht ersezt worden ist. [. . .]

Art. 16. Die Militär-Konskription erstreckt sich über alle ledige Baiern vom vollendeten 19ten bis zum zurückgelegten 23ten Jahre ihres Alters.

Jeder Baier also, welcher am 1. Jänner eines jeden Jahres sein neunzehntes Jahr zurücklegt, tritt dadurch unmittelbar in die Jahre der Militärpflichtigkeit, und kann während dieser vier Jahre in der Regel von der Militärpflichtigkeit nicht befreit werden. [. . .]

Art. 42. Diejenigen Konskribirten von der aufgerufenen Klasse, welche weder als das Kontingent zur Einreihung, noch als jenes für die Ergänzung bei der Ziehung durch das Loos bezeichnet worden sind, bilden die Reserve. Die Konskribirten der Reserve sind verpflichtet, sich nach der Ordnung der von ihnen gezogenen Numern zu stellen,

a. wenn die Konskribirten der Ergänzung durch sie wieder ersezt werden müssen; oder

b. wenn die Reserve selbst entweder ganz oder zum Theile zur wirklichen Einreihung einberufen wird. [...]

Art. 93. Kein Baier darf, so lange er in den Jahren der Militärpflichtigkeit steht, zur Ansässigmachung, sey es durch Güter oder Gewerbe – zur Verheurathung – überhaupt zur Ausübung der staatsbürgerlichen Rechte – oder zu irgend einem öffentlichen Amte zugelassen werden, und er kann, wenn er auch schon in der ersten Altersklasse noch nicht aufgerufen worden ist, die Entlassung von der Militärpflichtigkeit in der Regel nicht eher erhalten, als bis von ihm durch eine förmliche Entlassungs-Bescheinigung nachgewiesen wird, daß er den Gesezen der Konskription Genüge geleistet habe.

Aus: Königlich-Baierisches Regierungsblatt, Nr. 23, 8. 4. 1812

b. Befreiung von der Militärpflicht (um 1848)

Die Militärdienstleistung ist nichts anderes, als eine Steuer, welche der Steuerpflichtige in persönlicher Dienstleistung zu entrichten hat.

Nachdem nun aber der Staat durch Einführung der Vermögens- und Einkommen-Steuer den allgemeinen Grundsatz ausgesprochen hat: er wolle die für den Staatshaushalt nöthigen Beisteuern nach den Verhältnissen der Steuerpflichtigen vertheilen, so folgt aus diesem Grundsatze als nothwendige Consequenz, daß auch bei Vertheilung derjenigen Steuer, welche in persönlicher Dienstleistung entrichtet werden muß, dieselbe Rücksicht auf die Verhältnisse der Steuerpflichtigen Geltung haben soll.

Der Sohn des reichen Banquiers, der junge Cavalier etc. kaufen sich mit 300 fl. von ihrer Dienstpflicht los, blos weil sie nicht dienen mögen. Und was sind ihnen 300 fl.? Der einigermassen vermögliche Bauer stellt einen Mann für seinen Sohn oft mit den größten Opfern, um nicht durch Bestellung seiner Felder mit fremden Händen zu noch größeren Opfern gezwungen zu sein. Der arme Landwirth aber kann diese Summe nicht erschwingen, er muß seinen Sohn hinziehen lassen. Gerade ihn, der der hilfreichen Hände seines Sohnes am meisten bedürfte, ihn trifft diese Steuer am schwersten.

Die Studirenden werden leicht und gerne von der Militärpflicht befreit. Die Söhne der sogenannten besseren Stände studiren aber fast alle, und so sind sie zum größten Theile dieser schweren Steuer enthoben. Die Conscription muß aber demungeachtet die erforderliche Anzahl Mannschaft stellen, und so ist klar, daß die Begünstigung einer Klasse der Bevölkerung auf Unkosten einer anderen geschieht, und zwar auf Unkosten der Armen, die nicht studiren können.

Aus: Über die Arbeiterfrage in Bayern aus Anlaß der Preisfrage des Königs, (anonym), München 1849, S. 20 f.

7. Bürokratie

a. Regelung des Verkaufs von Ostereiern

Die gefärbten sogenannten Ostereyer dürfen nur von den bgl. Obstlern, und solchen Personen, welche eine besondere Bewilligung hiezu nachweisen können, und zwar nur während der Charwoche und an den beiden Osterfeiertagen zum Verkaufe feil geboten werden.

Diejenigen, welche diesen Bestimmungen entgegen handeln, haben Confiskation der Ostereyer und weitere Bestrafung zu gewärtigen.

München den 19. März 1847.

Magistrat der kgl. Haupt- und Residenzstadt München.

Aus: Königlich-Bayerischer Polizey-Anzeiger von München, Nr. 25, 28. März 1847

b. Erlaubte Straße

Bei einer badischen Landstadt stieß ich vor etlichen Jahren auf einen breiten schönen Weg, den kein Mensch für einen verbotenen angesehen haben würde; an demselben aber stand eine Tafel mit der Aufschrift: »Dieser Weg ist erlaubt.« Ein klareres Document des modernen Polizeigeistes als diese Wegtafel ist mir noch nicht vor Augen gekommen. Sie setzt voraus, daß jeder Weg der nicht ausdrücklich als erlaubt bezeichnet werde, für verboten gelte, während wir in unserer Einfalt bis dahin umgekehrt der Meinung waren, daß jeder Weg, der nicht ausdrücklich verboten ist, ein erlaubter sey.

Aus: Wilhelm Riehl, Land und Leute, Die Naturgeschichte des Volkes, Bd. 1, Stuttgart 1855, S. 74

8. Missetäter (um 1848)

Bekanntmachung

der im Monate März 1848 bei der königl. Polizey-Direktion München abgewandelten Polizey-Uebertreter:

1. Vier Individuen wurden bestraft wegen ungeeigneten Benehmens beim Amte,
2. Sieben und vierzig wegen körperlicher Mißhandlung Anderer,
3. Fünf wegen Beleidigung der Gendarmerie,
4. Zwei und vierzig wegen öffentlicher Beschimpfung,
5. Vier und zwanzig wegen Störung der nächtlichen Ruhe,
6. Zwei wegen Einmischung in Arretirungen,
7. Zweihundert und eines wegen Uebertretung der Fremdenpolizey,
8. Zweihundert neun und fünfzig wegen Vagirens,
9. Achtzehn wegen Bettelns,

Styl-Uebungen im neunzehnten Jahrhundert.

Schul-Styl.

Lehrer. Liebe Kinder, es ist der Wille unseres allergnädigsten Landesherrn, daß ihr in Zukunft Baiern statt mit i mit y schreiben sollt. Merkt's euch! Wer dagegen fehlt, bekommt jedesmal vier Ohrfeigen.

Knabe. Und warum denn Herr Lehrer?

Lehrer. Weil es der König will und wir ihm folgen müssen; ich, ihr und wir alle im ganzen Dorfe.

Knabe. Warum das, Herr Lehrer?

Lehrer. Verdammte Brut! Hab ich's euch nicht schon genug hineingeprügelt, in welcher Reihenfolge sich das gibt? Wen mußt du zuerst lieb haben, Hannsjörg? Antworte.

Knabe. Erst den lieben Gott, weil er uns alle erschaffen und erlöst hat; hernach den König, weil er uns in seinem Lande wohnen läßt, und uns Brod und Schutz, und — und

Lehrer. Und Besoldung gibt. Weiter.

Knabe. Dann den Herrn Lehrer, der uns geistig pflegt und nährt, und hierauf unsre Eltern, denen wir das leibliche Dasein danken.

Lehrer. Jetzt habt ihr's wieder gehört, dumme Jungen! Also merkt's euch einmal. Und nun wißt ihr auch, warum ihr in Zukunft Bayern mit y schreiben müßt. Verstanden?

Knabe. Ja, Herr Lehrer!

Gerichts-Styl.

Ich frage dich, Daniel Jonathan Bummelberger, dich, dem der die das kurfürstliche Notariat betreffenden Akten Gestohlen-habende ad unquem ähnlich sieht, und dem die dessen kundgewordene Behörde derohalben heute in persona vorgeladen, um die das der Justitia eigene Ansehen abhandelnden Paragraphe pro primo zu exponiren, sintemalen das den das die Nachbarschaft erschreckende Geräusch hervorbringenden socius deiner Pläne beobachtende dießseitige forum sich nach Beibringung sothaner Umstände dahin entschied, daß ein durch der dessen mächtigen Parthei Chikane hart betroffenes kurfürstliche Notariat sofort in optima forma zur Klage gegen dich zugelassen werden kann; — — — ich frage dich, besagter Daniel Jonathan Bummelberger, was hast du hiegegen vorzubringen?

Hof-Styl.

Hofmarschall. Ist das Unerhörte möglich? Ich kann es nicht glauben. Seine Hoheit? — ich bin außer mir; beruhigen Sie mich, theurer Baron.

Kammerjunker. Es ist! — Ich habe es, als ich durch's Schlüsselloch in Sr. Durchlaucht hell erleuchtetes Schlafgemach schaute, mit eigenen Ohren gehört.

Karikatur von 1848

10. Drei und vierzig wegen Diebstahls,
11. Sechszehn wegen Betruges,
12. Sechs und zwanzig wegen Unterschlagung,
13. Dreizehn wegen Fälschung,
14. Achtzehn wegen Nichtentrichtung des Stadtzolles,
15. Neunzehn wegen Verletzung der öffentlichen Sittlichkeit,
16. Zwei und zwanzig wegen Concubinats,
17. Eilf wegen Trunkenheit,
18. Einhundert und fünfzehn wegen Uebertretung der Gesindeordnung,
19. Siebenzehn wegen Gewerbsanmassung,
20. Neun wegen Hausirens,
21. Sechs und zwanzig wegen Uebertretung der Fahrordnung,
22. Neun wegen Ueberschreitung der Polizeystunde,
23. Zwei wegen Tragens verbotwidriger Messer,
24. Neun wegen Strassenverunreinigung,
25. Drei wegen Tabakrauchens an verbotenen Plätzen,
26. Drei wegen verbotenen Schießens,
27. Siebenzehn wegen Uebertretung der Fiakerordnung,
28. Drei wegen Thierquälerei,

29. Vier wegen Uebertretung der Sonntagsfeier,
30. Sechs wegen Uebertretung der Hundeverordnung.

Den zuständigen Behörden wurden zugewiesen:
Zwei und dreissig Individuen wegen Diebstahls,
Eines wegen Betruges,
Zwei wegen Unterschlagung,
Zwei wegen Körperverletzung,
Eines wegen Verleumdung,
Acht wegen Tumultes,
Zwei wegen Herabreissens obrigkeitlicher Bekanntmachungen,
Eines wegen Beleidigung der Amtsehre,
Eines wegen Verausgabung falschen Geldes.

Dem zu Folge wurden im Monate März l. Js. 993 Individuen polizeylich abgewandelt, 50 Individuen hingegen den betreffenden Behörden übergeben.

München den 16. April 1848.
Königliche Polizey-Direktion München.

Aus: Königlich-Bayerischer Polizey-Anzeiger von München, Nr. 32, 19. April 1848

V. Schule und Kirche

1. Zustand der Dorfschulen (1788)

Der größte Theil der gegenwärtig vorhandnen Dorfschullehrer ist schlechterdings unbrauchbar, und physisch und moralisch unfähig, jemals etwas nur Mittelmäßiges zu leisten. Da diese Leute häufigst nicht nur sehr alt, und gebrechlich, sondern auch mit Weibern und Kindern versehen sind: so läßt sich ihre Entfernung vom Schuldienst schon in gar keinem Betracht denken, und sohin sind die Verbesserungen unzähliger Schulen bis auf die künftigen Sterbfälle dieser unfähigen Lehrer zu verlegen. [. . .]

Das Schulzimmer ist fast überall auch das Wohnzimmer des Schullehrers, und seines Weibs und seiner Kinder, nicht selten seiner Hühner, und Gänse, Schweine und Schaafe. [. . .]

Was soll ich vollends von den Dörfern sagen, wo gar keine Schullehrer, so hin auch keine Schulhäuser vorhanden sind? [. . .]

Wo nun aber auch Schulen, und Schullehrer vorhanden sind: da sind noch lange nicht alle Schwierigkeiten gehoben. Die jezige verbeßerte Ordnung fordert durchaus, daß 1. die Schulen von allen eingepfarrten Kindern, daß sie 2. ordentlich besucht, und daß 3. alle Kinder mit gleichen planmäßigen Büchern versehen werden sollen. Jedem dieser dreyen Punkte stehen noch fast überall, mehr und weniger, unerschwingliche Hindernisse entgegen. Wer kann mit unnachsehlicher Strenge fordern, daß Kinder der Filialisten [Tochtergemeinden] eine Stunde weit, und wohl noch weiter bey grosser Kälte, bey Schnee- und Sturmwetter, oft durch Wälder, unwegsame Fußsteige, und Bäche täglich zweymal den Weg zur Schule machen sollen, wo sie (weil es dennoch gar häufig geschehen muß) ganz erstarrt, und durchnäßt, anlangen, und nicht selten den Grund zu frühzeitigen verschiednen Gebrechlichkeiten legen? Und gleichwohl ist die Zeit der schlimmen Witterung, nämlich der späte Herbst und Winter, die einzige Zeit, wo die Schulen besucht werden können, weil, so bald die Feldarbeit anfängt, die Kinder zu verschiednen Aushilfen, und Verrichtungen unentbehrlich sind. Armen Taglöhnern kann man ferner den Ankauf der Schulbücher, so wohlfeil diese auch seyn mögen, und wirklich sind, nicht zumuthen, da man ihnen schon die Bezahlung des Schulgeldes, zu 2 kr. die Woche, nicht zuzumuthen pflegt. Es ist zwar zu München ein Schulfond, und jährlich werden um einige tausend Gulden Bücher verschenkt, auch in eben dem Verhältniß werden den armen Dorflehrern eine Menge Geldbeylagen zu 20 bis 30 fl. bewilligt. Die Summen, welche jährlich von den vermöglichern Kirchen zu gleichen Beylagen, und Schulgebäuden großmüthig verwendet werden, sind nicht weniger außerordentlich beträchtlich; aber diese, (ehmals ganz unbekannten, und an sich überaus wichtigen)

Verwendungen sind noch lange nicht hinlänglich, um die Verbesserung im Allgemeinen sichtbar zu machen, und sie verlieren sich ganz in Rücksicht der allgemeinen unermäßlichen Bedürfnisse.

Aus: Westenrieder, Beyträge, S. 356 ff.

2. Einführung der Schulpflicht (1802)

»Da Uns immer die christliche, moralische und nützlich standesgemäße Bildung der Jugend als eine der vorzüglichsten Regentenpflichten am Herzen ist, und Wir entschlossen sind, keine Gelegenheit nach Thunlichkeit der Umstände zu versäumen, bey welcher Wir diesem wichtigen Zwecke nahe kommen können: so haben Wir in Erwägung, daß durch Anstellung tüchtiger Schullehrer, welches zu bewirken Wir Uns durch alle möglichen dazuführenden Mittel angelegen seyn lassen werden, nicht alles allein gethan sey, sondern daß hauptsächlich den Eltern und Vormündern alle zur guten Erziehung gereichenden Mittel zu ergreifen, und den Obrigkeiten solche mit ihrer Gewalt zu unterstützen obliegt, nach reifer Überlegung in Unsrer geheimen Staats-Konferenz beschlossen, daß

1. allenthalben alle schulpflichtigen und nach pflichtmäßigem Ermessen der Inspektoren und Pfarrer keiner Ausnahme unterworfenen Kinder vom 6ten bis wenigst ins vollstreckte 12te Jahr ihres Alters die Schule besuchen sollen. Die Schule soll

2. das ganze Jahr hindurch, von Mitte des Julius bis 8ten September als der gewöhnlichen Ärndtezeit ausgenommen, unaufhörlich gehalten werden, und die Eltern oder Vormünder sollen,

3. wo nicht an ein oder andern Orten Freyschulen sind oder das Schulgeld von Wohlthätern oder aus eignen bestehenden, allenfalls von den Gemeinden oder aus dem Kirchenvermögen fließenden Fundis bezahlt wird, schuldig und gehalten seyn, von jedem schulfähigen Kind, sie mögen selbes in die Schule schicken oder nicht, wöchentlich zwey Kreuzer zu bezahlen, welches beynahe allgemein die bisherige bezahlte Summe beträgt und davon an denjenigen Orten, wo etwa ein geringeres Schulgeld bezahlt worden seyn möchte, keine Ausnahme gestattet werden kann, da Wir die nunmehr per zwey Kreuzer stipulierte Abgabe ohnehin in Ansehung des gestiegenen Preises aller Lebensmittel sehr mäßig zu sein erachten.

Sollte daneben noch unverzeihliche Nachlässigkeit und Eigensinn der Eltern oder Vormünder die Kinder gar nicht oder unfleißig zum Schulbesuch anzuhalten, erscheinen, so haben die betreffenden Polizey-Obrigkeiten auf Angabe der Inspektion dieselben nach Befund der Umstände zu einer in einem älteren Generalmandat vom 3. Januar 1795 schon statuierten doppelten Bezahlung anzuhalten.

4. Vom 1. May bis zur Ärndte soll die Schul jeden Tag nur vier Stunden lang gehalten, hingegen aber auch nur halbes Schulgeld entrichtet werden; auch soll in diesen Sommer-Monaten der zweyte Kurs, d.i. die größeren Kinder, Vormittags, und der erste Kurs Nachmittags den Unterricht empfangen; und damit in diesen Som-

mer-Monaten die Kinder dennoch ihren Eltern zur nötigen Arbeit brauchbar seyen, so soll die Schule um 6 Uhr anfangen und um 8 Uhr geendet werden. Wir stellen jedoch dem gegründeten Ermessen der Inspektoren, bey welchem sie auf die Wünsche der Eltern und Schullehrer Rücksicht zu nehmen haben, anheim, die Sache nach den Lokalumständen der eben vorliegenden Feldarbeiten und der Witterung so einzurichten, daß der erste Kurs nach dem zweyten ebenfalls am Vormittage seinen Unterricht erhalte, damit hiedurch der Nachmittag für Lehrer und Kinder frey bleiben könne, und dadurch erachten Wir auf die eine oder andere Art die doppelte Absicht der Bestimmung der Landjugend, Arbeit und nötige Bildung, genüglich zu verbinden ... Es soll auch

12. kein Kind, ehe es das 12te Jahr vollendet hat, und dann erst nach einer öffentlichen Prüfung und darüber von dem Inspektor erhaltenem Scheine aus der Schule entlassen werden. Wir setzen fest und bestimmen, daß bey Aufdingung zu Handwerkern und bey späterer Verheyratung oder Besitznahme eines Gutes oder Hauses von der Obrigkeit oder Behörde dieser Entlassungs-Schein als wesentliches Requisit der zu erteilenden Erlaubnis oder Konsens produziert, und ohne legalen erweislichen Ausnahmsgrund derley Bewilligungen nicht erteilt werden sollen.«

Aus: Churpfalzbaierisches Regierungsblatt, Nr. 52, Verordnung vom 23. 12. 1802

3. Einführung von Feiertagsschulen (1803)

»In Unserer Verordnung vom 23. Dezbr. [1802] haben Wir nur sechs Jahre zum ordentl. Schulbesuche bestimmt, um den Eltern ihre Kinder für die nothwendigen Feld- und häuslichen Arbeiten nicht zu lange zu entziehen. Indessen werden vernünftige Eltern selbst einsehen, daß in einem Zeitraume von sechs Jahren nur das Notwendigste gelehret werden könne, daß das Gelernte, wenn aller Unterricht mit dem zwölften Jahre aufhöret, größtenteils wieder vergessen werde, und daß endlich die moralische Ausbildung in diesen Jahren nicht vollendet werden könne. Wir verordnen daher:

1. Daß in allen Städten und Märkten und in allen Pfarrdörfern Sonntagsschulen errichtet, und an allen Sonn- und gebotenen Feiertagen (die Erntezeit ausgenommen) gehalten werden sollen.

2. In dieselben sollen aufgenommen werden: a. die Handwerksgesellen, b. die Lehrjungen, und c. alle jungen Leute männlichen und weiblichen Geschlechtes.

3. Den Handwerksgesellen soll der Besuch der Sonntagsschulen freigestellt sein, die Lehrjungen aber sollen dazu verbunden und daher nicht freigesprochen werden können, wenn sie nicht durch Zeugnisse der Inspektoren und Pfarrer beweisen, daß sie während ihrer Lehrjahre die Sonntagsschule besucht haben.

Zum Besuche dieser Schulen sind sowohl Knaben, als Mädchen bis zum 18. Jahre einschlüssig, in Städten, Märkten und Dörfern anzuhalten, und sie sollen daher weder ein Anwesen übernehmen, noch eine Heirat schließen können, wenn sie nicht den fleißigen Besuch dieser Feiertagsschulen durch gültige Zeugnisse und hinlänglich erlangte Kenntnisse sowohl im Christentum, als in andern für das bürgerliche Leben notwendigen Gegenständen beweisen können.

Kinder, die das 12. Jahr noch nicht erreicht haben und also die Werktagsschule zu besuchen gehalten sind, dürfen in die Feiertagsschule nicht aufgenommen werden. [...]

5. Da Wir verordnen, daß in diesen Sonntagsschulen die erste halbe Stunde Unterricht aus der Religion und Moral erteilet werden sollen, so wollen Wir den Erwachsenen männlichen und weiblichen Geschlechts die nachmittägigen Christenlehren, welche ihnen durch diese Einrichtung ohnehin ersetzt wird, nachlassen.

6. Der Zweck der Feiertagsschule bestimmt auch die Lehrgegenstände, welche in diese Schulen aufgenommen werden sollen: Lesen, Schreiben, Rechnen und andere nützliche Kenntnisse, um immer brauchbarer und nützlicher, – und Religion und Moral, um immer christlicher, besser und dadurch Gott gefälliger zu werden.

Verordnung vom 12. 9. 1803, Aus: Joseph Gebele, Das Schulwesen der Königl. bayer. Haupt- und Residenzstadt München, München 1896, S. 153f.

4. Denk- und Sittensprüche (um 1828)

Alle Tage wirst du größer,
werd' auch alle Tage besser.

Besser ist es einsam seyn,
als mit Bösen sich erfreu'n.

Christum lieben, Laster flieh'n
ist dem Wissen vorzuzieh'n.

Dorn und Disteln stechen sehr,
falsche Zungen noch viel mehr.

Ein unschuldig, rein Gewissen
ist ein sanftes Ruhekissen.

Fleiß und Kunst liebt Jedermann;
hast du Arbeit, frisch daran!

Gute Sprüche, weise Lehren
muß man üben, nicht bloß hören.

Hast du g'nug und Überfluß,
denk an den, der darben muß.

Iß und trink mit Maß und Freuden,
Übermaß muß Schmerzen leiden.

Jeder frevelt, welcher klagt,
daß ihm Gott mehr Glück versagt.

Krankheit, Armuth, Reu' und Schmach
folgt dem Laster immer nach.

Lieb' und Dankbarkeit gefällt;
Undank haßt die ganze Welt.

Mache dich mit Gott gemein;
was nicht göttlich, laß du seyn.

Nimm vor Bösen dich in Acht!
wähl die Freunde mit Bedacht.

Ohne Frömmigkeit und Sitten
ist der Mensch nie wohl gelitten.

Prüfet, eh' ihr etwas thut,
Ob es klug sey, recht und gut.

Quäle nie ein Thier zum Scherz,
denn es fühlt, wie du, den Schmerz.

Reines Herz und frommer Sinn
führen g'rad zum Himmel hin.

Aus: Fibel zu den ersten Leseübungen, München 1828, S. 18f.

5. Lage der Volksschullehrer (1831)

Im Ober- und Untermainkreise, welche durch ihre Leistungen für die Schulen besonders thätig sind, gibt es noch Lehrer, welche die sogenannte fliegende Kost haben, und in allen sieben älteren Kreisen müssen die Schullehrer größtentheils noch das Schulgeld selbst erheben.

Durch diese Forderung kleiner, aus einigen Kreuzern bestehenden Kosten werden die Lehrer gleichsam zu Bettlern herabgesetzt.

Um die spärliche Einnahme doch in Etwas zu vermehren, bitten andere um die Erlaubniß, die Fastnachtstänze ihren Kindern zu bewilligen, weil dabey das Landvolk geneigt werde, die altherkömmlichen Geschenke darzureichen.

Es gibt noch Lehrer, die nebenbey als Maurer, Zimmergesellen, Bäcker, Schneider etc. sich ernähren, und das Lehramt nur als Nebensache treiben.

Der Schullehrer ist auch gewöhnlich Küster, Organist; bald hindert ihn ein Votivamt, bald eine Seelenmesse, bald eine Todtenvesper, bald eine Taufe, die Stunden des Unterrichts fortzusetzen.

Mehrere Schullehrer sind Weber, die ihre Stühle im Schulzimmer haben. Während die Kinder ihre Aufgabe in der Stille überlernen sollen, fährt der Schullehrer-Weber mit geräuschvoller Weberarbeit fort, und läßt jedes Kind der Ordnung nach herabbuchstabieren, ohne alle so nöthige Aufmerksamkeit darauf zu verwenden. –

Aus: Verhandlungen der zweyten Kammer der Ständeversammlung 1831, Beylagenband 8, München 1831, S. 93f.

6. Aufgaben der Volksschule (1843)

Die Erziehung aller Stände hat gewisse allgemeine Gegenstände, welche bei jedem dieselben sind. Innerhalb dieses Kreises bewegt sich der Unterricht in den Elementar- und Volksschulen.

Alle Stände sollen über das Verhältnis des Menschen zu sich selbsten, zu Gott und zu seinen Mitmenschen nicht allein aus dem Gesichtspunkte der Kirche, sondern auch des Staates unterrichtet werden. Erst wenn die Jugend zur Erfüllung der daraus abgeleitet werdenden allgemeinen Pflichten der Menschheit genügend vorbereitet ist, soll sie zu denjenigen Erkenntnissen und Geschicklichkeiten geleitet werden, welche dem Individuum nach dem Stande und Berufe, welchem es sich widmen will, nützlich und nothwendig seyn werden. So reiht sich in dieser natürlichen Entwicklung an die allgemeine Erziehung aller Stände die von ihr sich unterscheidende Eigenthümlichkeit in der Erziehung eines jeden besonderen Standes.

Wendet man ernsthaft den Blick auf unsere Volksschulen, so werden wir gezwungen, wahrzunehmen, wie in ihnen die Jugend nicht genügend in den allgemeinen Pflichten des Menschen und Bürgers unterrichtet, und die Vorbereitung zu deren Erfüllung auf die höheren wissenschaftlichen und technischen Schulen, welche der Erziehung besonderer Stände gewidmet werden, überwiesen ist.

Dieser mangelhafte Zustand der Elementar-Schulen hat seinen Grund in der Vernachlässigung und Geringschätzung der grossen Massen des Volkes, welche gleich bösen Geistern die Menschen in allen Ländern der Erde und zu allen Zeiten verfolgt haben und noch verfolgen.

Je grösser durch mangelhaften Volks-Unterricht der Unterschied der Kultur zwischen der grossen Masse des Volks und den höheren Ständen wird, desto gewaltiger, mächtiger und reicher werden diese, und desto abhängiger, zahlreicher und ärmer werden jene. Und dieser Unterschied nimmt in geometrischer Progression zu, und mit seinem Wachsthum öffnet und erweitert sich immer mehr und mehr die Kluft, in deren Abgrund nach den traurigsten Zeugnissen der Geschichte die Staaten durch die Verzweiflung der Armen und durch den Uebermuth der Reichen gestürzt werden.

Auch unserer Zeit droht solches Unglück, und es ist die höchste Pflicht der Regierung, Bayern dafür zu bewahren. Das einzige sich bewährende Mittel dagegen ist die Verbesserung und Vervollkommnung des Elementar-Unterrichtes für die männliche und nicht minder für die weibliche Jugend.

Aus: Verhandlungen der zweyten Kammer der Ständeversammlung 1843, Beilagenband 6, S. 82f.

7. Notwendigkeit einer polytechnischen Akademie (1821)

Niemand wird läugnen, daß Mathematik, Physik, Chemie den Handwerkern und Künstlern, den Fabrikanten wie den Manufakturisten jedem bey seinem Gewerbe unentbehrlich sind; Niemand kann aber auch leugnen, daß alle diese Wissenschaften auf Lyzäen und Universitäten nicht für den künftigen Gewerbsmann und Künstler und Fabrikanten, sondern für den künftigen Gelehrten gelehrt werden, daß diese Wissenschaften auf jenen Lehranstalten, wenn man die Wahrheit recht barsch sagen darf, eigentlich nur für diejenigen gelehrt werden, die sie nicht brauchen, für diejenigen aber, die sie nicht entbehren können, gar nicht, und bisher gar nirgend gelehrt werden; denn welche Theologen, Juristen und Mediziner unternehmen jemals eine Fabrik oder Manufaktur, um nicht zu sagen ein bloßes Gewerbe? Und geht nicht gewöhnlich der Gelehrte zu Grunde, der eine Fabrik unternimmt? Niemand wird behaupten wollen, und ich appellire in dieser Hinsicht an unsre gelehrtesten Gelehrten, daß, könnte man auch alle unsere Lehrjungen und Gesellen und Meister zugleich mit den Studenten in die Vorlesungen der Mathematik, Physik, Chemie, etc. auf Lyzäen oder Universitäten schicken, der rein theoretische Unterricht, den die letztern genießen, für die erstern brauchbar und daß der Uebergang von der Theorie zur Praxis eben so leicht und natürlich wäre als von der Praxis zur Theorie. [...]

Die Gründung einer den Forderungen und den Fortschritten der Zeit entsprechenden technischen Bildungsanstalt für den künftigen Gewerbsmann, Fabrikanten und Manufakturisten ist daher erstes und dringendstes Bedürfniß für die Wohlfahrt unsers Vaterlandes, und des Glanzes der Regierung eines Maximilian Josephs würdig. Nur durch Verbreitung vielseitiger gründlicher und zweckmäßiger Kenntnisse kann den Forderungen, die das Wohl des Vaterlandes an uns stellt, der Erwartung, die das Ausland von dem Glanze desselben hegt, Genüge geleistet werden. Soll unsere vaterländische Industrie sich heben, mit jener des Auslandes Concurrenz halten und einst dasselbe in manchen Fabrikaten noch übertreffen, so dürfen diejenigen, aus deren Händen dieselben hervorgehen sollen, in ihrer Bildung hinter Jenen nicht zurück bleiben, die in andern Staaten, durch zweckmäßige und für sie allein berechnete Lehranstalten unterstützt, ihnen bisher in vielen Erzeugnissen überlegen waren. [...]

Wir bedürfen einer gemeinschaftlichen Lehranstalt, einer polytechnischen Akademie, an welcher jeder kunst- oder gewerbfleißige Inländer Theil nehmen kann.

Diese Lehr-Anstalt soll für Gewerbe, Fabriken und Manufakturen eben das seyn, was Universitäten und Akademien für Wissenschaften sind oder wenigstens seyn sollten.

Aus: Johann Gottfried Dingler, Über die Notwendigkeit der Gründung einer polytechnischen Akademie in Augsburg, Augsburg 1821, S. 8ff.

8. Technische Bildung und Industrie

Während bei unseren Vorfahren noch vor hundert Jahren eine Schranke zwischen den Trägern der Wissenschaft und den emsigen Praktikern bestand, über welche hin beide Theile nur selten sich die Hand reichten; während damals, eben aus diesem Grunde, die gewerbsmäßige Thätigkeit fast unvermeidlich als niedriger stehend angesehen wurde: sehen wir dagegen jetzt oft genug wissenschaftliche Männer sich industrieller Beschäftigung hingeben, umgekehrt aus dem Kreise der Industriellen entschiedene Meister der Wissenschaft oder einzelner ihrer Theile erstehen; sehen wir, wie der mit Bildung begabte Handwerker zum hochgeachteten Fabrikanten wird und die Vertreter der höhern Industrie eine einflußreiche Rolle nicht nur in der Gesellschaft, sondern vielmals in oberen Angelegenheiten des Staates ausfüllen. Solche Ergebnisse würden nimmermehr zu erreichen gewesen sein, wenn die Mittel zum Unterrichte, wenn die Lehranstalten auf dem alten Standpunkte verblieben wären. Das sind sie aber zum Heile der Menschheit nicht. Einerseits haben die sogenannten gelehrten Schulen und die Hochschulen ihren Lehrstoff durch steigende Pflege der Naturwissenschaften und der angewandten mathematischen Fächer bereichert; von der anderen Seite sind, unmittelbar für die Zwecke der technischen Ausbildung, die Handwerkerschulen, Gewerbschulen, Realschulen und polytechnischen Schulen geschaffen worden, deren Grundgedanke völlig außerhalb des Ideenkreises liegt, welchem man vor hundert Jahren huldigte, wenn von Schule und geistiger Bildung die Rede war.

Aus: Karl Karmarsch, Geschichte der Technologie, München 1872, S. 36f.

9. Die Schule – Konfliktherd zwischen Staat und Kirche

a. Schreiben des Ordinariats Regensburg an den Kurfürsten Karl Theodor, 5. 2. 1789
Schon unterm 7. Juli 1783 haben wir nach der Anlage Höchstdero geistl. Rath ersucht, daß, wenn ein Schul-Inspector aus der Landgeistlichkeit aufgestellt wird, auch wir dabey concuriren und das Dekret an ihn erlassen sollen.

Unterm 4. July 1787 machten wir alldahin die einschlüssigen Monitorien und thaten bei sonstigen Gelegenheiten ein Gleiches, waren aber nie so glücklich, eine Antwort zu erhalten. Da sich nun mehrere Pfarrer und sogar denominirte Schul-Inspectores anfragen, wie sie sich zu verhalten haben, da auch die Kurfürstl. Regierung Amberg dergleichen Inspectoren creiren will und an die Pfarrer ebenso wie an ihre untergebene Beamte Befehle ausfertige, so bitten wir Eure Churfürstliche Durchlaucht unterthänigst gehorsamst, anfangs gestelltes Ansuchen um so mehr Gnädigst zu gewähren, als sonst einmal die unumgänglich nothwendige Subordination bei der Geistlichkeit zu erhalten, eine pure Unmöglichkeit ist, und der Pfarrer aus der Landesverfassung wohl weiß, daß er unter keiner weltlichen Stelle zu stehen habe, sohin auch nicht schuldig sey, einem weltlicher Seits aufgestellten Inspector Pariton [Gehorsam] zu leisten. Noch dazu, wenn man uns immer umgehen, und der Geistlichkeit unmittelbar befehlen will, nehmen dadurch Leute, die an der geistlichen Obrigkeit immer gerne etwas zu tadeln wünschen, die gesuchte Gelegenheit, um uns einer Nachlässigkeit in Betreibung der Schul-Anstalten, so andern, zu beschuldigen, um dadurch zuletzt die ganze Direktion über den Clerum, sohin auch über einen großen Theil der Religion an sich zu ziehen.

b. Antwort des Kurfürsten Karl Theodor »an die geistliche Regierung zu Regensburg«, 20. 2. 1789

Das von euch unterm 5. d. M. in Betref der Schulinspektoren an Uns gestellte Verlangen mußt Uns sowohl wegen seinem Inhalt als auch wegen den mit eingeflochtenen Grundsätzen äußerst auffallen.

Die Schulen sind die ersten Polizei-Gegenstände, deren Einrichtungen und Verbesserungen dem Landesherrn obliegen und seine ganze Wachsamkeit auffordern. Er muß also Macht haben, unmittelbar und für sich solche Mittel auszuwählen, welche dazu abzwecken. Wir sehen daher nicht, warum Wir oder Unsere nachgeordnete Dikasterien nicht nach Belieben oder eigenem Gutbefinden Schul-Inspektoren anstellen können, oder wenn diese Geistliche sind, warum die landesherrl. Befehle erst durch die bischöflichen Konsistorien laufen sollten. – Keinem von diesen fiel seit der neuen Schuleinrichtung ein, solche Forderungen an Uns zu machen, weil sie wohl wissen, daß die Geistliche als Bürger und Unterthanen des Staates gleich den übrigen in solchen Gegenständen der gesetzgebenden Macht unterworfen sind.

Wir wollen aber noch nicht glauben, daß die Grundsätze, welche ihr eurer Diözesan-Geistlichkeit in betreff der Uns schuldigen Subordination zu Unserm größten Befremden beileget, die eurige seien und daß ihr sie in den strafbarsten Gesinnungen, als wenn kein Pfarrer unter keiner weltlichen Stelle zu stehen hätte, sohin auch nicht schuldig wäre, einen weltlicherseits aufgestellten Inspektor Parition zu leisten, unterstützen würdet.

Wir wissen wohl die Grenzen weltlicher und geistlicher Macht zu unterscheiden, und die Orthodoxie von Polizei und territorial Befugnis ohne widerrechtliche Vermengung abzusondern, eine Befugnis, nach welcher Wir ohne Widerrede anderswo sogar weltliche Inspektoren aufgestellt haben, ohne den Bischöfen das unstreitige Recht zu rauben, oder sie der Pflicht zu entledigen, über Glaubens- und Sittenreinigkeit zu wachen.

Es muß Uns also um so mehr befremden, daß ihr euch in das Schulwesen überhaupt einmischen und eure Gerichtsbarkeit, die nur geistlich ist, sowol die Bestätigung und Ausschreibung der Schulinspektoren, als auch die die Auswahl der Schulbücher zueignen wollet, nachdem Wir dem Herrn Fürstbischof zu Regensburg die ungehinderte Einsicht über Orthodoxie und Moralität sämtlicher Diözesan-Regensburgischen Schulen durch eine eigene höchste Entschließung nicht nur eingeräumet, sondern auch an die einschlagenden Regierungen ausgeschrieben haben.

Noch viel weniger können sich aber Seelsorger über die Aufstellung Unserer Schulinspektoren beklagen, denn ob sie gleich nach ihrem wesentlichen Berufe die erste Pflicht auf sich tragen, für den Unterricht zu sorgen, so nötigt Uns doch theils die Erzielung eines gleichförmigen Unterrichtes, theils die Unwissenheit und Nachlässigkeit, theils die geflissentliche Widersetzlichkeit verschiedener Seelsorger Inspectores aufzustellen, welche entweder die Arbeit mit ihnen theilten oder erleichterten oder ihre Nachlässigkeit nach Unsern höchsten Aufträgen ersetzten.

Anstatt die stolze Widerspenstigkeit dergleichen Seelsorger, wie es scheint, zu unterstützen, hätten Wir Uns vielmehr von euch versehen, daß ihr Unsere ggsten Endschlüßungen inbezug auf das Schulwesen mitgewirket hättet, und Wir versehen Uns um so gewisser, daß ihr die widersetzliche Seelsorger auch euerseits an die dem Landesherrn schuldige Unterordnung und Unterwürfigkeit anweisen werdet, als Wir sonst schärfere Maßregeln gegen sie zu ergreifen genötigt würden.

Aus: Joseph Gebele, Schulwesen, Anhang S. XXIff.

c. Kirche, Staat und Schule (1825)

Wohl muß der erste Schulunterricht zugleich ein religiöser seyn, und besonders ist zu wünschen, daß die Bildung des Schullehrers mit dem Austritte aus dem Seminar nicht als vollendet angesehen, sondern vorzüglich durch die Pfarrer fortgesezt würde, und daß diese als wahre Seelsorger die Schulen zum Gegenstande ihrer vorzüglichen Sorge machen möchten. Allein es ist hierbei eben so zu wünschen, daß der erste Religionsunterricht auf das Wesen wahrer christlicher Religiosität, nicht auf das Auswendiglernen von Dogmen gerichtet werde, welche das kindliche Gemüth leer lassen; daß die Pfarrer an Bildung durchaus den Schullehrern überlegen, und nicht selbst Arme in demjenigen seien, was sie an jene spenden sollen, und daß sie alle Aufsicht, welche sie über Schulen üben, nicht als Diener der Kirche, sondern unbedingt als Beamte des Staats führen.

Gewiß: so viel den Regierungen daran gelegen seyn muß, daß der Keim wahrer Religiosität in jugendlichen Gemüthern recht frühzeitig gelegt und gepflanzt werde, so sehr muß ihr daran liegen, daß das Schul- und Erziehungswesen in keinen anderen als in ihren eigenen Händen, nicht in den Händen der Kirche sey, die, nach ihren äußern Formen und dem Staate gegenüber – leider ihm gegenüber – betrachtet eine mit ihm rivalisirende Macht ist.

Es ist an dem Landtage von Geistlichen vorgeschlagen worden, zur Gewinnung größerer Mittel für die Schulen die weltlichen Schulräthe abzustellen; allein weiser hat die baierische Regierung die Vorsorge getroffen, indem sie die Beibehaltung der Schulräthe, aber die Befreiung der Schuldotation von ihrer Besoldung durch Uebernahme derselben auf die innere Verwaltung beschlossen hat.

Aus: Rudhart, Königreich Baiern Bd. 1, S. 100f.

10. Staat und Religion aus kirchlicher Sicht (1817)

Die Pflichten des Regenten, der Regierung.

Wenn die Religion des Staates dem wahren Staate wesentlich ist, so wird sie sich im Staate thätig erweisen müssen. Sie erweiset sich als thätig

I. durch Verordnungen, die so weise entworfen als genau vollzogen werden, wider die öffentliche Unsittlichkeit, wodurch die Entstehung, die Entwickelung und die Erhaltung der leiblichen Menschheit bedroht und angegriffen wird. Diese weise entworfenen und strenge vollzogenen Verordnungen wider die unnatürlichen Laster, widernatürlichen Ausschweifungen und Mißbrauch des Geschlechtstriebes, geben zu erkennen, daß der Staat in der leiblichen Menschheit den heiligen Zweck unsers Daseyns im Auge habe, und in dem heiligen Zwecke unsers Daseyns den Heiligen und das Heilige selbst, d.i. Gott und die Religion anerkenne.

II. Durch die Achtung und Handhabung der Heiligkeit der Ehen. Da die Anarchie der Geschlechtslust die schrecklichsten Verwüstungen in die menschliche Gesellschaft einführt; da die Heiligkeit der Ehe, so lange sie in der öffentlichen Achtung des Staates eine öffentliche Anerkennung und Sicherstellung hat, alle jene Verwüstungen der menschlichen Gesellschaft hemmt, und die Glieder des Staates im festen Bunde zusammen hält: so ist es ein Grundgebot der Staatsreligion, das Band der Ehe, mit dem das Band des Staates so innig zusammenhängt, heilig zu halten. [...]

III. Durch eine allgemein ausgebreitete, vollständige, beharrende, prompte Justitzpflege. Durch sie werden unzählige Hindernisse, die der Zurückführung der Menschheit zu ihrer ursprünglichen Würde im Wege stehen, aufgehoben; durch sie dem weitern Verfall der Menschheit vorgebeugt, durch sie das höchste Gut der Menschheit angebahnet. Wie also dem Staate Religion theuer ist, so muß ihm Justitzpflege theuer seyn.

IV. Durch eine religiöse Erziehung der Staatsbürger; denn, da das Schattenbild der Menschheit nie wahrer Mensch werden kann, wenn in ihm das Bewußtseyn von Gott nicht erwachet und die lebendige Anerkennung Gottes (die Religion) nicht hergestellt ist; da diese lebendige Anerkennung Gottes in der aufblühenden Generation ohne religiöse Erziehung nicht hergestellt werden kann: so ist es offenbar, daß ohne religiöse Erziehung der Staatsbürger die Zurückführung der Menschheit zu ihrer ursprünglichen Würde weder angefangen, noch fortgesetzt werden kann.

V. Durch auszeichnende Achtung und machtvolle Schützung der Diener der christlichen Kirche (da, wo die Völker das Licht und den Segen des Christenthums zu genießen haben), und durch eine, den heiligen Zweck der Kirche fördernde, Achtung und Schützung der Kirche selber.

Aus: Johann Michael Sailer, Handbuch der christlichen Moral, Bd. III, München 1817, S. 17ff.

11. Idealbild der Familie aus kirchlicher Sicht (1817)

Die Familie als ein Ganzes.

Nachdem wir die Pflichten der Verehlichten, der Aeltern, der Kinder, der Verwandten, der Herrschaften und Dienstboten betrachtet haben: so sind wir im Stande, die Familie als Ein sittliches Ganze anzuschauen.

Wenn die Kinder unter der Mutter, die Mutter unter dem Manne, der Mann unter Gott stände: so wäre die Familie wohl ein überaus schönes Ganze. Ein Ganzes von unten auf: die Eine Liebe bände die Kinder an das Mutterherz, die Mutter an den Mann, den Mann an Gott. Ein erhabenes Ganzes von oben herab: denn Gott, der höchste Regent, leitete den Mann, der Mann das Weib, das Weib die Kinder. Dasselbe gilt von der Familie, in so fern sie Knechte und Mägde, Diener und Dienerinnen in sich faßt. Denn, wenn die dienenden Glieder unter der Herrschaft, und die Herrschaft unter Gott stände: so wäre die Familie wieder dasselbe überaus schöne Ganze; es wäre Gott alles in allen, es wäre die Liebe alles in allen, die gebietende Liebe in der Herrschaft, die gehorchende in der dienenden Classe.

Aus: Sailer, Handbuch Bd. III, S. 202f.

12. Armut aus kirchlicher Sicht (1817)

Es mag uns die Armuth als ein Erbgut durch den Stand unserer Familie mitgegeben, oder durch ein besonderes Schicksal, oder theils durch Selbstverschuldung theils durch Schicksal des Lebens entstanden seyn: genug, daß sie ist, und eine Bürde ist, entweder für eine Strecke des Lebens, oder für das ganze Leben. Nun, wie uns immer dies Loos gefallen, und wie es immer beschaffen seyn mag: der Jünger Christi hat in der Schule Christi nicht nur die Pflicht kennen gelernt, sondern auch Kraft gefunden:

I. bey allem Mangel an zeitlichen Gütern Gottes Regierung, bey allem Drucke der Dürftigkeit Gottes Willen zu respectiren; alle Sorge für Lebensunterhalt in den Schooß dessen zu legen, der die Lilie kleidet und des Menschen nicht vergessen kann; sich mit den Brodsamen zu begnügen, die von dem Tische fallen, den der große Hausvater täglich für alle seine Geschöpfe decket, und mit nothdürftiger Nahrung und nothdürftiger Decke zufrieden zu seyn, indem wir ja in diese Welt nichts hereingebracht haben, und wohl nichts mit fortnehmen werden (I. Tim. VI. 7–8.);

II. sich vor Ungeduld bey den täglichen Plagen der Armuth, vor Neid gegen die Wohlhabenden, vor jeder sündhaften Selbsthülfe, vor Arbeitsscheue und unnöthiger Betteley, vor lügenreicher Ausmahlung der dürftigen Umstände und vor süßen Worten, die den Reichen schmeicheln, rein zu bewahren;

III. Christum, der unsertwegen arm geworden, im Auge zu behalten, und bey dem Mangel des zeitlichen Reichthums nach einem doppelten bessern Reichthum, dem – der reinen Gottseligkeit und der guten Werke zu ringen;

IV. statt des Noth- und Ehrenpfenniges, der in der Sparbüchse des Dürftigen nicht zurückgelegt werden kann, einen Fond des ewigen Gutes durch die Zuversicht auf den, der alles in allem wirkt und giebt, in dem Lande der Unsterblichkeit zu hinterlegen;

V. alle Stacheln zur Selbstbildung, alle Antriebe, im Reiche der Geister groß zu werden, die in der Armuth liegen, alle die Aufforderungen, in der Zeit die Ewigkeit zu erfassen, die uns die zeitlichen Nöthen einsprechen, in sich wirken zu lassen, und alle die wunderbaren Entfaltungen des innern Menschen, die durch die Dürftigkeit des äußern angebahnt werden, wenigstens nicht zu hemmen, sondern vielmehr zu fördern;

VI. mit heiterer Aussicht auf das höchste Gut, das unerschöpflich ist für alle, die davon genießen wollen, die Bürde der Armuth willig zu tragen so lange, bis sie die Allmacht, welche sie aufgeladen hat, auch abnimmt.

Aus: Sailer, Handbuch Bd. III, S. 228 ff.

13. Die Kirche wider Zeitgeist und Sittenverfall (1832)

Wenn in unsern Tagen der Zeitgeist auf allen Seiten Lehrkanzeln aufschlägt, Boten ausschickt und öffentliche Sendbriefe in Umlauf setzt, um seine Lehren zu verbreiten, seine Plane zu fördern, und für selbe Anhänger und Werkzeuge zu werben, so dürfen wohl Diejenigen, die in einer höhern göttlichen Ordnung der Dinge von dem heiligen Geiste als Wächter aufgestellt und mit dem »Dienste des Wortes« beauftragt sind, nicht stumm bleiben. [...]und noch dringender wird für sie die Pflicht, zu reden, wenn jene Bestrebungen größtentheils gegen die heilige Sache selbst, deren Vertheidigung ihnen obliegt, gerichtet sind. [...]

Denn der Unglaube, der in früheren Zeiten, einem Geächteten gleich, sich scheu verbarg, hat nun gleichsam Bürgerrecht und Ehrenrang in der Gesellschaft erhalten, und ist, unter den Namen Zeitgeist, eine öffentliche Macht geworden.

Er ist die Ausgeburt jener falschen Aufklärung, jener, im biblischen Sinne treffend bezeichneten, Welt-Weisheit, welche, nachdem sie alle überlieferten Lehren, die bis dahin das Kleinod der Menschheit ausmachten, ohne Unterschied von sich geworfen, und so die Quelle der lebendigen Wahrheit verlassen hatte, keine andere Wahrheit mehr gelten ließ, als die sie in den zerbrochenen Cisternen der sich selbst gelassenen Vernunft zu finden wähnte. [...]

Indeß konnte es nicht fehlen: es mußte eine Lehre, die sich den Gelüsten des Herzens so sehr empfahl, bald zahllose Anhänger gewinnen, um so mehr da sie, von den höheren Ständen ausgehend, mit jener Macht der Autorität, die sie der Wahrheit abgesprochen hatte, den niederen Ständen sich aufdrang. Gegenwärtig ist sie nun auch in die untersten Klassen eingedrungen; wie ein Gift wühlt sie in den innersten Eingeweiden der Menschheit, zerrüttet das einzelne häusliche Leben, und veranlaßt in dem Gesammtleben alle jene Zuckungen, welche Europa krampfhaft bewegen. [...]

Zwar ist in unserm theuern Vaterlande das reiche Erbtheil von Pietät, religiösem Sinne und treuer Anhänglichkeit an Altar und Thron, welches unsre Väter uns hinterließen, noch nicht ganz zu Verlust gegangen. Aber verhehlen dürfen wir uns doch nicht, daß es ach! schon sehr geschmälert worden ist durch die Einwirkungen desjenigen Geistes, den Wir so eben geschildert, und daß die Apostel desselben unter dem gleissenden Scheine der Lichtverbreitung auch unser treuherziges Volk um einen guten Theil jener köstlichen Hinterlage betrogen haben.

Ein großer Theil derer, welche zu den Gebildeten gehören, oder gehören wollen, sind, verlockt durch die Lehren, welche sie aus Büchern, im Umgange, selbst zum Theil auf den Hochschulen empfingen, dem Unglauben anheim gefallen. Eine positive, geoffenbarte Religion, eine Religion mit Geheimnissen, gegründet auf das Geheimniß aller Geheimnisse: Gott ein Mensch geworden, der Gott-Mensch am Kreuze gestorben für das Heil der verlornen Welt; eine Religion, die vor Allem Glauben, Demuth, Selbstverläugnung, Gebet fordert; eine Religion, als deren Bewahrerin sich eine sichtbare Kirche, mit Lehramt, Priesterthum, Sakramenten, ankündigt: das ist ihrem stolzen Sinne eine Thorheit, ihrem Gelüste ein Aergerniß. [...]

Auch den unteren Volksklassen hat sich diese Lehre, durch Wort und Beispiel gepredigt, bereits mitgetheilt, und wenn auch nicht so sehr auf die Köpfe, so hat sie in praktischer Anwendung um so mehr auf die Gesinnung, auf die Sitten des Volkes gewirkt; und hier, wo Alles sogleich unmittelbar derb und kräftig ins Leben tritt, zeigt sich ihre zerstörende Wirkung am handgreiflichsten.

In ihrem Gefolge nämlich breitet sich das Sittenverderbniß verheerend über Stadt und Land aus; denn wo der Glaube wankend, das Gewissen stumpf geworden, die Gottesfurcht ausgerottet ist, da wuchern, wie das Unkraut auf einem wüsten Acker, alle die bösen Triebe, die in dem angebornen Verderben der menschlichen Natur ihre Wurzel haben. Auf dem umgestürzten Altare des dreieinigen Gottes thronet dann in den Herzen die Dreieinigkeit des Weltgeistes: die Augenlust, die Fleischeslust, die Lebenshoffart. Alles Dichten und Trachten ist auf den Kultus dieser Götzen gerichtet. Dem Erwerb des ungerechten Mammons wird Gewissenhaftigkeit, Redlichkeit geopfert; fremdes Eigenthum ist nicht mehr heilig; Betrug ist Gewerbskunst geworden; die Prozeßsucht verschlingt Haus und Hof, und säugt Feindseligkeit, Rach- und Mordsucht. Voll Hoffart drängen sich die niederen Stände gewaltsam zu den höheren, zu ihren Genüssen, ihren Thorheiten hinan; ein Streben, das sich in der Modesucht auf eine sprechende Weise veräusserlicht. Die schöne alte volksthümliche Einfalt und Sitte, mit der so viel Edles zusammenhängt, wird, wie der alte Hausrath, gegen neufränkischen Schein und Flitter vertauschet. Eine wahre Genuß-Wuth ist epidemisch geworden, und kaum vermögen die täglich sich mehrenden öffentlichen Lustorte die heranströmende Menge zu fassen, kaum die unaufhörlichen Tanzbelustigungen sie zu ermüden. Vorzüglich aber ist es die unbändige Fleischeslust, der die meisten Opfer fallen. Schamhaftigkeit, Jungfräulichkeit ist unter der Jugend beinahe zum Mährchen geworden. Dinge, die unter Christen nicht genannt werden sollten, sind der beliebteste Stoff der Unterhaltung in Rede und Gesang, selbst schon im Munde der Kinder. Das männliche Geschlecht rühmt sich offen seiner Verführungskünste; das weibliche kommt ihm mit lockender Willfährigkeit entgegen. Mehr als ein Viertheil der Gebornen ist die Frucht sündhafter Lust, kennt nicht seinen Vater, kennt kaum seine Mutter, und diese nur als eine Ehrlose. Ohne Pflege, ohne Erziehung, außer allem zügelnden Familienverbande aufwachsend, finden sich diese unglücklichen Wesen in die Welt hinausgeworfen ohne alles andere Erbtheil, als das verwildernde Bewußtseyn einer ehrlosen Geburt; in den meisten Fällen frühem Verderben preisgegeben, und wieder Verderben in reichem Maße um sich verbreitend.

Aber auch das eheliche Leben bietet nur zu häufig einen nicht minder traurigen Anblick. Das Bündniß, gewöhnlich entweder in blinder Leidenschaft, oder aus habsüchtiger Berechnung geschlossen, sehr oft nur ein Deckmantel früherer sündhafter Vertraulichkeit, entbehrt aller Bedingungen einer sittlichen, dauerhaften Vereinigung; wie kann Segen Gottes, wie Gnade des Sakramentes auf solchem Sündenpfuhle ruhen? Nach wenigen Wochen tritt Enttäuschung, Abneigung ein, Zwiste entspinnen sich, es mangelt die gegenseitige Achtung, sie zu beschwichtigen: man wird sich satt, sucht Anlässe zur Trennung, führt sie herbei, und Ehebruch oder Mißhandlung müssen am Ende dazu dienen, das wieder zu scheiden, was Gott nicht vereinigt hatte. Da wird denn auch der eheliche Segen in den erzeugten Kindern zum Fluche; denn wie könnte die Kinderzucht in einem solchen zerrütteten Familienleben gedeihen? Vom ersten Erwachen des Bewußtseyns an Zeugen und vielfältig Opfer der elterlichen Zwietracht, täglich das Bild aller entfesselten Leidenschaften vor Augen, werden sie durch Ungehorsam und kränkende Rohheit die natürlichen Rächer der elterlichen Schuld, um nach wild durchlebter Jugend im reiferen Alter von ihren eigenen Kindern gleiche Vergeltung zu empfangen. So vererbt sich das Verderben in steigender Progression von Geschlecht zu Geschlecht. [. . .]

Und wenn nun noch unaufhörlich die Losung »Freiheit!« in diese gährende, durch keine inneren sittlichen Bande mehr gehaltene Masse hineingerufen wird, wäre es ein Wunder, wenn sie den schwachen Nachruf: »Freiheit und Ordnung!« einmal zu überhören anfinge? –

Doch, wozu Euch noch ausführlicher schildern, was Ihr selbst in Euren Berichten täglich jammernd Uns klaget? O möchtet Ihr dafür mit Wahrheit Uns sagen können, daß Wir die Farben dieses traurigen Bildes zu düster aufgetragen hätten!

In Mitte nun dieser Stürme des Unglaubens, in Mitte dieser schwellenden Wogen des Sittenverderbnisses steht die christliche Kirche, stehen wir, ihre Diener, ein Gegenstand des Hasses, des Spottes, der Verachtung! [. . .]

Es ist demnach für uns die Grundbedingung eines erfolgreichen Wirkens, eines glücklichen Kampfes gegen das eben beschriebene Verderben der Zeit, daß wir selbst davon rein und unberührt seyen, daß der Weltgeist keinen Theil an uns habe. [. . .]

Zwei besondere Ermahnungen, welche sich zunächst auf die gegenwärtigen Zeitumstände beziehen, haben Wir Uns bis hier am Schlusse vorbehalten.

I. Leget den Eurer Obhut Anvertrauten bei jeder Gelegenheit die im Wesen des Christenthums tief gegründete Pflicht der Treue, des Gehorsams, der Unterwürfigkeit gegen die von Gott gesetzte Obrigkeit an's Herz. Schärfet ihnen die klaren, unausweichlichen Aussprüche Christi und seiner Apostel hierüber nachdrücklich ein. Saget denen, die von der Influenza des Freiheitsschwindels angesteckt sind, daß das Christentum allein die wahre Freiheit verleihe, indem es uns frei macht von jenen Tyrannen (den bösen Begierden und Leidenschaften), die ein Jeder im eigenen Busen trägt; belehret sie, daß der Christ, der diese Freiheit durch den Sohn erworben hat, sich willig allen äussern, sein Gewissen nicht verletzenden Anordnungen und Gesetzen unterwirft, den Blick auf jenes freie Mutterland, das Jerusalem, das droben ist, gerichtet. Zeiget ihnen das Beispiel der ersten Christen, welche lieber die Opfer der blutigsten Gesetze werden, als sich gegen die Obrigkeit, die sie erlassen, empören wollten, und zwar nicht aus feigem Sklavensinne, sondern in der Macht und dem Muthe jenes Glaubens an eine bessere Welt, der diese Welt verachtet und überwindet. Leget es ihnen nahe, daß es fürwahr besser sey, unserm angestammten, von Gott gesetzten christlichen Könige und seiner Regierung zu gehorchen, als der Willkühr jener gewissenlosen, von Ehrgeiz und Habsucht getriebenen Volksaufwiegler und der Wuth eines von ihnen aufgehetzten Pöbels preisgegeben zu werden.

II. Die zweite Ermahnung betrifft Euch selbst. Lasset Euch nicht verleiten, Theil zu nehmen an jenen politischen oder kirchlichen Oppositions-Vereinen, welche heimlich oder öffentlich, mittelbar oder unmittelbar eine Umwälzung der bestehenden gesetzlichen Ordnung in Staat und Kirche bezwecken, zu deren Aufrechthaltung Ihr durch Eid und Pflicht verbunden seyd. Wir untersagen Euch, kraft Unsres Oberhirtenamtes, jede solche Theilnahme, und würden den Pflichtvergessenen, der sie sich zu Schulden kommen ließe, die ganze Strenge der kirchlichen Strafgesetze fühlen lassen. Doch Wir vertrauen, daß unter Euch Allen nicht Einer sey, der Uns solchen Kummer bereiten werde.

Aus: Hirtenbrief des Bischofs von Regensburg, Johann Michael v. Sailer, an seinen Diözesan-Klerus über die gegenwärtige Zeit und das Wirken des Priesters in ihr, Regensburg am 15. 4. 1832

VI. Armenwesen und soziale Fürsorge

1. Über das Betteln (1784)

Von Mangel der Nahrung ist die auffallend grosse Menge der Bettelleute ein überzeugender Beweis. Diese zum Theil unglückliche, zum Theil boshafte Menschengattung ist für das Land und alle Klassen von Landleuten eine äusserst überlästige, schädliche, und gefährliche Gesellschaft. Man muß es mit eigenen Augen gesehen haben, mit welcher Insolenz, und mit welcher angewöhnten Ungezwungenheit ein solcher Haufe Bettler sein Wesen treibt. Haufen von Kindern zu sechs bis zehn zusammen; Weiber von 36 bis zu 60 Jahren, ihrer zwo bis vier zusammen; ganze Familien, Vater, Mutter, drey laufende Kinder, eins auf dem Rücken des Vaters, und noch eins in der Wiege auf dem Rücken der Mutter; zwo bis drey solcher Familien auf einem Haufen beysammen; starke junge Pursche von 18 bis 24 Jahren, einer oder zween beysammen; ganze Rotten von 16 bis 20 Personen, jung und alt, groß und klein, in einem Haufen beysammen: Alle diese kommen von fruh Morgens bis auf den Abend, besonders im Sommer, dem Landmann, er sey nun Bauer oder Handwerker, vor das Fenster, fangen an: »Im Namen Gott des Vaters, des Sohns, und des heiligen Geistes!« murmeln sodann ein Vater Unser und Ave mit einer so zerstreuten, so unachtsamen Mine und Ton herunter, daß man zu Ehren des Gebets des Herrn froh ist, wenn sie nur bald fertig sind. Einige Bräuknechte, Metzgerknechte, Müllerknechte, Bäckerjungen, Schneider, und Weber, gehen ihr ganzes Leben lang unter dem Namen reisender Handwerkspursche von einem Dorf des ganzen Landes zum andern, so daß sie jährlich richtig in der gleichen Woche auch wieder auf das gleiche Haus kommen. Dann erscheinen noch die vacierenden Jäger, Schreiber, die Musikanten, Studenten, etc. etc. Diese beten nicht, sondern bitten um einen Reise-Zehrpfennig. Nebst diesem kommen noch die Konvertiten: Diese haben ein ächtes oder falsches Zertifikat, daß sie von der jüdischen oder protestantischen Seckte zur katholischen übergetreten sind, und bekommen zur Belohnung ihrer Glaubensänderung Kreutzer, Groschen, Sechs- und Zwölf-Kreutzer-Stücke. Andere Schlingels hängen ein grosses hölzernes Kruzifix an den Hals, und betteln unter dem Namen: Eine betrübte Person, das heißt, eine vom Teufel besessene; nebenher murmeln sie einige unverständliche Worte, machen wohl auch einige konvulsivische Possen, oder schreyen mit aller Macht: Jesus, Maria, und Joseph! und der Bauer, welcher nicht weiß, daß man gar nicht vom Teufel besessen werden kann, giebt ihnen in der Angst was er eben hat, nur damit sie, und mit ihnen der Teufel, geschwinde wieder aus seinem Hause kommen. Noch andere sammeln zu einer heiligen Messe nach Alten-Oettingen, Maria-Dorfen, oder auf die obere Wiese. Auch diese bekommen meistens Kreutzer und Groschen, und verfressen und versaufen sie im nächsten Wirthshause. Besonders zieht eine erstaunliche Menge sogenannter Abdecker (Wasenmeister) im Lande auf dem Bettel herum, und diese haben allemal die zahlreichste Familie bey sich.

Alle diese Arten von Bettelleuten sind unbeschreiblich boshaft und unverschämt. Wenn man ihnen nicht so viel giebt, als sie prätendiren [beanspruchen] zu dörfen glauben, so hat man Schaden und Verdruß von ihnen zu gewarten. Sie schlagen den Landleuten die Fenster ein, verderben ihnen Bäume, Zäune, und Felder; beschädigen ihnen ihr Vieh; drohen sogar, ihnen die Häuser oder dem Kopf anzustecken; und leider haben sie dieses ihr Versprechen schon manchmal gehalten. Wenn sie Gelegenheit haben, unter irgend einem Prätexte in die Häuser zu kommen, so stehlen sie, was sich nur immer einpacken läßt. Auf den Abend fallen sie schwarmweise in die grössern Bauerhöfe ein, und der Bauer muß ihnen vollends Nachtquartier geben, wo sie dann in schändlicher Unordnung zusammen kriechen, so wie sie überhaupts in Polygamie und Polyandrie zu leben gewohnt sind.

Die Regierung hat schon oft scharfe Befehle und Verbote gegen Bettel und Bettelleute herausgegeben; allein was können derley Verbote nutzen, so lang man der Dürftigkeit und dem Müßiggang keine Wege öffnet, sich seine Nahrung gehörig zu verdienen? In geschlossenen Städten, wo Militär und Polizeywachen, Bettelrichter, und dergleichen Leute sind, da hat man es freylich so weit gebracht, daß man den Bettel nicht in seiner ganzen Grösse erblickt; aber man gehe tief ins Land hinein; man vergleiche die Theorie der landesfürstlichen Mandate mit der Praxis der Bettelleute, und dann weiß man nicht, über welches man mehr Erbarmen empfinden soll. Viele Landleute klagen sich, daß sie manchen Tag gegen zwanzig Kreutzer, folglich wohl eben so viel als sie ihr eigner Unterhalt kostet, an die Bettelleute wegschenken müssen. Wenn nun an einem Orte vollends Kirchweihfest, oder Markt ist, dann wird man beynahe ganz von Bettlern aufgefressen. Die Landleute können ohne Gefahr, ihre Dörfer abgebrannt zu sehn, die Landesherrlichen Mandate niemals nach ihrer vorgeschriebenen Strenge exequiren. Wenn man die vielen hunderte der auf dem Bettel herumstreifenden jungen starken Tagdiebe fleißig fort unter die Muskete nähme, und die Weiber und Kinder sorgfältig in Arbeitshäusern zusammensteckte, so würde es zuverläßig mehr wirken, als dergleichen Verordnungen.

Aus: Pezzl, Reise, S. 167ff.

2. Entstehung der Rumford'schen Suppenanstalten

In den 1780ger Jahren führte der menschenfreundliche Minister des Churfürsten Carl Theodor von Pfalzbayern, Graf von Rumford, welcher seinen Namen durch mehrere, großartige Schöpfungen, insbesondere die Anlage des englischen Gartens, in der Geschichte Münchens verewigte, in den bayerischen Strafanstalten, namentlich in jener der Vorstadt Au, eine aus verschiedenen Hülsenfrüchten bestehende, sehr nahrhafte Suppe ein, welche die Hauptspeise der Sträflinge ausmachte und diese gesund und kräftig erhielt.

Als im Jahre 1802 in Bayern die Klöster aufgehoben wurden und dadurch der dürftigen Klasse jene Unterstützung entging, welche solcher unter dem Namen Klostersuppe in mehreren religiösen Orden, namentlich der Franziskaner und Kapuziner, täglich unentgeldlich gereicht wurde, so gründete der höchstselige König Max, dem Drange seines wahrhaft landesväterlichen Herzens folgend, unter dem Namen »Rumford'sche Suppenanstalt« eine eigene für sich bestehende Anstalt, durch deren zweckmäßige Einrichtung der verstorbene königl. Polizeidirektor Baumgartner sich ein bleibendes Verdienst erwarb, und welche der höchstselige König in den ersten Jahren ihres Bestandes wochentlich besuchte und von der Suppe kostete, um sich persönlich von der Verpflegung der Armen zu überzeugen.

Aus: Johann Georg Wirth, Nachrichten über Verpflegung, Versorgung, und Beschäftigung der Armen, gesammelt auf einer Reise im Auftrage des Magistrats der Kreishauptstadt Augsburg, Augsburg 1848, S. 77

3. Beschreibung der Münchner Suppenanstalt (um 1804)

Das Speißzimmer hat ein gefälliges Ansehen, Fenster zu beiden Seiten, reine Luft und alle Bequemlichkeiten. Es ist mit einigen geistlichen Bildern und mit den Bildnissen der durchl. Stifter geziert und eine eingefaßte Tafel an der Wand enthält die Beschreibung der Entstehung dieser Anstalt. Es ist gewis ein Anblik, der eines wohlwollenden Menschen Herz erquiken muß, wenn man um 11 Uhr gegen Mittag in diesen Speisesaal tritt, und Maurer, Zimmerleute, verschiedene Handwerker, Handlanger, Buben, Greise, Weiber mit Säuglingen und Kindern von 2 Jahren in der schönsten Ordnung anstehen und ihr reinliches, gesundes Mittagmahl mit Appetit und allem möglichen Anstande auf langen Tischen dankbar einnehmen sieht. Da die Porzion nur auf einen Kreuzer eingerichtet ist, so hat jeder die Freiheit, wenn er eine Schüsselvoll verzehrt hat, wieder eine zu geniessen, ohne gleich bei der ersten Schüssel, im Fall diese eine Maas zu 2 kr. enthalten würde, mehr als er vielleicht wollte, ausgegeben zu haben. Eine grose Quantität wird in Häfen nach Haus geholt, und man sieht aus den hübschen reinlichen Häfen, die geschikt werden, daß Menschen von verschiednen Klassen dieser Anstalt ihren Beifall schenken. Kindbetterinnen und Personen, die durch Alter oder Krankheit geschwächt sind, haben diese Suppe ohne die mindeste Beschwerlichkeit genossen. Da das Speisezimmer den Bedürftigen den Winter über zu einem Plaze dienen soll, wo sie sich unentgeldlich erwärmen können, so wird man bei dieser Gelegenheit noch andre Anstalten damit zu verbinden suchen, die auf die Besserung der Menschen, ohne es zu scheinen, wichtigen Einfluß haben. Bis jezt glaubt man, so viel gewonnen zu haben, daß die Menschen, ohne besonders dazu angehalten zu werden, sich selbst in Ordnung halten und eine gewisse Liebe zur Reinlichkeit zeigen, die sie dahin bringen wird, des Schmuzzes, in dem sie Jahre lang zu Hause lebten, nach und nach überdrüssig zu werden. [...]

Der Dürftige, der sich mit Wenigem begnügt, ohne einem seiner Mitbürger beschwerlich fallen zu wollen, darf gewis auf die öffentliche Achtung Anspruch machen. Allein mancher lebt unter Umständen, die ihn nöthigen, den Grad seiner Dürftigkeit im Aeusserlichen sorgfältig zu verbergen. Für diese bescheidnen heimlich leidenden Menschen wurde an die Küche, wo die Rumford-Suppe ausgetheilt wird, auf Befehl S. K. D. ein Kabinet errichtet, in welches man gelangen kann, ohne von Jemanden gesehen zu werden, indem nicht Jeder Gelegenheit hat, diese Suppe auf Verlangen nach Haus hohlen zu lassen.

Aus: Hazzi, Aufschlüsse Bd. III, S. 318ff.

4. Errichtung einer Beschäftigungsanstalt in Augsburg (1811)

Mit Genehmigung eines Königlichen Kommissariats der Stadt Augsburg, ist durch die Königliche Polizei-Direktion allhier, die unterzeichnete Deputation beauftragt worden, unter der Oberaufsicht der zuletzt genannten Königlichen Behörde eine Anstalt einzurichten, in welcher für die Beschäftigung aller derjenigen gesorgt werden soll, die bei noch hinlänglicher Arbeitsfähigkeit sonst entweder dem öffentlichen Armenfond und den milden Stiftungen, oder der Privatmildthätigkeit der hiesigen Bürgerschaft, aus Mangel an hinlänglichem Erwerb, zur Last fallen würden.

Zu dem Ende ist auch für die Beschäftigungs-Anstalt das ehemalige Dominikaner-Kloster provisorischer Weise eingeräumt, und in demselben die Einrichtung getroffen worden, daß:

1. Bis auf die Zeit, wo die Deputation andere Erwerbszweige zu eröffnen im Stande seyn wird – wenigstens Alle diejenige, welche sich bereits mit Baumwolle und Flachsspinnen beschäftigen oder dasselbe erlernen wollen, und sonst nirgends Arbeit finden können, in dem dazu gewidmeten Saale Gelegenheit und Werkzeuge zu dieser Art Beschäftigung finden.

2. Ist in Erwägung, daß so manche durch die Pflege ihrer noch kleinen Kinder gehindert werden, ihre Arbeit und Erwerb außer dem Hause nachzugehen, die Vorkehrung getroffen, daß jeder des Morgens ehe er an die Arbeit geht, seine Kinder in die Anstalt abgeben kann, wo durch eine geschickte und vertraute Person für die Pflege und Wartung derselben Sorge getragen wird. Bei erweißlich Armen geschieht das unentgeldlich, diejenige hingegen, welche sich noch durch Arbeit hinlänglichen Unterhalt für sich und ihre Kinder erwerben können, haben dafür das geringe Kost- und Wartgeld von 3 Kreuzer für den Tag zu bezahlen. Bemerkt wird hiebey nur noch, daß Niemand sich scheuen darf, seine Kinder der Anstalt anzuvertrauen, weil nicht nur auf Reinlichkeit und Ordnung strenge wird gehalten werden, sondern auch weil sichs die Deputation zur Regel gemacht hat, diejenige Kinder, welche bereits dazu fähig sind, nach und nach zu nützlicher Thätigkeit anzuleiten, und für ihren Unterricht und Erziehung Sorge zu tragen.

Zugleich wird bemerkt, daß kein Kind aufgenommen wird, welches mit einem ansteckenden Ausschlag behaftet ist, und nicht den gesetzmäßigen Schein der geschehenen Impfung vorzeigen kann, sobald nämlich dasselbe bereits das Alter der Impfpflichtigkeit erreicht hat.

Um aber den eigentlichen Zweck der Anstalt, nämlich die Beschäftigung aller Arbeitslosen und doch Arbeitsfähigen besser zu erreichen, ist die Deputation mit höchster Genehmigung gesonnen, ein Anfrag- und Meldbüreau zu errichten.

Jeder nämlich der ohne Arbeit ist, und doch arbeiten will und kann, oder ein Geschäft treibt und Arbeiten verfertigt, die in hiesiger Stadt nicht hinlänglich bekannt sind, hat sich an den weiter unten bemerkten Orten zu melden, und man wird dann von Seiten der Deputation Sorge tragen, ihm theils bei hiesigen Bürgern Arbeit zu verschaffen, theils sein Geschäfte und seine Arbeit mehr bekannt zu machen, und ihm Gelegenheit zu besserm Absatz derselben zu eröffnen.

Aber auch Jeder der um einen Arbeiter, es sey zu Männlichen oder Weiblichen Geschäften, in Verlegenheit ist, kann sich an die Anstalt mit seiner Anfrage wenden, oder sich auch Bey ihr nach diesem oder jenem ein besonderes weniger bekanntes bürgerliches Geschäft treibenden erkundigen, und die Anstalt wird sich Mühe geben, ihm einen tauglichen Arbeiter zu verschaffen oder ihn über seine Erkundigung des nähern zu unterrichten. [. . .]

Indem die Anstalt auf solche Weise gleichsam als Mittels-Person zwischen diejenigen tritt, die Arbeit suchen und Arbeit geben, glaubt sie einem großen Bedürfniße abzuhelfen: denn wem wäre wohl unbekannt, daß in hiesiger Stadt eine doppelte Klage häufig gehört wird. Die erste ist:

»Zum Betteln findet man wohl Leute genug, aber nicht zum arbeiten«. Die zweite: »Ich wollte gerne arbeiten, wenn ich nur Arbeit fände.« [. . .]

Augsburg's Bürgerschaft hat sich von jeher vor vielen andern durch Mildthätigkeit ausgezeichnet, möchte sie auch darinn mit einem guten Beyspiele vorgehen, daß Sie nicht nur die Gelegenheit zum Erwerb ihren Miteinwohnern vor andern vergönnt, sondern auch mit dem noch schwachen und ungeübten Arbeiter Gedult und Nachsicht hat, und sich zur Unterstützung einer Anstalt vereinigt, bei der es nicht auf's Allmosen geben, sondern auf's Arbeiten und erwerben seines eigenen Brodes abgesehen ist.

Augsburg, den 19ten August 1811.

Die Deputation der freywilligen Beschäftigungs-Anstalt.

Aus: Nachricht an das Publikum, die neue freiwillige Beschäftigungs-Anstalt betreffend, 1811, Staatsbibliothek Augsburg

5. Die Notjahre 1816/17

Das Jahr 1816 glich ganz dem Jahre 1770 und 1570. Es gab fortwährenden Regen, nicht selten mit Hagel begleitet. In der Mitte des Sommers fühlte man oft solchen Frost daß man zum Ofenfeuer Zuflucht nehmen mußte. Im Julius und August harrte der Landwirth von einen Tag zum andern, aber stets vergebens, auf günstiges Aernte Wetter. [. . .] So verspätete die Aernte sich 2 Monathe und auch dann kamen die Früchte theils ausgewachsen, theils naß in die Scheuern.

Schon zeigten sich auch die Vorposten des heranbrechenden Feindes: es erschienen Bettler auf allen Seiten, gleichsam aus der Erdegrüfte hervorgekrochen. Man erstaunte und schauderte über diese gräßliche Gestalten, in jeder Ecke zur Plage ausgestellt. Denn entwöhnt war man, wenigst in München, dieses fatalen Anblicks seit Rumforts kräftigen Zeiten. [. . .]

Die Getreidpreise stiegen in allen Gegenden und Ländern, und nach alter Väterweise hörte man auch überall das gleiche Feldgeschrey über Kornwucherer als Ursache der Theurung. Es tönnte so durch ganz Europa: denn gleiche Witterung beherrschte beynahe diesen ganzen Erdtheil. Der Horizont war immer wie mit einem Leichentuch behangen, und die Sonne uns also stets verhüllt. Dadurch und durch fortwährendes Regnen blieb der Boden naß und kalt und die Früchte, Getreid, Obst und Wein mager und schlecht. Viele träumten da von bemerkenden Flecken an der Sonne, die ihre wohlthätige Kraft für immer hemmen, und so das Erkalten und Versinken der Erde verkünden. Andere sahen gar einen Streifen, einer Sichel gleich, daran, als Beweis, daß diese Sichel das Menschengeschlecht nächstens wie Halme schneiden und zernichten wird. Auf allen Seiten standen nun Propheten auf, das Ende der Welt auf nächste Tage zu bestimmen. Auf eine gelehrte Weise wurde sogar bewiesen, das der Komet von 1811, der einen glühenden Sommer brachte, der Sonne den Wärmestoff entzogen habe, daher die Flecken, daher, daß seit 1811 nur kühle, nasse, Gewitter schwangere Sommer folgten. [. . .]

Es erschienen ausführliche Vorschriften zur Errichtung von Armenpflegen in allen Gemeinden. Der 28. Nov. befahl dann strenges Verfahren gegen Bettler und Landstreicher. Nachdem alle Arten von Bettlern und Landstreichern, auch sonstigen Gesindls aufgezählt sind, heißt es Art. 5. gemeine inländische Bettler und Landstreicher erster Klasse sollen mit 6 bis 18 Streichen oder Arrest von 1 bis 8 Tage, die der 2. Klasse mit 12 bis 24 Streichen (versteht sich ad posteriora [auf den Hintern] die sogenannten Karbatschschläge altdeutschen Gebrauchs) oder Arrest von 8 bis 14 Tagen bestraft werden. Gegen rückfällige Bettler und Landstreicher ist stufenweise die Zahl der Streiche bis auf 30 und die Zeit des Arrestes auf 4 Wochen auszudehnen. Bettelnde und herumziehende Kinder sollen mit ernstlicher Bedrohung den ihrigen zurückgegeben, im Wiederhohlungsfalle aber mit Ruthenstreichen (das sind also die alten Schillinge) gezüchtiget werden. Bey Jungen und Dirnen von 12 bis 14 Jahren ist nach Umständen mit dieser Züchtigung (also noch Schillinge!) auch Einsperrung auf 6 bis 48-Stunden allenfalls bey schmaler Kost zu verbinden. Ausländische Bettler und Landstreicher, die im Königreich ergriffen werden, sind mit 18 bis 30 Streichen zu belegen, und in ein Zwangsarbeitshaus einzusperren etc. Eine Verordnung des nähmlichen Tages errichtet mehrere Zwangsarbeitshäuser in verschiedenen Theilen des Königreichs. Die geringste Dauer der polizeylichen Verwahrung in einem solchen Zwangsarbeitshause wurde auf 4 Monathe die höchste und ordentliche Dauer auf ein Jahr festgesetzt. Es heißt ferner »die in den Zwangsarbeitshäusern verwahrte Personen werden zu denjenigen Arbeiten angehalten, welche ihren Kräften und Fähigkeiten angemessen sind. Ihre Beköstigung wird strenge nach den nothwendigsten Bedürfnissen bemessen, die sie durch den Ertrag ihrer Arbeit abzuverdienen haben. Ausländer werden so weit es ihre körperliche Beschaffenheit zuläßt, beym Eintritt in die Anstalt mit 18 bis 30 Streichen empfangen«! [. . .]

Untern 7. Februar 1817 erklärt sich die Staatsschuldentilgungs-Commission ermächtigt, ein Anlehen von 3 Millionen zu eröffnen, um damit im Auslande eine beträchtliche Quantität Getreid zu kaufen. Es scheint aber dieses Anlehen nicht zu Stande gekommen zu seyn; unterdessen reisten doch königl. Commissärs nach Holland, 100,000 Schäffel russisches Korn zu kaufen. Unterm 8. Febr. wurde gestattet, geringhaltigeres Bier zu bräuen und unter der Taxe zu verkaufen. Es bildeten sich nach und nach für Theurung und Noth in allen Kreisen Wohlfahrts Comitès und Hülfsverreine, auch bey der Regierung in München ein Central-Comitè. Das Isarkreis-Comitè ließ in München die Knochen sammeln und die sogenannten Gallert oder Suppentafeln verfertigen, wodurch die Rumfortische Suppenanstalt einen Zuwachs erhielt. Der Isarkreis eröffnete auch ein Anlehen von 150,000 fl., um den Unterthanen Samgetreid zu verschaffen. Das thaten in der Folge auch die größern Städte als Augsburg, Nürnberg, Bareuth für ihren Brodbedarf, und waren glücklicher dabey. – Untern 12. May gab man allgemeine Normen zur Berechnung der Brod und Mehltariffe, aber noch wenig verständig, ein Beweis, daß die Bestimmung dazu großen Schwierigkeiten unterliege.

Wohlthätig sorgte sowohl der König als mehrere Bewohner Münchens für die Armen. Der König ließ alle Wochen 937 Brodportionen vertheilen, welchen Beyspiel auch andere folgten. Ueberall in den Kreisen thaten die Wohlthätigkeitsvereine vieles. Und beträchtliche Opfer brachte die Regierung zum Speis- und Samgetreid. Für München wirkte besonders sehr zweckmässig des Königs weise Anordnung, daß durch allerley Bauten, Einreissen alter Mauern, Einebnen zur Stadtverschönerung viele hundert Familien auch den Winter durch Verdienst also Brod fanden. Die Rumfortische Suppenanstalt leistete fortwährend ihre alten guten Dienste und nun mehr auch die oben bemerkte Suppentafelfabrique. Unterdessen der Bettler konnte man sich selbst in München nicht erwehren, und auf dem Lande war es noch ärger. Wenn man in der Hauptstadt so viele darben und hungern sah, so läßt sich denken, wie es auf dem Lande zuging, welches Elend in mancher Hütte herrschte. – Pferde, Kettenhunde, das schlechteste Brod von Haber, allerley Wurzen dienten zur Nahrung. Kaum zeigten des Frühlingsblicke sich, so fiel man heißhungrig über die Schwämme her. Vieh und Menschen hatten den Winter durch sich so erschöpft, daß im Frühjahre die Pferde kaum mehr ziehen, und die Arbeiter kaum die Hälfte von dem leisten konnten, was ihre Hände sonst verrichteten. Daß Mancher auch früher zum Grabe kehrte, läßt sich denken. Doch dem Umsichgreifen von Seuchen beugte wohl größtentheils die Medicinaleinrichtung vor, die Baiern seit Jahren durch die Landgerichts-Aerzte und Landgerichts-Apotheken besitzt.

Aus: Joseph von Hazzi, Betrachtungen über Theurung und Noth der Vergangenheit und Gegenwart, München 1818, S. 76ff.

6. Errichtung von Zwangsarbeitshäusern (1816)

Wir Maximilian Joseph, von Gottes Gnaden König von Baiern.

Nachdem Wir beschlossen haben, mehrere größere ZwangsArbeitshäuser in verschiedenen Theilen Unsers Reiches herstellen zu lassen; so setzen wir rücksichtlich dieser Anstalten folgende allgemeine Bestimmungen fest, und verordnen:

Titel I.

Von den zur Aufnahme in die Zwangs-Arbeitshäuser geeigneten Personen.

Artikel 1.

Zur Aufnahme in die ZwangsArbeitshäuser sind geeignet:

1. Bettler und Landstreicher, und deren Hehler und Gehilfen, unter denjenigen Voraussetzungen, welche in der gegen dieselben erlassenen Verordnung, Artikel 5, 7, 8 und 11 enthalten sind;
2. Menschen von fortgesetztem schlechten Lebenswandel, die sich dem Müssiggange, der Unsittlichkeit und öffentlichen Ausschweifungen ergeben, und dadurch, so wie durch Widerspenstigkeit und Ungehorsam gegen Aeltern und Vorgesetzte Unordnung, Gefahr und Verderben in die Familien und Gemeinden bringen;
3. lüderliche Dirnen, die mit ihrem Leibe Gewerb treiben, öffentliches Aergerniß veranlassen und junge Leute verführen; dann Kuppler und Kupplerinnen, die sich davon ernähren, daß sie Andern lüderliche Dirnen zuführen, oder diesen zur Betreibung ihres Gewerbes Unterhalt und Gelegenheit geben;
5. Diebe und Betrüger, die zwar nach der Beschaffenheit ihrer Handlungen nur als PolizeiUebertreter anzusehen sind, aber durch wiederholte Entdeckungen und Betrügereien eine besondere Fertigkeit darin und einen gefährlichen Hang zu unrechtlichem Erwerb bewiesen haben. [...]

Artikel 6.

Die geringste Dauer der polizeilichen Verwahrung in einem ZwangsArbeitshause soll auf vier Monate; die höchste ordentliche Dauer aber auf ein Jahr festgesezt werden. [...]

Titel IV.

Von der Behandlung der Verwahrten in den ZwangsArbeitshäusern.

Artikel 16.

Die in den ZwangsArbeitshäusern verwahrten Personen werden zu denjenigen Arbeiten angehalten, welche ihren Kräften und Fähigkeiten angemessen sind, wozu ihnen nöthigen Falls der erste Unterricht beigebracht wird. Auch wird für ihre Unterweisung in andern gemeinnüzlichen Fertigkeiten und in der Religions- und Sittenlehre, so wie für gottesdienstliche Erbauungen gesorgt.

Artikel 17.

Eine eigene Kleidung zeichnet die Verwahrten aus. Ihre Beköstigung wird strenge nach dem nothwendigsten Bedürfnisse bemessen. Sie müssen dieselbe durch den Ertrag ihrer Arbeit abverdienen. Was sie darüber erwerben, bleibt ihnen, nach einem verhältnißmäßigen Abzuge für die übrigen Kosten ihres Unterhalts und für eine zum Besten ihres künftigen Fortkommens anzulegende Sparkasse, zu jeder mit der Hausordnung verträglichen Verwendung überlassen.

Artikel 18.

Uebertretungen der Vorschriften und Unordnungen im Hause werden gebüßt: durch Einziehung des zur Verwendung freien Ueberverdienstes, durch Einziehung der warmen Kost, durch Einsperrungen in abgesonderten Arrest, durch körperliche Züchtigung und durch Verbindung einer dieser Strafarten mit einer andern.

Aus: Königlich-Baierisches Regierungsblatt, 7. 12. 1816, S. 886ff.

7. Errichtung einer Sparkasse in Augsburg (1821)

Auch hier soll noch im Laufe dieses Jahrs eine Sparkasse eröffnet werden. Sie wird für den Einleger größere Vortheile gewähren, als irgend eine der bis jezt bekannten Sparkassen, um dadurch die niedern Stände, namentlich die Dienstboten, um so mehr aufzumuntern, ihre Ersparnisse auf Zeiten des Alters und der Noth fruchtbringend anzulegen; zugleich verbindet sie damit den edlen Zweck, die Moralität in den niedern Ständen zu befördern, und sie von dem hoch gestiegenen Luxus zur Sparsamkeit zurück zu führen. Schon vor mehr als sechs Monaten reichte Hr. Finanzrath und Banquier Schaezler, welchem unsere Stadt so manche wohlthätige Einrichtung verdankt, einen ausführlichen Plan dazu ein, der auch bereits unterm 19. July die volle Genehmigung und Anerkennung unsers Magistrats erhielt. Die hiesige Sparkasse wird sich vor andern Sparkassen dadurch unterscheiden: daß die ersten fünf Jahre hindurch, und so lange die Einlagen nicht eine bestimmte Summe übersteigen, nicht, wie sonst gewöhnlich, 4 Prozent oder noch weniger, sondern volle 5 Prozent Interessen vergütet werden; daß die Einlagen nicht erst nach vierteljähriger Vorheranzeige, sondern nach jedesmaligem Bedürfniß, die kleinern Summen sogleich, die größern aber spätestens nach vierwöchentlicher Kündigung zurückbezahlt werden; daß die Kommune desfalls weder einige Verwaltungskosten zu tragen, noch einige Haftung zu übernehmen hat, und daß dennoch den Einlegern die höchst mögliche, selbst alle Privathaftung und Grundhypothek übersteigende Sicherheit, sowohl für Kapital als Zinsen zugesichert und bedungen ist. Alles dieses wird, nach erfolgter allerhöchster Bestätigung, die vollständige Bekanntmachung der Grundlagen dieser Sparkasse näher beurkunden.

Aus: Kunst- und Gewerb-Blatt, Jg. 7, Nr. 57, 29. 9. 1821, S. 250

8. Kleinkinderbewahranstalten (1838)

a.

Die Kleinkinderbewahranstalten sollen an vielen Kindern, deren Eltern des Broderwerbes wegen von ihrer Wohnung abwesend sind, Elternstelle vertreten; daher muß sich die Aufsicht über solche Kinder auf die ganze Zeit ihrer Abwesenheit erstrecken, i.e. für die Tage der schöneren Jahreszeit, Sommerhalbjahr, vom 1. Mai bis 31. October, von Morgens 6 Uhr bis zum Eintritte der Dämmerung und im Winterhalbjahr, vom 1. November bis 30. April, von Morgens 7 Uhr bis ebenfalls zur Abenddämmerung.

Aus: Johann Georg Wirth, Über Kleinkinderbewahranstalten, Augsburg 1838, S. 31.

b.

Die Bewahranstalten wirken wohlthätig für die öffentlichen Schulen, für den Staat und für die Kirche. Die frühe Gewöhnung, eine gewisse Zeit unter andern Kindern zu verweilen, sich über Alles, was ihr Auge bemerkt oder vielleicht ihr Herz bewegt, deutlich auszudrücken, der Einfluß, den die Bewahranstalt auf schnelleres Fassen, leichteres Begreifen etc. übt, das Alles wirkt vortheilhaft für die künftige Schule. Durch die Aufbewahrung zum Theil verwahrloster Kinder und durch eine zweckmäßige Leitung gewinnt die öffentliche Sicherheit. Das Leben in der Anstalt befördert die Liebe zum Gehorsame, zur Ordnung, mehrt die Treue in der Pflichterfüllung, macht jede schöne Tugend vorherrschend. Noch einen andern Vortheil gewährt der Aufenthalt des Kindes in der Bewahranstalt. Das Zusammenleben der Kinder, das Bemühen, friedlich miteinander auszukommen, einander zu dienen, bildet eine schöne Vorbereitung für das künftige Leben. Welche Vortheile für den Staat! Und was gewinnt die Kirche, welche ihre Angehörigen schon von dem frühesten Lebens-Alter an in ihrem Sinne vorbereiten sieht, damit nicht ein schädlicher Einfluß spätere Bemühungen unwirksam mache, damit der Boden, der einst so reichliche Früchte tragen soll, zu der Zeit, welche einer frohen Aussaat eine gesegnete Erndte verheißt (nämlich des Lebens Frühling), nicht unbearbeitet bleibe, weil es bekannt ist, daß der Nachtheil unberechenbar wäre.

Aus: Johann Georg Wirth, Mittheilungen über Kleinkinderbewahranstalten, Augsburg 1840, S. 8.

9. Bekanntmachung gegen die Überhandnahme des Bettels (1846)

Die ausserordentliche Ueberhandnahme des Bettels veranlaßt dringend, das Verbot dieses Unfugs neuerdings einzuschärfen, und vor Begünstigung des Bettels ernstlichst zu warnen.

Die zweckmäßigsten Gesetze u. Vollzugvorschriften bestehen über das Armenwesen. Die Armenpflege ist geordnet, und theilt ihre Spenden aus, Pfründe-Anstalten bestehen, Waisenhaus, Armen-Schule und Kinderbewahr-Anstalten nehmen die hilflosen Kinder auf, das allgemeine Krankenhaus dahier bietet dem Leidenden erwünschte Unterkunft, der Staat sorgt für die Hinterlassenen der Bediensteten durch regelmäßige Pensionen und ausserordentliche Unterstützungen, viele Privatwohlthätigkeits-Vereine bestehen, und spenden Wohlthaten jeder Art, in welch' reichlichem Maaße die Höchsten und Allerhöchsten Herrschaften den Armen Gutes thun, ist ohnedieß bekannt.

Reichliche Quellen der Unterstützung sind allenthalben geöffnet, und dennoch werden Straßen und Kirchen von einer bedeutenden Bettlerzahl belagert, und in Privat- sowie Gasthäusern und Kaufläden ist der Unfug nicht minder groß.

Die allseitige Fürsorge, das Loos der Armen in gesetz- und ordnungsmäßiger Weise zu erleichtern, erhöht die Pflicht der Polizeybehörde, das Publikum vor der Belästigung zudringlicher Bettler zu schützen, was man durch Verscheuchung, Aufgreifung und Abstrafung zahlreicher Contravenienten unablässig bemüht ist. Bei diesem Streben entbehrt jedoch die Polizeybehörde fortwährend der besonnenen Mitwirkung des Publikums, welches im Gegentheile nur zu häufig den Bettel in allen Formen geradezu begünstiget, indem es bei vielen Bewohnern aus übelverstandenem Mitleide zur höchst verderblichen Gewohnheit wurde, dem nächsten Besten, der anscheinend gebrechlich, oder im ärmlichen Anzuge mit flehentlichem Gesichte auf der Straße steht, an der Kirchenthüre lehnt, oder an der Wohnungsthüre läutet, ein Almosen zu reichen.

Man warnt ernstlichst vor dieser schlecht angewendeten Barmherzigkeit, durch welche eine große Menge arbeitsfähiger Leute zum Müßiggange und durch die Gelegenheit unbeahndet in den Häusern umher zu schleichen, nachweisbar zum Stehlen verleitet werden, und ermahnt diejenigen, welche Gutes thun wollen, ihre Spenden an die Armenpflege abzugeben, oder nur wirklich Armen, die ihnen als solche bereits bekannt sind, oder von Mitgliedern der Armenpflege empfohlen werden, was auf Anfrage mit der größten Bereitwilligkeit geschehen wird, zu verabreichen. Nicht ohne Grund belegt das Gesetz das Almosengeben an Bettler als Begünstigung des Bettels mit empfindlicher Geldstrafe, es genüge aber, jene Bewohner der Stadt, welche aus übelangebrachtem Mitgefühle sich dieser Begünstigung bisher schuldig gemacht haben, insonderheit auf folgende Momente aufmerksam zu machen:

1. Handwerksburschen und denen, die sich für solche ausgeben, ein Almosen an den Wohnungsthüren zu reichen, ist um so unklüger, als einerseits gerade durch Menschen dieser Klasse häufig Diebstähle verübt werden, anderseits die Handwerksburschen die gesetzliche Unterstützung bei ihren Gewerbs-Vereinen und auf den Herbergen erhalten.

2. Das Almosengeben an bettelnde Kinder führt diese unmittelbar zum Verderben, denn die Erfahrung zeigt, daß viele Bettel-Kinder in reiferen Jahren zu Dieben heranwachsen. Man wird die Eltern, die es an Aufsicht auf ihre Kinder fehlen lassen, oder sie gar in den Bettel schicken, auf das Empfindlichste strafen; es möge sich aber auch Jedermann hüten, Bettel-Kindern Almosen zu geben.

München, den 24. Oktober 1846. Königliche Polizeidirektion München

Aus: Königlich Bayerischer Polizey-Anzeiger von München, Nr. 85, 1. 11. 1846, S. 1077 f.

10. Lebens- und Arbeitsbedingungen in einer Armenbeschäftigungsanstalt

§ 8. Nach den allerhöchsten festgesetzten Satzungen der Kreis-Beschäftigungs-Anstalt werden in derselben hauptsächlich folgende Beschäftigungsarten betrieben werden, als:

1. Die Verrichtung der erforderlichen Feld- und Gartenarbeiten zum Betriebe des zur Anstalt gehörigen Feld- und Gartenbaues.
2. Die Flachsbereitung und Spinnerei.
3. Andere freie Erwerbsarten, als Weiden-, Stroh- und Bastgeflechte, Verfertigung von hölzernen Spielwaren und Geräthschaften, von Papparbeiten etc.

Nicht allein diesen, sondern auch allen anderweitigen in der Folgezeit etwa in der Anstalt eingeführt werdenden, so wie allen ihnen außerdem von der Verwaltung der Anstalt übertragenen Arbeiten und Verrichtungen haben sich die Arbeiter willig und unweigerlich zu unterziehen. Außerdem haben sich dieselben auch zu allen häuslichen Arbeiten, als zum Sägen und Spalten des Holzes, zum Kehren, Reinigen und Waschen der Gänge, Schlaf- und Arbeitszimmer, zur Krankenpflege, dann was namentlich die weiblichen Individuen betrifft, zum Reinigen und Flicken der Wäsche, zur Beihilfe in der Küche und dergleichen gebrauchen zu lassen. [. . .]

§ 11. Jeder Eingetretene muß sich Mühe geben, in der Beschäftigung, die ihm übertragen worden ist, baldmöglichst das zu leisten, was von ihm gefordert wird, und hat den desfallsigen Anweisungen und Mahnungen des Verwalters oder Aufsehers schuldigen Gehorsam zu leisten.

§ 12. In den Arbeits-Sälen muß Ruhe und Stille herrschen und ein Jeder hat das ihm angewiesene Geschäft mit aller Aufmerksamkeit und mit thätigem, angestrengtem Fleiße zu verrichten. Unnütze Gespräche und anderweitige Beschäftigung während der Arbeitszeit werden nicht geduldet. Allenfalls für den eigenen Bedarf nothwendige Arbeiten kann jeder in den Feierstunden verrichten.

§ 13. Widerspenstigkeit, Faulheit oder muthwilliges Verderben der Arbeit, Zänkereien und Streitigkeiten haben die unter § 32. für die Uebertretung der Hausordnung festgesetzten Strafen zur Folge.

§ 14. Die Arbeitszeit ist während des ganzen Jahres von 5 Uhr Morgens bis Abends 7 Uhr festgesetzt.

Um 4¾ Uhr wird ein Zeichen mit der Glocke gegeben, das 5 Minuten vor 5 Uhr wiederholt wird.

Um 5 Uhr muß jedes Individuum gehörig gewaschen, gereinigt und angekleidet bei der ihm angewiesenen Arbeit getroffen werden.

Zum Frühstücke wird von 7 Uhr bis 7½ Uhr eine halbe Stunde und zum Mittagessen, welches um 11½ Uhr stattfindet, wird eine Stunde Zeit gegeben, wozu ebenfalls mit der Glocke das Zeichen gegeben wird. Das Abendessen findet Abends um 7 Uhr statt.

Nach Umständen kann diese Arbeitszeit auch verlängert werden, sey dieses in der Erndtezeit, oder daß Arbeiten beschleunigt werden müssen; die Arbeiter haben sich hierein ohne Widerrede zu fügen.

§ 15. Die Zeit zum Schlafengehen wird in den Wintermonaten auf 8 Uhr, in den Sommermonaten dagegen auf Abends 9 Uhr festgesetzt. Nach dem Schlafengehen darf in den Schlafsälen nicht mehr gesprochen werden. [...]

§ 19. Die Beschäftigungsanstalt wird beständig verschlossen gehalten, und es darf ohne Wissen und Genehmigung des Verwalters Niemanden der Zutritt gestattet werden.

§ 20. Die Arbeiter dürfen ohne spezielle Erlaubniß des Verwalters die Anstalt nicht verlassen. Nur an den Sonn- und Festtagen von Nachmittags 1 Uhr bis zum Gebetläuten ist abwechslungsweise jedesmal der Hälfte der Arbeiter gestattet, die Anstalt zu verlassen. [...]

§ 21. In der Anstalt wird strengstens auf Sittlichkeit gehalten, und es ist daher jede Zusammenkunft von Arbeitern beiderlei Geschlechts nachdrücklichst verboten. [...]

§ 27. Die Verköstigung der Arbeiter geschieht auf Rechnung der Anstalt in folgender Weise:

I. Ordinäre Kost für Gesunde.

1. Täglich Morgens per Kopf 3 Quart Milch-, Brenn- oder aufgeschmalzene Wassersuppe.
2. Täglich ebenso Abends per Kopf 3 Quart gute Brenn- oder aufgeschmalzene Wassersuppe.
3. Täglich 1½ Pfund trockenes Roggenbrod für eine Mannsperson und 1 Pfund dergleichen für eine Weibsperson.
4. Mittags und zwar
   a. dreimal in der Woche
      ein halbes Pfund Rindfleisch (beinlos 9 Loth) mit leerer Suppe, 3 Quart dickgekochtes Gemüse, als saures oder süßes Kraut, Dorschen, Kartoffel, Kohlrüben etc. je nachdem es der Jahreszeit nach zu haben ist;
   b. viermal in der Woche
      2 Knödl mit 3 Quart aufgeschmalzener Suppe, worin die Knödl gekocht wurden, ohne Brod.

   Hieran kann jedoch nach der Jahreszeit noch die Abänderung stattfinden, daß zu Zeiten, wo die Gemüse wohlfeiler sind, statt zwei Knödeln nur einer, aber mit Gemüse gereicht wird.

Aus: Hausordnung der Kreis-Armen-Beschäftigungsanstalt zu Karthaus-Prüll bei Regensburg, abgedruckt in: Wirth, Nachrichten, S. 68ff.

11. Die städtische Armenpflege in Augsburg (um 1848)

Die städtische Armenpflege, für welche die Gemeindebehörde seit dem Etatsjahre 1848/49 große Opfer gebracht hat, ist als eine Anstalt anzusehen, welche die gesetzlich gebotene Vorsorge für die Armen im ganzen Umfange zu erfassen, daher den Armen nach seinen verschiedenen Bedürfnissen, Fähigkeiten und Lebensabstufungen zu beurtheilen, darnach zu beschäftigen, aufzurichten, zu versorgen sucht. Diese

Anstalt bietet demnach ebenso eine Wiege der armen, hilflosen, verlassenen Kindheit als ein schützendes Dach solchen Armen, welche aus Mangel an Erwerb oder voller Erwerbsfähigkeit, aus körperlicher oder geistiger Gebrechlichkeit oder aus Mangel an gesunden Sinnen sich ein Unterkommen nicht zu gründen vermögen, während sie dem gebrechlichen Alter des Armen eine Ruhestätte gewährt, welche vorausgegangene, unangenehme und schmerzliche Lebenserfahrungen vergessen und die Tage des Alters auf eine wenigstens erträgliche Weise verbringen läßt.

Als ihre Hauptaufgabe erkennt die Anstalt, dem noch Arbeitsfähigen, momentan Arbeitslosen, jeden Alters und Geschlechts, der seine Kräfte benützen mag, um sich ehrlich und redlich zu nähren, durch Arbeit Verdienst, – durch Arbeit Brod – zu geben und demjenigen, welcher sich durch eigenen Verdienst nicht genügend zu nähren vermag, eine gute und kräftige Nahrung zu reichen.

Die Anstalt wirkt nach den bezeichneten Leistungen in vier Abtheilungen und zwar:

erstens, durch eine Beschäftigungs-Anstalt für Personen, welche aus Mangel an Arbeitsverdienst für ihren Lebens-Unterhalt nicht hinreichend gesichert sind,

zweitens, durch eine Verpflegungs-Anstalt für solche Arme, welche in verwandte Anstalten nicht aufgenommen werden, keine eigene Wohnung zu bestreiten vermögen oder auch aus polizeilichen Rücksichten der Unterbringung oder Ueberwachung mehr oder weniger bedürfen;

drittens, durch eine Suppen-Anstalt, welche den Armen gute und ausreichende Nahrung bietet und die Ueberzeugung gewährt, daß die Armen, selbst in theuren Zeiten, nicht Mangel leiden; – endlich

viertens, durch eine »Armenkinder-Anstalt,« in welcher Kinder, deren Eltern durch drückende Verhältnisse an der Erfüllung ihrer Pflichten gehindert sind, Aufnahme, vollständige Verpflegung und Unterricht finden und zwar bis zu einem Alter, das ihnen möglich macht, durch eigene Thätigkeit sich ein weiteres Fortkommen zu gründen.

Aus: Beilage zum »Lechboten«, Juni 1849

VII. Medizinische Versorgung

1. Möglichkeiten der Medizin: »Cur-Vorschrift in der Dysenterie« (1794)

Eine Krankheit, die sich über eine Strecke Landes schnell verbreitet, nennt man epidemisch, und ihre Ursache muß immer in der Luft und Witterung gesucht werden; Auch die Ruhr entstehet daher, und das Obst hat keinen Antheil daran.

Wenn aber die Morgen und Abende des Heu- und Aerndtemonats kalt sind: wenn dadurch die Ausdünstung bey Leuten gehemmt wird, die sich in ihrer Sommerkleidung dieser ungewöhnten Kälte aussetzen, so wirft sich diese zurückgehaltene, und dadurch scharf gewordene Flüßigkeit auf die Gedärme, reitzet selbe auf eine empfindliche Art, und vermehrt dadurch den Zufluß der im Sommer dick, und scharf gewordenen Galle, so wie der übrigen Säfte, die aus anderen Eingeweiden in die Gedärme fliessen.

Diese Anhäufung so verschiedener und verdorbener Flüßigkeiten verursacht Ekel, Neigung zum Erbrechen, und ein allgemeines Uebelbefinden: den Kranken befällt ein Frost, wie ein Fieber: die Schmerzen im Bauche fangen an, werden heftig, und schneidend, und bald darauf beginnen die Stuhlgänge.

Diese sind im Anfange wässerig und gelb, verändern aber in der Folge Farbe und Geruch, besonders geht mit ihnen häufiger zäher Schleim ab, der oft mit Blute vermengt ist.

Vor jedem Stuhlgange vermehren sich die Schmerzen, und nach jedem bleibt ein Drang zurück, der eitel, aber äusserst schmerzhaft ist.

Es gehört eben wenig Verstand dazu, um aus dieser Erzählung den Schluß ziehen zu können: daß es nöthig sey, die angehäufte verdorbene Flüßigkeiten sogleich aus dem Leibe zuschaffen.

Weil aber die Galle in mehr, als einer Rücksicht, den Vorzug verdient, so ergreift man den kürzesten Weg, und schaft sie durch ein Brechmittel weg. Man lößt zu diesem Ende 2, 3, und mehrere Grane Brechweinstein im Wasser auf, so, daß auf jedes Gran für Erwachsene zwey, – für Kinder vier Löfel voll Wasser kommen.

Diese Auflösung giebt man allmählig von Löfel zu Löfel: läßt dabey häufig laues Wasser trinken, und hört mit der Darreichung des Brechmittels auf, wenn sich die Beschaffenheit des Weggebrochenen an Geschmack und Farbe ändert.

Man kann die nöthige Gabe des Brechweinsteines eben so wenig bestimmen, als man sagen kann: so oft, und nicht weniger, soll sich der Kranke erbrechen; dieses muß man allerdings der Einsicht des Baaders, und dem Selbstgefühle des Kranken überlassen.

Nach diesem kömmt die Reihe an die verdorbene Flüssigkeiten, die in dem

Darmkanale tieffer liegen, und durch ein Laxiermittel [Abführmittel] weggeschaft werden müssen.

Man mischet zu diesem Ende 3 Quente Weinstein mit einer Quent Rhabarbarpulver zusamm, theilet sie in 4 gleiche Theile, und reicht dem Kranken alle Stunde eines im Wasser abgerührt: jungen Leuten giebt man die Hälfte, Kindern ein Drittheil in feucht gemachten Oblaten eingewickelt.

Nach einem Rasttage werden diese Pulver wieder gegeben: und von nun an kömmt man meistentheils ohne alle Medicamente blos mit einer guten Lebensordnung aus.

So sicher diese Heilart ist, so darf sie doch nicht angewendet werden, wenn die Ruhr mit einem Entzündungsfieber anfängt, das ist, wenn der Puls des Kranken hart und voll ist: wenn er heftiges Kopf- und Lendenweh klaget, und einen gespannten Bauch hat.

Hier muß man eine Aderlaß vornehmen, täglich einige erweichende Clystiere setzen, und kühlende Getränke geben: auch bey sehr alten, und schwachen Leuten muß man mit dem Brechmittel behutsam zu Werke gehen.

Ganz gewis kan man bey Landleuten das meiste durch die Lebensordnung ausrichten; man muß also keinem Kranken bis zur deutlichsten Genesung Fleisch- Fisch- oder Eyerspeisen zulassen: er muß sich mit gekochtem Obst, Schleim und dünner Brodsuppe begnügen: das zuträglichste Getränk, das zugleich die Stelle eines Medicaments vertritt, ist ein dünner Absud von gerollter Gerste, wovon man auf die Maaß Wasser 2 Loth nimmt, und dem man statt des Kochsalzes ein oder zwey Quente Weinstein beysetzt.

Es ist durchaus nöthig, daß in dieser Krankheit viel getrunken werde, ohne jedoch den Kranken durch starke Züge zu überschwemmen: man giebt also jede halbe Stunde 3 Unzen, oder was beynahe gleich viel ist, eine Coffeschaale voll von Gerstenabsud, wodurch man in 24 Stunden beyläufig 5 Maaß ganz füglich beybringen kann. Man muß aber an dieser Menge des Getränkes nicht erschröken, sie ist in den ersten Tagen der Krankheit ehender zu klein, als zu groß, und der gute Erfolg davon läßt sich um so mehr verbürgen, als man aus vielen Erfahrungen der Aerzte weiß, daß sie blos mit lauem Wasser, jede Viertelstunde zu einer Schaale gegeben, die Ruhr glücklich und oft geheilet haben. Es ist zu wünschen, daß dieses einfache, sichere Mittel alle übrige verdränge, als Wein, Brandwein, Pfeffer, Petschierwachs [Siegellack], Theriac [volkstüml. Heilmittel], und hundert andere, womit sich gemeine Leute eines das andere recht dienstfertig zu Grabe bringen.

Neben diesen sogenannten Hausmitteln tödtet die Unreinlichkeit sehr viele Ruhrkranke: wenn man die Bettücher nicht wechselt, wenn man die Luft der Krankenstube durch Öffnung der Fenster nicht erneuert, oder selbe durch den Dampf des auf glühendes Eisen, oder erhitzte Steine ausgegossenen Eßigs nicht verbessert, so wird die Ruhr faulartig, und sehr ansteckend.

Dadurch wird so manches Haus öde, und der Kirchhof bevölkert. Auch ist es sehr nachtheilig, wenn viele Leute in der Krankenstube wohnen, noch schlimmer, wenn man die an der Ruhr verstorbene zwey oder mehrere Täge in bewohnten Zimmern aufbewahrt: sie sollen sogleich abgesöndert, und in einen andern Ort z.B. Holzschupfe, Strähhütte, oder leere Thennen bis zu der gewöhnlich- und mandatmäßigen Beerdigung unterbracht werden.

Aus: Allgemeine Cur-Vorschrift in der sich äussernden Dysenterie für die Wundärzte und Landbaader. Vom Churfürstl. Collegio-Medico verfaßt. Und auf gnädigste Anbefehlung der Churfürstl. Oberen Landesregierung kund gemacht. München, den 19ten September 1794 (Bayerische Staatsbibliothek)

2. Medizinische Versorgung auf dem Lande (1801)

In einem Umkreise von 10 Stunden haben wir nur einen einzigen Arzt; andere Ärzte liegen 15 bis 20 Stunden von uns entfernet. Uns bleibt also, wenn wir eines Arztes bedürfen, keine Wahl übrig, sondern wir müssen zu dem uns zunächst gelegenen eilen. Dieser ist aber selten zu Hause zu treffen, und wenn er es ist, so ist er betrunken. Überdies haßt er die Medizin von ganzer Seele, und gibt sich lieber mit Pferden und Hunden als mit Pazienten ab. Auch hat er seit 20 Jahren kein neues Buch mehr gelesen. Wie unglücklich sind wir also nicht in dieser Hinsicht? Besucht er auch Kranke in unsrer Gegend, so geschieht dieses höchstens nur Ein Mahl, und schon für einen einzigen Besuch fordert er so viele Thaler, daß selbst der reichste Mann lieber ohne ärztliche Hülfe dahinstirbt, als daß er dem Arzte für einen einzigen Besuch so viele Thaler bezahlte. Daher ist jeder Kranke, der gefährlich darniederliegt, eine Beute des Todes.

Den Landleuten in unsrer Gegend bleibt demnach in Krankheiten kein anderes Mittel übrig, als ihre Zuflucht zu Abdeckern, Einsiedlern, Hirten, Bauern, Badern, alten Weibern zu nehmen und von diesen sich morden zu lassen, oder zu einem mirakulosen Marien- oder Heiligenbilde sich zu verloben, und, in der trostvollen Hoffnung, bey einem solchen Bilde von Stein oder Holz Hülfe zu finden, auf ewig zu entschlummern. Welchem Freunde der Menschheit sollte eine solche Szene von Menschenelend das Herz nicht zerreißen?

Aus: Bitte eines baierischen Landmannes an Max Joseph III bei dessen Wiederkehr um Ärzte, Wundärzte und Geburtshelfer auf das Land, 1801, S. 9ff.

3. Einführung der Impfung (1807)

Den größten Dank verdient die Regierung Sr. Majestät des gegenwärtigen Königs durch die Einführung der Blattern-Impfung im ganzen Königreiche. Jenners himmlische Entdeckung – warum sollte man sie nicht so nennen, da sie besonders unschuldige Kinder rettet, die schon der in ihnen schlafenden Hoffnungen halber mehr werth sind, als Erwachsene oder Alte, welche großentheils ausgelebt haben oder vielmehr, welche die Erdenlust ausgelebt hat – hat seit ihrer Bekanntwerdung alsbald im Königreiche Beifall gefunden und in einzelnen Landestheilen war die Blattern-Impfung bald nach dem Eintritte der Regierung Sr. Majestät des gegenwärtigen Königs durch öffentliche Verordnungen vorgeschrieben. Allein die Verordnung vom 26. Aug. 1807 hat im ganzen Reiche die allgemeine Impfung vor dem 3ten Lebensalter der Kinder, bestimmte allgemeine Impftage unter der Aufsicht der Pfarrer und Gerichtspersonen, unentgeldliche Impfung oder vielmehr auf Staats-Kosten, Geschenke-Ertheilung für die herbeigebrachten Kinder, Zwang gegen die Säumigen durch Strafen, und im Falle die Blatterseuche sich zeigen würde, die Isolierung des Kranken wie eines Pest-Kranken, und Quarantaine mit so gutem Erfolge angeordnet, daß die Impfung von allen Klassen des Volks als eine Wohlthat erkannt und ersehnt und seit der allgemeinen Einführung derselben wohl über eine Million Kinder geimpft worden ist. Wie vielen darunter ist ihr Leben und wie vielen Älteren ihre Lebensfreude erhalten worden!

Aus: Rudhart, Königreich Baiern, Bd. 1, S. 36f.

4. Ursachen von Krankheit und Tod (1810)

Der oftmahlige und schnelle Wechsel der Witterung und der Winde, die jugendliche Anlage in der Stadt, das viele und zu schnelle Teutschtanzen, das starke Erhitzen bey der Arbeit, und die Gewohnheit, in die Hitze zu trinken, das kalte, fast nackte Dahergehen der Frauenzimmer der leidigen Mode wegen, und [...] der Dunst des Urins beym Waschen, der statt der Lauge und Seife gebraucht wird, erzeugen Husten und Katharrfieber, die meistens vernachläßiget werden, oder öfters wieder kommen, oder es entstehen Lungenentzündungen, die öfters in Erhärtung oder Eiterung derselben übergehen. [...]

Die Schutzpocken-Impfung findet in den dummen Vorurtheilen, dem Aberglauben und der Unwissenheit der Älteren vorzüglich auf dem Lande immer sehr großen Widerstand; daher die Verheerungen, welche die Blattern noch immer unter der Jugend machen, und welche die Ältern noch überdieß selbst durch die verkehrte Behandlung ihrer blatternkranken Kindern befordern; denn in den Blattern wird beynahe nie der Arzt oder Wundarzt zu Rathe gezogen; man legt auf dem Lande die Kinder gewöhnlich hinter dem glühenden Ofen, es wird die Myrrhe und schwarze Pulver eingegeben, und zum Trinken bekommen sie Nagerlmeth. Bey den Masern werden sie zwar auch eben so warm gehalten, man macht sich jedoch nichts daraus, wenn die Kinder bey anwandelnder Lust auf der Gasse im Schnee herum laufen. Gleiche Nachläßigkeit zeigen die Ältern gegen ihre Kinder im Scharlach-Ausschlag.

Hilft nicht sogleich der alte Weiberrath, so giebt es noch Fälle, daß man das Kind für behert hält, es benedicirt, mit Amuletten, Skapuliren und Bildern behängt, und dabey geweihte Kerzen brennt. [...]

Unter den allgemeinen Ursachen der vergrößerten Mortalität kann auch aufgeführt werden:

a. Die durch Verheerungen mehrerer Kriege und durch Mißjahre allgemein gewordene Armuth, welche wegen Nahrungs-Sorgen und grober Kost immer die Urheberinn von Krankheiten ist.

b. Unwissende Landbader, Hebammen und Quacksalber, von welch letztern es noch in allen Gegenden wimmelt, und zu denen der gemeine Mann aus Vorurtheil gemeiniglich mehr Zutrauen, als zu geschickten, in ihrem Fache wohl unterrichteten Ärzten, Chirurgen und Hebammen hat. Die besagten Landbader sind gewöhnlich (außer den neuern Medizinalchirurgen) zu Herrn vorgerückte Badergesellen, welche sich lieber mit Uringucken abgeben, anstatt die Kranken selbst zu besuchen, oder in gefährlichen Fällen einen Medikus beyzuziehen.
c. Die Erlaubniß, daß man kränkelnde (z. B. mit der Lungen- oder Fallsucht behaftete und sogar kretinenartige Menschen) heurathen läßt, trägt Vieles zur größern Sterblichkeit, besonders der Kinder, bey.
d. Schlechte Pflege und Wart der Kranken, vorzüglich bey der größern ärmern Klasse der Menschen.
e. Das lange, 48 Stunden dauernde Aussetzen der Leiche, welche an ansteckenden Krankheiten verstorben sind, in geheizten Stuben, in welche das Volk den ganzen Tag sich zusammen drängt, um für die Gestorbenen zu bethen, eine Gewohnheit, die vorzüglich in Berchtesgaden zu Hause ist.

Aus: Joseph von Koch-Sternfeld, Salzburg und Berchtesgaden in historisch-statistisch-geographisch- und staatsökonomischen Beyträgen, Bd. 2, Salzburg 1810, S. 224ff.

5. Cholera und Hygiene in Augsburg (1854)

Am 19. Sept. begab ich mich nach Augsburg. Dort begann ich sogleich mit der Aufsuchung jener Häuser, in welchen die Cholera auffallend viele Opfer gefordert hatte und noch forderte. – Nachdem ich die nöthigen Anhaltspunkte erhalten, verfügte ich mich vorerst in die Distrikte G. und H. Zu dem Distrikte G. waren mir die Häuser 102, 132, 142, 184, 211, 241 und 276 bezeichnet. In 132 sollen in einer Nacht 6 Personen gestorben seyn, im Ganzen beträgt der Verlust an Todten in diesem Hause 10. Es ist zweistöckig, von allen Seiten freistehend, von Außen gut aussehend. Der Hof desselben liegt höher als die Hausflur. In den Wohnungen sind keine Abtritte – sondern Nachtkübel, welche in die im Hofe befindliche, gemeinschaftliche Düngergrube entleert werden. Diese hat ihr Gefäll gegen das Haus. – Die Grube war bis vor wenigen Tagen unbedeckt. Ganz ähnlich sind die Verhältnisse der Häuser 142 und 211.

In Nr. 241 starben von 9 Personen 5 – die übrigen erkrankten. – Weder Hof noch Abritt; zu ebener Erde in einem Winkel stand ein unsauberer Nachtkübel. Alle 9 Bewohner gehörten zu einer Familie. Der 16jährige Sohn war Schlosser-Arbeiter in der Fabrik des Ingenieur Haag am vordern Lech und erkrankte dort nebst vielen andern dieser Fabrik. Er wurde von seiner Mutter gepflegt, welche zunächst an heftiger Cholera erkrankte. – Es starben dieser Sohn, dann der Vater und noch drei Kinder, – die Mutter genas wieder, ebenso die übrigen 3 Kinder, welche nur Diarrhoe hatten. – Aus dem mit der Frau gepflogenen Examen geht unzweifelhaft hervor, daß bei den zahlreichen Erkrankungen die Reinlichkeit in der Pflege von vornherein eine sehr mangelhafte war. Als die Frau genas, fand sie in der Wohnung noch sämmtliche verunreinigte Wäsche, welche von den Cholerakranken herrührte, in feuchtem Zustande in ein Schäffel gehäuft vor, worein sie selbst noch vor ihrer Erkrankung die unreine Wäsche des zuerst erkrankten Sohnes gelegt hatte. –

Nr. 276 steht an einem Bache, der täglich Abends austritt, wenn in einer nahen Fabrik die Arbeit endet, wo das Wasser in Folge des plötzlichen Wechsels in seinem Laufe auf kurze Zeit den Stadt-Bach überfüllt. Das Haus hat einen Brunnen im Hofe, der nach der Aussage des Besitzers bei starken Regengüßen sich theilweise mit der Mistjauche der Schwindgrube des etwas höher gelegenen Nachbarhauses füllt – wobei unzweifelhaft auch das Gebäude 276 mit dieser Flüßigkeit imprägnirt wird. – Das Haus ist ohne Abtritt. Die Kübel werden in dem nahen Bache entleert.

In der Fuggerei sollen zahlreiche Erkrankungen stattgefunden haben; nähere Notizen habe ich vorläufig nicht erhalten; – in mehreren Wohnungen, wo ich anfragte, zeigte sich der Gesundheitszustand befriedigend. – Die Fuggerei hat keine Abtritte sondern Kübel.

In dem Distrikte G. habe ich die Straßen sehr unreinlich und feucht gefunden. – Die Häuser sind dicht zusammengedrängt und stark bevölkert. In dem ganzen Distrikte scheint der Gebrauch der hölzernen Nachtkübel vorherrschend zu seyn.

Für eine Wanderung in dem Distrikte H. waren mir die Häuser 11, 57, 139, 206, 207 und 214, ferner 296, 344 und 368 bezeichnet. Das ganze Quartier hat die größte Ähnlichkeit mit G. – ist so zu sagen die andere Hälfte von diesem. Nr. 11 ist der tiefste Punkt einer Kloake, welche von den höher liegenden Häusern nach dem nächsten Kanal führt, aus dem das Wasser bis Nr. 11 sichtbar oft entgegenströmt. Der Sohn des Hauses sagte mir unaufgefordert, daß vor ihrem Hause aller Unrath in dieser Kloake liegen bleibe. – Das Haus selbst hat Abtritte mit hölzernen Röhren in den Bach.

57 ist ein Haus ohne Abtritte – die Nachtkübel werden in einer in einem Stall befindlichen Düngergrube entleert, die nach dem obern Stockwerke zu nur lose mit Brettern bedeckt ist.

139 ohne Abtritte.

206, 207 und 214 liegen an dem anscheinend tiefsten Punkte des Sächsengäßchens sich gegenüber – höchst unreinliche Häuser.

In 368 sind von 25 Personen 8 erkrankt, und 3 gestorben. Eine Familie von 6 Köpfen zu ebener Erde hat den Nachtkübel in einem im Hofe befindlichen Gärtchen, in einem hölzernen Abtritt-Häuschen, – sie blieb völlig gesund. – Die Mutter beklagte sich unaufgefordert über die Unreinlichkeit der Nachbarschaft.

Aus: Max Pettenkofer, Untersuchungen und Beobachtungen über die Verbreitungsart der Cholera nebst Betrachtungen über Maßregeln, derselben Einhalt zu gebieten, München 1855, S. 97ff.

6. Gesundheitspflege der ländlichen Bevölkerung Schwabens (um 1860)

Erschreckend groß ist die Mortalität im ersten Lebensjahre: 46,4%! vom 1. bis 5. Lebensjahr sterben 8,2%, so daß nach fünf Jahren schon mehr als die Hälfte der Geborenen, 54,6% gestorben ist! [...] Die Ursachen, warum Morbilität und Mortalität der ländlichen Bevölkerung Schwabens nicht günstiger sind, liegt vorzugsweise in dem Mangel einer naturgemäßen Gesundheitspflege [...]

Selbst Erkrankungen, so lange mit ihnen kein höheres Schmerzgefühl verbunden ist, werden nicht beachtet. [...] Nur wenn der Schmerz ganz unerträglich wird, besonders »wenn es stechen thut« und »am Schnaufen fehlt«, bekommt man grausigen Respekt und läßt den Doktor, oder wen man für dergleichen hält, holen. Man scheut vor Allem, neben den erwachsenden Kosten, den Entgang an Gewinn, wenn man zu arbeiten aufhören würde, so lange man sich noch rühren kann; der Gang der herkömmlichen laufenden Geschäfte erscheint so unantastbar, daß das verschiebende, »bis man besser der Zeit hat«, oft die wichtigsten Dinge ungeschehen läßt, und Fälle, daß Landleute zur Zeit der Heu- und Getreide-Ärnte trotz Erkrankung sich fortschleppten und Einholung von ärztlichem Rathe bis nach der »Hayet« und »Ähret« zu verschieben gedachten, inzwischen aber, während dieser »Hayet und Ähret« starben, sind gar nicht selten. Nur ausnahmsweise wird der Arzt im Beginne der Erkrankung gerufen; in der Regel eröffnen Haus- und Sympathie-Mittel den Feldzug gegen die Krankheit oder, richtiger gesagt, gegen den armen Kranken; lassen diese im Stiche, so wird in zweiter Instanz ein Schäfer, Abdecker oder sonst ein renommirter Pfuscher zu Rathe gezogen; schlägt auch dieser nicht an, so erscheint der Bader auf dem Schauplatze und hat nun nichts Eiligeres zu thun, als die »ersten Brech- und Abführmittel« mit obligater Aderlässe in Scene zu setzen; ist dann der Kranke gehörig maltraitirt und die Kunst des Baders erschöpft, so entschließt man sich endlich zum Doktor zu schicken, der nun als Deus ex machina Wunder wirken und mit einer Arznei den Kranken gesund machen soll, während ihm doch nur zu häufig nichts Anderes übrig bleibt, als die Ehre, den Todtenbeschauschein mit seiner Unterschrift zu zieren und die wohlwollende Nachrede der Leute einzuschieben: »der hat's halt auch nicht troffen.« Den Angehörigen des Hingerichteten ist aber die Beruhigung ihres Gewissens wiedergegeben: daß man gewiß das Seine gethan und auch »Bader und Doktor« gehabt habe. Für die Alten und für kleine Kinder existirt der Arzt in der Regel gar nicht; denn erstere können ja doch nichts mehr arbeiten, auch wenn der Doktor sie wieder gesund machen würde, und sind deßhalb im Himmel am besten aufgehoben; bei Kinderkrankheiten ist der Doktor von vorneherein eine ganz und gar überflüssige Person; denn die kleinen Kranken »können es ja nicht sagen, wo es ihnen fehlt, man kann daher nichts mit ihnen anfangen«, und was könnte man einem Kinde besseres wünschen, als den Himmel, wo es ein Engelein abgibt. [...]

Die »Summa Pathologiae«, wie sie in der Bauernstube dozirt wird, ist kurz beieinander. Die Ursache aller Krankheiten sind Unreinigkeiten im Leibe (d.h. Magen-Darmkanale) oder im Geblüte. Krankheiten können darum nur geheilt werden, wenn man den vorhandenen »Unrath«, die »Ungesünde« durch Brechen oder Laxiren (»über sich oder unter sich«) abführt, oder das »schlechte«, »ungesunde« Blut herausläßt. Diesen Unreinigkeiten verleiht die sinnlich-lebendige Anschauungsweise des Volkes einen persönlichen Charakter der willkürlichen, ja überlegten Bewegung. Wie rechte Bösewichte sammeln sie sich ganz heimtückisch an und, wie es ihnen beliebt, »werfen und ziehen« sie sich auf diesen oder jenen Körpertheil – den Ort ihrer boshaften Wahl. Da mag sich nun der Kranke den alleroffenbarsten und eminentesten Schädlichkeiten ausgesetzt haben – thut alles Nichts; jeder Systematiker, gehöre er zum gelehrten oder ungelehrten Volke gleichviel – ist hartgesotten, – trotz allem, was vorausgegangen, meint unser Kranker in reuevoller Ergebung: es geschehe ihm ganz Recht, daß er krank geworden, daß es ihn endlich »geworfen«: er habe ja das »Ausputzen« und das Aderlassen »übergangen«.

Consequent mit der Theorie sind Aderlaß, Schröpfen und Abführmittel die goldenen Panazeen, sie helfen vor, in und nach der Krankheit, ja nach der Krankheit eben erst recht, damit doch um Himmelswillen nichts zurückbleibt und den »alten Brand erneuere«! Von Reconvaleszenten wird deßhalb gerne noch ein »blutreinigendes« Abführmittel verlangt und genommen. Die Abführmittel strahlen als Sterne erste Größe am Himmel der Volks-Therapie in noch ungeschwächtem Glanze; der volksthümliche Glanz des Aderlassens dagegen beginnt zu erbleichen. Noch vor wenigen Jahrzehnden ließ sich der schwäbische Bauer alljährlich und die Bäuerin in jeder Schwangerschaft (was in dem fruchtbaren Schwabenlande ebenso oft heißen will) eine Ader öffnen. Jetzt klagen die alten Bader schon recht, daß das ihnen so viel werthe Geschlecht der Gewohnheitsaderläßer im Aussterben begriffen ist. [...]

Das Landvolk ist jedoch für die geschilderten betrübenden Unsitten des Aderlassens, Abführens und erhitzender Behandlung gewissermassen zu entschuldigen. War doch all dieser Unsinn, diese heillose Wirthschaft gar lange Zeit in der schulmäßigen Medizin heiliges Kunstgesetz; ja es sieht fast aus, als ob so naturwidriges Verhalten nicht dem Volke entstamme, sondern von der Schule herkomme, und zwar gerade darum sieht es so aus, weil solches Gebahren naturwidrig und übertrieben ist. Es macht Freude, anerkennen zu müssen, daß das schwäbische Volk bis in seine tiefsten Schichten hinein in sichtlichem Fortschritte zum Bessern begriffen ist. Die oben geschilderten naturschänderischen Unsitten waren vor wenigen Jahrzehnden im wahren Sinne des Wortes noch pandemisch-herrschend, jetzt sind die althergebrachten Vorurtheile zwar auch noch zahlreich genug vorhanden, aber sie sind nicht mehr so felsenfest eingerammt, wie ehemals, wo Volksmedizin und die von den alten Landärzten und leider selbst von vielen promovirten Ärzten professionsmäßig erlernte und ebenso getriebene Schulmedizin auf gleicher Stufe der Naturwidrigkeit standen. Der muthvolle, pflichtbewußte Eifer naturwissenschaftlich gebildeter Ärzte ist bei dem der Verbesserung auf Aufklärung von Natur aus zugeneigten schwäbischen Volke nicht ohne segensreiche Früchte geblieben. Die genaue objektive Methode der Krankenuntersuchung und die einfache milde Behandlung, wie solche die heutzutage endlich natürlich gewordene Medizin kennzeichnen, verfehlen nicht, Achtung zu erwerben, denn die Leute sehen, daß sich der Arzt Mühe gibt, ihr Leiden zu erforschen und haben Einsicht genug, zu begreifen, daß milde Mittel naturgemäßer sind, als rohe. Es wird freilich noch Pfuscherei genug getrieben und mancher medizinische Ignorant imponirt durch Charlatanerie als Mirakeldoktor und Urinbeschauer, im Ganzen aber wird es doch heller in den der Erleuchtung recht fähigen schwäbischen Köpfen und es erbleicht der Stern der plebejischen sowohl als der vornehm unthätigen Pulsfühler und Rezepten-Drechsler, mit welchen verglichen [. . .] ein Straßenräuber noch ein Wohlthäter der Menschheit ist.

Aus: Bavaria, Bd. II, 2. Abt., S. 893ff.

VIII. Industrialisierung – pro und contra

1. »Ist die Einführung der Maschinen unbedingt zu raten?« (1817)

Die Nützlichkeit der Erfindung und Anwendung der Maschinen überhaupt, bezieht sich, so wie alle menschliche Arbeit, welche sie vertreten sollen, auf das Bedürfniß. – Wenn es Niemand gebe, der die Produkte bedarf, die sie erzeugen, so wäre die Produktion nutzlos und überflüßig. Die Bedürfnisse der Menschen aber beruhen auf der Arbeit; nur wer durch seine Arbeit viel erwirbt, wird auch viele Bedürfnisse befriedigen können. – In dieser von der Vorsehung so weise zum Vereinigungsbunde der Menschen gefügten Wechselwirkung zwischen Bedürfniß und Arbeit liegt die Gränze von der Nützlichkeit zur Schädlichkeit der Maschinen. Wenn diese alle menschliche Arbeit entbehrlich machten, womit sollten dann die müssigen Menschen die Produkte der Maschinen austauschen? – Was in dieser äußersten Ausdehnung die Sache in sich selbst zusammenstürzen machte, wird nach den verschiedenen vorhandenen Graden derselben, die Nützlichkeit oder Schädlichkeit der Anwendung bestimmen.

In einem Staate also, wo noch irgend ein Gewerbe zu seiner Vervollkommnung und Ausbildung mehr Menschenhände bedarf, als sich bis dahin demselben gewidmet haben, oder wo die Bedürfnisse der Nation an Manufakturen nicht ganz und nicht vollkommen befriedigend erzeugt werden, da möchten die Maschinen auch für den Staat nützlich sich bezeigen; denn sie setzen die ersparten Menschenhände darum noch nicht aus der Arbeit, sondern sie drängen sie nur zu einer anderen Gattung Gewerbe hin, wo sie bisher gefehlt haben; sie wecken den Gewerbfleiß und bringen die Vervollkommnung der Produkte hervor; die Bedürfnisse werden aber dadurch in einem Staate nicht geschmälert, weil es noch keine müssigen Hände giebt.

Die Schädlichkeit der Maschinen tritt aber in einem Staate ein, wenn sie Menschenhände ersparen, die dann müssig bleiben; wenn die Manufakturen und der Akkerbau auf einer hohen Stufe von Kultur sich befinden, so daß sie die Bedürfnisse der Nation vollkommen befriedigen, und die Maschinen dann überflüßige Produkte erzeugen, welche in einem Staate um so weniger Absatz finden können, als die Bedürfnisse im Allgemeinen durch die entstandenen nahrungslosen Menschen vermindert werden. In diesem Falle bringen die Maschinen nicht nur eine überflüßige Arbeit hervor, sondern sie machen auch die Menschen überflüssig, die sie brodlos gemacht haben; sie schaden demnach der Bevölkerung, indem sie nothwendig Auswanderung zur Folge haben müssen. Der übrigen Mißverhältnisse und convulsivischen Verzerrungen nicht zu gedenken, welche in einem Staate der Auswanderung eines Theiles seiner Bevölkerung gewöhnlich vorangehen. – Der Absatz an das Ausland von jenen erzeugten Waaren, welche in einem Staate nicht verbraucht werden können, ist nicht so wünschenswerth, um damit die Gefahren aufzuwiegen, welchen die Bevölkerung des Staates durch den Ueberfluß an Produkten mittelst der Maschinen ausgesetzt ist. Denn dieser äußere Absatz ist unzuverlässig, er macht die Nation von den Verhältnissen abhängig, jede politische Veränderung kan den Absatz stören, und die Produktion hemmen; die Nation wird in die Angelegenheiten anderer Völker verwickelt, und ist dadurch oft zu größeren Kraftanstrengungen genöthigt, als ihr der ausländische Absatz an Macht einzubringen vermag.

Aus: Wöchentlicher Anzeiger für Kunst- und Gewerb-Fleiß im Königreiche Bayern, Nr. 23, 7. Juni 1817, S. 347ff.

Karikatur von 1845

2. Möglichkeiten der Technik (1820)

Mit der Zunahme der Kenntnisse des Menschen werden neue Hülfsquellen und Kräfte seinem Willen unterthänig gemacht, welche, in einem rohen Zustande der Gesellschaft als Träume einer ungeregelten Einbildungskraft verlacht worden wären. – Dieß beweiset unter andern die ausserordentliche Erfindung: Schriften mit einer Schnelligkeit zu vervielfältigen, welche einen Menschen in den Stand setzt, die Arbeit von zwanzig tausend Abschreibern zu ersetzen, die Erfindung, sage ich, welche mit elektrischer Schnelligkeit die Meinungen und Ideen in der ganzen Welt austauscht! desgleichen der Plan das Weltmeer zu beschiffen, die Erfindung des Schießpulvers, die ausgedehnte Anwendung der Dampfmaschine. Eine schon vor dem Anfang des 19ten Jahrhunderts in Manchester erbaute Maschine konnte vermittelst Dämpfe fünfhundert Weberstühle in Bewegung setzen.

Diese und ähnliche Erfindungen haben den Zustand aller menschlichen Verhältnisse geändert und ihre Folgen haben die intellektuellen Kräfte des menschlichen Geistes bereits zu einer Höhe erhoben, welche durch keine andern Mittel erreicht werden konnte.

Daher hat sich das Gebiet der menschlichen Erkenntnisse in den neuern Zeiten so sehr erweitert. Die Natur hat in unsern Zeiten dem Auge des Beobachters und dem Verstande des Denkers ihre Kräfte und ihre Gesetze mehr als jemals enthüllet. Wie wichtig und folgenreich können die erst seit wenigen Jahren eingerichteten Dampfböte und Dampfschiffe in der Zukunft noch werden, und welche Erscheinung bieten sie jetzt schon dar? Ein Schiff auf der See, ohne Seegel, ohne Ruder, ohne Matrosen! Die am Bord desselben vorhandene Mannschaft besteht aus mehr nicht als zwei Leuten, von denen der Eine das Feuer unter dem Dampfkessel unterhält, der Andere das Steuerruder lenkt; es bewegt sich gleich einem lebendigen Geschöpf, aus eigener Kraft; wie ein Seevogel schwimmt es, auf dem Wasser einher! Wie viele Pferde können nunmehr bei der Dampfschiffahrt erspart werden. Und, von einem höhern Standpunkt aus betrachtet, welch eine Gestalt kann der Krieg zur See dadurch erhalten, wie wird das Übergewicht zur See, welches eine Nation gegen die andere bisher gehabt hatte, in der Folge erschüttert und verrückt werden? [...] – So ist also der Mensch jetzt fast überall in die Tiefen der Körperwelt eingedrungen, ja er bezwingt selbst alle Elemente. Da trotzt einer dem Wasser durch Schwimm-Maschinen, dort geht ein anderer unbeschadet durch das Feuer, während ein dritter mit einem Schiffe sicher und nach Belieben durch die Luft fährt. Vielleicht hat die künftige Generation schon die Freude die Luft zu beschiffen, wie die gegenwärtige den Ocean!

Aus: Johann Harl, Rede von den Zwecken der Industrie und Kultur und von den Folgen ihrer Vereinigung, am Vorabend des Maximilians-Festes 1820 bei der ersten öffentlichen Jahres-Versammlung des Industrie- und Kultur-Vereins in Nürnberg gehalten, Nürnberg 1920, S. 5f.

3. Gegen die Geldwirtschaft (1838)

Der Fabrikbesitzer sagt: ich ernähre hundert Menschen, er sollte aber sagen: mich ernähren hundert Menschen; denn sobald er seinen Vortheil nicht mehr sieht, hört er auf zu ernähren, und jene fangen an zu hungern.

Der Erfinder sinnreicher Maschinen sagt: diese Erfindungen nehmen dem Menschen die Mühen des Lebens ab, aber wir sehen dennoch, daß seit Erfindung der zahlreichen Maschinen im Ganzen das Leben schwerer und mühevoller wird; denn was ist schwerer als kein Mittel mehr zu finden, sich zu ernähren?

Nicht die Maschinen sind schuld daran, es sei ferne, gute Erfindungen verdammen zu wollen, sie sind an sich sehr gut, aber sie sind gleich bei ihrem Entstehen dazu verurtheilt, falschen Zwecken zu dienen, dem Geldwucher. [...]

Es ist unmöglich, alle die verschiedenen Irrthümer in ihren Verzweigungen und Schlangenwindungen zu verfolgen, so viel aber geht aus dem unbefangenen Nachdenken über diese Verhältnisse hervor, und wird durch die vor Augen liegende Erfahrung von Jahr zu Jahr mehr bestätigt, daß diese fieberhafte Geldjagd die schlimmen Zeichen der Zeit hervorgebracht und künftig vermehren wird, weil alles, auch das Brod selbst, im wörtlichen Verstande, zu Geld gemacht wird, und Geld kein Nahrungsmittel ist [...]

Eine Fabrik, die nicht ihre Arbeiter ernährt, mit ihnen reich wird, oder untergeht, als wären alle nur Ein Körper, ist dem Staate nicht nützlich; der Handel welcher nicht auf das wahre Bedürfniß gegründet ist, sondern nur immer neue Bedürfnisse ersinnt, und nach Consumenten schreit, wie der Hirsch nach Wasser, ist mehr Fluch als Segen für den Staat. Beide gefährden das Bestehen der Staatsglieder.

Aus: D. Rosch, Über die Noth im Volke, die Unzufriedenheit und die Auswanderungen, Nürnberg 1838, S. 24ff.

4. Pro und contra Fabrikwesen (1841)

Um das Gebiet, worin wir uns ergehen, genau kennen zu lernen, wollen wir z. B. irgend einem Stücke Baumwollen-Zeug unsere Aufmerksamkeit zuwenden: durch wie viele Hände mußte dies einst wandern, bis es zum Verkaufe bereit war. Jetzt wird das Reinigen und Sortiren der Baumwolle, das Sichten, Hecheln und Spinnen wie das Anzetteln und Weben auf mechanischem Wege und zwar durch ein und dieselbe Hauptmaschine bewirkt; ähnliche Vorkehrungen finden beim Farbendrukke statt, wo das ganze Zeugstück zwischen Farbmodeln in Walzenform durchläuft. Auf diese Weise wird durch eine einzige Kraft in kurzer Zeit ein in allen Theilen fertiges Produkt als Rohstoff erzeugt, wobei die menschliche Arbeit nur als Bedienung der Maschinerie auftritt, während früherhin sechs bis acht verschiedene Handwerker mit zwanzig- auch hundertmal größerm Zeitaufwand erforderlich waren, dasselbe Ergebnis zu liefern.

Wir haben unlängst Zeitungsblätter gelesen, von denen Papier, Satz und Druck unter unsern Augen innerhalb eines Zeitraumes von zwei Stunden angefertigt und vollendet wurde.

Wer fühlt sich nicht von Staunen durchdrungen, der z. B. ein großes Eisenwerk oder eine Bronzefabrik betritt, wo er dieselbe Maschine bohren, schlagen, stoßen, sägen, schneiden, poliren, biegen und heben sieht, welche zu gleicher Zeit hier langsam, dort schnell arbeitet, hier als Kreisbewegung, dort vertikal, horizontal, oder in den verschiedenartigsten Krümmungen wirkt, die eigenen Verrichtungen zählt, ihre Kraft mittelst eines Meßinstrumentes selbst anzeigt und sogar die eigene Gefahr kündet, oder dieser vorbeugt.

Der Gewinn dieser technischen Erfindungen ist für das Menschengeschlecht unberechenbar, denn es ist augenscheinlich, daß bei stets wachsender Bevölkerung unmöglich die ärmere Klasse mit Kleidungsstücken, Werkzeugen und andern Bedürfnissen versehen werden könnte. [...]

Als bedeutende Vortheile unseres Fabrikwesens können mit unumstößlicher Gewißheit geltend gemacht werden:

1. daß viele Artikel für den heutigen Bedarf nur und einzig auf dem Fabrikwege herzustellen seien,
2. daß die Fabriken, so lange sie im Gange sind, mehr Hände beschäftigen, als früher einzelne Handwerker in demselben Fache beschäftigt waren,
3. daß ein gleichmäßiger, zu berechnender Effekt nur durch Maschinen erzielt werden könne,
4. daß die Handwerke theils durch Hülfe von Maschinen und Fabrikwaaren, theils wegen Concurrenz mit diesen bedeutenden Aufschwung erhielten,
5. daß viele der menschlichen Gesundheit schädliche Arbeiten durch Maschinen verrichtet werden, und
6. der menschlichen Kraft ein würdigeres und zweckmäßigeres Feld angewiesen wird.

Die Nachtheile des Fabrikwesens sind nicht minder auffallend, sie verdienen um so mehr die ernsteste Betrachtung, als solche durch zweckdienliche Vorkehrungen und Verwaltungsmaaßregeln großentheils gehoben werden könnten.

Es kann durch das Stillestehen einer Fabrik die Einwohnerschaft einer ganzen Gegend um den täglichen Unterhalt gebracht werden, weil die Fabrikarbeiter sich in andre Verrichtungen nicht zu schicken wissen, woraus sich von selbst ergibt, daß die Ausbildung dieser Leute theils durch die Einseitigkeit der Arbeit, theils durch den Umstand, weil die Kinder schon von frühester Jugend an in den Fabriken beschäftigt werden, sehr niedergehalten wird. Eine fernere Folgerung ist diese, daß auf solche Weise der arbeitenden Klasse die Mittel entzogen werden, sich höher zu schwingen und Selbstständigkeit zu erlangen; denn, indem jedes Unternehmen schon zum Beginne sehr bedeutende Mittel und umfassende Kenntnisse erheischt, verbinden sich gewöhnlich Leute von hohem Wohlstande mit einem wissenschaftlich gebildeten unternehmenden Kopfe (der Kapitalist mit dem Ingenieur in England), wo dann der letztere alle Arbeiten angibt, leitet und in jedem Sinne des Wortes für alle denkt.

Obwohl menschliche Kräfte durch die Maschinen erspart und wichtigern Zwekken zugewendet werden können, wollen sich, abgesehen von obigem Grunde, doch die Fabrikarbeiter nie zur Feldarbeit, der ersten und nützlichsten aller Verrichtungen bequemen, können es auch nicht, weil diese einen gesundern Körper erfordert: deshalb finden wir häufig, daß es in Gegenden an Feldarbeitern fehle, wo hunderte von Fabrikgehülfen hungernd auf Beschäftigung warten.

Dann werden nur zu häufig neue Luxusgegenstände erfunden und mit diesen bisher unbekannte Bedürfnisse eingeführt, die, wenn sie nicht als Fabrikwaaren außerordentlich wohlfeil geliefert würden, nie Eingang fänden; oder es werden Gewerbe, welche weder große geistige Fähigkeiten noch bedeutenden Aufwand von Handarbeit erfordern, gänzlich durch eine Fabrik unterdrückt. Wir gedenken hier eines einzigen Falles: Vor einigen Jahren kamen die Haarbürsten in Aufnahme, und ein industrieuser Engländer faßte den Plan, diesen Artikel im Großen anfertigen zu lassen. Das Unternehmen glückte, erhielt Ausdehnung, alles, was irgend von Borsten zu Markte kam, wurde durch englische Agenten aufgekauft, und jetzt sieht sich ein großer Theil von Europa (in Deutschland mehrere Gegenden ganz ausschließlich) mit Bürsten aller Arten aus England versehen, so daß den einschlägigen Handwerkern, welche auf keine Weise mit den englischen Unternehmern concurriren konnten, nichts übrig blieb, als Niederlagen eines ausländischen Fabrikates zu errichten. Ähnlich verhält sich's mit unzähligen Artikeln. – Der größte Nachtheil aber, der aus der leichten Maschinenproduktion erwuchs, ist ohne Zweifel ein hoch gesteigerter Kleiderluxus und Hang zum Aufwande bei den minder bemittelten Volksklassen, nebst all' den Übeln, die sich hieran knüpfen.

Aus: Bernhard Grueber, Die künstlichen Gewerbe in ihrer Ausübung durch Handwerker und Fabrikanten, in: Jahres-Bericht über die Königliche Kreis-Landwirtschafts- und Gewerbsschule zu Regensburg für das Schuljahr 1840/41, Stadtamhof 1841, S. 4f.

5. Verfall der Handweberei

Früher haben sich hier [in Bamberg] 22 Tuchmachermeister mit ohngefähr 20 Gehülfen auskömmlich ernährt. Nur ordinär und Mitteltuch lieferten die Stühle, das feinere kam ohngeachtet der hohen Mauth aus Sachsen. Die Elle ordinär Tuch kostete damals 1 fl. 45 kr., Mitteltuch 2 fl. 30 kr. Das war nicht zu theuer; wer feineres Tuch tragen wollte, mochte es zahlen. Die Tuchmacher schnitten damals ihre Erzeugnisse an die Detail-Abnehmer aus. Jetzt ernähren sich 7 Tuchmacher einschlüssig der Witwen mit ohngefähr 5–6 Gehülfen nicht sehr gut. Die Tuchmacher bezogen die Wolle roh, und beschäftigten mit dem nothwendigen Kartätschen und Spinnen derselben eine große Anzahl von Weibern und Kindern, die nicht betteln gehen mußten und der Armenpflegschaft nicht zur Last fielen.

Auch die Baumwollweberei hatte hier eine Blüthe, die jetzt verwelkt und abgefallen ist. Jetzt kann kein Gewerbsmeister mit den großartigen Maschinen-Manufakturen Schritt halten, die nicht Menschenkraft, sondern Dampfkraft, die Menschen höchstens noch dazu benutzen, ihre Erzeugnisse eilenden Schrittes durch Stadt und Land mit unendlicher Zudringlichkeit hausiren zu tragen.

Die Schwunghaftigkeit der Leinwandweberei war sonst mindestens dreimal größer, als jetzt. Unsere Frauen und Jungfrauen kleideten sich nach damaliger Mode in gefärbte (sogen. gedruckte) Leinwand. Diese Mode ist verdrängt und wir sehen nicht scheel dazu; unsere Frauen und Töchter mögen ihrem eigenen Geschmacke folgen; nichts wollen wir vorschreiben, so lange sie nicht beigehen lassen, uns Vorschriften zu machen – aber unsere Frauen haben tiefen Sinn für vaterländisches Wohl oder Weh; sie würden unserem Auge so wohl gefallen, und unserm Herzen so nahe stehen, wenn sie sich in die Gewerbs-Erzeugnisse unserer jetzt so tief leidenden Landsleute kleiden wollten, als wenn die blendenden Farben der Zeuge auswärtiger Fabriken, an welchen die Thränen halbverhungerter Arbeiter getrocknet sind, ihre äußere Zierde bilden. – Eine schöne Blume bleibt schön, auch wenn sie nicht in goldenen Blumentopf gepflanzt ist. Der Webergeselle verdiente sonst an der Elle 10 kr., jetzt nur 7, selbst nur 6 kr. Dazu kommt, daß man sich jetzt abmüht, den Faden möglichst fein zu spinnen, um den Leistungen der Maschinen möglichst nachzuahmen. Sobald die verdammliche Maschinenwirthschaft eingestellt, sobald die Handarbeit wieder auf die Stufe gehoben ist, die sie verdient, und einnehmen muß, wird schnell die schwerdrückende Last von einem so hochwichtigen Gewerbe abgewälzt sein.

Zu Bayreuth existirt dem Vernehmen nach eine Maschinenspinnerei in Leinwand, zu welcher von Staatswegen eine namhafte Summe zugeschossen wurde. Das ist nicht gut; Maschinen müssen nicht spinnen, Weiber müssen spinnen, damit sie nicht hungern.

Aus: Der Wahrheitsfreund, Nr. 71, 26. 5. 1848, S. 282f.

6. Ursachen des Verfalls der Handweberei nach Ansicht der Augsburger Handelskammer (1845)

Ein Blick auf die Handweberei namentlich in Schlesien und Bayern wird leicht darüber belehren, daß im allgemeinen nur Mangel an Fortschritt im Gewerbe die Schuld trägt, wenn sich die Not überall einstellt. Der Dorfweber kennt die Vorteile der Mechanik an dem Handwebstuhle nicht, er arbeitet teurer und schlechter, sein Fabrikat genügt nicht mehr für die jetzt so gesteigerte Veredlung, namentlich sind selbst seine ordinären Baumwolltücher für die Kattunfabriken zum Walzendruck kaum mehr zu verwenden. Auch bei den wohlfeilsten Garnpreisen kann er nicht mehr bestehen, da noch der Umstand hinzukommt, daß er das Garn, welches, der Schuß wenigstens, nur in Strähnen aus England kommt, erst mit vielen Kosten unvollkommen spulen muß. Die zollvereinsländischen Spinnereien liefern das Garn gleich in Bobinen und deshalb ist eine Verbindung dieser Spinnereien mit den Webern für letztere von großem Interesse. Zu der That haben dieselben, sobald sie mit Spinnereien in Verbindung treten und auf verbesserten Stühlen arbeiten, noch immer ein reichliches Auskommen, wie wir durch Thatsachen aus unserer Umgebung schlagend beweisen können. Die Buntweberei ward zu einem wahren Rettungsmittel für die Handweber, welche sich an größere Unternehmer anschließen müssen, welche ihnen die Muster angeben und das Färben der Garne besorgen. Will man der Handweberei aufhelfen, so gibt es hiefür andere Mittel, als die Beseitigung des Zolles auf geschlichtete Zettel (warps), nämlich Verbreitung von Intelligenz und verbesserten Webstühlen.

Aus: Josef Graßmann, Die Entwickelung der Augsburger Industrie im 19. Jahrhundert, Augsburg 1894, S. 30

7. »Dampfüberschuß und Zeitüberschuß« (1848)

Nehme man nun aber in einem ganzen Lande die vielen Millionen und Millionen Stunden, welche theils durch Eisenbahnen- und Dampfschiffbenützung, theils in Folge des Maschinenwesens frei und überflüssig gewordene Menschenhände frei werden, nehme man dieses ungeheure Vorrathekapital freigewordener Zeit und was nun damit anfangen? Sollen diese Millionen und Abermillionen Stunden mit Cigarrenrauchen, Trinken und Spielen, oder mit Spazierengehen, Politisiren und Intriguiren oder mit Romanen- und Giftblätterlesen etc. zugebracht werden, oder muß es nicht vielmehr dem Staat und der menschlichen Gesellschaft im Interesse der Bildung, der Moralität, des öffentlichen Wohles und des Wohlstandes der Einzelnen vor Allem am Herzen liegen, daß dieser enorme Vorrath von freier Zeit wohl angewendet wird?

Nur wenn man diesen letzteren Weg einschlägt, kann aus der Zeit, welche ehemals durch der Hände Arbeit oder mit Reisen unausweichlich war und die nun freigeworden ist, etwas Gutes hervorgehen; bleibt sie unbenützt, so versinken die Menschen allmählig von Stufe zu Stufe in den Müssiggang, welcher »aller Laster Anfang« ist; wird sie gar geradezu zu Schlechtem benützt, so kommt der Staat in nicht langer Zeit, er mag wollen oder nicht am Rand des Verderbens an; jedenfalls aber, wenn sie nicht gut benützt wird, bilden sich Erwerbslosigkeit, Leichtsinn und Genußsucht aus, und die Folge hiervon sind sinkender Wohlstand, Volksdemoralisirung und, was besonders zu beachten, ein zahlreiches aus den unehelichen Geburten hervorgehendes Proletariergeschlecht. – So wie im Menschen Engel und Teufel ruhen, so ruht in der Zeit entweder Segen oder – Fluch, und es ist ein erhebender Gedanke, wenn in einem Lande Millionen freigewordener Stunden wohl angewendet werden, und es ist ein furchtbarer Gedanke, sie übel angewendet zu wissen!

Aus: Der bayerische Gewerbfreund, Beiblatt zum bayer. Kunst- und Gewerbeblatt, Nr. 13, 28. 10. 1848, S. 55

8. Die »Manufakturnation« (1841)

Die Manufakturen sind die Kinder und zugleich die Pfleger und Ernährer der Wissenschaften und Künste. Man beobachte, wie wenig der Stand des rohen Ackerbauers die Wissenschaften und Künste in Anspruch nimmt, wie wenig dazu gehört, die rohen Geräthschaften zu fertigen, deren er sich bedient. Es ist wahr, der Ackerbau zuerst hat es dem Menschen vermittelst der Landrente möglich gemacht, sich auf die Wissenschaften und Künste zu verlegen, aber ohne Manufakturen sind sie stets Kasteneigenthum geblieben, haben sich ihre wohlthätigen Wirkungen nur in sehr unmerklicher Weise auf die Massen erstreckt. Im Manufakturstaat wird die Industrie der Massen durch die Wissenschaften erleuchtet und die Wissenschaften und Künste werden durch die Industrie der Massen genährt. Es gibt kaum ein Manufakturgeschäft, welches nicht mit der Physik, Mechanik, Chemie, Mathematik, oder mit der Zeichenkunst u. s. w. in Beziehung stände. Es gibt keinen Fortschritt, keine neue Entdeckung und Erfindung in diesen Wissenschaften, wodurch nicht hundert Gewerbe und Verfahrungsweisen verbessert oder verändert würden. Im Manufakturstaat müssen daher nothwendig Wissenschaften und Künste populär werden. [. . .]

Die Maschinenkraft in Verbindung mit den Transportvervollkommnungen der neuesten Zeit gibt dem Manufakturstaat eine unermeßliche Superiorität über den bloßen Agrikulturstaat. Daß Kanäle, Eisenbahnen und Dampfschiffahrt nur vermittelst der Manufakturkraft aufkommen und nur durch dieselbe sich über die ganze Oberfläche des Territoriums verbreiten können, liegt am Tage. Im bloßen Agrikulturstaat, wo Jeder den größten Theil seiner Bedürfnisse selbst producirt und den größten Theil seiner Produkte selbst consumirt, wo die Individuen unter sich nur in geringem Güter- und Personenverkehr stehen, kann weder an Gütern noch an Personen ein so großer Transport stattfinden, daß die Kosten der Anlage und Unterhaltung dieser Maschinen dadurch vergütet würden.

Neue Erfindungen und Verbesserungen haben im bloßen Agrikulturstaat nur geringen Werth. Diejenigen, welche sich damit befassen, werden hier in der Regel das Opfer ihrer Forschungen und Bestrebungen, während es im Manufakturstaat keinen Weg gibt, der schneller zu Reichthum und Ansehen führte, als den der Erfindung und Entdeckung. So ist im Manufakturstaat das Genie höher geschätzt und belohnt als das Talent, das Talent höher als die physische Kraft. Im Agrikulturstaat dagegen ist, mit Ausnahme des Staatsdienstes, fast das umgekehrte Verhältniß Regel.

Wie aber auf die Entwicklung der geistigen Kräfte der Nation, so wirken die Manufakturen auch auf die Entwicklung der physischen Arbeitskraft, indem sie den Arbeitern Genuß und Reizmittel zur Anstrengung ihrer Kräfte und Gelegenheit bieten, diese Kräfte zu verwerthen. Es ist eine unbestrittene Beobachtung, daß in blühenden Manufakturstaaten der Arbeiter, abgesehen von der Beihülfe, welche ihm aus den bessern Maschinen und Werkzeugen erwächst, ein ungleich größeres Tagewerk zu Stande bringt, als in bloßen Agrikulturländern.

Schon der Umstand, daß in Manufakturstaaten der Werth der Zeit ungleich mehr erkannt wird, als in Agrikulturstaaten, weist auf den höhern Stand der Arbeitskraft in diesem Zustande. [. . .]

Das Gesetz der Theilung der Geschäftsoperationen und der Conföderation der produktiven Kräfte drängt dagegen mit unwiderstehlicher Macht die verschiedenen Manufakturisten zu einander hin. Reibung erzeugt die Funken des Geistes wie die des natürlichen Feuers. Geistige Reibung ist aber nur da, wo nahes Zusammenleben, wo häufige geschäftliche, wissenschaftliche, sociale, bürgerliche und politische Berührung, wo großer Verkehr an Gütern und Ideen. Je mehr Menschen an einem und demselben Ort vereinigt leben, je mehr jeder dieser Menschen in seinem Geschäft von der Mitwirkung aller übrigen abhängt, je mehr das Geschäft jedes dieser Individuen Kenntnisse, Umsicht, Bildung erfordert, je weniger Willkür, Gesetzlosigkeit, Bedrückung und rechtswidrige Anmaßungen mit der Thätigkeit und den Wohlfahrtszwecken aller dieser Individuen sich vertragen, um so vollkommener die bürgerlichen Institutionen, um so größer der Grad der Freiheit, um so mehr Gelegenheit, sich selbst zu bilden oder zur Bildung Anderer mitzuwirken. Daher ist überall und zu allen Zeiten die Freiheit und Civilisation von den Städten ausgegangen, im Alterthum in Griechenland und Italien, im Mittelalter in Italien, Deutschland, Belgien und Holland, später in England und in der neuesten Zeit in Nordamerika und Frankreich. [. . .]

Das Land empfängt Energie, Aufklärung, Freiheit und Institutionen von den

Städten, die Städte aber garantiren sich den Besitz der Freiheit und der Institutionen, indem sie die Landbewohner zu Theilnehmern an dieser Errungenschaft erheben. Die Agrikultur, welche zuvor nur Herren und Knechte nährte, gibt jetzt dem Gemeinwesen die unabhängigen und tüchtigsten Vertheidiger seiner Freiheit. Auch in der Landwirthschaft ist es jetzt jeder Kraft möglich, sich hervorzuthun. Der Arbeiter kann sich zum Pächter, der Pächter zum Gutsbesitzer emporschwingen. Die Capitale und die Transportanstalten, welche die Industrie herbeischafft und herstellt, befruchten nun überall den Landbau. Leibeigenschaft, Feudallasten, Fleiß und Freiheit beeinträchtigende Gesetze und Einrichtungen verschwinden. [...]

Je mehr Industrie und Ackerbau blühen, um so weniger kann der menschliche Geist in Fesseln gehalten werden, um so mehr ist man genöthigt, dem Geist der Duldung Raum zu geben und wahre Moralität und Religiosität an die Stelle des Gewissenszwanges zu setzen. Noch überall hat die Industrie der Toleranz das Wort geführt, noch überall hat sie die Priester in Lehrer des Volkes und in Gelehrte verwandelt. Noch überall hat die Bildung der Nationalsprache und der Literatur, haben die bildenden Künste und die Vervollkommnung der bürgerlichen Anstalten mit der Entwicklung der Manufakturen und des Handels gleichen Schritt gehalten.

Mit den Manufakturen erst entsteht die Fähigkeit der Nation, fremden Handel mit minder kultivirten Nationen zu treiben, die Schiffahrt zu vermehren, eine Seemacht zu gründen und den Überfluß der Bevölkerung durch Anlegung von Colonien zu fernerer Vergrößerung des Nationalwohlstandes und der Nationalmacht zu verwenden.

Die vergleichende Statistik lehrt, daß bei vollständiger und gleichmäßiger innerer Ausbildung der Manufakturen und der Landwirthschaft in einer mit hinlänglich großem und fruchtbarem Territorium begabten Nation eine zwei- bis dreimal größere Bevölkerung, und zwar in ungleich größerem Wohlstande leben kann, als in dem bloß Ackerbau treibenden Lande. Hieraus folgt, daß alle geistigen Kräfte der Nation, die Staatseinkünfte, die materiellen und geistigen Vertheidigungsmittel und die Garantie der Nationalunabhängigkeit, durch Pflanzung einer Manufakturkraft in gleichem Verhältniß gesteigert werden.

In einer Zeit, wo die Technik und die Mechanik so unermeßlichen Einfluß auf die Kriegführung übt, wo alle Kriegsoperationen so sehr durch den Stand der Staatseinkünfte bedingt sind, wo bei der Vertheidigung so viel darauf ankommt, ob die Masse der Nation reich oder arm, intelligent oder verdummt, energisch oder in Apathie versunken sey, ob ihre Sympathien ohne Ausnahme dem Vaterlande, oder theilweise dem Auslande angehören, ob sie viele oder wenige Landesvertheidiger stellen könne – in einer solchen Zeit muß der Werth der Manufakturen mehr als je aus dem politischen Gesichtspunkte beurtheilt werden.

Aus: Friedrich List, Das Nationale System der politischen Ökonomie, in: Friedrich List's gesammelte Schriften T. 3, hrsg. von Ludwig Häusser, Stuttgart 1851, S. 204ff.

9. Handproduktion – Fabrikproduktion

Vergleichen wir in diesen Beziehungen die Zeit um das Jahr 1750 mit der Gegenwart, so finden wir dort die Schranken des Zunftwesens in vollster Starrheit herrschend, – hier eine vernünftig geregelte Gewerbefreiheit fast über die ganze industrielle Welt verbreitet; dort die Fabrikthätigkeit auf wenige Zweige beschränkt und oft noch dazu durch widersinnige Willkürmaßregeln des Staates entweder unnatürlich eingeengt, oder mit einem alle Konkurrenz tyrannisch niederhaltenden Monopole begnadigt, – hier das allgemeine und höchst erfolgreiche Bestreben, fabrikmäßige Betriebsweise auf sämmtliche irgend dazu geeignete Gewerbsgeschäfte auszudehnen; dort die Handarbeit als das bestimmende und herrschende Element, und demgemäß vorzugsweise kleinere Werkstätten, – hier das von Wasser- und Dampfkraft unterstützte Maschinenwesen in immer steigender und alles überwältigender Entwicklung, dabei den Umfang von Einzelunternehmungen durch die Assoziation des Kapitals (mittelst Aktiengesellschaften) bis ins Erstaunliche gesteigert; dort Vermehrung der Produktion durch massenhafte Herbeiziehung von Menschenhänden fast allein angestrebt und erreichbar, – hier die Tendenz, der Menschenhand thunlichst alle Verrichtungen bis auf die Überwachung und Wartung der arbeitenden Maschinerie abzunehmen und die Arbeiterzahl auf das Minimum herabzubringen; daher auch naturgemäß dort den Triumph vereinzelter auf individueller Geschicklichkeit gegründeter, aber theurer und für die Gesammtheit meist werthloser Kunstleistungen, die Konzentration von Pracht und Aufwand bis zur unsinnigsten Verschwendung in dem kleinen Kreise der Reichen, – hier die Massenproduktion als erstes Augenmerk, hierdurch die in erstaunlichem Grade wohlfeiler gewordenen Erzeugnisse Allen zugänglich gemacht und die materiellen Annehmlichkeiten mit dem daraus fließenden verhältnißmäßigen Luxus selbst in den geringsten Volksklassen verbreitet; dort in ängstlichem Geheimhalten und ausschließlichem Besitze selbsterfundener oder irgendwie erworbener Arbeitsmittel die Bürgschaft eines Übergewichts über Gewerbsgenossen gesucht, – hier bei oft maßloser Konkurrenz die Möglichkeit des siegreichen Bestehens fast nur mittelst wirthschaftlicher Vortheile angestrebt und neuerfundene Maschinen gewerbsmäßig gebaut, auf dem Markte wetteifernd ausgeboten, eilfertig bekannt gemacht, in Kurzem überall gleichmäßig benutzt!

Aus: Karl Karmasch, Geschichte der Technologie seit der Mitte des achtzehnten Jahrhunderts, München 1873, S. 39f.

IX. Technik, Erfindung und Industrie

1. Ankündigung des späteren Organs des Polytechnischen Vereins (1815)

Längst ist in Baiern das Bedürfniß gefühlt worden, einen Platz zu haben, wo der Künstler, wo der über das Gemeine sich erhebende Fabrikant, wo jeder Inländer der etwas Ausgezeichnetes erfunden, oder hervorgebracht hat, sein Kunstwerk oder das Erzeugniß seines Nachdenkens und Fleißes öffentlich ausstellen, und zur Anschauung seiner Mitbürger bringen könnte; ferner ein Blatt zu haben, das von dem, was sich aus dem ganzen Königreiche Baiern auf diesem Ausstell-Platz sammelte, Anzeige machte, und dadurch die Werke der bildenden Kunst, die Instrumente und Maschinen des scharfsinnigen Mechanikers, die Productionen des erfindenden, verbessernden, weiterstrebenden vaterländischen Kunstfleißes überhaupt, zur allgemeinen Kenntniß brächte; ein Blatt also, das für den Producenten, der Anerkennung und Absatz sucht, und für das übrige Publikum, das die im Vaterland erzeugten Gegenstände seines Bedürfnisses oder Wunsches kennen lernen will, auf diese Weise gleich nützlich würde.

Aus eigner Überzeugung und aufgemuntert durch den Beyfall, den viele Patrioten, und darunter Staatsmänner von hohem Range, einem solchen Plane schenkten, habe ich mich entschlossen, diesem doppelten Bedürfnisse durch eine Commissions-Niederlage für den inländischen Kunst- und Gewerbfleiß und einen damit verbundenen Wöchentlichen Anzeiger des bairischen Kunst- und Gewerbfleißes, nach bereits erhaltener allerhöchster Erlaubniß zu diesem Unternehmen, möglichst abzuhelfen. Den letztern beginne ich hiermit, und kündige die Eröffnung des erstern auf den 27. May, den höchst erfreulichen Geburtstag unseres allergnädigsten Königes, an. Es kann nicht unpassend scheinen, wenn ich dieß Fest des gütigsten und wohlwollendsten der Regenten, des durch Gesinnung und That sich als den ersten Bürgerfreund zeigenden besten der Könige, durch das Beginnen eines Institutes zu feyern suche, das ganz und einzig dem Vaterlande gewidmet ist.

Der Anfang ist mit Schwierigkeiten verbunden. Viele habe ich überwunden; andere bleiben mir noch zu bekämpfen übrig. Ich rechne bey einer für das allgemeine Beste, und mit einem geringen Vortheile von meiner Seite unternommenen Sache, auf die Nachsicht meiner Mitbürger in Absicht des noch mangelhaften Anfangs, und beym Fortgang auf ihre Unterstützung in Vervollkommnung derselben. Und so sey es gewagt!

Aus: Wöchentlicher Anzeiger für Kunst- und Gewerbfleiß im Königreich Baiern, Nr. 1, 15. 5. 1815

2. Das optische Institut Fraunhofers (nach Utzschneider)

Fraunhofer war der Sohn eines Glasers zu Straubing in Bayern, und den 6. März 1787 geboren. Sein Vater hielt ihn schon sehr früh zu dem Handwerke eines Glasers an, wodurch der Schulbesuch vernachlässigt wurde. In seinem 11ten Jahre war Fraunhofer älternlos, und wurde zuerst von seinem Vormünder zu dem Metier eines Drehers bestimmt; nach einiger Zeit zeigte sich aber, daß er einer so schweren Arbeit unterliegen würde, man brachte ihn daher im August 1799 als Lehrjunge nach München zu Hrn. Philipp Weichselberger, Hofspiegelmacher und Glasschleifer. Da kein Lehrgeld für ihn bezahlt wurde mußte er sich verbindlich machen, sechs Jahre lang ohne Lohn zu arbeiten. Weil ihm nicht erlaubt war, die Feiertagsschule ordentlich zu besuchen, so blieb er im Schreiben und Rechnen beinahe ganz unkundig. Im zweiten Jahre seiner Lehrzeit ereignete sich im Jahre 1801 ein Unglück, welches die erste Veranlassung zu Fraunhofers nachheriger Bestimmung gab. Den 21. Juli des benannten Jahres stürzten in München im Thiereckgäßchen zwei Häuser plötzlich zusammen, in deren Einem der Lehrjung Fraunhofer wohnte, und im Schutte begraben wurde. Glückliche Umstände mancherlei Art wirkten so zusammen, daß Fraunhofer am Leben blieb. [...]

Nach dem Einsturze des Hauses, wo ich Fraunhofer, als er aus dem Schutte hervorgebracht wurde, zum erstenmal sah, besuchte ich ihn einigemal; er zeigte mir unter andern auch das Geldgeschenk, das er von dem allerhöchstseligen Könige Maximilian Joseph erhielt, und rechnete mir vor, wie er diese für ihn große Summe nützlich verwenden wolle; – er ließ sich eine Glasschneidmaschine machen, und schliff an Feyertagen optische Gläser, stieß aber auf allerlei Hindernisse, weil ihm Theorie und Mathematik überhaupt mangelte. – Ich brachte ihm Klemms und Tanzers mathematisches Lehrbuch, und nannte ihm einige über die Optik erschienenen Bücher von Kästner, Klügel, Priestley etc. In diesen Büchern fand er, daß zu ihrem Studium die Kenntniß der reinen Mathematik durchaus nöthig sey; daher er auch diese mit der Optik zu studieren anfieng, und mit dem grössern Theil ihrer Elemente durch die Optik bekannt wurde. – Neben diesen Hindernissen hatte er auch noch mit andern zu kämpfen; sein Lehrmeister, welcher bei Fraunhofer die Bücher gewahr wurde, untersagte ihm das Studium derselben; andere Personen, die er während der Zeit, als ich ihn wegen meines Aufenthaltes auf dem Lande nicht mehr sah, über diesen Gegenstand befragte, gaben ihm keine Hoffnung, diese Wissenschaft ohne mündlichen Unterricht, und fast ohne des Schreibens kundig zu seyn, studieren zu können. Um so größer wurde aber Fraunhofers Anstrengung, dem gewünschten Ziele sich zu nähern. Ungeachtet er in seinem Schlafzimmer, welches ohne Fenster war, des Nachts kein Licht brennen durfte, und er nur an Feiertagen ausser dem Hause einige Stunden studieren konnte, so war er dennoch bald mit der mathematischen Optik bekannt, und suchte von ihr Gebrauch zu machen. Damit er die Feiertage ganz frei für sich erhielt, und um nicht mehr gehindert zu werden, in der Feiertagsschule schreiben zu lernen, verwendete er den Rest seines Geldes eines Theils dazu, um seinem Lehrmeister das letzte halbe Jahr der Lehrzeit abzukaufen, andern Theils, um aus der Verlassenschaft des Herrn Generals Grafen v. Salern eine optische Schleifmaschine sich eigen zu machen. Ohne jemals graviren gesehen zu haben, fieng er an, in freien Stunden in Metall zu graviren, um Mödel zum Pressen erhabener Visitenkarten zu verfertigen, in der Absicht, sich dadurch nebenher etwas Geld zu seinen Versuchen verdienen zu können.

Der eben ausgebrochene Krieg, die Überfüllung der Stadt mit fremden Truppen etc. – verhinderte den Absatz der Visitenkarten. – Dadurch und durch andere Widerwärtigkeiten kam Fraunhofer für seine Existenz in größere Verlegenheit, als er früher jemals war; er hatte den Muth nicht, sich dem Könige zu nähern, um von seiner bei Gelegenheit des Haus-Einsturzes angebotenen Großmuth Gebrauch zu machen; in dieser traurigen Lage widmete er sich nun wieder ganz dem Metier eines Spiegelmachers und Glasschleifers, verwendete jedoch die Feiertage auf das Studium der Mathematik.

Während dieser Kriegszeit war ich auf meinen Besitzungen, vorzüglich in Benediktbeuren sehr in Anspruch genommen, so, daß mir keine Zeit übrig blieb, mich um Fraunhofer und um dessen Fortschritte in der Mathematik und Optik zu erkundigen. Ich ersuchte daher meinen Freund Hrn. Professor Ulrich Schiegg mit Fraunhofer sich bekannt zu machen, und ihn zu prüfen. Der edle Schiegg entsprach meinem Wunsche, und gab sich mehrere Tage mit Fraunhofer ab, um ihn genau kennen zu lernen; er fand ihn in einer dürftigen Lage, und munterte ihn auf, mich zu besuchen; Fraunhofer kam mit einiger Schüchternheit zu mir, weil er glaubte, ich wäre mit ihm unzufrieden, indem ich ihn so lange Zeit nicht mehr sah, und weil er hörte, daß ich dem Optiker Hr. Niggl, welcher in unserm Institute arbeitete, in einem hohen Grade zugethan war. – Indessen wurden Fraunhofer und ich, nach einer kurzen Unterredung miteinander über unsere Verhältnisse ganz einig; Fraunhofer trat als Optiker neben Hr. Niggl in das mathematisch-mechanische Institut Reichenbach, Utzschneider und Liebherr, wo ich ihn der Oberaufsicht des Hrn. Professors Schiegg übergab, welcher das Institut zur selbigen Zeit beinahe täglich besuchte.

Herr Fraunhofer berechnete und schliff die aus dem neuerbauten Glasofen zu Benediktbeurn hervorgegangenen Gläser zu den ersten größern für die Sternwarte in Ofen bestimmten Instrumenten. Von nun an sollten nicht blos die Gläser für die Winkel-Instrumente, sondern auch alle andere optischen Instrumente erzeugt werden.

Dieses bewog mich, den optischen Theil des Institutes Reichenbach, Utzschneider und Liebherr, nach Benediktbeurn zu verlegen, und Herrn Fraunhofer, nach dem freiwilligen Austritte des Herrn Niggl, als Optiker dort zu verwenden, in der Absicht, durch ihn dort mehrere Arbeiter unterrichten und von dort aus die Gläser für das Institut Reichenbach, Utzschneider und Liebherr in München bearbeiten zu lassen.

Um der optischen Anstalt in Benediktbeurn mehr Festigkeit zu geben, und Hrn. Fraunhofer eine sichere Existenz zu verschaffen, schlug ich vor, ein eigenes Institut für die Optik allda zu errichten. Der Gesellschaftsvertrag kam auch am 7. Februar 1809 zwischen mir, Reichenbach und Fraunhofer zu Stande. Herr Mechanikus Sigismund Rudolph Blochmann wurde aus dem mathematisch-mechanischen Institute durch einen eigenen unterm 15ten Febr. 1809 mit ihm abgeschlossenen Vertrag gleichfalls dahin versetzt, um den mechanischen Theil der optischen Anstalt allda zu leiten. Herrn Fraunhofer's Bestimmung war, den optischen Theil in seiner ganzen Ausdehnung unter seine Aufsicht zu nehmen. Früher hatte er sich in seinen theoretischen Arbeiten auch mit der Katoptrik [Lehre von der Reflexion des Lichts] beschäftigt, und im Jahre 1807 über die Abweichung ausser der Axe bei Teleskopspiegeln eine noch nicht gedruckte Abhandlung geschrieben; er zeigt darin, daß die hyperbolischen Spiegel den parabolischen vorzuziehen seyen, und theilt auch die Erfindung einer Maschine mit, durch welche die Flächen hyperbolischer Segmente, so wie auch andere geschliffen werden können. Bei dem großen Bedürfnisse von Gläsern, welches das mathematisch-mechanische Institut in München bei ihren vielen Instrumenten hatte, wurde in dem Geschäftsvertrage ausdrücklich festgesetzt, daß von dem neugegründeten optischen Institute die Katoptrik vor der Hand ausgeschlossen werden müsse, um Herrn Fraunhofer in seinen optischen Arbeiten für das mathematisch-mechanische Institut in München nicht zu zerstreuen. – Eine der schwierigsten Aufgaben in der praktischen Optik ist bekanntlich das Poliren der sphärischen Flächen großer Objektive in dem Grade genau, wie die Theorie es voraussetzt, weil durch das Poliren diese Flächen die Gestalt zum Theil verlieren, welche sie im Schleifen erhalten. Herr Fraunhofer erfand nun eine Polirmaschine, mit welcher nicht nur die Form der Objektivflächen nicht verdorben wird, sondern auch noch die unvermeidlichen Fehler des Schleifens in jeder Beziehung verbessert werden können, und bei welcher die Genauigkeit weniger von der Geschicklichkeit des Arbeiters abhängt.

Derselbe Fall ist es mit den von ihm für andere optische Zwecke erfundenen Schleif- und Polirmaschinen.

Hr. Fraunhofer war bemüht, das Glas, dessen er sich bediente, in Bezug auf die Wellen und Streifen, die es enthält, durch welche das Licht unregelmässig gebrochen und zerstreut wird, auf eine neue Art zu untersuchen, und fand auf diese Weise, daß oft im Flintglase, welches wir bisher zu Benediktbeurn erzeugten, nicht ein von Wellen und Streifen ganz freies Stück anzutreffen war, – er fand, daß die verschiedenen Stücke von einer und derselben Schmelze im Brechungsvermögen sehr verschieden waren, welches beides zwar bei dem englischen, und besonders bei dem französischen Flintglase in einem noch höheren Grade der Fall ist. – Da unter diesen Umständen, die Hoffnung, vollkommenere und größere Objektive zu erhalten, als die waren, deren man sich bis dahin bediente, nicht hätte genährt werden können, so ersuchte ich im September des Jahres 1811 Herrn Fraunhofer, auch die Glasschmelzarbeiten des Herrn Guinand unter seine Aufsicht zu nehmen, alle Schmelzen mitzumachen, und die mir vorgeschlagenen Verbesserungen am Schmelzofen vorzunehmen, auch die hiezu nöthigen Werkzeuge und Maschinen ungesäumt verfertigen zu lassen. Die zweite Schmelze, welche Fraunhofer machte, zeigte uns, daß man Flintglas erhalten kann, wo selbst ein Stück vom Boden des zwei Zentner enthaltenden Schmelztigels genau dasselbe Brechungsvermögen hat, als eines von der Oberfläche desselben.

Die folgenden Schmelzen jedoch, obschon genau auf dieselbe Weise gemacht, waren sowohl in Hinsicht des gleichen Brechungsvermögens als auch in Hinsicht der Wellen und Streifen unbrauchbar. Erst nach längerer Zeit erhielt er wieder einige gelungene Schmelzen; aber auch jetzt war es noch zufällig, und erst nach sehr vielen im Großen (jedesmal mit vier Zentnern) angestellten Versuchen wurde er mit den vielen Ursachen bekannt, welche das Mißlingen veranlassen, und dann erst war er seiner Sache gewiß. Hätte er nicht früher schon gelungene Schmelzen gemacht, und hätte er seine Versuche nicht im Großen angestellt, so hätte er bei Verfolgung derselben aus den Schwierigkeiten, die sich aufdeckten, schließen müssen, daß es unmöglich sey, eine große völlig homogene Masse Flintglas zu erhalten. Auch das englische Crownglas, so wie das deutsche Spiegel- und Tafelglas, enthält, wie Hr. Fraunhofer fand, Streifen oder Wellen, welche das Licht unregelmäßig brechen. Da in einem größeren und dickeren Glase mehr dieser Streifen enthalten seyn müssen, es aber der umgekehrte Fall seyn muß, wenn bei größeren Fernröhren ihre Wirkung zunehmen soll, so würde dieses Glas für große Objektive nicht brauchbar seyn. Deßwegen rieth Fraunhofer, von nun auch alles Crownglas selbst zu schmelzen.

Bei diesen im Großen angestellten Versuchen stieß er auf Schwierigkeiten anderer Art, welche erst nach einigen Jahren völlig besiegt wurden.

Herr Fraunhofer fand, daß, wie genau man auch der Theorie, welche man für die beste Konstruktion achromatischer Objektive gegeben hatte, in der Ausführung Folge leisten mochte, ihre Wirkung dennoch nie der Erwartung völlig entsprach. Eines Theils fand er die Ursache darin, daß die nur genäherten Formeln für Objektive, in welchen man, um brauchbare algebraische Ausdrücke zu erhalten, z.B. die Dicke der Gläser, die höheren Potenzen der Oeffnung etc. vernachlässigen müßte, keine hinreichende Genauigkeit geben; andern Theils lag die Ursache darin, daß die Größen, welche bei der Berechnung achromatischer Objektive als genau bekannt vorausgesetzt werden müssen, d.i. die Exponenten der Brechungs- und Farbenzerstreuungsverhältnisse der Glasarten, welcher man sich bedient, durch die bisher bekannten Mittel nicht mit hinreichender Genauigkeit bestimmt werden können. Das erste Hinderniß besiegte Fraunhofer, indem er bei der Berechnung einen neuen Weg einschlug, auf welchem keine Größe vernachlässigt wird, und jede Genauigkeit erreicht werden kann. Übrigens geschah die Berechnung achromatischer Objektive bisher nur für Strahlen, welche von einem in der Axe der Gläser gelegenen Punkte kommen. Fraunhofer berücksichtigte auch noch die Abweichung für jene Punkte, welche ausserhalb der Axe liegen, und bei seinen Objektiven ist diese ein Minimum. Dieses ist zum Theil die Ursache, weßwegen die Konstruktion seiner Objektive von jenen der englischen ganz verschieden ist. Die Ursache, weßwegen das Brechungs- und Farbenzerstreuungsvermögen der Materien bisher nicht mit Genauigkeit bestimmt werden konnte, liegt größtentheils darin, daß das Farbenspektrum keine scharfen Gränzen hat, und daß auch der Übergang von einer Farbe in die andere nur allmählich geschieht, daher bei größeren Spektren die Winkel der Brechung nur auf 10 oder 15 Minuten genau gemessen werden konnten.

Diesem Hindernisse zu entgehen machte Herr Fraunhofer eine Reihe von Versuchen, ein homogenes Licht künstlich hervorzubringen, und da ihm dieses direkt nicht gelang, so erfand er einen Apparat, durch welchen es mit Lampenlicht und Prismen hervorgebracht wurde. Im Verlaufe dieser Versuche entdeckte er die fixe helle Linie, welche im Orange des Spektrums sich findet, wenn es durch das Licht des Feuers hervorgebracht wird, welche Linie ihm nachher zur Bestimmung des absoluten Brechungsvermögens der Materien gedient hatte. Die Versuche, welche Fraunhofer machte, um zu erfahren, ob das Farbenspektrum vom Sonnenlichte dieselbe helle Linie im Orange enthält, wie das vom Lichte des Feuers, führten ihn auf die Entdeckung der unzähligen dunkeln fixen Linien in dem aus vollkommen homogenen Farben bestehenden Spektrum vom Sonnenlichte, welche Entdeckung wichtige Folgen hatte, und durch welche allein es möglich wurde, den Weg des Lichtes für alle Farben-Nuancen mit Winkel-Instrumenten völlig genau und direkt zu verfolgen. Fraunhofer hat diese und andere hierauf Bezug habende Versuche in einer Abhandlung beschrieben, welche im 5ten Bande der Denkschriften der k. b. Akademie der Wissenschaften gedruckt erschienen ist. Die Akademie erwählte ihn hierauf im Jahre 1817 zu ihrem Mitgliede. Die genannten Resultate gaben Herrn Fraunhofer die Veranlassung, ausser der Refraktion und Reflexion auch noch über andere Gesetze des Lichtes eine Reihe von Versuchen anzustellen, was durch die vorhergegangenen Entdeckungen und die Hülfsmittel, welche ihm zu Gebote standen, möglich wurde. Das, was ihm am Wichtigsten zu seyn schien, war die Beugung des Lichtes, deren Gesetze man bis dahin aus den Versuchen nicht mit Sicherheit ableiten konnte. Die Resultate seiner von einem glücklichen Erfolge begleiteten Versuche über die Gesetze der Beugung des Lichtes führten ihn auf die Entdeckung der so ausserordentlich mannigfaltigen Phänomene, welche durch gegenseitige Einwirkung gebeugter Strahlen entstehen, und durch welche er z. B. vollkommen homogene Farben-Spektra ganz ohne Prismen hervorzubringen im Stande war. Da diese Spektra, welche blos durch Gitter aus sehr feinen, völlig gleichen und parallelen Fäden hervorgebracht werden, die dunkeln fixen Linien enthalten, welche er früher in dem durch ein Prisma entstandenen Spektrum entdeckt hatte, und folglich bei Verfolgung des Weges des Lichtes die Winkel mit ausserordentlicher Präcision zu bestimmen waren, so konnten die eigenen Gesetze dieser Modifikation des Lichtes mit ungewöhnlicher Genauigkeit aus den Versuchen abgeleitet werden. Herr Fraunhofer hat die genannten, und andere hieher gehörigen Versuche in einer Abhandlung beschrieben, welche im 8ten Bande der k. b. Akademie gedruckt erschienen ist.

Die früher bekannten Gesetze des Lichtes sind von der Art, daß man ihnen viele Hypothesen über die Natur des Lichtes anpassen kann. Hr. Fraunhofer suchte nun die Theorie, welche die neuen – scheinbar sehr komplizirten Gesetze darstellt, und fand, daß sie nur aus den von Dr. Th. Joung früher aufgestellten Prinzipien der Interferenz, d. i. nach der Hypothese der Undulation, mit gewissen Modifikationen völlig genügend erklärt werden können. Er entwickelte alsdann für die neuen Gesetze des Lichtes, nach den genannten Prinzipien, einen allgemeinen analytischen Ausdruck, aus welchem hervorgieng, daß, wenn er im Stande wäre, völlig vollkommene aus parallelen Linien bestehende Gitter zu machen, die so fein wären, daß ungefähr 8000 Linien auf einen Pariser-Zoll giengen, alsdann die durch sie hervorgebrachten Phänomene auf eine sonderbare, und scheinbar ausserordentlich komplizirte Art modifizirt würden. Er fieng deßwegen eine neue Reihe von Versuchen an, und erfand eine Theilmaschine, durch welche er die genannten Gitter mit der von der Theorie vorgeschriebenen Genauigkeit verfertigen konnte. Durch diese Versuche wurde die Theorie im höchsten Grade genau bestätigt.

Aus: Joseph von Utzschneider, Kurzer Umriß der Lebens-Geschichte des Herrn Dr. Joseph von Fraunhofer, München 1826, S. 7ff.

3. Schrecken der Dampfmaschine (1824)

Wir haben nur wenig Unterhaltung hier gehabt, ausgenommen etwa den Schrekken, welchen die arme zweipferdige Maschine[1] hineingetragen hat nach – Augsburg. Das Redaktionszimmer wird sich künftighin gerade über der Maschine befinden; Herr Stegmann, ein vorsichtiger Mann, weiß seine wahren Gefühle zu verbergen, aber Herr Wiedemann, der zweite Redakteur, hat feierlich erklärt, daß er fortan lieber unter freiem Himmel schreiben will, als in diesem Zimmer. Der Hausknecht, obwohl schon seit 10 Jahren dem Geschäft angehörend, hat am vorigen Sonnabend gekündigt und ließ sich nicht beruhigen oder davon abbringen: sein Leben sei ihm lieber und er habe für Frau und Kinder zu sorgen! Ein alter Kaufmann hat beteuert, daß er nie mehr durch diese Straße gehen werde, und seitens der Nonnen, die sich in einem Kloster hinter dem neuen Druckereigebäude befinden, gehört ein Sturm gegen uns nicht zu den Unmöglichkeiten. Ich beneide diese Leute um ihre Lebenslust.

Aus: Friedrich Koenig an seinen Compagnon Bauer, zit. nach: 100 Jahre Mech. Baumwoll-Weberei und Spinnerei Augsburg, o. O. o. J., S. 18

4. Die Industrieausstellung von 1822

a) Prämierte Produkte

Nach reiflicher, alle individuelle Vorliebe für einzelne Industriezweige beseitigenden Überlegung und sorgfältiger Untersuchung in Form und Materie, übergab das erwähnte Industrie-Preisgericht unterm 27. und 29. November dem Central-Ausschusse das Resultat seiner eben so verdienstlichen als dankeswerthen Bemühungen, wonach den Abstimmungen gemäß, die Namen der Preiseträger, so wie deren Stellungen unter sich, folgendermaßen ausgesprochen waren:

A. Für die sechs goldenen Vereins-Denkmünzen.

Die erste der v. Utzschneiderschen Tuchmanufaktur in München, für die aus inländischer Wolle fabrizirten und zur Ausstellung gebrachten schönen feinen Tücher, welche neben ihren eigenthümlichen großen, und anerkannten Vorzügen, zu sehr billigen Preisen befunden worden.

[1] Es handelte sich um die erste in Augsburg aufgestellte Dampfmaschine, die eine neue Schnellpresse des Verlagshauses Cotta betrieb.

Die zweyte der Jos. Sommer'schen Damastfabrik in München, welche eine große Auswahl schöner selbst verfertigter Damastweberey-Fabrikate von ungewöhnlich großer Breite und feinem Gespinnste ausgestellt hat.

Die dritte der Gregor Lindauer'schen Stahlfabrik in München, für den aus vaterländischem Roheisen erzeugten guten und sehr brauchbaren Stahl, und zur Anerkennung des langjährigen Bestrebens, diesen nothwendigen Gewerbs-Artikel immer mehr zu vervollkommnen.

Die vierte dem Heinrich Gemeiner'schen Eisenwerk zu Lauffach im Unter-Mainkreise, für dessen mit jedem ausländischen ähnlichen Fabrikate in Gleichheit, Dehnbarkeit und Schönheit wetteifernden gewalzten Eisenblech.

Die fünfte dem königl. Oberfaktor des Berg- und Hüttenamtes Bodenwöhr Hrn. Bergmann, für die ausgestellten schönen und verschiedenen Eisengußwaaren, worunter sich neben den rein abgedrehten, und polirten Rundöfen, ein äußerst rein gegossener nicht abgedrehter Rundofen befand, und sehr wohl gelungene Abgüsse von Medaillen die Reinheit und Flüssigkeit des Eisens als Gußmetall beurkundeten.

Die sechste dem kön. Polizey-Kommissär und Vorstand der Teppich- und Tuch-Manufaktur in Plasenburg, Hrn. Stuhlmüller, für die in mannigfaltigen Formen gedruckten und gewirkten Teppiche, und für das eingesendete wasserdicht befundene Tuch.

Nachdem d. v. Utzschneider'sche Tuchmanufaktur auf die Empfangnahme der zuerkannten ersten goldenen Medaille verzichtete, so wurde dieselbe, den gestellten Anträgen der Jury gemäß, als respektive siebente der Kattun-Fabrik der Hrn. Schöppler und Hartmann in Augsburg, zum ehrenden Zeugniß ihres fortwährenden Bestrebens zuerkannt; die aus dieser Fabrik hervor gehenden Erzeugnisse durch Schönheit der Farben, Reinheit des Druckes, Neuheit der Formen, Feinheit des Gespinnstes, und durch sehr billige Preise vor den ausländischen auszuzeichnen.

B. Für die sechs silbernen Denkmünzen.

In Folge der oben bemerkten von der v. Utzschneider'schen Tuchmanufaktur geleisteten Verzichtung auf die Empfangnahme der ersten goldenen Medaille rückt in ... die erste silberne ein, der Tischler Herr Besenbacher junior in München, für die, im neuesten Geschmacke und bey besonders gelungener Auswahl des Holzes, mit ausnehmendem Fleiße angefertigten Kommode, Sekretäre und Toilette.

Die Zweyte. Herr Gerbermeister J.G.Hensolt in Gunzenhausen, für sein aus Buenos-Ayres Häuten gegerbtes Sohlenleder, das von ausgezeichneter Qualität befunden worden.

Die Dritte. Herr Jos. Schmitzberger, Glasschneider in München, für ein vollendetes großes und kunstvoll geschnittenes Trinkglas, das in sehr hoch erhobenen und schön verzierten Buchstaben den Namen Sr. Majestät des Königs, und mittelst der Anfangsbuchstaben verschiedener in einen Kranz geformter sehr kennbarer Blumen und Gewächse, jenen Ihr. Majestät der Königin an sich trägt.

Die Vierte. Hr. G.M. Biswanger, Tuchmacher und Ponceau-Färber in Weissenburg, für die auffallend schöne Farbe zweyer eingesendeter Stücke ponceaurothen Tuches zu verhältnismäßig sehr billigen Preisen.

Die Fünfte. Herr Gregor Deiß und Sohn, musikalische Instrumentenmacher in München, für das zur Ausstellung gebrachte Forte-piano, welches sich nicht nur im Äußeren durch inländische Bronze-Verzierung und eine gefällige Form, sondern auch im Innern, durch klangvollen gleichen Ton, Vollständigkeit, und gegen Ausländische ähnliche, durch einen bemessenen Preis auszeichnet.

Die Sechste. Herr Mayerhofer, Silberarbeiter in München, für die schönen Vermeil- und Ziselier-Arbeiten.

b. Grundsätze für die Gewerbsförderung

Die tägliche Erfahrung zeigt sonnenklar, daß es heutzutage kaum mehr ein Gewerbe gibt, worin die gewöhnlichen Handwerksfertigkeiten ferner noch ausreichen. Jeder der sich über das Gewöhnliche erheben will, bedarf auch vielfältig der Anwendung wissenschaftlicher Kenntnisse, die seinen Unternehmungen Gewißheit geben, und ein höheres Gelingen versichern. Zahllos kann man beynahe die mechanischen Hülfsmittel nennen, deren sich die Gewerbe, vorzüglich im Auslande bedienen, um schneller, gleichförmiger, besser, oder doch wohlfeiler als sonst ihre Fabrikate zu erzeugen. Um die Kenntnisse und das Studium solcher Hülfsmittel und Einrichtungen auch in unserem Vaterlande immer mehr zu verbreiten, geruhten Se. Majestät unser allergnädigster König, im gegenwärtigen Jahre die Errichtung der allgemeinen polytechnischen Sammlung zu befehlen. Diese gemeinnützliche Anstalt, obwohl kaum begonnen, besitzt schon dermal eine große Anzahl von Maschinen, Instrumenten und Werkzeugen, oder deren Modelle, und erhält immerwährend neuen Zuwachs. Der Besuch dieses Instituts, so wie das Studium und die Abzeichnung der vorhandenen Gegenstände steht täglich für Jedermann frey. Dieses Studium ist ganz vorzüglich unseren jungen Architekten, Bauhandwerkern, Mechanikern und Professionisten zu empfehlen, diesen damit sie mit mancher neuen Erfindung oder verbesserter Einrichtung ihres Metiers bekannt werden, ersteren damit sie Maschinen-Anlagen aller Art kennen und bauen lernen, und sich dadurch befähigen bey unseren Fabriken und Geweben einem Mangel abzuhelfen, der oft so empfindlich ist, weil es an tüchtigen Leuten hiezu vieler Orten gebricht.

Unter den verschiedenen Umständen, welche den Aufschwung der vaterländischen Industrie so schwer darnieder drücken, kann wohl die noch so allgemein verbreitete Vorliebe für das Ausländische nicht oft genug genannt und bekämpft werden. Meistentheils dient ihr einzig eine größere Wohlfeilheit der fremden Fabrikate zum Vorwande; und doch möchte man kaum eine unrichtigere und für Jeden schädliche Rechnung finden als diese ist. Allgemein ist die Klage über die zu niedrigen Preise der Landwirthschafts-Erzeugnisse, über den so sehr gesunkenen Werth des Grund-Eigenthums. Die Folgen hievon sind häufige Konkurse, Verluste an Kapitalien und Zinsen, Kreditlosigkeit und Stockung des Geldverkehrs im Inlande. Die nächste Ursache aller dieser Übel finden wir sicher wohl mit darin, daß in unseren vielen getreidereichen Gegenden, bey weitem mehr Früchte erzeugt werden, als wir, nachdem die Ausfuhr derselben größtentheils erschwert ist, im Lande selbst verzehren können. Es fehlt also an Menschen, jedoch nicht so fast an Ackerbauern und Güterbesitzern, als vielmehr von jener Klasse, die durch Gewerbe theils den Segen des Bodens verzehren hilft, theils auf mannigfaltige Art in den Werkstätten zu Handelsartikeln verarbeitet. Allein wie soll sich bey uns die Gewerbsbevölkerung vermehren, so lange wir, aus blindem Vorurtheil, den Arbeitslohn für so viele, und meistens an Arbeit kostspielige Dinge, ins Ausland senden, und unsere inländischen Meister dahin bringen, daß sie kaum der Noth sich erwehren können. [...]

Vereinigen wir uns daher zu unserem allseitigen gemeinschaftlichen Nutzen. Kein fremdes Erzeugniß genieße bey uns eines Vorzuges, das eben so gut aus einer bayerischen Werkstätte zu haben ist. So reiche einer dem andern die Hand, damit Bayern für immer kräftig, und seine Bürger glücklich seyn mögen.

Aus: Bericht von der auf Veranlassung des Central-Ausschusses des polytechnischen Vereins für Bayern gehaltenen Industrie-Ausstellung im Oktober 1822, S. 5ff.

5. Die Aktiengesellschaft: Der Innenminister an den König zum Antrag des Freiherrn F. von Schaezler auf Konzessionserteilung für die Mechanische Baumwoll-Spinnerei und Weberei Augsburg (1837)

Die Namens-Unterschrift ist jene des k[öniglichen] Kämmerers, Banquiers und Abgeordneten der Stadt Augsburg zur II. Kammer der Ständeversammlung Freiherr Ferdinand von Schaezler; der nicht beigelegene Plan ist jener der zu Augsburg demnächst ins Leben tretenden großartigen mechanischen Baumwoll-Spinnerei.

In dieser industriösen Stadt, der eigentlichen Wiege der europäischen Baumwoll-Spinnerei und Weberei, bestehen nämlich, wie bekannt, bereits mehrere große Kattun-Druckereien, unter denen namentlich jene von Schöppler und Hartmann (die größte, umfangreichste und zugleich ausgezeichnetste von allen) im wahren Sinne des Wortes, eine Zierde der bayerischen Industrie bildet, und jährlich über 600 Menschen beschäftiget.

Da diese Fabriken jedoch den großen Bedarf an rohen Baumwolltüchern von den inländischen Webern nicht beziehen konnten, so waren sie bisher benöthiget, den größten Theil derselben früher aus der Schweiz, und seitdem, von Euerer Königlichen Majestät gegründeten und so segensreich verwirklichten großen Zoll-Verein aus dem sächsischen Voigtlande zu beziehen.

Freiherr von Schaezler bezweckt nun durch Gründung einer nach dem ehrerbietigst angeschlossenen Plane sich richtenden Aktien-Unternehmung im Capital-Betrage von 1200000 fl die dortigen Fabriken bezüglich des Bedarfes an Rohstoff ihrer bisherigen Abhängigkeit vom Auslande zu entreißen, und durch äußerst wohlfeile Bereitung desselben im Fabrikorte nicht nur die bedeutenden, bisher außer Bayern gegangenen Summen dem Inlande zuzuwenden, sondern auch den bayerischen Cattun-Druckereien selbst, einen erhöhten Aufschwung zu sichern. Bei dieser Unternehmung sollen überdies 753 Menschen das ganze Jahr hindurch nützliche Beschäftigung finden. Offenbar kann Augsburg zu erneutem Wohlstande und zu verjüngter Bedeutsamkeit nur dadurch gelangen, daß selbe bei der offenbaren Übersiedlung des Wechselgeschäftes nach München auf große Fabrick-Unternehmen sich wirft, und durch eine Eisenbahn mit München verbunden, seine Erwerbsquellen mit jenen der Haupt- und Residenzstadt in einer beiden Plätzen vortheilhaften und naturgemäß vorgezeichneten Weise ausgleicht.

Der treugehorsamst Unterzeichnete wagt daher den allerunterthänigsten Antrag:

Euere koenigliche Majestaet möchte dem Freiherrn von Schaezler Allerhöchstdero besonderes Wohlgefallen über sein nützliches und rühmliches Bestreben mit dem Bemerken ausdrücken lassen, daß Allerhöchstdieselben darin gerne den ehrenhaften Sinn wiederfinden, der seinen verstorbenen Vater stets ausgezeichnet, und dessen Namen noch jenseits des Grabes mit dankbaren Erinnerungen umgeben habe, wobei vielleicht der Wunsch,[1] daß bei der Auswahl des Arbeiter-Personals vorzüglich auf beschäftigungslose Weber[2] und auf Kinder von Webern Rücksicht genommen werde, und die Erwartung allerhöchst auszudrücken wäre, daß auch die Arbeiter dieser Fabrik den gesetzlichen Bestimmungen über Schulpflicht usw. volles Genüge leisten, bezüglich ihrer Moralität der entsprechenden Controle unterliegen, und nach dem Beispiele, namentlich der Aachener Fabriken, durch Zwangs-Abzüge und deren verzinsliche Anlegung bei der Sparkasse, allmählich zu einem Vermögen gebracht werden.[3]

Aus: Ludwig Fürst zu Oettingen-Wallerstein an Ludwig I., 13. 3. 1837, HStA München, MH 5677

6. Die Mechanische Baumwoll-Spinnerei und Weberei Augsburg (1840)

Die das Ganze bewegende Kraft geht von zwei Turbinen (Kreiselrädern), die 15 Fuß unter dem Wasser stehen, aus. Ruhig steht ober denselben die Wassermasse, und der Gang der Turbinen selbst ist durchaus nicht lärmend. Ober dem Wasser vereinigen sie mittelst kolossaler Räder ihre Kraft, die hier von der senkrechten zu horizontalen sich umändert, und einen eisernen Wellenbaum, so lang als das ganze Gebäude, in Bewegung setzt. Die Kraft der Turbinen beträgt über 100 Pferdekraft. – Von dem Wellenbaum geht außer lokaler Bewegungsmittheilung zugleich die Bewegung eines perpendikulären, in Mitte des Gebäudes sich befindlichen andern großen Wellenbaumes aus. Hier ruht eine ungeheure Last, da dieser Wellenbaum, von oft mehr als 1′ Dicke und bei seiner Höhe, ganz von Eisen ist, daher um Erhitzung und Reibung zu vermindern, eine eigene Vorrichtung zur steten Beölung, dort vorhanden. Dieser perpendikuläre Wellenbaum setzt wieder andere horizontale Wellenbäume in den obern Sälen, die aber natürlich nicht mehr so kolossal sind, als der unterste, in Bewegung, von denen sie mittelst vieler Trommeln und Riemen auf die einzelnen Maschinen übergeht.

[1] Die folgenden Punkte wurden bei der Konzessionserteilung zur formellen Auflage gemacht.
[2] Zur Haltung der Weber vgl. Nr. II/10.
[3] Zur Haltung der Regierung vgl. Nr. XI/7.

Ansicht der SWA um 1840, Lithographie von G. Kraus

Nun zu den einzelnen Maschinen. Im sogenannten Teufelssaale zu ebener Erde wird durch Maschinen die rohe Baumwolle zerrissen und für die Kardätschen vorbereitet. Der Arbeiter hat nichts zu thun, als die Wolle in die Maschine zu legen, und auf der andern Seite bearbeitet herauszunehmen. Bei dieser Arbeit erzeugt sich viel Staub, der aber in an den Maschinen angebrachten Röhren sich sammelt und durch einen Windfang (Ventilateur) aus dem Hause hinausgeblasen wird. Von da kommt die Wolle unter die Kardätschmaschinen (im 3ten Saal). Der Arbeiter hat hier nur die Maschinen vom Abfall, der zu Wattarbeiten benützt wird, zu reinigen, das Kardätschen selbst verrichten die Maschinen. Nach noch einigen Manipulationen gelangt die Wolle zu den Spinnmaschinen (4ter und 5ter Saal). Hier spinnt sich die Wolle zu schönem gleichem und gut gedrehtem Faden, während zu jeder Maschine mit 300 Spindeln nur ein Paar Personen benöthigt sind. Im 6ten Saale werden in der einen Abtheilung die Zettel wiederum maschinenmäßig gefertiget, und diese wieder in der andern Abtheilung geschlichtet. Dieses Lokal wird auf gegen 30° R. erwärmt, um die Schlicht wieder zu trocknen. Von hier aus kommen die Zettel auf die Webstühle, deren der Bestimmung gemäß 600 sein werden. Die Webstühle sind sehr einfach, und ganz von Eisen, wie dies auch bei den andern Maschinen, wo es nur thunlich, der Fall. – Diesmal arbeiteten ungefähr 40 Webstühle, und von den andern Maschinen von jeder Gattung einige, so daß man sich von der ganzen Manipulation wohl einen Begriff machen, und die wundervolle Ordnung, wie die sinnreiche Einrichtung der Maschinen bewundern konnte. Die Zahl der Arbeiter wird täglich vermehrt, so daß bald dieses riesenhafte Etablissement in vollständiger Thätigkeit sein dürfte, das dem Lande bedeutende Summen erhalten, die gegenwärtig für die da fabricirte Waare ins Ausland gehen, und eine Zierde unserer Stadt wie des ganzen Vaterlandes sein wird.

Aus: Augsburger Tagblatt, Nr. 237, 29. 8. 1840

7. »Die Maschinenbauanstalt des Herrn von Maffei in der Hirschau ohnweit München« (1849)

Dort wo die stundenlangen in reizenden Krümmungen sich windenden schattigen Wege des herrlichen englischen Gartens bei München enden, erhebt sich wie ein ansehnliches Dorf von großen und kleinern Gebäuden die Maffei'sche Maschinenfabrik. Das Auge Dessen, der zum ersten Male in diese Gegend kommt, bleibt mit um so größerem Erstaunen auf diesen großartigen Anlagen haften, als es nur gewöhnt ist, in Münchens breiten und langen Straßen auf Palästen der Großen und herrlichen Tempeln der Religion und Kunst bewunderungsvoll zu ruhen. Von Fabriken ist in München fast gar keine Rede, wie sehr man auch den vortrefflichen Arbeiten, welche hervorgehen aus den kleinen Handwerkstätten aller Arten »bürgerlicher« Meister, wie sie sich auf ihren Aushängtafeln mit einem gewissen Stolze nennen, alle Anerkennung angedeihen lassen muß. Aber auch in einem weitern Umkreise um München, dessen Umgebungen gewiß nicht arm an bedeutenden Wasserkräften mit nicht zu verachtenden Gefällen sind, findet sich keine Fabrikanlage, die neben der Maffei'schen nur eine Nennung verdiente. Dasselbe mag wol für ganz Altbayern gelten. Wie sehr auch die wahrhaft großartigen und für das Land mit der Zeit unberechenbaren Nutzen versprechenden Kunstschöpfungen Münchens allgemeine Bewunderung und Anerkennung verdienen, so ist doch nicht zu bestreiten, daß in dem Bayerlande eine weise Beimischung des Nützlichen zu dem Schönen höchlich noth thut, und da macht denn die Gründung der Maffei'schen Fabrikanstalt in augenfälliger Weise die hergebrachte Redensart: »Bayern ist blos darauf angewiesen, ein Ackerbau und Viehzucht treibender Staat zu sein«, völlig zu Schanden. Geboren und erzogen in der Gegend Solingens, welche Fabrikstadt man das deutsche Birmingham nennt; bewandert in jenen gewerbfleißigen Thälern der Grafschaft Mark und des Herzogthums Berg, von deren kleinen Flüssen und Bächen oft kein Zoll Gefälle, von ihrer Quelle bis zu ihrer Mündung, unbenutzt dahin rinnt; aufgewachsen unter dem Toben der Hämmer und dem Knarren der Räder aller Arten von Maschinen und bekannt mit den unermeßlichen Fabrikanlagen jener Gegenden – zählt der Berichterstatter gewiß nicht zu Jenen, denen so leicht irgend eine Fabrik durch ihre Großartigkeit und Bedeutung Bewunderung abringt. Gestehen muß er aber, daß die Maffei'sche Fabrik durch den Umfang ihrer zahlreichen ausgedehnten Werkstätten und durch deren Leistungen, wodurch sie schon seit 8 Jahren mit den ersten ähnlichen Anstalten Europas wetteifert, hohe Achtung, ja Erstaunen einflößte, indem man in Bayern, bei dessen Trägheit in fabriklicher Be-

Die Montierungswerkstätte bei Maffei um 1849

ziehung und am wenigsten in der Nähe Münchens auf eine solche Erscheinung gefaßt ist. In Folgendem soll versucht werden, eine kurze Beschreibung dieser Anlagen zu liefern.

Das Eisenwerk Hirschau, eine Stunde von München, an einem Arm der Isar gelegen, war früher nur ein unbedeutendes Hammer- und Walzwerk, und bekannt unter dem Namen des Lindauer'schen Hammers. Gegenwärtig ist dasselbe aber durch die Unternehmungen des Hrn. von Maffei, welcher das Lindauer'sche Werk käuflich an sich brachte, zu einer Größe angewachsen, die zu seinem frühern Umfang in gar keinem Verhältniß mehr steht, und es leidet keinen Zweifel, daß, wenn die aufgeregten Zeiten wieder zur Ruhe kommen, dasselbe zu einer ansehnlichen Ortschaft mit der Zeit heranwachsen wird. So wie dieses Eisenwerk gegenwärtig besteht, ist es schon vollständig eingerichtet zur Anfertigung nicht nur von Lokomotiven, sondern auch von stehenden Dampfmaschinen und Dampfbooten jeder Größe, so wie überhaupt von Maschinen aller Art. Die Werkstätten bestehen: zuerst in der Montirungswerkstätte. Sie dient zur Zusammenpassung und Zusammensetzung aller Einzeltheile der Maschinen zum Ganzen. Dieselbe hat für zehn gleichzeitig in Arbeit befindliche Lokomotiven hinlänglichen Raum. In der Mitte dieses Lokals ist eine Drehscheibe angebracht. Zweitens in der mechanischen Werkstätte mit 30 Drehbänken, 7 Hobel- und 4 Stoßmaschinen, 9 Bohr- und 3 Schraubschneidemaschinen. Diese Werkstätte ist mindestens 150′ lang, bei 50′ Tiefe. Ihre Maschinen sind theils von unterschlächtigen Wasserrädern, theils von einer Turbine in Bewegung gesetzt. Es ist höchst anziehend zu betrachten, mit welcher Leichtigkeit und Sicherheit alle diese verschiedensten Maschinen ihre Bestimmung verrichten. Das Eisen, zu den schwersten Maschinentheilen, theils durch Guß, theils in der Schmiede geformt, wird unter diesen Maschinen behandelt, als sei es, wenn man sich so ausdrücken darf, eben nur Käse oder Butter. [. . .] Drittens in der Kesselschmiede und Tenderwerkstätte, der Kupferschmiede mit einem Flammofen, zehn Schmiedefeuern, Schneid-, Koch- und Niethmaschinen. Viertens in der Hammerwerk- und Zeugschmiede mit Platten- und Stangenwalzwerk, einem Flammofen, einem Frischofen, sechs schweren vom Wasser getriebenen Hämmern, deren gewaltige Streiche dem geglühten Eisen in kurzer Zeit jede beliebige Form geben, ferner mit 15 Schmiedfeuern und Cylindergebläse. In dieser Werkstätte werden auch Achsen von jeder beliebigen Größe aus zusammengeschweißten Stäben geschmiedet. Es muß hier bemerkt werden, daß in der Maffei'schen Fabrik der unverbrüchliche Grundsatz herrscht, alle Maschinentheile, von deren Tüchtigkeit die wichtigsten Erfolge abhängen, wie es namentlich bei den Achsen der Lokomotiven der Fall ist, selbst anfertigen zu lassen, um eben von ihrer Dauerhaftigkeit sich überzeugt halten zu können; wenn auch die Beziehung des Eisens in der benöthigten Form, z. B. als fertige Achse größere Vortheile gewährte. Fünftens in der Radschmiede mit zwei Flammöfen und acht Schmiedefeuern. An den Lokomotivrädern sind bekanntlich blos die Naben von Gußeisen; in diese Naben werden die geschmiedeten Radspeichen mit eingegossen. Um diese Speichen werden wieder die geschmiedeten Felgen oder Reife in dieser Werkstätte gezogen. Sechstens in der Formerei und Gießerei mit zwei Kupolöfen mit Ventilator und einem Tiegelofen für Metallguß, Lehmmühle etc. Siebentens in der Modellir- und achtens der Schreinerwerkstätte, an welche sich noch neuntens eine Menge Zimmerwerkstätten anreihen, so wie zehntens in der großen Köhlerei, in welcher zum Theil die zum Bedarf nöthigen Holzkohlen aus Floßholz geschwählt werden, welcher Bedarf schon auf den Werth von mehr denn 20 000 fl. in einem Jahr, abgesehen vom Verbrauch an Torf, den der Besitzer der Anstalt aus zwei ihm eigenen Torfstechereien gewinnt, gestiegen ist.

Sämmtliche Maschinen, Walzwerke, Hämmer, Gebläse werden durch den oben erwähnten Arm der Isar, mittelst acht Wasserrädern und einer Turbine in Bewegung gesetzt, die nöthige Wasserkraft fehlt nie, selbst bei dem niedersten Wasserstand der Isar; übrigens ist ein mächtiger Dampfhammer in der Aufstellung begriffen. Die Arbeiterzahl übersteigt ungeachtet der jetzigen durch die Zeitverhältnisse veranlaßten Hemmung aller Geschäfte noch immer die Summe von 330, während sie vom Jahr 1847 bis 1848 auf 500 Mann gestiegen war. Die Fabrikräumlichkeiten und vorhandenen Hülfsmaschinen sind aber von dem Umfange, daß dieselbe auf die doppelte Anzahl ohne Anstand erhöht werden kann. Es mag nicht uninteressant sein, den Bestand derselben, mit Ausschluß des Dirigenten, eines gebornen Engländers, Namens J. Hall, der Zeichner und des Comptoir- und Magazinpersonals einzeln aufzuführen. Sie besteht aus 10 Aufsehern und Vorarbeitern in den einzelnen Werkstätten, 93 Monteurs und Schlossern, 46 Arbeitern an den Dreh-, Hobel- und Bohrmaschinen, 45 Kesselschmieden und 3 Kupferschmieden, 47 Hammer- und Zeugschmieden, 24 Radschmieden, 18 Formern, 1 Ciseleur, 12 Modelleurs und Tischlern, 2 Lakirern, 1 Riemenarbeiter, 13 Zimmerleuten, 1 Köhler, 3 Maurern, 2 Knechten, 40

Handlangern und Taglöhnern und 2 Nachtwächtern. Unter diesen zahlreichen Arbeitern herrscht eine musterhafte Ordnung: es deutet dies schon ihre männliche Haltung an, und es möchte nicht leicht ein die Anstalt besuchender Fremder für sie eine so auffallende Erscheinung sein, daß sie nur auf kürzeste Zeit ihre Augen von der Arbeit ab und auf ihn wendeten. Der Berichterstatter findet sich zu dieser Bemerkung veranlaßt, weil sie aus einem nicht unwichtigen psychologischen Grunde entspringt, nämlich: es ist anzunehmen, daß die ernste kraftübende und kraftfordernde Handthierung dieser Menschen ihre Seele mit männlichem Stolze gleichsam durchfestigt hat. Wie ganz anders ist das mit Stoffmanufakturisten! Daß in der Maffei'schen Fabrik auch wohlthätige Einrichtungen zur Pflege erkrankter Arbeiter und zu ihrer wie der Ihrigen Unterstützungen bestehen, bedarf keiner Erwähnung.

Von den bisher in der Anstalt gelieferten bedeutenderen Arbeiten sind folgende anzuführen:

An Lokomotiven: 31 Maschinen mit Tendern, theils für Personen-, theils für Güterzüge bestimmt, für die bayrischen Staatsbahnen, darunter 4 Vorspannmaschinen zum Betriebe der bekannten, mit 1 auf 40 steigenden, schiefen Ebene bei Neuenmarkt im Fichtelgebirge; letztere haben 6 gekuppelte Triebräder, und zur Mehrung des Gewichts, also der Adhäsion der Maschine an den Schienen, ist auf dem Röhrenkessel noch ein Wasserkasten aufgesetzt, das Speisewasser enthaltend, welches sonst gewöhnlich im Tender nachgeführt wird; acht Maschinen mit Tendern für die pfälzische Ludwigsbahn – Ludwigshafen-Berbach –; vier Maschinen für die hannoversche Staatsbahn; drei achträdrige Güterlokomotiven mit beweglichem Vordergestelle, nebst Tendern für die württembergische Staatsbahn; vier Gütermaschinen größter Gattung für die lombardisch-venetianische Bahn – Venedig-Mailand –; sechs Gütermaschinen, ebenfalls schwerster Gattung, mit beweglichen Vordergestellen, für die k. östreichische nördliche Staatsbahn, welche zwischen Prag und Brünn Dienste thut.

Unter mehren aus der Fabrik hervorgegangenen stehenden Dampfmaschinen ist besonders eine für die mechanische Baumwollenspinnerei und Weberei zu Augsburg gefertigte von über 200 Pferdekräften zu erwähnen. Für die obere Donau – Donauwörth-Regensburg – wurden zwei eiserne Dampfboote, Stadt Donauwörth und Königin Marie benannt, nebst den zugehörigen Maschinen von 50 Pferdekräften erbaut und mit allen Einrichtungen vollständig ausgerüstet. Für Eisenbahnwagen wurden mehre Tausende von Rädern und Achsen sammt vielen anderweitigen Bahneinrichtungen, wie z.B. Drehscheiben, geliefert.

Die meisten in der Fabrik verwendeten Arbeitsmaschinen u. dergl. sind in der Anstalt selbst hergestellt, wie solche auch mehrfach auswärts geliefert wurden. Nicht unerwähnt dürfen ferner die Erzeugnisse der Gießerei bleiben, die nicht nur die verschiedenartigsten Bestellungen nach Modellen und Zeichnungen umfassen, sondern auch ausgezeichnete Kunstgüsse enthalten.

In Arbeit sind gegenwärtig unter anderen ein nun größtentheils vollendeter, großer Dampfkessel zu 80 Pferdekräften für das die Strecke zwischen Regensburg und Linz befahrende Dampfboot »Stadt Regensburg«. Neun Lokomotiven für die königlich bayerischen Staatseisenbahnen und ein großes Donaudampfboot von 160′

Länge bei 15′ englischer Breite. Es erhält eine Maschine von 80 Pferdekräften und ist für die untere Donau bestimmt, für die Reise von Regensburg bis Linz hin und zurück. Seine unverhältnißmäßig geringe Breite bei seiner großen Länge, war durch den engen Raum der Joche der Donaubrücke, welche es passiren muß, bedingt. Für die Erbauung der Dampfboote besteht eine eigene Werkstätte, welche die übrigen größten der Anstalt noch an Ausdehnung übertrifft.

Über den nach der Lombardei gelieferten letzten Lokomotiven schwebte großes Unheil; ihre Ankunft in Italien traf gerade mit Vertreibung der Östreicher aus Mailand zusammen und es war zu fürchten, daß dieselben als östreichisches Staatsgut der größten Gefahr der Vernichtung durch die Aufständischen, bei ihrer großen Erbitterung, ausgesetzt waren. Hier mußte nun der italienische Klang des Namens »Maffei« seine Orpheische Wirkung auf die ergrimmten Gemüther ausüben. Und er that es, so wie die klug hinzugefügte Bemerkung, die Maffei'sche Familie entstamme aus ächt italienischem Blute; der Mann, der diesen Namen führe und die Lokomotiven geliefert habe, mache durch seinen hohen Unternehmungsgeist dem Vaterlande seiner Ahnen die größte Ehre. Die Lokomotiven wurden demnach unter den heiligen Schutz des Volkes gestellt und waren vor aller Unbill geschützt. Die für Venedig bestimmten Lokomotiven kamen noch glücklich vor Thoresschluß an.

Da die Güte des verarbeiteten Grundstoffs Urbedingung guter Erzeugnisse ist, so ist das Augenmerk des Fabrikbesitzers unausgesetzt auf die besten Rohstoffe gerichtet. Das Gußeisen wird theils aus Belgien, Schottland und Wales, theils aus der bayrischen Oberpfalz bezogen. Das Pauscheisen zu den Achsen wird theils in der Anstalt aus dem sogenannten alten oder Abfalleisen erzeugt, oder es wird vom königlichen Hüttenamte Bergen bezogen. Die Kesselbleche sind von den rheinischen und badischen Hütten. Das Reifeisen der Lokomotivräder wird aus Lowmoor in Yorkshire bezogen. Vorzügliche Sorge des Fabrikunternehmers ist, sich stets von allen vorkommenden einschlägigen Erfindungen und Verbesserungen möglichst baldige vollständige Kenntniß zu verschaffen und das Bewährte in Anwendung zu bringen, da nur dadurch in einem Fabrikationszweig, der noch in der Ausbildung begriffen ist, den gestellten Anforderungen Genüge geleistet werden kann.

Zum Schluß sei nochmals angeführt, daß durch die Maffei'sche Fabrik der Beweis geliefert ist, daß Bayern, trotzdem, daß es hinsichtlich der Gewinnung und Beziehung der Rohstoffe gegen alle andern Fabrikländer im Nachtheil ist, sich nichts desto weniger zu großen Fabrikanlagen fast jeder Art eignet, und daß ihre Erzeugnisse mit jenen des Auslandes wetteifern können. Aber es gehören die rechten Leute dazu, und zwar solche, welche einem unthätigen Leben, wie es die meisten Begüterten führen, die nur zum trägen Genuß geboren zu sein scheinen und kein anderes Geschäft haben, als den langen lieben Tag für ihre Genüsse einzutheilen, die Streb- und Wagnisse großartiger für das Wohl ihrer Mitmenschen berechneter Unternehmungen vorziehen. Noch ein Dutzend solcher Männer in München, wie Maffei, der neben andern großen Unternehmungen auch der erste und einzige Gründer der münchen-augsburger Eisenbahn genannt werden muß, in dessen Fabrikanstalten ein durchschnittlicher Wochenlohn von 3000 fl. ausbezahlt wird, der fast bis auf den letzten Kreuzer der Stadt München oder ihrer Umgebung verbleibt, und man würde hier nicht mehr die Wirthshäuser von Morgen bis zum Abend überfüllt sehen, und nicht lange mehr durch den für die Altbayern fast zum Glaubensartikel erhobenen Satz: »Bayern kann kein Fabrikstaat sein« angewidert werden. Als wenn durch irgend einen Fabrikationszweig, der nicht einen besondern Schutz genießt, dem Akkerbau und der Viehzucht – durch Entziehung der Arbeitskräfte oder des Bodens – Eintrag geschehen könnte!

Aus: Leipziger Illustrierte Zeitung, Nr. 297, 10. 3. 1849

8. Der Unternehmer: J. v. Maffei an den König (1845)

Allerdurchlauchtigster Großmächtiger Koenig!
Allergnädigster König und Herr!
Auf Allerhöchste Entschließung vom 4. Dezember l. J. haben Euere Königliche Majestät allergnädigst zu genehmigen geruht, daß der erste in Bayern bereits im Jahre 1841 erbaute Dampfwagen, der »Münchner«, für die Königlichen Staatseisenbahnen um die Summe von 24 000 fl angekauft wurde, und dabei auszusprechen, daß dieses in besonderer Berücksichtigung für meine Verdienste um die Einführung des Maschinenbaues in Bayern zu geschehen habe.

Für die Allerhöchste Gnade fühle ich mich aufs innigste durchdrungen, meinen tiefgefühlten Dank Euer Königlichen Majestät zu Füßen zu legen, zugleich aber auch freudig ermuntert, eine allerehrfurchtsvolle kurze Darstellung über den Fortgang dieses Zweiges unserer vaterländischen Industrie, den Euere Königliche Majestät huldvoll wie allem wahrhaft Nützlichem und Schönen Allerhöchsten Schutz angedeihen lassen wollen, alleruntertänigst zu unterbreiten und gleichsam den ersten Sprößling, dem Euere Königliche Majestät Allerhöchst Eigen den Namen beilegten, einen Geleitsbrief mitzugeben.

Als es unverkennbar wurde, daß auch das Vaterland dem allgemein auftauchenden Bedürfnis der Anlegung von Eisenbahnen folgen müßte, wenn nicht dem Zug des Handels und des Verkehrs, sowie den immer mehr zuströmenden Reisenden der schönen, kunstbereicherten Heimath fremder werden sollte[n], und als ich erwog, welche unermeßliche Summen bei der dadurch gebotenen Anschaffung der hierzu gehörigen Maschinen dem Fremdlande gespendet werden müßten, während sie für den eigenen Kunst- und Handwerksfleiße erhalten werden könnten, faßte ich den Entschluß, diese Maschinen-Bau-Anstalt zu gründen, und begann im Jahre 1838 mit 160 Arbeitern auf dem hiezu Hammerwerk am Ende des englischen Gartens in der Hirschau, woher auch das Werk seinen Namen führt.

Im Monat Oktober 1841 ward der erste Dampfwagen vollendet und mit Jubel seine erste Probe begrüßt. – Seither befand er sich in meinen Händen.

Mit Ausnahme von drei bis vier zur ersten Einrichtung nothwendig vom Ausland zu beziehen gewesenen, wurden nach und nach alle Hilfs-Maschinen und Werkzeuge daselbst gefertigt, zu deren Bedienung nunmehr die Zahl der Arbeiter auf 300 und darüber herauswuchs, so daß ich mit Befriedigung bekennen darf, es sei kein ähnliches Werk auf dem Festlande in diesem Umfange, welches so aus sich selbst sich geschaffen und den Werth eines ächt vaterländischen hat.

Das Bedürfnis für die inzwischen Allerhöchst genehmigten königlichen Staatsbahnen ließ mein Werk, wenn auch mit Mühe und nicht ohne nahmhafte Opfer in die Concurrenz mit dem in nahmhafter Beziehung bevortheilten Auslande treten. Außer dem »Münchner« und den für die königliche Süd-Nord-Staatsbahn gefertigten acht Stücke, die in jeder Hinsicht mit den sechzehn noch vom Auslande bezogenen in Solidität, Bewährung und Schönheit wetteifern, wie selbst ausländische Sachverständige unparteiisch den entschiedenen Vorzug dieser bayerischen Arbeit zuerkannten, vermag das Werk nunmehr nicht nur den vollen Bedarf für die königlichen Schienenwege zu schaffen, sondern ich konnte auch – freilich nicht ohne die patriotische Ehre der großen Entfernung wegen mit in Anschlag zu bringen – zu den Lieferungen für die Pfälzische Ludwigs-Eisenbahn mit den Bewerbungen von dreizehn fremdländischen Anstalten, worunter englische, belgische, französische und deutsche waren, gleichen Schritt halten, so daß von der Hirschau acht Stück dahin gelangen.

Die gegenwärtige Arbeiter-Zahl daselbst empfängt durchschnittlich in der Woche an Lohn gegen 2200 Gulden, was für ein Jahr einmal hundert vierzehn Tausend Gulden Verdienst-Gewährung ergibt. Die übrigen Anschaffungen aber eingerechnet, als für Rohmaterial, Brennstoff, Bauvorrichtungen, Transport, Abgaben etc., nimmt der Betrieb eine jährliche Auslage von dreimal Hundert dreißig Tausend Gulden in Anspruch, welche somit in Umlauf kommen.

Die nationalwirtschaftliche Seite des Werks, dessen Gesammtwerth ich nun auf beiläufig sechsmal Hundert tausend Gulden aufschlagen kann, dürfte sich zu meiner frohen Überzeugung neben dem Verdienste so vieler Leute, und darunter vieler braver Familienväter, noch darin finden, daß das Werk eine Bildungs-Anstalt für dieses Fach und viele Künste so im Nebengewerbe, als Eisendreher, Zeichner, Former, Gießer, Hauer, Kessel- und Feinschmiede, Schlosser, Modelmacher u.d.gl. sein, das Vaterland Selbständigkeit und Unabhängigkeit vom Auslande darin gewinnen, und manche Quelle noch mehr nutzbar gemacht werden kann, und der Wohlstand und Nutzen fließt.

Auf Ersparung im Holzbedarf ist Rücksicht genommen, indem ein eigener Torfstich angekauft und angelegt wurde, dem die Erfindung des Gebrauchs an Torfkohle zweckmäßig zur Seite steht.

Es sind noch Millionen, die im Laufe der Zeit zur Bestreitung der Bedürfnisse für die Königliche Eisenbahnen erfordert werden, der jetzt schon berechnete Bedarf an Dampfwagen allein auf etwa 70 Stück angeschlagen – beläuft sich gegen eine Million achtmal Hundert Tausend Gulden, und solche Summen nach Möglichkeit und mit aller Kraft dem Lande Eurer Königlichen Majestät zu erhalten, dazu beizutragen setzte ich mir gerne zum würdigen Ziele; daß es nicht Gewinnsucht, dafür steht meine Bürger-Ehre; kein Kind mehr wartet mir auf sein künftiges Erbe! –

Indem ich mit diesem allerehrfurchtsvollsten Berichte meinem allerunterthänigsten Dank- und Pflicht-Gefühl nachgekommen zu sein glaube, wage ich noch ein kurzes Beispiel anzuführen, wie Summen, so für inländische Arbeit verwendet, in die eigene Quelle zurückkehren.

Es sind sechs Jahre, seitdem der »Münchner« zu bauen angefangen wurde. Die Durchschnittszahl der in dieser Fabrik allein seither beschäftigten Arbeiter beläuft sich für ein Jahr auf 230. Jeder derselben, gering gerechnet, gebraucht zur Stillung seines Durstes des Tages 3 Maaß Bier, was in 6 Jahren 1 511 100 Maaß betrug. Bekanntlich entrichtet die Maaß Bier beiläufig 1 Kreuzer ärarialischen Aufschlag [Steuer], so entziffert sich an diesem einzigen Gefälle schon seither eine Staats-Einnahme von ungefähr 25 000 Gulden.

Nun sind noch viele andere Consumptibilien [Verbrauchssteuern] der Arbeiter von denen Abgaben zu entrichten, nebst Familiensteuer, Armengeld und sonstigen Beiträgen in Anschlag zu bringen.

Der Verdienst aber trägt den besten und tiefsten Keim der Vaterlandsliebe, die ungetrennt ist von der Liebe zum Regenten, zur angestammten Herrscherfamilie; die Wohlhabenheit der Unterthanen ist der werthvollste Stein in der Krone. Möge auch der Glanz derselben unauslöschlich sein im theuren Vaterlande!

Aus: Josef Anton von Maffei an Ludwig I., 27. 12. 1845, Abschrift im Krauss-Maffei-Archiv

X. Eisenbahn und Verkehr

1. Schlechte Straßen

Daß man im vorigen Jahrhunderte weniger Steuern zahlte, als in diesem ist allerdings begründet; dafür war aber auch Das, was gegenwärtig mit dem Ertrage der Steuern bestritten wird, zum Theile in der kläglichsten Verfassung. Die Wege, selbst die frequentesten Straßen, wie zwischen Bamberg und Nürnberg, waren zur einen Hälfte bei nassem Wetter bodenlos, zur anderen bei trockenem ein nicht zu bewältigendes Meer von Sand. Bäche, welche die Straßen durchschnitten, hatten keine Brücken und hinderten die Communikation oft mehrere Tage. In Folge dessen war die Fracht gegen jetzt ungeheuer hoch, der Verzug beim Reisen höchst lästig, beim Warentransporte mit bedeutendem Zinsenverluste verbunden, und wenn es Eile hatte, wahrhaft unerträglich, Beschädigungen viel häufiger als jetzt, mit einem Worte: wenn der Kaufmann in meiner Jugendzeit nur die dermaligen Wege sich hätte verschaffen können, er würde mit Freuden Steuerfreiheit in den Wind geschlagen und gerne Alles gezahlt haben, was er jetzt als Steuer zu zahlen hätte.

Aus: Der Gewerbefreund 12, 21. 10. 1848

2. J. von Baader über den Nutzen von Eisenbahnen (1825)

Unverkennbar sind allerdings die Schwierigkeiten, welche der Ausführung dieser großen Pläne noch im Wege stehen: allein sie können, sie werden besiegt werden, und, so abentheurlich und ausschweifend noch Manchem der Gedanke scheinen mag, Güter und Waaren aller Art, Reisende und Posten, ohne Pferde, durch die Kraft des elastischen Wasserdampfes mit jeder erforderlichen Geschwindigkeit zu transportieren, so ist doch, nach den Wundern der Mechanik, die wir in den neuesten Zeiten erlebt haben, an dem Gelingen desselben nicht mehr zu zweifeln. Unberechenbar sind aber auch die Vortheile, welche hieraus in einem Lande entspringen müssen, wo das Brenn-Material so wohlfeil, und alle Lebensmittel für Menschen und Thiere so theuer sind. Eine Million von Pferden, welche man gegenwärtig für das Fuhrwesen bedarf, wird entbehrlich: Ungeheure Flächen des besten Landes, welche gegenwärtig der Pferdezucht allein gewidmet sind, werden für den Ackerbau, für die Vermehrung von Nutzvieh gewonnen; und, da bekanntlich ein Zugpferd zu seiner Erhaltung so viel Land bedarf, als zur Nahrung einer kleinen Familie hinreicht, so wird auch die Bevölkerung in gleichem Verhältnisse zunehmen. Bewegungskräfte und Transportmittel, das sind die ersten und unentbehrlichsten

Bedürfnisse aller Industrie, die materiellen Grundpfeiler des Wohlstandes aller Nationen, und jede wichtige Verbesserung und Erleichterung in diesen beyden Gegenständen gilt einer Eroberung gleich. Der Dampfmaschine, ihrer Vervollkommnung und vervielfältigten Anwendung verdankt Großbrittanien seinen Reichthum und den hohen, imponirenden Rang, welchen es gegenwärtig nicht nur als erster Handels-Staat, sondern auch als politische Macht behauptet. »Es ist unsre verbesserte Dampf-Maschine« – so drückt ein einsichtsvoller englischer Schriftsteller in seiner unlängst in London erschienenen Geschichte der Dampfmaschine, Herr Robert Stuart, S. 192, sich wörtlich aus: – »Es ist unsre verbesserte Dampfmaschine, welche die Schlachten von Europa geliefert, und welche während des letzten fürchterlichen Kampfes die politische Größe unseres Landes erhoben und erhalten hat. Es ist dieselbe mächtige Kraft, welche uns gegenwärtig in Stand setzt, die Zinsen unsrer Schuld zu bezahlen, und den schwierigen Kampf zu bestehen, in welchem wir noch gegen die Geschicklichkeit und das Kapital aller andern Länder verwickelt sind.«

Welche unübersehbare Folgen, welche neue Wunder lassen sich nun erst von der Anwendung dieser mächtigsten und sichersten aller Bewegungskräfte auf das Transportwesen zu Wasser und zu Land erwarten? – Schon ersetzt der Wasserdampf die schwache Kraft der Pferde, und die unsichere, unbeständige und veränderliche Kraft des Windes auf Flüssen und Seen. Schon bedecken zahlreiche Dampfböte die bedeutendsten Ströme von Nordamerika, von England, und von einigen Ländern des europäischen Continents. Schon durchschneiden grössere und mächtigere Schiffe dieser Art die Weltmeere, trotzend den Stürmen, den Wellen und Strömungen; und eine neue Epoche für den Welthandel, vielleicht nicht minder wichtig und folgenreich als die Erfindung der Magnetnadel, beginnt mit dieser großen Anwendung der Dampf-Schifffahrt. Gelingt es nun auch, diese Kraft auf eine vortheilhafte Art, in Verbindung mit der möglichsten Vervollkommnung der Eisenbahnen, auf das Landfuhrwesen zur Erleichterung des innern Verkehrs anzuwenden, dann feyert die Mechanik ihren höchsten Triumph. Sie hat ein neues Reich erobert, sie herrscht über die Straßen, von welchen sie bis jetzt verbannt war.

Aus: Joseph von Baader, Über die neuesten Verbesserungen und die allgemeinere Einführung der Eisenbahnen, München 1825, S. 24ff.

3. Eine Stimme gegen den Bau von Eisenbahnen (1836)

So wichtig die Eisenbahnen für den bayerischen Handelsstand erscheinen, so darf aber auch nicht der Nachtheil unbeachtet bleiben, den solche dem Staat und der ganzen Bevölkerung einst bringen werden, zuvörderst aber einem großen Theil der Anwohner der alten Landstraßen.

Wenn auf Eisenbahnen 150 Ztr. Güter mit einem einzigen Pferde täglich 10 Poststunden, 160 Personen mit einem Dampfwagen 25 Postmeilen zurücklegen können, wozu man auf den jetzigen Landstraßen täglich 90 Anspannpferde und zu deren Leitung 45 Menschen nöthig hat, so ist es unverkennbar, daß durch diese bedeutende Ersparniß Fuhrleute, Kutscher, Schmiede, Wagner, Sattler, Seiler etc. der Vernichtung ihrer Gewerbe entgegengehen, Gastwirthe und andere mit dem Verkauf von Viktualien sich beschäftigende Gewerbetreibende, als Brauer, Bäcker, Melber, Metzger, Müller etc. durch die verminderte Consumtion der Lebensmittel bedeutend verlieren werden, von diesen rückwirkend wieder viele andere Gewerbe, bis zuletzt der Landmann diesen ganzen Verlust tragen muß, da er seine Landeserzeugnisse an jenen verödeten Landstraßen nicht mehr absetzen kann, oder wenigstens zu weit geringern Preisen verwerthen muß.

Die Pferdezucht, ein so wichtiger Zweig der Landesökonomie und reichhaltige Erwerbsquelle für den Landmann, ist durch die sorgfältige Bemühung der Staatsregierung, welche edle Race-Pferde als Beschäler im Lande vertheilte, schon so weit gekommen, daß sie unserm Heere die benöthigten Cavallerie- und Militärpferde in vorzüglicher Güte und Schönheit liefert. Millionen Gulden, die zu deren Anschaffung sonst ins Ausland giengen, bleiben jetzt im Inland in den Händen des Landmanns. Eben so liefern unsere Pferdezüchter die vortrefflichsten Zug- und Reitpferde zum Bedarf des inländischen Kutschen- und Frachtfuhrwerks. Nach wenig Jahren können wir vielleicht durch die fortschreitende Veredlung selbst edle Race-Pferde ins Ausland verkaufen und dadurch eine belohnende Erwerbsquelle für unsere Landleute erlangen. Wenn jedoch durch die Eisenbahnen so viele Anspannpferde durch das entbehrliche Kutschen- und Frachtfuhrwerk erspart werden, so können die Pferdezüchter eine solche Anzahl Pferde, wie der jetzige Bedarf erfordert, nicht mehr verkaufen, der Preis derselben wird bedeutend fallen und in Folge dieses die mit so vieler Mühe und Sorgfalt emporgehobene Pferdezucht wieder in Verfall kommen. Ja, durch die vielen projectirten Eisenbahnen in andern deutschen Bundesstaaten würde ganz Deutschland in Verlegenheit kommen, sich bei einem einst ausbrechenden Kriege die erforderlichen Pferde im Inland zu verschaffen und während der Dauer des Kriegs den nachhaltenden Bedarf zu sichern. Solche müßten sodann um jeden Preis im Ausland aufgekauft werden, und welchen ungeheuren Kostenaufwand würde dieß verursachen? Es könnte sogar der Fall eintreten, daß bei verwickelten Kriegen die benöthigten Militärpferde vom Ausland gar nicht herbeizuschaffen wären. Man denke sich die schreckliche Gefahr für den deutschen Staatenbund, wenn fremde Kriegsheere uns mit ungeheuern und überlegenen Reiterschwärmen bekriegen sollten! Dieser wichtige Umstand ist gewiß auch bei der Eisenbahnangelegenheit einer hohen Berücksichtigung werth. [...]

Auch auf den künftigen Kanalbau müssen die Eisenbahnanlagen in noch größerer Ausdehnung sehr nachtheilig einwirken. Der Bau der Eisenbahnen, die Feuerung der Dampfwagen erfordert einen großen Bedarf von Holz und Kohlen, die Richtung der Bahnen selbst, wo solche Waldungen trifft, würde viele tausend Morgen Holz rasiren und die Holzpreise in manchen Gegenden aufs höchste steigern. Nicht allein, daß dadurch ein abermaliger Verlust für die Bewohner jener Gegenden entsteht, auch dann vielleicht der Ruin mancher Fabriken und Gewerbe, die jetzt noch bei einem mäßigen Holzpreis bestehen, herbeigeführt wird, sondern es müßte auch einen noch nachtheiligen Einfluß auf die Förderung und den Kostenaufwand des Kanalbaues selbst haben. An manchen Stellen ist dahin schon ein höchst bedeutendes Holzquantum nöthig, wo dieß hernehmen, wenn der Bau der Eisenbahnen solches schon verzehrt hat? [...]

Es ist sehr zu bedauern, daß durch den wüthenden Andrang zur Theilnahme an Eisenbahnanlagen das großartige Unternehmen des Main- und Donaukanals der Aufmerksamkeit des Publikums fast entzogen und das Interesse, welches jeder Bayer dafür hätte hegen sollen, unterdrückt wurde. Man muß beinahe auf die Vermuthung gerathen, daß man dahin auf solchem Weg künstlich zu wirken suchte.

Aus: Ideen über die Eisenbahnen in Bayern und deren Gefahren für das bayerische Vaterland und für ganz Teutschland, Erlangen 1836, S. 4ff.

4. Ludwigskanal und Eisenbahn (1835)

Durch die Thätigkeit des Hauses M. A. Rothschild Söhne in Frankfurt ist der ganze Bedarf zur Ausführung eines welthistorischen Unternehmens, die Donau mit dem Main und dem Rhein zu verbinden, durch Aktienabnahme bereits gedeckt, so daß in Folge einer von dem genannten Hause erlassenen Bekanntmachung keine Subscriptionen auf dieses Unternehmen mehr angenommen werden. Dieses höchst erfreuliche Ergebniß beurkundet nicht nur das ehrendste Vertrauen des In- und Auslandes rücksichtlich der geregelten Verhältnisse der materiellen oder wirtschaftlichen Interessen in der großen deutschen Handels-Union, sondern es wird dadurch auch die sichere Aussicht gegeben, daß jeden Augenblick mit Ausführung dieses großen deutschen Nationalwerks begonnen werden könne. Bereits sollen an die technischen Behörden die Verfügungen erlassen worden seyn, bis zum nächsten Frühjahre solche Vorkehrungen zu treffen, daß, sobald es die Witterung erlaube, auf allen Punkten mit den Erdarbeiten angefangen werde. Bereits wurde von vielen Seiten anerkannt, daß je früher diese große deutsche Wasserstraße vollendet seyn wird, der Nutzen von Errichtung von Eisenbahnen erst in seinen wahren Folgen sich entwickeln könne, und es dürfte dann keineswegs als eine sanguinische Hoffnung angesehen werden, wenn man behauptet, daß in wenigen Jahren von Wien an den Kanal zur schnelleren Beförderung der Berggüter eine Eisenbahn sich hinziehen werde, wo denn zugleich auch Regensburg, München, Augsburg und Nürnberg mittels Eisenbahnen in eine nützliche und schnelle Verbindung zu Land mit dem Kanal werden gebracht werden.

Was nun den Bau des Kanals betrifft, so erlauben wir uns, einige bescheidene Bemerkungen hierüber niederzulegen. Wenn, wie zu hoffen ist, auf der ganzen Strecke des Kanals von Bamberg bis Kelheim in allen Landgerichts-Bezirken zugleich begonnen wird, so können alle arbeitsfähigen und müssig gehende Personen aus diesen Distrikten und anderen Theilen des Königreichs, unter arbeitsliebende, fleißige Menschen vertheilt, beschäftigt werden. Das Beyspiel der letzteren dürfte schon auf die ersteren in moralischer Hinsicht wohlthätig einwirken; allerdings ein großer Gewinn für die arbeitende Klasse. [...]

Über den ursprünglichen Nutzen dieses Kanals dürfte wohl die so schnelle Realisirung der zum Baue desselben erforderlichen Geldsummen einen schlagenden Beweis geliefert haben; und seine schnelle Vollendung ist um so wünschenswerther, je mehr man an der untern Donau bemüht ist, dem kommerziellen Verkehr nach dem Orient alle möglichen Erleichterungen zu verschaffen, da schon bis zum nächsten Frühjahre 8 Dampfschiffe von Wien bis Gallaz den regelmäßigen Dienst bis in das schwarze Meer beginnen werden. Kommen nun auf der obern Donau aus dem Main und dem Rhein mittels der Thalfahrt auf der Wasserstraße, wie sich mit Sicherheit erwarten läßt, Ausfuhrartikel zum Transit für den Orient nach Wien, so entwickeln sich natürlicher Weise aus diesem Verkehr Retouren mit orientalischen Landesprodukten. Da aber die Bergfahrt an der obern Donau mit bedeutendem Zeitverlust verbunden ist, so ergibt sich von selbst der Nutzen und die Nothwendigkeit einer Eisenbahn von dieser Seite her an den Ludwigs-Kanal.

Aus: Die Bayerische Landbötin, Nr. 153, 22. 12. 1835, S. 1335

5. Augsburger Initiative zum Eisenbahnbau (1835)

Aber noch bedürfte es der Eisenbahnen, in nachhaltiger, sicherer und nicht blos experimentirender Gestaltung, in jener nehmlich, welche sie den schon in verschiedenen deutschen und andern benachbarten Ländern sowohl schon gebildeten als im Entstehen begriffenen Bahnen würdig anschlöße, und gleichsam ein Straßen-Netz nach den Hauptrichtungspunkten ziehend, unsern Landeserzeugnißen der Gewerbe wie des Bodens, namentlich unsern reichen Getreidefrüchten p.p. eine schnell leichte Vermittlung mit den umgebenden Ländern und ihren Erzeugnissen gewährte. Der Handelsstand der getreuen Stadt Augsburg, ergriffen von dem ganzen Gewichte des Gegenstandes, und den allgemeinen Anklang theilend, der den Osten, Norden und Westen belebt, würde nun sich glücklich fühlen, wenn es ihm vergönnt wäre, die hierzu führende Bahn brechen, und an ihrer Spitze die ersten Schritte eröffnen zu dürfen.

Natürlich laßen sich für diesen Augenblick noch keine Details zur Ausführung bezeichnen, doch erlauben wir uns unzielsetzlich auf Vier Hauptstraßenzweige hinzudeuten, die von dem Punkte Augsburg ausgehend eine vorzügliche kommerzielle Wichtigkeit haben.

I Die Straße über München und Rosenheim p.p. als Verbindungsmittel mit der handelsreichen Seestadt Triest, durch sie mit Griechenland und der Levante.

II Die Straße nach Nürnberg, um mittelst derselben in Verbindung sowohl mit der projektierten Leipziger Magdeburger Eisenbahn, als über Marktbreit mit Frankfurt, Mainz, Cöln und den Bahnen jener Gegend zu gelangen,

III Die Straße über Lindau als Eintritt zur Schweiz und Italien;

IV Die Straße nach Ulm zur einleitenden Verbindung über Würtemberg, das gewiß nicht zurückbleiben wird, mit Baden, Straßburg p.p.

Bereits hat sich aus unseres Handelsstandes Mitte eine Comité gebildet, welches zur Aufgabe hat, die ersten Präliminarien zu berathen, sobald die allerhöchste Staatsregierung nur geruhen würde, den Gegenstand derjenigen vorausberechnenden Prüfung und Untersuchung zu submittiren, die das Lebens-Prinzip aller großartigen Unternehmungen ist, und allein ihre Dauer bedingt.

Aus: Gesuch des Augsburger Eisenbahncomités aus Bankiers, Kaufleuten und Fabrikanten an Ludwig I., 31. 7. 1835, BayHStA, MH 13 161

6. Eisenbahnfahrt von Fürth nach Nürnberg (1838)

Auf dem Wege zur Abfahrt trafen wir unseren früheren Reisekollegen I. A. Schneider aus Worms, der aber noch visieren lassen mußte. Wollten wir den Dampfer [Eisenbahn] nach Fürth noch erreichen, so blieb uns wenig Zeit. Wir mußten denn auch richtig auf Freund Schneider bis zum letzten Augenblick warten, wo er denn angestürzt kam, um noch, gleich uns, zu fahren. Aber der Dampfer ruckte an, und in dem gewaltigen Getöse, das er von sich gab, schrie der Verspätete dem Dampfermeister ganz vergeblich zu, daß er halten solle, er müsse noch durchaus mitreisen. Doch hielt der Dampfer nit, trotzdem uns Schneider an den Rockschößen packte, um ihn solcherweis dazu zu zwingen. So fielen wir vom Zug herunter und allesamt in den Dreck, was gut ein Unglück hätte geben können, wie wir an dem Entsetzensschreien der Umstehenden wohl merkten. Standen gar viele umher, die von der Neugier, dies Schauspiel des Dampferfahrens zu besehen, hierher getrieben worden waren.

An diesem Tage gab es nun nichts mehr zu fahren. Da ich aber allein nach Nürnberg gegangen, um den Dampfer durchaus zu probieren, welches mir erst einmal in meinem Leben damalen in Linz geglückt, wir aber andererseits nit länger als vierundzwanzig Stunden hier verweilen durften, da wir schon nach Fürth visiert hatten, so blieb nichts anderes übrig, als nach dorten zu marschieren und bis anderen Mittag zu warten, um also umgekehrt von Fürth nach Nürnberg zu fahren.

Gelang uns denn auch, und wir machten die Reise von Fürth nach Nürnberg in kaum achtzehn Minuten. Die Fahrt zurück dauerte allerdings nur zehn Minuten, was wegen dem abfallenden Gelände war, das der Dampfer leichter hinter sich brachte. Dabei sahen wir den Donau-Mayn-Ludwig-Kanal, welcher zwischen diesen beiden Städten gegraben wird. Auch die Dampfertrace heißt die Ludwigsbahn nach dem bayerischen König. War eine angenehme Fahrt in den offenen Wagen, da die Luft von allen Seiten Zutritt hatte, und welche Wagen sogar ohne Verdeck fuhren. Einige mutige Frauen, die es gewagt hatten, sich mit uns Mannsleut in den Dampferwagen zu setzen, machten ängstliche Gesichter, als der Train an einer scharfen Krümmung der Trace arg ins Wanken kam. Sie kreischten jämmerlich und klammerten sich an ihre Begleiter, die aber mit Gleichmut dreinsahen oder doch sich ein solches Ansehen gaben. Die Furcht vor einem Absturz war aber auch ganz übrig, denn wir fuhren dorten so sicher wie auf irgend einer guten Landstraße.

Hatten für die Fahrt zwölf Kreuzer zu zahlen, was nit gerad billig ist. Muß aber doch sagen, daß ich schwerlich nach Belgrad und Dalmatien zu Fuß gereist wäre, hätte man schon überall solche Dampfer aufgestellt. Wäre mir vielleicht manches verborgen geblieben, was ich zu gutem Nutzen kennengelernt habe. Wären mir aber auch die Füße geschont worden, was auch nit vom Übel ist. Doch ehe die Dampfer soweit laufen, wird noch viel Wasser den Rhein herunterfließen und manche hundert Jahre vergehen.

Aus: Dewald, Biedermeier auf Walze, S. 194f.

7. Arbeitsverhältnisse beim Eisenbahnbau zwischen München und Augsburg

a. Ein Zeitungsbericht (1838)

Die Bahnlinie selbst läuft von München über Pasing, Lochhausen, Olching, Maisach, Malching, Nannhofen, Hattenhofen, Althengenberg, Mering nach Augsburg. Sie begreift sechs Sektionen in sich. Drei derselben sind bereits im Bau begriffen, und zwar die 2te, 3te und 6te. Ingenieur der 2ten Sektion, die sich von Pasing bis Olching erstrekt, ist Hr. Feigele. [...]

In der 2ten Sektion sind bereits 317 Arbeiter verwendet und kommen täglich eine Menge neuer Anfragen. Hr. Feigele, der bereits in Griechenland rühmliche Be-

Eisenbahnvermessung.

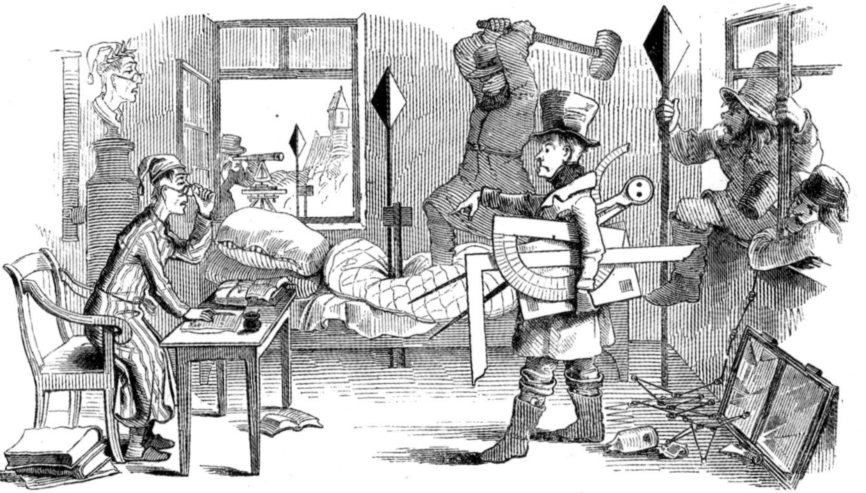

Lorenz Kindlein. Aber mein Herr, so schätzenswerth mir die Ehre Ihres Besuches ist, so muß ich doch gestehen, daß ich die Absicht hatte, auch heute, nach Beendigung meiner gewöhnlichen Anzahl Verse, dort in dem Bette zu schlafen.

Der Geometer. Herr, schlafen Sie, wo Sie wollen oder mögen, aber merken Sie sich diese officielle Verkündigung: Im Namen der Eisenbahn! Wer irgend einen der zu der Vermessung nöthigen Pfähle, Pflöcke und Merkzeichen auch nur auf kurze Zeit herauszieht, muß die sämmtlichen Vermessungskosten zahlen. Im Namen der Eisenbahn! — Guten Abend.

Karikatur von 1845

weise praktischer Bauwissenschaft abgelegt hat, steht an der Spitze jener Arbeiter, unter ihm 2 Kondukteurs, 1 Werkmeister, 3 Parliere, 2 Aufseher und 6 Vorarbeiter. Die Ordnung unter den oft aus der Hefe des Volks zusammengewürfelten Leuten wird musterhaft und von Hrn. Feigele mit unermüdetem Eifer aufrecht erhalten. Die Leute sind sehr gut und wohlfeil verpflegt. Ihre Kost wird in eigenen Hütten verabreicht und der Mann erhält Erbsensuppen und 2 Knödeln um 4 kr. reichliche Sättigung. Die exakteste Ordnung herrscht in den eigens für die Arbeiter errichteten Schlafstellen. Fünfmal werden die Arbeiter täglich verlesen. Um 9 Uhr muß Alles im Bette sein, um halb 6 Uhr aufstehen; jedes Individuum hat Stroh und eine wollene Decke zum Lager. Die größte Reinlichkeit herrscht in den Schlafhütten, kurz man muß die Humanität des Direktoriums allseitig rühmen. Der Arbeitslohn beträgt 30 bis 36 kr., je nach der Solidität der Arbeiter selbst. Bereits ist ein grosser Theil der Lochhauser Höhe abgegraben und das Ganze schreitet dem Ziele täglich rascher entgegen.

Aus: Bayerische Nationalzeitung, Nr. 61, 19. 4. 1838, S. 249f.

b. Protestbrief eines Bahnarbeiters gegen betrügerische Praktiken bei der Entlohnung (1839)
In Namen der Tagwerker
Weil das Ober Direktorium die verordnung bloß vir dagwerker geben, so muß man biten auch für die Tagdiebe eine herauszugeben und voraus für die 2te & 3te Section. Wen kein Mittel gedroffen, so müssen alle Werkmeister, Ingenieur und aufseher sterben, den warum weil laider dagdieb die den dagwerkern daß Geld abstelen, der Werkmeister von Olching spricht 18 kr. für die Schachtruten aus, und bezahlt 12 kr. ist daß recht oder nichd. die Direktion haben, – ich hoffe nicht, eine Schand für die ganze Gesellschaft, wan diß die Lumben ausgehen lassen. 19 & 12 Schachtruten abzihn und aus nachlässigkeit wi es bey der Eisenban gebreichlich ist bezahlen. es lassen alle Taglener daß Oberdirektorium ersuchen ein Mittel zu treffen daß die Lumben dis bezahlen waß sie aussprechen von 4 bis Nachts 7 Uhr ist lang so bitt man daß doch ein Mitl möchte gedroffen werden. Eine Schande für die geselschaft und für die welche beschäftigt sind. Wen die Eisenban Geselschaft lauter so Lumben wie der Bruder Grauvok ist, so Wär die Eisenbahn schon ... Und wan wir unser Geld nicht bekomen so wird alles in Brand gestellt. Ist dieß auch Recht, wie es in Olching geschehn daß sie ein Häußler Löcher in Kopf geschlagen ....

Aus: Anton J. Liebl, Die Privateisenbahn München-Augsburg (1835–1844). Entstehung, Bau und Betrieb. Miscellanea Bavarica Monacensia Bd. 103, München 1982, S. 228

8. Eisenbahnfahrt (1839)

Der Bahnhof zu München liegt eine kleine halbe Stunde vor dem Thore, ein Mißstand, der dadurch an Gewicht verliert, daß die Gäste durch eigene, von der Anstalt bestellte Fiaker aus den Ringmauern herausgeholt werden, bis es einmal zur Erwerbung eines näher gelegenen Grundes kommt, wozu die alte Schießstätte ausersehen ist. Wer den Pschorrbräukeller kennt, den ungeheuern, der von seiner künstlichen Esplanade herab freundlich über die Stadt hinblickt, der weiß auch den Bahnhof, denn er liegt zu dessen Füßen, in einer Ecke des Marsfeldes, ganz nahe an der Landsbergerstraße, gegenüber von Nymphenburg. Es ist ein hohes, hölzernes Gehäuse, von dessen First herunter die Landesflagge weht, an dessen Vorderseite auf großer schwarzer Tafel Bedeutung und Zweck des Gebäudes ausgesprochen sind. Von seinen Seiten lösen sich hohe Planken ab, die einen beträchtlichen Hofraum einfangen, das Arsenal der Bahn. Vor den Eingängen stehen zwei hölzerne Tempelchen, unbestimmbarer Ordnung, in denen der Reisende sein Opfer darbringt, welches er im Vergleich zu andern Bahnen immer noch etwas hoch zu finden geneigt ist. Die Glocke, die über dem Giebel des Bahnhauses hängt, läßt sich vor der Abfahrt dreimal hören. Beim zweiten Male öffnen sich die Thore des Hauses, um sich beim dritten Male wieder hinter der Menge zu schließen. Zwei große Empfangszimmer beherbergen die Reisenden die wenigen Minuten bis zur Abfahrt. – Endlich ist's an der Zeit und das fahrlustige Volk strömt hinaus in die weite Halle, welche die Anfänge der Bahn überwölbt. Dort stehen in langer Reihe die Wagen bereit, die rauchende Maschine an der Spitze. Die beiden englischen Wagenlenker hanthieren auf dieser und schüren den Brand, der glühend herausglotzt aus der Esse, während sie selbst, schwarz und rußig vom Kopf bis zur Zehe, zwei Dämonen gleichen, die an den Pforten der Hölle stehen. Der Wagen sind viererlei. Die letzte Classe ist ein viereckiger Kasten ohne Deckel, mit hölzernen Bänken, ohne Schutz gegen Regen oder Sonne – der Lieblingsplatz der Landleute. Die nächste Classe erfreut sich schon gepolsterter Sitze; vor der Sonne schützt die Bedachung und gegen den einschlagenden Regen die ledernen Vorhänge zu beiden Seiten. Wer's noch besser haben will, dem gewährt die zweite Classe nicht allein gepolsterte Sitze, sondern auch gepolsterte Rücklehnen, und die besten und vornehmsten Wagen, die der ersten Classe, führen sogar Glasfenster. In ihr Inneres aber guckte ich nicht hinein, gerade um mir's desto schöner ausmalen zu können. Da denke ich mir sammtene, schwellende Kissen, mit goldenen Stäben eingefaßt, weiche Eiderdunenpolster an den Seiten zur Ruhe für das müde Haupt, und den Plafond schmücken vielleicht geschichtliche Fresken von Wilhelm Kaulbach oder Julius Schnorr von Carolsfeld. – Eine Menge Diener laufen unterdessen hin und her, ermahnend, helfend und rathend, die meisten in der Bahnlivree, einem krapprothen Frack mit schwarzen Aufschlägen; das Haupt bedeckt eine Jokeimütze, deren Vorderseite die Insignien der Anstalt zeigt, ein geflügeltes Rad, das auf einer Schiene ruht.

Wir sitzen; die Maschine gibt sich mit einem durchdringenden Pfiffe selbst das Zeichen und rollt davon. Das Ungethüm jagt rasselnd, dampfend, schnaubend dahin und darüber kommt die ganze Gegend in Unordnung und fährt wie besessen durch einander. Die fernen Höhen rücken eiligst näher, einzelne Häuser schießen pfeilschnell daher und fahren pfeilschnell wieder davon. Wenn man durch die Alleebäume auf das Gebirge sieht, so ist's gerade, als ob die ungeheure Zugspitze den andern Bergen nachjagte, die lustig vor ihr davon rennen. Fährt man durch einen Hain, so lassen sich zwar die vordern Bäume an der Straße ganz vernünftig an, aber hinten im

Walde sieht es aus, als ob die Fichten scherzend durcheinander liefen. Die Menschen, die an der Bahn stehen, erscheinen von Ferne recht menschlich, aber im Vorüberfahren verfließen sie ins Formlose und werden erst hinter uns wieder consistent. Und alle diese Wunder sieht man auf den guten Polstern recht ruhig an und raucht eine Cigarre dazu.

Wir fahren am Hirschpark vorüber und sehen alsbald die Mauern und die Bäume des Nymphenburger Gartens und darüber die Zinnen des hohen Schlosses. [...]

Außer dem nahen Nymphenburg erschauen wir aber auch noch in weiter Ferne das ragende Hochgebirge in seiner Alpenmajestät und gegen Norden, jedoch um vieles näher, der Höhenzug, auf dem der Markt und das weitgesehene Schloß von Dachau liegen, und von da herauf nach einander die uralten, agilolfingischen Dörfer Allach, Menzing, Pipping, Pasing, Aubing, die schon lange standen, ehe die jetzig Hauptstadt erwähnt wird.

Die Maschine hält: wird sind in Lochhausen, einem stillen, verlegenen Dörfchen, zwei Stunden von München von welchem ehedem nur die nächsten Nachbarn etwas wußten und das nun den Münchnern so bekannt geworden ist, wie Neuberghausen oder Hessellohe. Diese Ortschaft war nämlich viele Monden lang der Port, in dem der Dampfwagen seine Fahrt beschloß, zu einer Zeit, da er noch in Windeln lag und sich nicht weiter getraute, weil die Schienen nicht gelegt waren. Damit ging ein glücklicher Stern auf für Lochhausen, das überrascht und freudetrunken täglich Hunderte von Hauptstädtern ankommen sah, die die Eisenbahn hatten probiren wollen. Diese Frequenz hat allerlei abgesetzt; ein solcher Niederschlag ist zum Beispiel der schmucke Wirthshauspavillon von Holz rechts der Bahn und das mächtige Belvedere gleichen Stoffes zu seiner Seite, eigens erbaut, damit die früher angekommenen Münchner den später daher rollenden entgegensehen können. Linker Hand hat die Bahnverwaltung colonisirt und verschiedene hölzerne Gebäude errichtet, mit zierlichen Geländern und anderm Schmuck, was Alles die Bedeutsamkeit der Station recht schön zu erkennen gibt. Auch ist hier eine Anhöhe durchgegraben, deren Ränder ein gemauerter Bogen verbindet, welcher geschmackvoll entworfen und nagelneu, wie er ist, die Umgebung nicht wenig heraushebt.

Nach ein paar Minuten, während deren manche Passagiere ausgeschifft und andere an Bord geladen worden sind, macht sich der Zug wieder auf und eilt wieder tobend davon. Doch wird noch an verschiedenen Dörfern gehalten, ehe wir nach Nannhofen kommen, das acht Stunden von München liegt und gegenwärtig der äußerste Punkt ist, bis zu dem die Locomotive geht. Allenthalben werden an den Stationen Gebäude errichtet für die Leute der Bahn und geräumige Hallen zur Unterkunft für die Wartenden. [...]

Nun sind wir in Nannhofen und steigen immerhin zufrieden aus, wenn auch anderthalb Stunden darauf gegangen sind, um eine Strecke von acht Stunden zurückzulegen. Diese lange Dauer der Fahrt ist zunächst dem oftmaligen Anhalten zuzuschreiben; denn außer der Zeitversäumniß in den verschiedenen Dörfern geht aus der Kürze der Stationen auch noch der Übelstand hervor, daß der Drache an der Spitze nie dazu kommt, seine Flügel so recht kräftig zu schlagen, weil er immer schon wieder am Ziele ist, wenn er gerade in den besten Eifer gerathen will.

Die Leute aus den Wagen der vierten Classe verlieren sich nun in den Feldern und im Holze und gehen ihren Ortschaften zu oder auf dem Fußwege nach Augsburg; die andern aber übergeben sich den Augsburger Lohnkutschern, die mit ihren Wagen schon auf sie warten. Wir haben uns noch durch einen kurzen Feldweg durchzuarbeiten und sind dann auf der Heerstraße, die in einer freundlichen Gegend durch mehrere Kirchdörfer zieht, bis wir nach Merching kommen ins Posthaus, wo gehalten und gefüttert wird. Den Reisenden von Distinction empfängt hier ein schiefes Zimmerchen, das manches Abstoßende bietet. Die Fliegen fallen den Eintretenden lärmend an, Fenster und Thüren sehen schäbig und verwittert drein; der Braten ist verschmort, das Salatöl stinkt. Es verändert auch wenig an der Sache, daß ein Groschenbild als Ornament an der Wand hängt, welches die Einnahme von Belgrad durch die Kaiserlichen unter Loudon darstellt. Nichts erinnert hier an den Fortschritt unsrer Zeit als die Rechnungen, welche selbst über hochgespannte Erwartungen weit hinausgehen. Ehemals waren die Wirthshäuser auf dem platten Lande in Altbayern »lächerlich wohlfeil,« dabei freilich auch nicht Alles so rein und blank, wie es in besuchtern Gegenden, in der Schweiz oder am Rheine zu finden ist. Wenn man sich nun auch die Reinlichkeit nicht abkaufen lassen wollte, so konnte man doch in den bescheidenen Zechen eine Art Vergleichsvorschlag finden, der uns bewegen sollte, mit dem Gebotenen, wie es auch sei, vorlieb zu nehmen, maßen es ja fast umsonst zu haben. Jetzt aber lebt man in solchen Häusern auf dem Lande theurer als in den Gasthöfen der Stadt, und ist daher sehr geneigt, ihre Schäbigkeit etwas unverschämt zu finden.

Aus: Ludwig Steub, Kleinere Schriften, Bd 1: Reiseschilderungen, Stuttgart 1873, S. 2ff.

9. Die Eröffnung der Eisenbahnlinie München-Augsburg (1840)

Gestern Morgens erfolgte der Ankündigung gemäß die lange erwartete Eröffnung der Eisenbahnfahrten von hier bis Augsburg für das Publikum. Schon seit einigen Tagen war der Bahnhof mit Fahnen, Kranzgewinden und den vereinten Wappen von München-Augsburg festlich und geschmackvoll geziert worden. Eine ungewöhnliche Menschenmenge drängte sich vor der Abfahrtsstunde in freudiger Bewegung zu den Kassen und Wartsälen; eine noch größere sammelte sich rings auf der Wiese, um den ersten Wagenzug zu erschauen, der bald nach 8 Uhr, die mit Fahnen und Kränzen geschmückten, dampfenden Lokomotiven Jupiter und Juno und ein Strecksches Musikcorps mit klingendem Spiel an der Spitze, unter allgemeinem Jubel dem Bahnhof entrollte. In einem der ersten Wagen fuhren die hiesigen Mitglieder des Directoriums und Verwaltungsrathes nebst einigen höhern Staatsbeamten, unter denen man Se. Excell. den k. Minister der Finanzen Grafen v. Seinsheim und den k. Regierungsdirektor v. Fischer bemerkte. Hieran schlossen sich 27 Wagen mit ungefähr 600 Personen aus allen Ständen. Die ganze Bahn entlang waren alle Stationsgebäude, und selbst die Hütten der Bahnwärter festlich geziert. Überall wurden die Ankommenden mit Böllerschüssen, Musik und Freudenruf empfangen. Ausge-

Die Augsburg-Münchener Eisenbahn, Holzschnitt um 1840

zeichnet festlich war der Willkomm am Burgfrieden von Augsburg, wo an der neuerbauten Lechbrücke eine stattliche Ehrenpforte mit Inschriften errichtet war, und die Landwehrgrenadiere längs des Weges paradirten, bis der Zug gegen halb eilf Uhr unter dem beständigen Jauchzen der dichtgedrängten Zuschauer, dem Donner der Böller und dem Spiele der Musikchöre des Regiments Prinz Carl und des Chevauxlegersregiments König an dem mit grünen Gewinden und zwei Obelisken gezierten Bahnhofe anlangte, wo der Bürgermeister Hr. Dr. Carron du Val in Amtskleidung das Directorium empfieng. Die Wagen entluden sich nun von ihrer gewaltigen Last, und wer nicht in Privathäusern gastliche Aufnahme fand, eilte in dem eleganten eigens zu diesem Zwecke bestimmten Omnibus (eine Einrichtung, die auch in München Nachahmung verdient) den Gasthöfen zu, deren Namen sie in großer Aufschrift trugen. Über die Vorzüglichkeit der Bewirthung und die Billigkeit der Preise herrschte unter den Gästen nur Eine allgemeine Stimme der Anerkennung. Überall erblickte man heitere Mienen und die schöne, ohnehin schon durch die gerade einfallende Marktzeit belebte Maximiliansstraße wurde noch lebendiger durch die zahlreichen Münchner, die sich nach allen Seiten hin vertheilten, um die ehrwürdige, und doch so freundliche Augusta mit ihren Erzbrunnen, ihrem grauen Dome, ihren beschatteten Basteyen, weitläufigen Fabrikgebäuden und übrigen Sehenswürdigkeiten mit Muße zu beschauen. Obwohl noch Vormittags eine Rückfahrt stattfand, zogen es doch, wie natürlich, die meisten Münchner vor, die Abendfahrt abzuwarten, die mit noch größerer Frequenz (es fuhren nah an 700 Personen in 29 Wagen, von drei Lokomotiven gezogen) von Augsburg nach 6 Uhr abging, und gegen 9 Uhr in München ankam. Wie die Tagfahrten ein milder, sonniger Herbsttag begünstigte, so erhöhte die früheinbrechende Dunkelheit der Nacht die Wirkung der an den Stationsgebäuden angebrachten Beleuchtungen und eines Feuerwerks, das am hiesigen Bahnhof abgebrannt wurde. Keinerlei Störung trübte den für München und Augsburg gleich festlichen Tag, an den sich so viele Hoffnungen der Zukunft knüpfen, und das hiedurch befestigte Gefühl von unbedingter Sicherheit des Reisenden kann den Unternehmen nur förderlich seyn. Noch haben wir eines gedruckten Gedichtes und einer silbernen Münze zu gedenken, welche in Augsburg an die angesehenern Anwesenden zur Erinnerung des Tages vertheilt wurden. Jenes führt die Aufschrift: Augusta's Gruß den ersten Fahrgästen auf der München-Augsburger Eisenbahn, geweiht am Eröffnungstage den 4. Oktbr. 1840. Diese, von dem k. Hofgraveur Neuß gefertigt, trägt auf dem Avers das Bildniß König Ludwigs, auf dem Revers einen Wagenzug, der über die Lechbrücke eilt; über ihm ein schwebender Adler; rechts das Wappen von München, links das von Augsburg. Die Umschrift lautet: München-Augsburger Eisenbahn. Der Abschnitt: Eröffnet im Oktober 1840. – Möge die glücklich vollendete Bahn, deren Eröffnung unter so frohen Vorbedeutungen gefeiert wurde, bis in späteste Zeiten die beiden Nachbarstädte mit dem Band immer festerer Eintracht umschlingen und als eine Quelle des Wohlstandes und gesteigerten Verkehrs durch weitere Verzweigungen eine noch wachsende Bedeutung erlangen!

Aus: Münchener Politische Zeitung, Nr. 240, 6. 10. 1840

10. Gefahren der Eisenbahnfahrt (1839)

Wahrheits- und Gerechtigkeits-Liebe fordern auf, der München-Augsburger Eisenbahn-Gesellschaft jene anerkennende Würdigung zu zollen, welche sie durch die standhafte Überwindung mannigfacher Hindernisse, durch rastlose Verfolgung ihres großen Zweckes, und durch die gediegene technische Ausführung ihrer Leistungen, so reichlich verdient hat. Allein eben diese Wahrheitsliebe macht es dem Einsender zur ernsten Pflicht, Übelstände anzuregen, deren weitere Vernachläßigung nicht nur dem eigenen Interesse der Gesellschaft, sondern jeder wohlorganisirten Gesundheits-Polizei entgegenstreben würde. Die Locomotive der Eisenbahn sind in England erbaut, und zwar in der Voraussetzung der Erbauer, daß wie überall, die Feuerung mit Kohlen Statt finde. Statt dieser wird hier die Heizung mit weichem Holz bewirkt, und der hiedurch beengte Raum des Glutheerdes, so wie das Eigenthümliche des Brennmaterials selbst, bewirken jene Funken-Strömung, welche zur allgemeinen Benachtheiligung schon so kostspielig empfunden worden ist. Die Gesellschaft ist wohl befugt, durch elegantere Ausstattung der Wägen, Sicherstellung vor Rauch etc., die Preise ihrer Wagenplätze zu normiren; – allein sie ist keineswegs befugt, durch ihre Sparsamkeits-Manipulation das Eigenthum und die Gesundheit der Reisenden in der vierten Klasse, zu gefährden. Einsender dieses schreibt mit einem verbundenen, von den sprühenden Funken der Locomotive verletzten Auge, und keine Gesellschaft der Welt mit allen Millionen ist im Stande, auch dem ärmsten Taglöhner sein Augenlicht zu bezahlen. Es wäre Pflicht der Gesellschaft gewesen, anzuzeigen: »Wer in der vierten Klasse fährt, riskirt Kleidung und Augenlicht,« – dann wäre sie aus aller Verantwortung; – allein so lange dieß nicht geschieht, ist es ebenso Pflicht der Gesellschaft, jeden egoistischen Quintelsinn bei Seite zu setzen, und die Reisenden entweder durch Änderung ihrer nirgends in der Welt gebrauchten Feuerung, oder durch sonstige, gewiß nicht kostspielige Vorkehrungen gegen Verletzungen solcher Art sicher zu stellen.

Aus: Die Bayerische Landbötin, Nr. 115, 24. Sept. 1839

11. Die Entwicklung des Eisenbahnwesens

Das mächtigste Förderungsmittel der Annäherung und Befreundung stammverwandter, aber räumlich von einander getrennter Völkerschaften, die rasch das gesammte Verkehrswesen und wie mit Zauberkraft die berührten Städte umgestaltende Eisenbahn steckte damals noch in den Windeln. Man war über das zu befolgende System über Schienenform und Spurweite im Streite, die Zugkraft bedurfte der Vervollkommnung, der elektrische Telegraph, ohne den der jetzige Eisenbahnverkehr unmöglich gemacht wäre, hatte noch keine Probe in größerer Anwendung bestanden; die Meinungen waren getheilt, ob Schienenwege, sei es mit Dampf- oder Pferdebetrieb, den Vorzug verdienten, oder Wasserstraßen, Flüsse und Kanäle. In Bayern wurde diese Frage frühzeitig erörtert; der Oberbergrath J. von Baader war für »Eisenstraßen« mit Pferdebetrieb, weil künstliche Wasserstraßen zu kostspielig wären; sein Kollege G. von Reichenbach, der die große Soolenleitung nach Reichenhall baute und sich wichtige Verdienste um die Vervollkommnung der Dampfmaschinen erwarb, verhieß auch den Wasserwegen eine Zukunft. Baader führte eine kleine in sich selbst zurückkehrende Eisenbahn im Hofe der königlichen Maschinenwerkstätte zu München aus und erwarb damit das erste in Deutschland ertheilte Patent für eiserne Kunststraßen und Wagen. Dem Interesse, welches Kronprinz Ludwig ihm zuwandte, verdankte er 1825 die Bewilligung einer Summe von 8000 Gulden zu Eisenbahnversuchen, die er 1826 nach einem von ihm ersonnenen und nach englischem Systeme im Schloßgarten von Nymphenburg mit zwei 780 Fuß langen in sich zurückkehrenden Schienensträngen ausführte; dieselben trugen ihm zwar die Genugthuung ein, daß seinem Systeme der Vorzug zuerkannt wurde, allein mit dem Beisatze, zur Zeit scheine die Anwendung von Eisenbahnen nur bei günstigen Bodenverhältnissen und zu besonderen Zwecken geeignet. Obgleich Baader nicht ruhte, so blieb es doch den Privatbemühungen überlassen, dafür zu sorgen, daß Bayern in seinen Geschichtstafeln den Ruhm verzeichnete, die erste Eisenbahn in Deutschland hergestellt zu haben.

Es war dies die am 19. Februar 1834 privilegirte Ludwigsbahn zwischen Nürnberg und Fürth. [. . .] Die Erfolge dieser, anfangs auf den Betrieb mit Pferden angewiesenen Bahn – erst 1817 behauptete die Locomotive ihre Überlegenheit – waren außerordentlich anregend. Sofort reihte sich daran der Plan einer Gasbeleuchtung der Stadt Nürnberg, dessen Ausführung jedoch zehn Jahre warten mußte, weil dieses neue Licht für gefährlich erachtet wurde; es bildete sich eine Gesellschaft zur Aufsuchung von Steinkohlenlagern in der Umgebung Nürnbergs, vor allem richtete sich die Unternehmungslust auf eine Eisenbahnverbindung zwischen Nürnberg und Bamberg und von da weiter nach Hof. Im Anfang Februar 1836 wurde die Ausführung der Vorarbeiten dazu auf Staatskosten und im Dezember 1837 die Aktiengesellschaft zum Bau derselben genehmigt. Die auf 8 Millionen Gulden veranschlagten Anlagekosten wurden bis 24 Millionen überzeichnet, ein Beweis, daß man den Staat scheel angesehen haben würde, wenn derselbe von vornherein die Ausführung und den Betrieb des neuen Verkehrsmittels für sich in Anspruch genommen hätte. Im Juni 1836 war auch die Genehmigung der zweiten Privatbahn in Bayern, München-Augsburg, erfolgt.

Beide Unternehmungen geriethen bald ins Stocken. Die Erfahrung war noch nicht geübt genug, die Kosten so großer Anlagen mit Zuverlässigkeit zu berechnen, und von dem Aktienwesen kannte man erst die eine Seite, die Vereinigung kleiner Kapitalien zur Ausführung umfangreicher Werke; der anderen Seite, der Mobilisirung des Kredits, begann die zwei Jahre vorher entstandene Hypotheken- und Wechselbank erst Bahn zu brechen. [...]

Der Noth der beiden Eisenbahn-Aktiengesellschaften kam König Ludwig zu Hilfe, indem er mit Zustimmung der Ständeversammlung des Königreiches 1843 das Prinzip der Staatsbahnen für das rechtsrheinische Bayern aufstellte, welches später durch die bayerischen Ostbahnen noch einmal durchbrochen wurde, aber auch in diesem Falle, wie in den erwähnten, mit der Übernahme derselben durch den Staat endete. Für die Anwendung einer gleichen bewährten Spurweite und Schienenform bei allen in Bayern zu erbauenden Eisenbahnen war bereits 1836 gesetzlich Sorge getragen. Epochemachend für den gesammten Eisenbahnbau war das Gesetz vom 25. August 1843, welches den Bau der Südnordbahn von Lindau über Nürnberg nach Hof anordnete. Der Entwurf dieser Bahn erregte überall Aufsehen und Spannung. Bis dahin herrschte überall die Ansicht vor, daß die Eisenbahn nur für flache Bodenverhältnisse geeignet sei, die weder erhebliche Steigungen noch kurze Krümmungen nothwendig machten; in Nothfällen griff man bei letzteren zu Tunneln selbst durch so geringe Erhöhungen, daß dieselben den Durchbruch kaum zuließen, und zur Überführung der Wagenzüge von einer tieferen auf eine höhere Fläche bediente man sich der schiefen Ebene mittels Zahnschienen oder Drahtzügen. Die Südnordbahn sollte ohne Anwendung solcher Hilfsmittel die Steigungen der Allgäuer Alpen überwinden, die von Lindau bis zum Höhepunkte bei Günzach über 400 Meter betragen. Das Gelingen dieses Unternehmens erschloß dem Eisenbahnbau ganz neue Bahnen; es war der Bahnbrecher für die Hochgebirgsübergänge, selbst die Alpentunnel wären ohne die hochsteigenden Zugänge der offenen Schienenwege nicht ausführbar gewesen.

Noch in einer anderen Hinsicht ist die Südnordbahn eine hervorragende Erscheinung. Sie war keine gewöhnliche Schienenverbindung zwischen zwei größeren Städten, ebensowenig lag ihrem Entwurfe die Förderung sonderstaatlicher Interessen zu Grunde; sie war ein mit klarer Erkenntniß der nationalen und internationalen Bedürfnisse überlegtes Unternehmen. Nicht die Landeshauptstadt München wurde zum Haupt- und Mittelpunkte des Schienennetzes auersehen, sondern die durchlaufende Linie von der südlichsten zu der nördlichsten Stadt über die beiden vorzüglichsten Handels- und Fabrikstädte des Königreichs, Nürnberg und Augsburg, eine Verbindung der Uferstaaten des Bodensees mit den norddeutschen Verkehrsgebieten. Diese Linie war gleichsam zum Rückgrat der bayerischen Eisenbahnanlagen bestimmt. Ein so freier, weit reichender staatsmännischer Gesichtspunkt war in den damaligen Tagen mehr als eine Seltenheit, er stand einzig da.

Aus: Ludwig der Erste, König von Bayern. Erinnerungsbüchlein an das Wirken und die Werke des verewigten Fürsten zur Feier seines 100. Geburtstages von H. C. Bode, München 1886, S. 26ff.

12. Die zentralisierende Wirkung des Straßen- und Eisenbahnbaus (1855)

Als man in alten Zeiten Straßen baute, individualisirte man das Land; die Straße schuf eine Masse neuer Ansiedelungen, neue Städte, neue Dörfer. Wenn wir dagegen heutzutag die ächt modernen Straßen, nämlich Chausseen, Eisenbahnen und Dampfschifflinien anlegen, so centralisiren wir das Land; diese Straßen ruiniren die kleinen Städte, schaffen dagegen den großen einen riesigen Zuwachs an Macht und Ausdehnung.

Der Fußweg, der Feldweg, die alte Heerstraße führten die Städte ins Land hinein; unsere neuen wunderbaren Straßenbauten des Weltverkehrs führen die Stadt zur Stadt und – das Land in die Stadt. [. . .]

Die Hegemonie der großen Städte über das Land ist eine der socialen Kernfragen unserer Zeit. Sie erschüttert gegenwärtig den hundertjährigen Bestand von Englands gesellschaftlich-politischen Institutionen, sie schlägt die frischeste Kraft des französischen Volksthumes in Banden, sie ist das dunkle Gespenst der deutschen socialen Zukunft. Die kleineren und mittleren Städte waren die Wiege des selbständigen Bürgerthums, die Riesenstädte sind die Wiege des selbständigen Proletariats. Diese Riesenstädte zerstören aber die kleinen – buchstäblich sowohl als bildlich – mit des Dampfes Kraft und Eile. Und je breiter sich die Thore der Stadt dem Lande öffnen, um so unzugänglicher verschließt sich das Innere des Landes mit seiner verjüngenden Naturkraft der Stadtbevölkerung. Diese centralisirende Kraft der neuen großen Straßenlinien offenbarte sich aber nicht erst bei den Eisenbahnen, sie begann ihre Wirkung bereits bei der Durchführung des großen modernen Landstraßensystems zu zeigen, welches man seiner Zeit nicht minder wie jetzt das Eisenbahnnetz als ein Wunderwerk angestaunt hat.

Die große Reform des Straßenbaues im 18. Jahrhundert fällt zeitlich ziemlich genau zusammen mit den durchgreifenden modernen Reformen der Staatsverwaltung. Die neu erstehende centralisirte Bureaukratie konnte damals mit keinem segensreichern Werke ihre weltgeschichtliche Mission beginnen als mit der Centralisirung des maßlos zersplitterten Verkehrs durch die allgemeine Durchführung des gleichsam neu wieder entdeckten Kunststraßenbaues. Die großen Straßenanlagen aus dem letzten Viertel des vorigen und dem ersten des laufenden Jahrhunderts sind das stolzeste Denkmal der berechtigten Bureaukratie.

Ich komme immer wieder auf die centralisirende Macht der Staatstraßen zurück. Unser Steuersystem hätte nicht seine alle Privilegien vernichtende, alle Standesunterschiede ausgleichende Ausdehnung gewonnen, wenn nicht der Straßenbau eine so ungeheure Schuldenlast auf die Staaten geworfen hätte. Keine andere Staatsausgabe wird in so reißenden Fortschreitungen gewachsen sein wie die Riesenziffer für den öffentlichen Verkehr. [. . .]

Vor 30 Jahren stellte man die Wegstunde der Staatsstraßen in Bayern noch durchschnittlich für 19 bis 20 000 fl. her, während in letzter Zeit bei der württembergischen Staatseisenbahn die Erbauung einer Wegstunde durchschnittlich 373 400 fl. kostete. Freilich werfen deutsche Eisenbahnen gegenwärtig schon über 5 Procent reinen Gewinn ab. Allein dadurch wird von dem ungeheueren centralisirenden Einfluß, welchen das der Erzielung dieser Rente vorhergegangene Aufbringen einer Capitalmasse von 500 Millionen Thalern auf das Staatsleben der einzelnen Länder – leider nicht des Gesammtvaterlands! – geübt hat, auch nicht das mindeste abgebrochen. Im Gegentheil. In der rentirenden Eisenbahn entwickelt sich eine Staatsindustrie; diese wird riesig wachsen, mancherlei kleinere Industrien, sehr viele kleine Gewerbe in sich aufsaugen, und so auch nach dieser Richtung eine industrielle Centralisation herbeiführen, die in den Händen des Staats noch immer vom Übel gewesen ist.

Da das deutsche Eisenbahnnetz in seinen Hauptlinien nunmehr mit geringen Lücken, eine vollendete Thatsache ist, so ist es an der Zeit, jetzt auch wieder für die durch unsere Eisenbahnen in die Ecke geschobenen Gegenden das Wort zu ergreifen. Über dem löblichen Eifer für den Weltverkehr haben wir den davon abgesonderten Theil des örtlichen Kleinverkehrs vielfach vergessen. Darin liegt eine große sociale Gefahr. Sie ist nahe verwandt jener Gefahr, welche aus der einseitigen Blüthe des Fabrikwesens neben dem Verfall des Kleingewerbes hervorwächst. [. . .]

Während die Eisenbahnen die großen Städte verbinden und in ihnen, was man so sagt, »die Welt« aufschließen, schließen die Landstädte und Dörfer ihre Gemarkungen zu. Auf den Hauptstraßen stürmen wir vorwärts in eine neue Zeit, und auf den Nebenstraßen gehen wir zurück in die alte. Das ist die Wahrheit von der Phrase des »allgemeinen« Aufschwunges des Verkehrs. Dort ein Übermaß rastlos drängenden Lebens, hier Todtenstille und Verödung.

Aus: Riehl, Land und Leute, S. 61ff.

XI. Staatliche Wirtschaftspolitik

1. Die gedrückte Lage der Wirtschaft (1825)

Wir sehen den Wohlstand unserer Nation von Tag zu Tag mehr schwinden; wir sehen die Hauptpfeiler dieses Wohlstandes – unsern Ackerbau, unsere Gewerbe, unsern Handel – bis in ihr Innerstes erschüttert.

Der Preis unserer Getreidefrüchte ist fortwährend im Fallen, und gieng bereits zu einer solchen Tiefe herab, daß die dermalige Wohlfeilheit derselben für unser Volk wirklich schrecklichere Folgen hat, als die ehemalige Theuerung. Der Werth der Landgüter, und alles Grundbesitzes ist so gesunken, daß das Grund-Vermögen unserer Güterbesitzer und Landleute dadurch gewiß um mehr, als einhundert Millionen Gulden minder geworden ist.

Niemand will sich mehr auf Grund und Boden ansäßig machen. Viele größere, und ehemals wohlhabende Bauern suchen ihr Anwesen zu veräußern, und haltensich für glücklich, wenn ihnen von der Verkaufs-Summe noch etwas übrig bleibt, um diesen, auch kleinen Überschuß alsdann auf Zinsen zu legen, womit sie ihren künftigen Zustand, als Taglöhner, erträglicher zu machen hoffen.

Dieses sind traurige Zeichen der Zeit; – indessen mußten sie erscheinen, um uns auf unsern innern Zustand aufmerksam zu machen, und zu veranlassen, daß wir die Gebrechen unsers Ackerbaues, unserer Gewerbe, und unsers Handels genau kennen lernen.

Unsere Landleute haben in der Bearbeitung ihres Grund und Bodens mit so vielen Hindernissen zu kämpfen, daß wir zu einer Zeit, wo – wie dermalen – die Produkte des Ackerbaues im Preise so niedrig stehen, eine Werthserhöhung des Grundeigenthumes, eine Nachfrage zu dessen Ankauf nicht erwarten dürfen.

Unser Landmann bedarf bey dem dermaligen Ackerbausysteme, welches nach der ganz unvorbereiteten Aufhebung der Brache einen Zuwachs von neuen, vorher unbekannten Gebrechen erhalten hat, zu vieler Dienstbothen, zu vielen Zugviehes, und zu vieler Geräthschaften.

Die Gebundenheit der Landgüter ist zwar in unseren Verordnungen schon längere Zeit aufgehoben; allein sie besteht in der That noch wirklich und wird, wenn man dem Landmanne nicht auf eine andere Weise zu Hülfe kömmt, als eines der nachtheiligsten Hindernisse eines besseren landwirthschaftlichen Betriebes noch fernerhin bestehen.

Unsere Landleute haben in den letzten Kriegen, – dann auch vielfältig in der letzten Theuerung, – wo ein großer Theil derselben, – mit keinem Getreide-Vorrathe versehen, – seine Brodfrüchte kaufen mußte, ihr Betriebs-Kapital verloren; man kann demnach vernünftiger Weise wesentliche Verbesserungen, welche ein vorrä-

Karikatur, die zu einheimischer Produktion gegen die marktbeherrschende Stellung Englands aufruft

thiges Kapital voraussetzen, von ihnen nicht erwarten; sie müssen sich glücklich schätzen, wenn sie dem Staate die Abgaben, und ihren Gläubigern die Zinsen entrichten können.

Bey dem fortwährenden Fallen des Landgüterwerthes, ist die Kreditlosigkeit unserer – mit Gilten, Stiften, Zehenten, Laudemien und Taxen aller Art – belasteten Grundbesitzer unvermeidlich.

Bey der Art und Weise, wie von unserm Ackerbaue das baare Geld seit mehreren Jahren ununterbrochen abgeleitet wird, und wie es großentheils in unfruchtbare, zum Theil nachtheilige Geschäfte übergeht, läßt sich nicht erwarten, daß – ohne höhere, kraftvolle Einwirkung – das dem Landmanne gleichfalls unentbehrliche Circulationsmittel im Kreise des Ackerbaubetriebes jemals hinreichend wieder zum Vorschein kommen, und sich darin erhalten werde.

Weil aus Mangel am Betriebs-Capitale unser Ackerbau sich nicht emporheben kann; weil er nicht Kräfte genug hat, vermittelst Produzirung nützlicher Handelsgewächse und anderer Bedürfnisse der Nation die Handelsbilanz zu unserm Vortheil zu stellen; sind wir veranlaßt, noch immer viele Produkte vom Auslande zu hohlen, die wir doch selbst pflanzen, und unserm Grund und Boden abgewinnen könnten.

Groß, und Fleiß-verscheuchend sind die Beschwernisse, welche unsere biedern, arbeitsamen Landleute im Anbaue und in der Cultur ihrer Besitzungen stören; allein noch bedeutender sind die Hemmungen, welche unsere Industrie, unsere Gewerbe in ihrem Fortgange aufhalten. Auf diese drückt das ganze Übergewicht des Auslandes, so, daß sie sich nicht mehr emporheben können.

In allen Nachbarstaaten ist ein kräftiges Zusammenwirken von Seite der Regierung und der betheiligten Volksclassen, – ein Vorrath von theoretischen und practischen Kenntnissen, – ein Überschuß an wohlfeilen Capitalien für alle nützlichen Industrie-Unternehmungen, – und über dieses noch ein mächtiger Schutz gegen das Ausland. Bey uns herrscht vielfältig noch das Vorurtheil, daß unser Ackerbau auch ohne Industrie, ohne – über das ganze Volk verbreiteten Gewerbfleiß aufblühen könne; wir sind in den meisten Industriezweigen noch hinter unsern Nachbaren zurück; – uns mangeln über das die wohlfeilen Capitalien für solche Unternehmungen, während wir noch eines kräftigen Schutzes gegen das Ausland entbehren.

Wir haben für keinen Zweig unsers Gewerbfleißes einen sichern Markt; auf unsern Inländischen haben die – von ihrer Regierung begünstigten Fremden solche Vorrechte über uns errungen, daß der baierische Gewerbsmann und Fabricant angewiesen sind, im entfernten Amerika und in den beyden Indien Absatz für ihre Industrie-Erzeugnisse auf gut Glück aufzusuchen. In diesen entfernten Welttheilen werden wir Baiern aber niemals große, nützliche Geschäfte machen; indem dort das englische – den ganzen Erdball bereits umfassende – Handels-Interesse immer vorherrschend seyn und bleiben wird; indem England und die übrigen Marine-Staaten uns Baiern entweder gar nicht, oder nur unter sehr erschwerenden Verhältnissen an dem allgemeinen großen Welthandel jemals werden Theil nehmen lassen.

Wo der Absatz nicht gesichert ist, kann die Fabrication keine Fortschritte machen; der vaterländische, uns eigene Markt ist uns durch die Fremden entrissen, und der ausländische durch Einfuhr-Verbothe, oder, was diesen gleich kömmt, durch äußerst hohe Zölle verschlossen.

Wenn der Ackerbau, und die vaterländische Industrie zu Boden liegen, und ein trauriges Bild uns darstellen: so erscheint jedem aufmerksamen Beobachter die Lage unsers Handels noch weit bedenklicher.

An Großhändlern, welche sich mit der Ausfuhr baierischer Produkte und Fabrikate vorzüglich beschäftigen, leiden wir Mangel. Unsere damaligen Handelsleute beschränken sich auf die Einfuhr auswärtiger Waaren zu unserer Consumtion im Innern. Unser Vaterland wird durch sie, und dann über das noch durch unzählige Fremde auf unsern vielen Jahrmärkten mit allen erdenklichen ausländischen Waaren ununterbrochen und zu allen Zeiten überfüllt, so, daß dadurch unsern Gewerbsleuten nicht nur die Gelegenheit zum Absatze der eigenen Erzeugnisse in ihrer Nähe verkümmert, sondern auch alles baare Geld in's Ausland abgeleitet, der

Arbeits-Verdienst für unser Volk von uns hinweg genommen, und fremden Völkern zugewendet wird.

Aus: Joseph von Utzschneider, Antrag an die hohe Kammer der Abgeordneten zur Begründung und Erhaltung des Wohlstandes der baierischen Güterbesitzer, zur Beförderung des vaterländischen Gewerbfleißes und zur Belebung des Handels in Baiern, München 1825, S. 3ff.

2. Prinzipien der Gewerbepolitik und die Gewerbeordnung von 1825

Am meisten aber hat auf [den Zustand der Gewerbe] die bisherige Gesetzgebung gewirkt. Diese war nach zweyen verschiedenen Systemen angelegt, nämlich 1. nach dem Systeme der Gewerbefreyheit und 2. nach jenem der Konzessionen.

Das erste System beruht auf dem Grundsatze, daß ein Jeder, welcher ein Zeugniß guter Sitten für sich hat, ein Patent löset und sich den Polizeiverordnungen unterwirft, in der Regel nach freyer Wahl ein Gewerbe zu treiben das Recht hat. Nur die Ausübung einzelner größerer Gewerbe, welche auf die öffentliche Sicherheit oder auf die Staatswirthschaft oder auf die im Betriebe der Regierung stehenden Gewerbe bedeutenden Einfluß haben, ist Ausnahmsweise von der Prüfung der Verhältnisse und von der Bewilligung der Regierung abhängig.

Der Grundsatz dieses Systemes ist dem natürlichen Rechte, der menschlichen Freyheit und der repräsentativen Verfassung am meisten angemessen. Die letztere – bestimmt eine vernünftige Freyheit zu sichern – ist bey aller Beschränkung der Regierung und selbst bey der Verleihung der höchsten politischen Rechte nur sehr unvollkommen, wenn sie diejenigen Rechte nicht gewährt, welche dem Menschen von Natur aus zustehen. Das System der Gewerbefreyheit ist daher stets im Gefolge der repräsentativen Verfassung und wird dagegen dort vermieden, wo man diese entfernt halten will: denn der Genuß der Freyheit in diesen Dingen würde die unüberwindliche Sehnsucht nach derselben in allen anderen erwecken.

Auch darum ist dieses System für die repräsentative Verfassung besonders passend und derselben zuträglich, weil es die Zeit und Geld raubenden, Schreiberey und Beamtenzahl vermehrenden Eingriffe der Regierung in Verhältnisse ausschließt, welche sie zwar stören, aber trotz aller buchstabenen Machthaberey nach Willkühr zu bestimmen keine Gewalt hat.

Das System der Gewerbefreyheit ist aber auch das zuträglichste für die Gewerbe selbst, für die Gewerbtreibenden und für das Publikum. Es erweckt Kräfte, ruft sie zum Wetteifer und zum Wettkampfe, für welchen das ausschließende Privilegium sich nicht zu waffnen braucht. Es vereiniget die Gewerbe mit der Wissenschaft, besonders mit der Mathemathik und Chemie, auf welchen beyden die meisten Gewerbe beruhen, macht dieselben dadurch zur Kunst, bringt sie zur Vollkommenheit, Ehre und Auszeichnung und verbindet die verschiedenen Stände, welche das Privilegium in hochmüthiger Sonderung hält.

Die Vervollkommnung der Gewerbe ist zum Vortheile der ganzen bürgerlichen

Gesellschaft, nicht nur weil dieselbe durch vollkommene Gewerbe in allen ihren Bedürfnissen vortrefflich bedient ist, sondern auch weil gebundene Kräfte frey gegeben und schlummernde erweckt worden sind. Dieses Wachsthum an Kräften begründet die commerzielle Unabhängigkeit und, da der Mensch so sehr von Genüssen abhängt, leicht auch die politische Unabhängigkeit vom Auslande. Die Länder, deren Übermacht in commerzieller Hinsicht allgemein gefühlt wird, England und Frankreich, folgen dem Systeme der Gewerbefreyheit und wer weiß nicht, daß ihre Übermacht eben so eine politische und doch nicht blos durch Waffen erworben ist? [. . .]

Es ist begreiflich, daß die Vervollkommnung der Gewerbe zunächst zum Vortheile der Konsumenten ist, welchen die Gewerbe dienen und welche nicht einzelnen trägen Gewerbsbesitzern aufgeopfert werden dürfen. Sie ist aber nicht minder zum Vortheile der Gewerbtreibenden selbst.

Zwar werden die Preise der Erzeugnisse durch die Vervollkommnung und durch die vermehrte Ansässigmachung von Gewerbtreibenden herabgedrückt werden; allein eben die Vervollkommnung der Erzeugnisse, die größere Wohlfeilheit, welche die Verbesserung des Verfahrens mit sich bringt und die Vermehrung der Niederlassungen, welche alle anderen Gewerbe und die Zahl der Konsumenten überhaupt vermehrt, vervielfältigt den Absatz und dadurch den Gewinn. Die Erfahrung hat dieses bewiesen, so wie auch, daß Handwerksmißbräuche, welche weder Verbothe noch Gebothe ausrotten konnten, durch die Einführung der Gewerbefreyheit von selbst verschwunden sind. Ihr ist auch leicht, was ohne sie aller, selbst altegyptischer, Polizeygewalt unmöglich ist, nämlich der nach Gottesordnung wachsenden Bevölkerung rechtliche Nahrungsquellen anzuweisen und die bürgerliche Gesellschaft von dem verderblichsten Übel: von Müssiggängern und Bettlern zu befreyen, deren manche es nicht seyn würden, wenn sie ihre unmenschlichen Mitmenschen nicht ausschlössen, von dem reichen allernährenden Tische Gottes, zu dem Alle bey ihrer Geburt und durch sie schon geladen sind.

Dieses System der Gewerbefreiheit gilt zur Zeit nur in einem einzigen Kreise des Königreiches Bayern, nämlich im Rheinkreise [Rheinpfalz].

In den übrigen Kreisen herrschte bisher das System der Gewerbsbeschränkung oder das System der Konzessionen.

So wie ursprünglich nach dem Zunftsysteme das Recht zu gewissen Beschäftigungen, die Zulassung zur Zunft, die Satzungen derselben und die Regeln für den Betrieb des Gewerbes von dem Willen der Zunfgenossen abhiengen, so hängt dieses alles nach dem Systeme der Konzessionen von dem Willen der Regierung ab. Das Zunftsystem, enstanden aus der ältesten Städteverfassung, aus der ursprünglichen Theilung der Arbeit, aus dem Verhältnisse der Städte zu dem Lande und aus dem beschränkten Umfange der Staatsgewalt in den älteren Zeiten, und unter jenen Verhältnissen, wie alle durch die Umstände erzeugte Institutionen, äusserst wirksam und vortheilhaft für die Gewerbe, mußte erlöschen, als die Theilung der Arbeit, die Verfassung der Städte und ihr Verhältniß zu dem Lande seit der Verbreitung der Gewerbe auf demselben verändert und der Kreis der Staatsgewalt erweitert worden war.

Was von dem Zunftsysteme noch blieb: die Vereine zur Unterstützung der Zunftgenossen, zur Aufrechthaltung der Sitten, zur Ausbildung künftiger Gewerbsgenossen, zur Sicherung des Rufes der Erzeugnisse, – ist so wenig zünftig, daß es ebensowohl neben der vollen Gewerbefreyheit bestehen kann, ja in der That noch besser mit derselben besteht; und das eigentlich Zünftige kann keine menschliche Gewalt zurückrufen, so gewiß, als keine Macht die Art der Arbeitstheilung für immer festzusetzen und überhaupt die Vergangenheit wiederherzustellen vermag.

Das System der Konzessionen beruht auf dem Grundsatz:

»Nur derjenige, welchem die Staatsgewalt ausdrückliche und besondere Erlaubniß giebt, hat das Recht, ein Gewerbe, und nur innerhalb der Gränzen dieser Erlaubniß, auszuüben.«

Nach diesem Systeme ist daher das allgemeine Recht, sich auf jede beliebige, nicht verbotene Weise zu nähren, sowenig anerkannt, daß vielmehr dasselbe nur als ein Privilegium und in Folge einer Freylassung von der allgemeinen unbedingten Unterwürfigkeit zugestanden wird. Eben daraus folgt, daß jenes System kein Kind der Freyheit, sondern des monarchischen Prinzipes im strengen mißverstandenen Sinne ist, welches sich vorbehält, über diese Dinge gebiethen, sie regeln und bestimmen zu wollen, wie viele und welche Gewerbe dem Lande nothwendig oder nützlich seyen. [...]

Wie aber häufig die Macht der Aristokratie durch die Monarchie gebrochen wird (Zunftgenossen mit dem Ausschließungsrechte verdienen wohl in Vergleichung mit den Übrigen den Namen privilegirter Aristocraten), so hat dennoch das System der Konzessionen auch in Bayern dazu beygetragen, die Reste des Zunftzwanges zu vertilgen. Denn die Staatsgewalt beschränkte gleichzeitig mit der Ausübung des Rechtes der Gewerbeverleihungen und im Interesse derselben die Realität [Bindung an ein Grundstück] der Gewerbe, vermöge welcher sie ohne neue Verleihung auf jeden dritten übergiengen, auf einige wenige Gewerbsgattungen, und schon die Gesetzgebung Maximilian Josephs III stellt den Grundsatz: Kunst erbt nicht, und daher als den wahren und natürlichen Titel zum Gewerbe, die Geschicklichkeit auf, einen Grundsatz, welcher dieses System jenem der Gewerbefreyheit bey veränderten staatsrechtlichen Verhältnissen nach und nach gänzlich zuführen muß. Die Regierung des Königes Maximilian Joseph schien den Weg dazu zu verfolgen.

In einer Reihe von Verordnungen besonders aus den ersten Regierungsjahren desselben wurde festgesetzt: »daß das Recht zum Gewerbe rein persönlich sey, kein Gewerbe als Grundgerechtigkeit verliehen werden könne, daß zwar solche Gewerbe, welche große mit Grund und Boden verbundene Einrichtungen erfordern und gleichsam auf denselben gegründet (radizirt) sind, unbeweglichen Gütern gleich gelten und Gewerbe, deren reale Eigenschaft bewiesen werden kann, auch als reale geachtet werden und veräusserlich seyen, allein letztere nur einmal, indem sie in der Hand des Erwerbers die Eigenschaft persönlicher Gewerbe annehmen sollten. Es wurde befohlen die Erlangung der Konzessionen zu erleichtern, das Zwangs- und Bannrecht aufgehoben, jedem Gewerbsmanne freyer Markt, von der Stadt auf das Land, so wie vom Lande in die Stadt zu arbeiten und wo er will im Reiche Niederlagen zu errichten gestattet und endlich das Recht zugestanden, den Stoff seiner Arbeit auf jede mögliche Weise zu veredeln, ohne Beschränkung in der Art der Werkzeuge und in der Zahl der Gewerbsgehilfen. [...]

Wie fehlerhaft aber immer eine Gesetzgebung in Ansehung der Bevölkerung seyn mag, so kann sie doch nicht verhindern, daß dieselbe, – legitim oder illegitim, – wachse. Es ist ausgemacht, daß die Anzahl der Geburten jene der Sterbefälle alljährlich übersteigt, daß namentlich in Bayern auf je 25 Lebende schon eine Geburt trifft und sich die Anzahl der Sterbefälle zu jener der Geburten wie 25 : 28 ⅕ verhält. Angenommen daher die ganze Bevölkerung nur auf 3,500000 Seelen, somit die jährlichen Geburten auf 140,000 und die Sterbefälle auf 124,120, so ergiebt sich ein jährlicher Überschuß von 15,880. Dieser jährlich wachsende Überschuß wird durch die Geschlossenheit der Gewerbe nicht nur abgehalten, sich der Industrie, in deren verschiedene Zweige er sich theilen würde, zu widmen, und zum Vortheile aller Gewerbe die Zahl der ordentlichen Konsumenten zu vermehren, sondern er wird auch bei dem Zustande der Landwirthschaft und bey der nothwendigen Beschränkung der Staatsdienerzahl gleichsam aus der bürgerlichen Gesellschaft verbannt oder zur Feindseligkeit gegen sie verleitet. [. . .]

Wir haben nicht nöthig, die Nachtheile des Gewebezwanges weiter auszuführen, da dieses System in der jüngstvergangenen Zeit bezwungen und abgethan wurde durch das neue Gewerbsgesetz vom 11. Sept. 1825, welches den Grundsatz der unbeschränkten Gewerbefreyheit ausdrücklich anerkennt und denselben nur »zur Zeit noch« der bestehenden Verhältnisse wegen nicht gänzlich durchführt. Das Wesen dieses Gesetzes besteht in der wiederholten Bestimmung der Persönlichkeit der Gewerbe unter ausnahmsweiser Anerkennung der realen Gewerbe, deren reale Eigenschaft bewiesen werden kann, in der Anerkennung des allgemeinen Rechtes zu einem Gewerbe unter der Bedingung der Fähigkeit, deren Nachweisung vor jeder Prüfungs-Kommission gestattet ist, in der Erleichterung des Übertrittes von einem Gewerbe zu einem anderen, in der Erweiterung der Gränzen der einzelnen Gewerbe, in der Aufhebung der Beschränkung der Gewerbtreibenden einer Gattung auf eine bestimmte Zahl, in der gänzlichen Freygebung bestimmter Gewerbe, in der Freygebigkeit mit Privilegien auf eine beschränkte Anzahl von Jahren für Erfindungen, jedoch mit der Bedingung ihrer Bekanntmachung, und endlich in der Abkürzung des Zeit- und Geld-raubenden Verfahrens.

Dieses Gesetz, beharrlich angewendet, wird zuversichtlich zur vollen Gewerbefreyheit und ihren wohlthätigen Folgen führen.

Aus: Rudhart, Königreich Bayern Bd. 2, S. 1ff.

3. Beschwerden gegen die Gewerbeordnung von 1825

a. Zu große lokale Gewerbedichte[1]

Alle bisher eingelangten Beschwerden stimmen im Allgemeinen damit überein: daß die neue Gewerbsgesetzgebung in den Städten Übersetzung der Gewerbe, Nahrungslosigkeit, Verarmung und Entsittlichung zur Folge gehabt habe.

[1] Vgl. Nr. II/8.

Fast in allen Städten seyen seit dem Jahre 1825 so viel neue Concessionen ertheilt worden, daß die Gewerbe dadurch öfters um ein Drittheil, ja um die Hälfte vermehrt worden, obgleich die Bevölkerung nicht in diesem Grade gewachsen sey, ja in manchen Städten sogar abgenommen habe. Gerade da, wo eine Vermehrung der Gewerbe nicht nöthig gewesen, weil eine für das Bedürfniß hinreichende Anzahl schon existirt habe, nämlich bey den Lokalgewerben, habe dieser bedeutende Zugang stattgefunden.

Wäre diese Vermehrung der Gewerbe nur bey den commerciellen Gewerben eingetreten, so würde solche nicht nachtheilig, sondern sogar erfreulich gewesen seyn, weil dieß auf einen vermehrten Absatz in das Ausland und einen aufblühenden Handel hingedeutet haben würde. Allein nun sey gerade das Gegentheil eingetreten, der Handel nach außen habe sich nicht gehoben, vielmehr dränge sich alles vom Lande in die Städte, um dem bereits mit Nahrungssorgen kämpfenden Gewerbsmann den letzten Bissen gar zu rauben. Die hierdurch entstandene Übersetzung der Lokalgewerbe führe zur Nahrungslosigkeit.

Denn nicht genug, daß die Überzahl den Verdienst schon bis zur kleinsten Summe getheilt und zersplittert habe, so werde derselbe auch noch durch die häufigen und fortwährend sich mehrenden Ansässigmachungen der Landmeister unmittelbar um die Stadtbezirke herum und durch das nicht zu controlirende Hausiren auf Nichts herabgedrückt. Wenn die fortwährende Beschäftigung vieler Gesellen in den Werkstätten der einzelnen Meister einen guten Nahrungsstand anzeigten und auf einen blühenden Zustand des Gewerbswesens schließen ließen, so beweise dagegen auch das entgegengesetzte Phänomen Nahrungslosigkeit und den Verfall der Gewerbe. Das letztere sey aber gegenwärtig eingetreten.

Denn in vielen Werkstätten der Lokalgewerbe finde man nicht mehr, wie früher, viele oder mehrere Gesellen, sondern häufig nur einen oder zwey, und bey vielen Meistern keinen einzigen Gesellen. Ja viele Meister seyen sogar genöthigt gewesen, selbst wieder in den Gesellenstand zurückzutreten.

Aus: Verhandlungen der Kammer der Abgeordneten 1831, Beilagenband 7, Beil. 23, S. 34f.

b. »Prinzip der Isolierung«

Tendenz der frühern Zeit war gemeinschaftliches, vereintes Wirken. Jeder erkannte in sich nur einen Theil eines größern oder kleinern Ganzen, er wirkte nur mit diesem, für dieses. – Diese Tendenz hielt man jedoch in neuerer Zeit nicht mehr dem Zeitgeiste, nicht mehr der Stufe der Cultur, die wir erklommen, angemessen. Die Individualität des Einzelnen trat bey dieser Tendenz zu sehr in den Hintergrund, der Einzelne erschien als Glied eines Ganzen, sein Interesse war dem des Ganzen untergeordnet, eben weil es einen Theil des Gesammtinteresses ausmachte, wo er doch selbst als Ganzes dastehen, sein Interesse allein als eigentliche Richtschnur aller seiner Handlungen aufstellen sollte. Deßhalb glaubte man das Princip vereinten Wirkens zerstören, an die Stelle desselben das Princip der Isolierung stellen zu müssen. Die Menschen sind mündig geworden, hieß es, jeder wird selbst am besten wissen, was ihm frommt, ihm zum Besten Anderer Schranken setzen, heißt seine Freyheit zerstören. – Dieß Princip der Isolirung wurde nun auch in die Gewerbsverfassung eingeführt; die Bande, die früher gleiche Beschäftigung Treibende umschlungen hatten, Bande, der Natur der Dinge so sehr entsprechend, daß sie schon Griechenlands weiser Gesetzgeber Solon in seinen Gesetzen aufstellt, wurden zerrissen, an ihre Stelle Aneiferung der Selbstsucht, zum Ankampfe gegen die, mit welchen man früher kämpfte, gestellt.

Der frühere Zweck der Gewerbsvereine, gemeinsames Streben zur Erreichung der höchsten Wohlfahrt des ganzen Vereines und dadurch jedes einzelnen seiner Glieder, erschien verderblich; man erkannte in ihm ein Mittel zur Verletzung der Rechte der übrigen Staatsbürger durch Erhöhung der Preise der Producte – er wurde aufgehoben, er wurde verpönt. –

Aus: Verhandlungen der Kammer der Abgeordneten 1831, Beilagenband 7, Beil. 23, S. 58f.

4. Schutzzoll und Zollprivilegien (1828)

Bei der Verhandlung über den Zolltarif wird es an der Zeit seyn, das System der hohen Zölle zu prüfen; ich für meine Person werde mich jeder Zeit für das System der Mäßigung und auch im Zollwesen für die allmählige Wiederannäherung an das System der Freiheit aussprechen. [...]

Nur insoferne muß jedoch vom Eingangszolle hier Erwähnung geschehen, als der Entwurf zur Zollordnung mehrere Bestimmungen über Ausnahmen und Befreiungen von dem Eingangszolle enthält. Die bedenklichsten sind jene, welche im Entwurfe »Begünstigungen« genannt sind. Hierunter wird eine Gunst verstanden, welche das Ministerium einzelnen Fabrikanten dadurch erzeigt, daß es den hohen Zollsatz, welcher auf bestimmte Artikel gelegt ist, auf sie nicht anwendet, sondern ihnen das Privilegium ertheilt, einen geringeren Zollsatz als die übrigen Unternehmer, oder gar Befreiung zu genießen. [...]

Ich will nicht ausführen, daß Begünstigungen gegen den verfassungsmäßigen Grundsatz der gleichen Besteuerung sind; denn wo gestattet die Verfassungs-Urkunde, daß einem Fabrikanten ein Privilegium vor andern Unterthanen oder vor anderen Gewerbetreibenden in Ansehung der indirekten Steuern gegeben werden darf? Wer ist überdieß in Bayern zur Klasse der Fabrikanten zu rechnen?

Die Begünstigungen sind daher ein Unrecht, aber nicht blos gegen das consummirende Publikum, sondern auch gegen andere Gewerbtreibende, welche dieselben Stoffe verarbeiten. Die Begünstigungen Einzelner sind eine Ungerechtigkeit gegen alle anderen Genossen desselben Gewerbes. [...]

Wenn ein großes, achtbares Haus zu Augsburg, welches sich die größten Verdienste durch die Unterstützung der dortigen Weber in trüber Zeit erworben hat, die Begünstigung genießt, jährlich 1300 Zentner weiße Baumwollen-Tücher um den Zoll von 1 fl. 40 kr. statt 20 fl. vom Zentner einzuführen, was einen Vortheil von einigen

20,000 fl. jährlich ausmacht, so können Sie wohl denken, daß der arme Weber in Augsburg und in der Umgegend, der diese Begünstigung nicht genießt, mit jenem großen Handlungshause nicht mehr concurriren kann. [. . .]

Die Weberei im Obermainkreise, in der Gegend von Hof, Münchberg, Naila u. s. w. der wichtigste Industriezweig, dessen Produkt gegen 3 Millionen jährlich beträgt, und zu ¾ in das Ausland geführt wird, wird von einer großen Anzahl von Meistern getrieben, aber nicht diese, welche färben und weben und alles machen, die eigentlichen Arbeiter, sondern die sogenannten Großweber oder Fabrikanten, die eigentlich nur Verleger sind, genießen die Begünstigung. [. . .]

Man hat die Begünstigungen der englischen, französischen und niederländischen Regierung nachgemacht, ohne zu bedenken, daß das englische, französische und niederländische Fabrikwesen von unserer Industrie so wesentlich verschieden ist, daß diese mit jenem gar nicht in Vergleich gesetzt werden kann. Der Grund liegt in der verschiedenen Art der Theilung des Eigenthums, von welcher so vieles in der bürgerlichen Gesellschaft abhängt; dort stehet dem Überreichen eine große Menge äußerst armer Menschen entgegen, welche in großen Fabrikhäusern wie fleischerne Maschinen arbeiten. Bei uns ist von je eine gleichere Vertheilung des Eigenthums. Das Gewerbswesen jener Länder zeichnet sich daher durch große Fabrikanstalten aus; wir hingegen haben zwar wenige solche Gewerbsbrillanten, aber eine Menge, zwar nicht eben reicher, doch im kleinen Häuschen am eignen Heerde zufrieden lebender Meister. Die große Anzahl dieser selbstständiger Meister und ihr Zusammenarbeiten macht das Wesen der deutschen Industrie aus, und vorzüglich dafür ist zu sorgen, daß diese Gewerbsdemokratie nicht durch die Gewerbsaristokratie erdrücket wird.

Würden wir auf dem eingeschlagenen Wege fortfahren, so mochte es uns vielleicht gelingen, einzelne Fabriken im Lande zu erzwingen; sie würden aber zunächst die einzelnen Meister desselben Gewerbes verderben, und dann ohne diese doch die Kraft nicht besitzen, dem siegreichen Auslande zu widerstehen. Ich stimme daher gegen Begünstigungen überhaupt. Die sicherste Begünstigung der inländischen Industrie ist, solche Waaren, deren sie bedarf, gar nicht, oder nur mit einem sehr geringen Zolle zu belegen.

Aus: Rede des Abgeordneten Dr. Rudhart über den Gesetzentwurf einer Zollordnung, München am 5. 6. 1928, Nürnberg o. J., S. 8ff.

5. Der Zollverein (1833)

Nach der Auflösung des heiligen römischen Reiches und der Vertreibung der Fremdherrschaft war zwar ein neues Deutschland gebildet worden, allein es bildete nur einen außerhalb seiner Grenzen unverstandenen geographischen Begriff, einen Staatenbund zur Abwehr äußerer Angriffe, keinen Bundesstaat zum Schutze und zur Förderung der Wohlfahrt seiner Bürger. Jeder Landesfürst hütete sein Gebiet durch ein lästiges Paßwesen, sperrte zur Bereicherung seiner Finanzen die Grenzen durch hohe Mauthabgaben, machte die Flüsse durch die Menge der auferlegten Zölle unfahrbar. Die Mißgunst unter einander ging so weit, daß die Hessen das freie Fahrwasser des Rheins durch Versenkung von Steinen todt legten, damit kein Schiff an ihrem Zollbaume vorüber könne; Hannover verweigerte die von Hamburgern geplante Führung einer Eisenbahn nach Harburg mit zweimaliger Überbrückung der Elbe, obgleich der Betrieb der Bahn ihm bedeutende Einnahmen sicherte, warum? es wollte seinen Hafen in Harburg ausbauen und damit den Handel der alten Hansestadt nach dem Binnenlande brach legen, wie es auch der Stadt Bremen die Anlage einer Eisenbahn nach dem von ihr mit ungeheurem Kostenaufwande hergestellten Seehafen Bremerhafen nicht gestattete, weil es vor dem Bau der Bahn erst einen Konkurrenzhafen im anstoßenden Geestemünde herstellen wollte. In ähnlicher Weise bestand der Kurfürst von Hessen lange hartnäckig darauf, die Bahn von Kassel nach Frankfurt nicht in letzterer Stadt, sondern in dem benachbarten hessischen Städtchen Bockenheim ausmünden zu lassen, damit der Vortheil des Bahnverkehres seinem Lande verbliebe.

Solchen engherzigen Eifersüchteleien gegenüber ist es ein Zeugniß für den großen staatsmännischen Blick Ludwig's, daß er frühzeitig, ehe noch der Plan des preußischen Zollvereins in die Verwirklichung trat, die Aufhebung der inneren Zollgrenzen anstrebte; schon im April 1827 schloß er mit Württemberg eine Zoll- und Handelseinigung, die 1828 als Zollverein bestätigt wurde und ein einheitliches Zollgebiet im südlichen Deutschland schuf, und 1833 traten beide Staaten dem zwischen Preußen und den beiden Hessen gebildeten Zollvereine bei, welcher nach und nach Einfluß genug gewann, die übrigen Staaten außer Österreich zum Anschlusse zu nöthigen, und durch den der unterdrückten und verfolgten nationalen Idee etwas frische Lebenslust zugeführt wurde. Ludwig selbst maß der Herstellung eines einigen deutschen Zollgebietes solche Bedeutung bei, daß er auf die Erneuerung des Vertrags mit Württemberg am 18. Februar 1828 einen Geschichtsthaler prägen ließ.

Aus: Ludwig der Erste, S. 25f.

6. Der gemäßigte Schutzzoll

In Ansehung der Schutzzölle ist hauptsächlich zu unterscheiden, ob eine Nation aus dem Zustand der freien Concurrenz in das Schutzsystem oder ob sie aus dem Prohibitivsystem in das gemäßigte Schutzsystem übergehen will: dort müssen die Zölle im Anfange niedrig gestellt werden und allmählig steigen, hier müssen sie im Anfang hoch gestellt werden und allmählig fallen.

Eine früher durch Zölle nicht zureichend beschützte, aber zu größeren Fortschritten in den Manufakturen sich berufen fühlende Nation muß vor allem darauf denken, diejenigen Manufakturen emporzubringen, welche Artikel des gemeinen Verbrauchs fabriciren. Einmal ist der Totalbetrag des Werths solcher Gewerbsprodukte ohne alle Vergleichung bedeutender als der Totalbetrag der viel theureren Luxusfabrikate. [...]

Karikatur auf die Auswirkungen des Schutzzolls, 1851

Ferner dienen diese Artikel bei der Bedeutenheit ihres Totalwerthes hauptsächlich dazu, die Ausfuhren der Nation mit ihren Einfuhren in einem leidlichen Gleichgewicht und der Nation stets die ihr erforderliche Summe von Circulationsmitteln zu erhalten oder sie ihr zu verschaffen. Sodann wird hauptsächlich durch das Emporkommen und die Erhaltung dieser bedeutenden Gewerbszweige die industrielle Unabhängigkeit der Nation errungen und behauptet, indem die Verkehrstörungen, wie sie in Folge von Kriegen eintreten, wenig bedeuten; wenn Sie nur dem Bezug von theuren Luxusartikeln hinderlich sind, dagegen aber überall große Calamitäten im Gefolge haben, wo Mangel und Vertheuerung der gemeinen Manufakturwaaren und Unterbrechung eines frühern bedeutenden Agrikulturproduktenabsatzes damit verbunden ist. Endlich ist die Umgehung der Schutzzölle durch Einschmuggeln und durch Declaration eines zu geringen Werthes viel weniger bei diesen Artikeln zu besorgen und viel leichter zu verhüten als bei den theuren Luxusfabrikaten.

Immer sind Manufakturen und Fabriken Pflanzen von langsamem Wachsthum, und jeder Zollschutz, welcher früher bestandene Handelsverbindung plötzlich abbricht, muß nachtheilig für die Nation wirken, zu deren Gunsten er eingeführt wird. Die Zölle dürfen nur steigen in dem Verhältniß, in welchem die Capitale, die Gewerbsgeschicklichkeit und der Unternehmungsgeist im Innern wachsen oder von außen zufließen, in dem Verhältniß, in welchem die Nation ihre früheren exportirten Überschüsse an Rohstoffen und Urprodukten selbst zu verarbeiten im Stande ist. [...]

Nationen, die in der Technik und in der Maschinenfabrikation noch keine ansehnlichen Fortschritte gemacht haben, sollten alle complicirten Maschinerien frei eingehen lassen oder doch mit einem nur geringen Zoll belegen, bis sie in den Stand gesetzt sind, in dieser Beziehung eben so viel zu leisten als die meist vorgerückte Nation. Maschinenfabriken sind gewisser Art die Fabriken von Fabriken und jeder Zoll auf die Einfuhr fremder Maschinen ist eine Beschränkung der innern Manufakturkraft. Da es aber wegen ihres großen Einflusses auf die gesammte Manufakturkraft von der höchsten Wichtigkeit ist, daß die Nation im Bezug ihrer Maschinerien nicht von den Wechselfällen des Kriegs abhängig sey, so hat dieser Manufakturzweig ganz besondere Ansprüche auf die direkte Unterstützung des Staats, im Fall er bei mäßigen Zöllen die Concurrenz nicht sollte bestehen können. Wenigstens sollte der Staat die eigenen Maschinenfabriken in so weit pflegen und direkt unterstützen, als ihre Erhaltung und Ausbildung nöthig ist, um zur Kriegszeit im Anfang die nöthigsten Bedürfnisse liefern zu können und bei längerer Unterbrechung neu zu errichtenden Maschinenfabriken zum Muster zu dienen.

Aus: List, Politische Ökonomie, S. 304 ff.

7. Zum Antrag der Mech. Baumwoll-Spinnerei und Weberei Augsburg von 1845 auf Zulassung von Handwebstühlen in der Fabrik[1]

a. Die Stellungnahme der Regierung von Schwaben (1845)

Was aber die Klagen der Augsburger Webermeister anbelangt, so müssen wir, wie schon bei mehreren Gelegenheiten geschah, wiederholen, daß dieselben theilweise übertrieben sind, theilweise aber die eigentlichen Ursachen verkennen, welchen das Übel beizumessen ist. Augsburgs im Mittelalter so berühmte und blühende Weberei ist nicht erst in neuerer Zeit, sondern schon seit mehreren Jahrhunderten allmählig immer tiefer herabgesunken, und hieran trugen weniger die örtlichen, als die allgemeinen Zeit- und Verkehrs-Verhältnisse die Schuld, gegen welche mit Erfolg anzukämpfen außer dem Bereiche der Möglichkeit lag. Die Weber der Städte vermochten schon lange nicht mehr gegen die Conkurrenz der einfacher lebenden und weniger belasteten Landweber, vollends aber nicht gegen die ausländische und viel begünstigtere Maschinen-Fabrikation anzukämpfen. Mit dem abnehmenden Wohlstande wurde die Conkurrenz immer schwerer, und endlich fand der größte Theil der Augsburger Weber es gerathener und bequemer, die eigene Produktion fast ganz aufzugeben, und sich mit dem Kleinhandel mit erkauften, meist auswärtigen Weberwaaren zu beschäftigen. Alle unsere Bemühungen, sie hiervon abzubringen, durch strenge Controlle und Geschau-Anstalten zu größerer Selbsthätigkeit zu veranlassen, um ihre Kunstfertigkeit durch verbesserte Webstühle, wie durch Unterricht in einer zu diesem Zwecke begründeten Webschule zu vervollkommnen, blieben mit wenigen Ausnahmen wirkungslos, und riefen sogar oft Beschwerden und trotziges Widerstreben hervor. Es ist nach dem gegenwärtigen Stande der Fabrikation mit Gewißheit vorauszusehen, daß die Handweberei sich nur da, wo sie mit vorzüglicher Geschicklichkeit als Kunst- und Bildweberei auf verbesserten Stühlen betrieben wird, oder wo sie einen freigegebenen Nebenerwerb der Landleute bildet, noch längere Zeit mit den Fabriken zu konkurriren vermag, und dieß sieht auch der Stadtmagistrat wohl ein, indem er sich schon seit mehreren Jahren zum Grundsatz gemacht hat, bei der Prüfung der Weber mit möglichster Strenge zu verfahren, und in der Regel nur solchen Bewerbern noch die Aufnahme zu gewähren, welche sich zur Kunstweberei befähigt haben, endlich diejenigen Weber-Conzessionen einzuziehen, deren Inhaber ihr Gewerbe nicht mehr selbst produzirend ausüben [...]

Es werden ihnen noch gar viele Arten façonirter Gewebe übrig bleiben, mit deren Verfertigung jene Fabrik sich nicht beschäftigen kann, und selbst in glatter Waare vermag diese Fabrik noch bei weitem nicht einmal den Bedarf der Augsburger Cottun-Fabriken zu befriedigen. Also bleibt den Webern noch eine reiche örtliche Absatz-Quelle, wenn sie nur mit den Landwebern und auswärtigen Fabriken Conkurrenz halten können.

Aus: Regierung von Schwaben und Neuburg, Kammer des Inneren, an Ludwig I., 29. 10. 1845, BayHStA, MH 5677

[1] Zur Haltung der Regierung und der Weber vgl. Nr. IX/5 und II/10.

b. Randnotiz des Königs (1847)

»Diesen Antrag genehmigt. Traurig aber zu sehen, daß Gewerbe, die früher viele Familien nährten, jetzt auf viel weniger sich beschränken, somit die Anzahl Proletarier sich vergrößert, dem Comunismus in die Hände gearbeitet wird. Das kleine München hatte viel mehr Bierbrauereyen als das große. Es geht wie mit den Eisenbahnen, was sonst vielen Orten zu Gute geworden, häuft sich auf einige, es den meisten entziehend; aber es zu ändern, hängt von der Regierung nicht ab. Ludwig.«

Aus: Bericht des Innenministers v. Zenetti an den König, 9. 4. 1847, mit Randnotiz Ludwigs I., BayHStA, MH 5677

8. Staatliche Arbeitsbeschaffung (1848)

Se. Maj. der König hat unter dem 9. April folgendes Handschreiben an den Minister des Innern gerichtet: »Das Wohl meines theuren Bayern-Volkes, welches mir so sehr am Herzen liegt und dem ich alle meine Kräfte weihe, erfordert dringend, alle Klassen desselben mit gleicher Liebe zu berücksichtigen, allen Interessen gleiche Würdigung zuzuwenden, und namentlich jenen meine väterliche Liebe zu bethätigen, welche, auf die Arbeit ihrer Hände ausschließlich angewiesen, derselben gegenwärtig, wo Gewerbe und Handel so vielfach stocken, in um so höherem Grade bedürfen, um so das innige Band, welches zwischen mir und meinem Volke besteht, noch mehr zu befestigen. Vereint werden wir allen Stürmen der Zeit widerstehen. Die Verbesserung der Lage der arbeitenden Klasse wird stets ein Gegenstand meiner vorzüglichsten Sorgfalt seyn; allein soll dieselbe ins Leben treten, so müssen die beabsichteten Maßregeln auf fester Grundlage ruhen. Nicht durch eitle Versprechungen, deren Erfüllung außer dem Bereiche der Möglichkeit liegt, kann dieselbe erreicht werden. Fest entschlossen, niemals Versprechungen zu machen, deren Ausführbarkeit nicht vollkommen gesichert ist, werde ich mich nie dazu verstehen, Hoffnungen zu erregen, deren Verwirklichung nicht auf dem Fuße folgen kann. Nur durch das innige Zusammenwirken aller Kräfte, durch das Wiederaufblühen von Handel und Gewerben, durch Befestigung des gesunkenen Kredits u. s. w. kann die Lage der arbeitenden Klasse eine günstigere werden. Dieß zu bewirken, liegt nicht allein in der Macht der Regierung. Dieser liegt außer den von ihr zu treffenden Maßregeln in jener Beziehung vorzüglich die Sorge ob, den Arbeitsuchenden, soweit immer möglich, Gelegenheit dazu durch den thätigsten Betrieb der öffentlichen Arbeiten zu geben. Ich beauftrage Sie sonach, alle Eisenbahn-, Wasser- und Straßenbauten, soweit es nur immer die Mittel der Staatskasse gestatten, in Angriff zu nehmen, dann in ungehinderter Thätigkeit zu erhalten und dafür Sorge zu tragen, daß auch außerdem die Arbeitsquellen auf jede mögliche Art erweitert werden.«

Aus: Eisenbahn-Zeitung, Nr. 134, 17. 4. 1848

XII. Fabrikarbeit

1. Augsburger Fabriken und ihre Arbeiterschaft (1840)

Benennung der Fabriken	Zahl derselben	Arbeiter [Lohnangaben in Kreuzern]							
		über 14 Jahre				unter 14 Jahre			
		männl.		weibl.		männl.		weibl.	
		Zahl/	Lohn f. Tag	Zahl/	Lohn f. Tag	Zahl/	Lohn f. Tag	Zahl/	Lohn f. Tag
1. Balsam- und Essenzfabriken	2	5	36	1	24				
2. Baumwoll- und Leinenfabrik	1	33	46	21	24				
3. Baumwoll- u. Schafwollgarnspinnfabrik	3	19	48	79	36			1	12
4. Fischbeinfabrikanten	1	9	40						
5. Gold- u. Silbertressenfabrik	2	8	36	46	24				
6. Baumwollgarnfabrik	1	72	48	70	30	2	15	3	10
7. Kottonfabriken	3	474	50	462	36	50	18	100	12
8. Meßingfabriken	2	107	54			2	24		
9. Papierfabriken	3	32	48						
10. d. in bunten Papieren	2	14	36	18	20				
11. Schwefelsäurefabrik	1	8	36						
12. Seidenzeugfabriken	1	26	40	12	22				
13. Stahl- und Sägblätterfabrik	1	20	45						
14. Tobakfabrik	2	47	48	50	30				
15. Zünderschwammfabrik	2	5	36	7	20				

Aus: Erhebung der Stadt Augsburg, 31. 5. 1840, StadtA Augsburg, Bestand 2/1126, bearbeitet von Ulrike Laufer

2. Arbeitszeit und Löhne bei MAN (Augsburg)

a. Arbeitszeit:

1840: 12 Std. tägl. = 72 Std.

1846: 5mal 11½ Std. und 1mal 10½ Std. = 68 Std.
Pausen: Vor- und Nachmittags je ¼ Std., Mittags 1 Std.

a) Ansicht der C. Reichenbach'schen Maschinenfabrik (später M.A.N.) um 1844

b) Ansicht der Maschinenfabrik Augsburg (später M.A.N.) 1882

b. Löhne (1844)

Beruf	*Durchschnittsverdienste per Tag [1 fl. = 60 Kr.]*
Dreher	1 fl. bis 1 fl. 20 Kr.
Schlosser	1 fl. bis 1 fl. 36 Kr.
Schreiner	54 Kr. bis 1 fl.
Mechaniker	1 fl. 36 Kr.
Giesser und Former	1 fl. 6 Kr. – 1 fl. 36 Kr.
Schmiede	48 Kr. – 1 fl.
Kesselschmiede	1 fl. – 2 fl.
Kessel-Gehilfen	42–48 Kr.
Zuschläger	42–50 Kr.
Tagwerker	32–38 Kr.
Zimmermann	1 fl.
Maschinenschlosser	52 Kr.–1 fl.

Aus: MAN-Archiv Augsburg, Ms. Foth, Anlage 9 u. 10

3. Polizei-Ordnung für die Arbeiter der Webschule der mechanischen Baumwoll-Spinnerei und Weberei in Augsburg (1838)

& 1. Jeder Lehrling, welcher in die Lehrschule aufgenommen wird, ist nach einer Probezeit von 14 Tagen, binnen welcher ihm der Austritt freisteht, verpflichtet, zwei Jahre lang, vom Tage seines Eintrittes an gerechnet, theils in der Webschule, theils in der Fabrik der unterzeichneten Gesellschaft, wenn solche in Gang kommt,[1] zu arbeiten. Dagegen bleibt es dem Fabrikherrn unbenommen, den Arbeiter wegen schlechter Aufführung oder wegen jeder sonstigen Ursache jederzeit zu verabschieden.

[& 2–10 entsprechen weitgehend der allgemeinen Fabrikordnung, vgl. Nr. XII, 4]

& 11. Es wird eine Sparkasse errichtet, wozu jeder Arbeiter Einen Kreuzer vom Gulden [= ein Sechzigstel] seines Verdienstes beizutragen hat, und darüber eine eigene Rechnung geführt.

Am Ende der in & 1 festgesetzten zwei Jahre werden jedem Arbeiter zwei Drittel seines Sparpfennigs herausbezahlt, wenn er ferner in der Fabrik arbeiten will, oder das Ganze, wenn er dann austritt, nach vorhergegangener, ordnungsmäßiger und in einem späteren Reglement noch zu bestimmenden Aufkündigung. Wer aber vor Ablauf der erwähnten zwei Jahre eigenmächtig die Fabrik verläßt, oder wegen Diebstahl, Ungehorsam oder andern groben Vergehen verabschiedet wird, verliert allen Anspruch auf sein Ersparniß sowie auf guthabenden Arbeitslohn.

& 12. Es wird eine Krankenkasse errichtet, zu welcher jeder Arbeiter einen ver-

[1] Der Fabrikbetrieb wurde erst 1840 aufgenommen.

hältnismäßigen Beitrag zu leisten hat; die Statuten derselben werden später bekannt gemacht.

Mechanische Baumwoll-Spinnerei und Weberei in Augsburg.

Aus: 100 Jahre Mech. Baumwoll-Spinnerei und Weberei Augsburg, S. 58

4. Fabrik-Ordnung der Mechanischen Baumwoll-Spinnerei und Weberei Augsburg (1840)

& 1. Jeder Arbeiter, welcher in der Fabrik aufgenommen wird, ist nach einer Probezeit von 14 Tagen, binnen welcher ihm der Austritt freisteht, verpflichtet, sechs Monate, vom Tage seiner Ankunft an gerechnet, in der Fabrik zu arbeiten. Diese Verpflichtung erneuert sich von selbst auf weitere sechs Monate, wenn der Arbeiter nicht einen Monat vorher auf der Schreibstube bei dem Géranten [Geschäftsführer] aufgekündet hat.

Dagegen bleibt es dem Fabrikherrn unbenommen, den Arbeiter wegen schlechter Aufführung oder wegen jeder sonstigen Ursache jederzeit zu verabschieden.

Beim Austritt ohne vorhergegangener vorschriftsmäßiger Aufkündigung verliert der Arbeiter den Lohn, welchen er ebenfalls gut hat.

& 2. Außer an den Sonntagen und hohen Festtagen wird alle Tage gearbeitet. Jede Abwesenheit an einem anderen Tage, sogar unter dem Vorwande der Unpäßlichkeit, wenn solche nicht erwiesen werden kann, wird mit einer Geldbuße bestraft, welche das Doppelte des Lohnes beträgt, der während der Zeit der Abwesenheit verdient worden wäre.

& 3. Die Arbeitsstunden werden durch einen Anschlagzettel bestimmt. Sollte aber Störung am Getrieb [Antrieb] oder jede andere Ursache es nöthig machen, die Nacht durch zu arbeiten, so unterwirft sich diesem jeder Arbeiter mit der Bedingung, daß er ohne seine Einwilligung nicht mehr als eine Nacht in der Woche zur Arbeit genöthiget werden kann.

& 4. Eine Glocke wird des Morgens eine halbe Stunde vor dem Anfange der Arbeit die Öffnung der Fabrik ankündigen; das zweite eine halbe Stunde später erfolgende Läuten der Glocke verkündet das Beginnen der Geschäfte. Eine Viertelstunde später wird der Pförtner das Thor verschließen. Von diesem Augenblicke an sollen alle Arbeiter sich an ihrer Arbeit befinden.

Diejenigen, welche später kommen, werden nicht mehr eingelassen, und die Geldstrafe der Abwesenheit, welche in & 2 festgesetzt ist, wird ihnen auferlegt.

& 5. Zehn Minuten vor dem Ausgang aus den Arbeitssälen wird mit der Glocke ein Zeichen gegeben; während dieser Zeit soll kein Arbeiter seinen Platz verlassen. Er ist gehalten, solchen so wie auch seine Maschine zu reinigen und darüber zu wachen, daß sich alles in guter Ordnung befinde, bei Strafe einer Geldbuße von wenigstens einem Drittheil eines Taglohnes.

& 6. Während der Ruhestunden kann kein Arbeiter in den Arbeitssälen bleiben. Wenn zufälligerweise das Getriebe sollte aufgehalten werden, so ist es den Arbeitern verboten, in anderen Arbeitssälen herumzulaufen; ein Jeder soll im Gegentheil bei seiner Maschine bleiben. Jede Übertretung wird mit einem halbtägigen Arbeitslohn bestraft.

& 7. Dem Pförtner ist verboten, Arbeiter während der Arbeitsstunden aus der Fabrik zu lassen, wenn dieselben nicht eine schriftliche Erlaubniß von dem Géranten oder den Spinn- und Web-Direktoren vorzeigen können. Befolgt der Pförtner diese Bestimmung nicht, so verfällt er, so wie der Arbeiter, in eine Strafe von zwölf Kreuzer.

& 8. Wenn nach einem Arbeiter gefragt wird, soll der Pförtner sogleich dessen Saalmeister davon unterrichten und die nach ihm fragende Person am Thore warten lassen; es ist ihm ausdrücklich verboten, Fremde, die nichts in der Fabrik zu thun haben, ohne Erlaubniß einzulassen. Die Arbeiter, welche Fremde, unter welchem Vorwand es auch seyn mag, einführen, verfallen in eine Strafe von sechs Taglöhnen.

& 9. Kein Arbeiter soll eine in Unordnung geratene Maschine berühren, wenn auch nur die kleinste Ausbesserung daran zu machen wäre, sondern den Werkmeister herbeirufen. Dawiderhandelnde werden mit einer Geldbuße von zwei Taglöhnen bestraft.

& 10. Jeder Arbeiter ist für die ihm anvertrauten Gegenstände verantwortlich; wenn er dieselben bei Nachfrage nicht gleich vorweisen kann, werden sie auf seine Kosten durch neue ersetzt.

& 11. Wenn in einem Arbeitssaale ein Gegenstand beschädigt wird und der Thäter nicht auszumitteln ist, so sind die Arbeiter des ganzen Saales bis zur Nachweisung des Thäters haftend.

& 12. Der Arbeiter, welcher schlechte Arbeit liefert, verfällt in eine dem Fehler angemessene Strafe.

& 13. Jede Woche wird eine allgemeine Reinigung vorgenommen, nach welcher eine Untersuchung gemacht und denjenigen, deren Maschinen nicht rein befunden worden, ein oder mehrere Taglöhne Strafe auferlegt werden wird.

& 14. Der Arbeitspreis und die Vergütungen für diejenigen Arbeiter, welche nach dem Gewicht oder nach dem Stück arbeiten, werden je nach den Umständen bestimmt und in den Arbeitssälen angeschlagen werden; jeder ist verpflichtet, sich denselben zu unterwerfen.

& 15. Die Arbeiter werden alle vierzehn Tage bezahlt; der vierzehntägige Verdienst wird jedoch erst dann ausbezahlt, wenn ein neuer Wochenlohn bereits verdient ist.

& 16. Es ist bei Strafe von zwei Taglöhnen verboten, im Umfange der Fabrik zu rauchen. Im Wiederholungsfalle wird der Dawiderhandelnde entlassen.

& 17. Arbeiter, welche sich betrunken einstellen, werden abgewiesen und es wird ihnen ein Abzug wie für die Abwesenheit (& 2) gemacht.

& 18. Es ist verboten, den Hof und die Treppen auf irgendeine Weise zu verunreinigen. Die Abtritte müssen stets rein gehalten werden. Derjenige, welcher überwiesen wird, dieselben verunreiniget zu haben, hat eine Strafe von 15 Kreuzer zu Gunsten desjenigen zu zahlen, welcher mit deren Reinigung beauftragt ist.

& 19. Wer die Heitzungs- und Beleuchtungs-Apparate so wie das Getriebe berührt, verfällt in eine Strafe von einem Taglohn und vergütet außerdem den Schaden, welchen er dadurch verursacht hat.

& 20. Um Feuersgefahr vorzubeugen, soll kein Arbeiter seine Gaslampe ohne ausdrücklichen Befehl auslöschen. Die Laternen der Arbeiter müssen mit Lichtern beleuchtet und beim Pförtner angezündet werden, bei Strafe eines Taglohnes.

& 21. Die Werkmeister und der Pförtner sind befugt, alle Arbeiter beim Ausgange aus der Fabrik zu untersuchen, und zwar so oft sie es für gut finden; jeder muß sich diesem unterwerfen, sowohl im Interesse der Herren als auch in dem der ehrlichen Arbeiter, auf die man falschen Verdacht haben könnte.

& 22. Derjenige Arbeiter, welcher ertappt wird, Baumwolle oder Abgang in den Abtritt oder sonst irgendwohin geworfen zu haben, verfällt in eine Strafe von zwei Taglöhnen zu Gunsten dessen, der ihn auf der Schreibstube angiebt. Überhaupt erhält derjenige, welcher eine durch einen Anderen begangene Untreue entdeckt und auf der Schreibstube angiebt, wenn der Thäter überführt wird, eine der Wichtigkeit des Falls angemessene Belohnung, und sein Name solle verschwiegen bleiben.

Jeder Arbeiter, welcher des Diebstahls überführt wird, sey es von Garn, Tüchern oder irgendeinem anderen dem Etablissement gehörigen Gegenstande, wenn auch von geringem Werthe, wird augenblicklich entlassen, ohne daß er auf den allenfalls guthabenden Lohn irgendeinen Anspruch machen kann. Sein Name sowie die Thatsache werden in einem Anschlagzettel, welcher während vierzehn Tagen in allen Werkstätten angeheftet wird, bekannt gemacht. Bei Diebstählen von größerem Werthe wird überdies der Thäter sogleich den Gerichten übergeben.

& 23. Es ist bei drei Gulden Strafe verboten, im Umfange der Fabrik durch einen anderen Weg als die Thüre aus- und einzugehen.

& 24. Die Spinner können ihre Ansetzer oder Aufstecker [Hilfsarbeiter] nicht ohne Erlaubniß des Aufsehers wechseln.

& 25. Jeder Ungehorsam von seiten der Arbeiter gegen ihre Vorgesetzte oder gegen die von Letzteren dazu verordnete Personen soll nach Verhältniß des Fehlers mit einer Strafe von einem bis fünf Taglöhnen belegt werden.

& 26. Für den Schutz und die väterliche Sorgfalt, welche alle Arbeiter von ihren Vorgesetzten zu erwarten haben, versprechen sie ihnen Anhänglichkeit und Treue, so wie auch Anzeige dessen, was sie dem Nutzen ihrer Herren Schädliches entdekken können.

& 27. Gegenwärtige Verordnung soll in allen Werkstätten angeschlagen werden, damit sich keiner mit dessen Unwissenheit entschuldigen kann. Wer diese Verordnung beschmutzt oder zerreißt, wird sogleich entlassen und der ihm schuldige Lohn ihm zurückgehalten.

Genehmigt den 10. Juli 1840. Magistrat der Stadt Augsburg als Polizeibehörde.

Aus: 100 Jahre Mech. Baumwoll-Spinnerei und Weberei Augsburg, S. 65

5. Ein Pfarrer über die Arbeitsverhältnisse (1838)

Die Arbeitsleute in der Fabrik des Herrn Forster[1] (Herr von Froelich läßt an Sonntägen nie arbeiten, ebenso ließ Herr Dingler den Herbst und Winter hindurch bisher nicht arbeiten) gehen jetzt Morgens 6 Uhr dahin, wenn es früher Tag wird, schon um 5 Uhr, und müssen bis zur Nachtzeit bleiben – und müssen ununterbrochen fortarbeiten, während sie unter der Woche so manche Stunde feyern müssen, jedoch das Fabrikgebäude nicht verlassen dürfen – wenn es Nachts wird, kommen sie hungrig und müde nach Hause; denn Mittags haben sie nichts zu essen als ein Stück Brod oder eine Nudel, die sie Morgens vom Hause mitnehmen, und müssen die Arbeiten stehend verrichten – Katholische, theils Ledige, theils Verheiratete, mögen circa 80 dahin gehen, insbesondere aber 36 Christenlehr- und Sonntagsschulpflichtige, theils Knaben, theils Mädchen.

Aus: Schreiben des Pfarrers von Lechhausen, eines Augsburger Vorortes, an das Erzbischöfl. Ordinariat, 20. 12. 1838, Pfarramt Lechhausen, Akt: Pfarrer

6. Kinderarbeit in Fabriken

a. Das Gesetz von 1840

Ludwig von Gottes Gnaden König von Bayern.

Wir haben in Erwägung jener Nachtheile, welche eine allzufrühzeitige, mit übermäßiger Anstrengung, sowie mit Vernachläßigung des Schul- und Religions-Unterrichtes verbundene Beschäftigung der werktagsschulpflichtigen Jugend bei Fabriken und größeren Gewerken, in Hinsicht auf die Gesundheit, geistige und körperliche Entwicklung solcher Kinder herbeizuführen pflegt, in dieser Beziehung – auf so lange Wir nicht anders verfügen – nachfolgende Bestimmungen zu treffen beschlossen.

Art. I. Kein Kind soll vor dem zurückgelegten neunten Lebensjahr in Fabriken oder in Berg-, Hütten- und Schlagwerken, zum Zwecke einer regelmäßigen Beschäftigung aufgenommen werden.

Art. II. Die Aufnahme eines Kindes zu diesem Zwecke, nach dem neunten Lebensjahre, darf nur auf dem Grunde eines gerichtsärztlichen Zeugnisses über körperliche Tauglichkeit für die bevorstehende Art der Beschäftigung und über die Nichtgefährdung der Gesundheit und der weiteren physischen Entwicklung durch dieselbe, dann eines Zeugnisses der Local-Schulinspection über bisherigen fleißigen Schulbesuch und die Erwerbung der für das neunte Lebensjahr vorgeschriebenen Kenntnisse geschehen.

Art. III. Die Arbeitszeit für Kinder vom neunten bis zum zwölften Jahre wird auf das Maximum von zehn Stunden des Tages festgesetzt.

Dieselbe hat niemals vor 6 Uhr Morgens zu beginnen, und spätestens um 8 Uhr Abends zu enden.

[1] C. Forster leitete die Kattunfabrik Schoeppler & Hartmann, die um 1825 250–280 Arbeiter beschäftigte.

Auch ist diesen Kindern täglich zur Mittagszeit eine volle Stunde, etwa von 11 bis 12 Uhr, nach eines jeden Ortes Sitten und Gebräuchen, dann im Laufe der Vor- und Nachmittags-Zeit nebstdem noch jedesmal eine halbe Stunde zur Erholung zu geben, und hiebei Bewegung außer der Anstalt zu gestatten.

Art. IV. Was die weitere verordnungsmäßige Erfüllung der Schulpflicht von Seite solcher Kinder anbelangt, so kann derselben dadurch genügt werden, daß die Kinder während der bestimmten Arbeitszeit entweder

a. wenigstens zwei Stunden des Tages an dem öffentlichen Unterrichte des Ortes Theil nehmen, oder
b. daß sie den nöthigen Schul- und Religions-Unterricht in einer besondern Privatanstalt oder Fabrikschule, gleichfalls zwei Stunden lang täglich erhalten.

In beiden Fällen haben sich diese Kinder der öffentlichen Jahres-Schulprüfung zu unterziehen.

Art. V. Hinsichtlich der im vorhergehenden Artikel erwähnten Privat-Unterrichts-Anstalten, oder sogenannten Fabriksschulen, wird Folgendes festgesetzt:

a. Nur solche Lehrer, welche sich über vorschriftsmäßige Qualification auszuweisen vermögen, können hierbei verwendet werden.
b. In keiner Schule dieser Art dürfen mehr als fünfzig Kinder zugleich Unterricht erhalten; auch hat derselbe nie vor 6 Uhr Morgens und niemals nach 6 Uhr Abends stattzufinden.
c. Die Bestimmung der Unterrichtsstunden kann nur nach vorgängigem Benehmen mit der zuständigen Schulbehörde und mit deren Einwilligung erfolgen.
d. Der Unterricht selbst muß in solchen Anstalten ganz nach den bestehenden allgemeinen Vorschriften und unter der verordnungsmäßigen Aufsicht und oberen Leitung der Schulbehörden ertheilt werden.

Art. VI. Dem öffentlichen kirchlichen Vorbereitungs-Unterricht für den Empfang der heiligen Beichte und Communion bei den Katholiken, und der Confirmation bei den Protestanten, haben auch diese Kinder ohne Ausnahme beizuwohnen, sofern ihnen nicht eben dieser Unterricht durch den betreffenden Seelsorger in der Fabrikschule ertheilt wird.

Art. VII. Eigenthümer von Fabriken und Gewerken, sowie deren bevollmächtigte Vertreter, welche mit Außerachtlassung der gegebenen Vorschriften werktagsschulpflichtige Kinder aufnehmen und beschäftigen, unterliegen unnachsichtlicher Einschreitung, welche nach Maaßgabe des einzelnen Uebertretungsfalles in einer Geldstrafe von fünf bis fünfzig Gulden besteht.

Sie sind überdieß verpflichtet, im Benehmen mit dem Ortspfarrer die geeigneten Anordnungen zu treffen, daß die Sittlichkeit der Kinder gehörig überwacht und gegen Verführung und Aergerniß von Seite der erwachsenen Fabrikarbeiter geschützt werde.

Nachgewiesene Vernachläßigung dieser Vorsorge hat die Erlassung des Verbotes fernerer Verwendung werktagsschulpflichtiger Kinder in der Fabrik zur unmittelbaren Folge.

Dieselben haben endlich über die in ihren Anstalten beschäftigten, werktagsschulpflichtigen Kinder ein genaues Verzeichniß zu führen, und stets evident zu halten, dasselbe in dem Arbeitslocale aufzubewahren, und den Behörden, so oft sie es verlangen, zur Einsicht und Prüfung unweigerlich vorzuzeigen. [...]

Aus: Regierungsblatt, Nr. 5, 28. 1. 1840

b. Eine Textilfabrik an den Augsburger Magistrat (1851)

[...] beehren wir uns, in folge der Aufforderung vom 12. dies. die gestellten Fragen wie folgt zu beantworten:

a. es werden in unserer Spinnerei Kinder verwendet, und zwar:

26 Sonntagsschulpflichtige, hier wohnend, ferner

103 Sonntagsschulpflichtige } auswärts wohnend
2 Werktagsschulpflichtige }

131 Kinder

b. dieselben werden dermalen abwechslungsweise, die eine Woche bey Tag, die andere Woche bey Nacht beschäftigt. Die Tag-Parthie arbeitet von 6 Uhr Morgens bis 6 Uhr Abends, die Nacht-Parthie von 6 Uhr Abends bis 6 Uhr Morgens.

c. Die Kinder werden als Aufsetzer und Ansetzer verwendet und sind daher bey dem Fabrik-Betriebe nothwendig; übrigens arbeiten sie freywillig sey es in Form eigenen oder ihrer Eltern Interesse.

d. Nachtheilige Einflüße auf die Gesundheit dieser jungen Leute haben wir bey dem System des Wechselns von Woche zu Woche nicht gefunden, die Kinder haben ein gesundes, frisches Aussehen, und Krankheiten kommen nur wenige bey ihnen vor. Es wird übrigens auf die Gesundheit der Kinder stets die nöthige Rücksicht genommen, und vorkommenden Falls einem von einer Krankheit Genesenen jede Erleichtherung gewährt. Was das Nacht Geschäft selbst betrifft, so ist daßselbe nur vorübergehender Natur und wird in einiger Zeit aufhören.

Aus: Joh. Friedr. Chur & Söhne an den Augsburger Magistrat, 19. 7. 1851, StadtA Augsburg, 10/1677

c. Die Schulinspektion in Göggingen an den Augsburger Magistrat (1851)

In der mechanischen Baumwollspinnerei der H. H. Chur & Comp. zu Augsburg ist die Einrichtung getroffen, daß die Arbeiter mit wöchentlicher Abwechslung bei Tag und bei Nacht beschäftigt werden. Diese Fabrik wird nun nach genauen amtlichen Erhebungen von 21 männlichen und 34 weiblichen feiertagsschulpflichtigen Individuen nur allein aus dem Orte Oberhausen besucht.

Welchen nachtheiligen Einfluß diese nächtliche Arbeit auf die physische und moralische Beschaffenheit dieser in ihrer Entwicklungsperiode begriffenen Individuen ausübe, darf wohl nicht erst lange bewiesen werden – er ist durch das geisterhafte Aussehen dieser Kinder und öftern Krankheit derselben – besonders Augenkrankheiten – konstatirt; wird und muß aber natürlicher Weise nach Verlauf einiger Jahre in der körperlichen und geistigen Verkommenheit dieser Unglücklichen zum unberechenbaren Nachtheile der Heimatgemeinde in seiner ganzen Größe hervortreten!

Nun sind aber diese Kinder auch zum Besuche der Feiertagsschule und der Christenlehre gesetzlich verpflichtet und die Schulbehörde namentlich durch Hohes Regierungs-Reskript vom 4ᵗⁿ Juni l. J. »Auffallende Schulversäumnisse« strengstens verantwortlich gemacht, den Schulbesuch sorgfältigst zu überwachen. Wie soll aber von denjenigen, welche vom Samstag Abends bis Sonntag Morgens gearbeitet haben, mit Billigkeit gefordert werden können, daß sie das natürliche Bedürfniß des Schlafes unterdrückend auch in der Feiertagsschule und Christenlehre erscheinen? Wie kann noch weniger erwartet werden, daß wenn sie auch erscheinen, der Unterricht einen günstigen Eindruck auf sie auszuüben vermöge?

Aus: Distriktschulinspection Göggingen II an den Augsburger Magistrat, 18. 12. 1851, StadtA Augsburg, 10/1677

d. Ein Stadtpfarrer an den Augsburger Magistrat (1851)

Indessen bemerkte ich an beiden Jungen [13 und 14 Jahre alt], wenn [sie] kamen, eine gewisse Abgespanntheit und Schläfrigkeit, [die] mir auffiel und zumal bei dem Älteren auffiel, und der begabtere ist. Ich besprach mich mit ihnen, fragte sie, woher das komme? warum sie so oft fehlten? Worauf mir der ältere unter Thränen erwiderte, daß sie hie und da den Unterricht verschlafen hätten, weil sie in der Chur'schen Garnspinn-Fabrik abwechslungsweise auch die Nacht hindurch arbeiten müßten und deßwegen auch oft schläfriger und überhaupt weniger aufgelegt zum Lernen wären.

Aus: Stadtpfarrer Schaefer an den Magistrat, 8. 7. 1851, StadtA Augsburg, 10/1677

e. Der Augsburger Magistrat über die Verwendung junger Leute zur Fabrikarbeit (12. 6. 1856)

Zwei jüngst vorgekommene Fälle, indem ein Knabe 13 Jahre alt heimlich davon gieng, ein anderer Knabe, 14 Jahre alt, wegen zu geringer Nahrung und Ermüdung ins Krankenhaus kam, beide in hiesigen Fabriken verwendet, legen dem Stadt-Magistrat die Pflicht auf, die sämtlichen Fabrik-Etablißements aufzufordern, wenn nur immer thunlich, im Interesse der Menschlichkeit die Aufnahme zu junger, noch nicht ausgebildeter Knaben und Mädchen als Fabrikarbeiter zu vermeiden, jeden Falls aber darauf zu sehen, daß die Aufzunehmenden auch körperlich kräftig sind. Müßen junge Leute aufgenommen werden, so gebietet es eben wieder die Menschlichkeit, dafür Sorge zu tragen, daß solche jungen Leute nicht, wie ausgewachsene, vollkommen kräftige Arbeiter von früh 5 Uhr bis Abends 7 Uhr ununterbrochen zur Arbeit verwendet werden, daß die Fabrikaufseher besonders darauf achten, daß diese jungen Leute auch die erforderliche Nahrung erhalten und zu sich nehmen. Es wird angemessen seyn, wenn die Fabrikärzte sich von Zeit zu Zeit um diese Kinder etwas umschauen und ihnen die der Jugend gebührende Aufmerksamkeit zuwenden.

StadtA Augsburg, Aktenbestand 5/674

7. Eingabe Augsburger Fabrikarbeiter an den König wegen Verkürzung der Arbeitszeit (24.10. 1865)

Allerdurchlauchtigster Großmächtigster König!
Allergnädigster König und Herr!
Indem wir unterzeichneten Arbeiter der Kreishauptstadt Augsburg es wagen, Euerer Königlichen Majestät Thron allerunterthänigst treugehorsamst mit einer Bitte zu nahen, so gibt uns hierfür den Muth die allbekannte Gerechtigkeitsliebe Euerer Königlichen Majestät und die wirklich väterliche Fürsorge, welcher Euere Königliche Majestät auf den Geringsten Ihrer Unterthanen zuwendet.

In den hiesigen Baumwollspinnereien, Webereien, Kattundruckereien ist zwar von jeher die Arbeitszeit von 5 Uhr Morgens bis Abends 7 Uhr festgesetzt; also täglich eine dreizehnstündige Arbeitszeit. Dazu kommt aber noch, daß in den meisten Fabriken keine Frühstücksstunde, Mittagsstunde, keine Abendbrotzeit stattfindet, weil die Werke in diesen Fabriken fortlaufen.

An diese Arbeitszeit sind sämmtliche Arbeiter, Erwachsene wie Kinder gebunden. Nun sind aber hauptsächlich in den Spinn- und Webereien ein Drittheil Kinder beschäftigt. Diese Kinder kommen schon gleich nach Beendigung der Schulzeit, also nach vollendetem 13. Lebensjahr in die Fabrik. Auch sind schon viele Kinder unter diesem Alter in Fabriken dahier aufgenommen worden, obwohl hierüber gesetzliche Bestimmungen erlassen worden sind.

In diesem Alter nun müssen diese Kinder Morgens 5 Uhr in der Arbeit sein, da jede Versäumniß mit Geld bestraft wird. Sie sind daher genöthigt, Morgens 4 Uhr aufzustehen und kommen nach der Arbeit erst gegen 8 Uhr Abends wieder nach Hause. Dieses ist aber bei den Kindern wie bei den erwachsenen Arbeitern nur bei jenen der Fall, welche in der Stadt selbst leben.

Ein noch größeres ungünstiges Verhältniß tritt bei jenen Kindern [...] ein, welche ihr Domizil in den umliegenden Orthschaften haben. Augsburgs Arbeiterbevölkerung wohnt bereits zur Hälfte in den Dörfern Lechhausen, Oberhausen, Kriegshaber, Stadtbergen, Steppach, Pfersee, Göggingen und in der Friedbergerau. Diese Orthschaften sind von den Fabriken eine halbe bis ein und eine halbe Stunde entfernt.

Um nun rechtzeitig an ihre Arbeit einzutreffen, sind diese Arbeiter genöthigt, Morgens schon um 3 Uhr aufzustehen. Um 5 Uhr Morgens beginnt diese Arbeit und dauert bis Abends 7 Uhr. Bis die Arbeiter nach Hause kommen, wird es neun Uhr und bis sie zu Nacht gegessen und ihre Ruhestätte aufsuchen können, wird es 10 Uhr. So bleibt diesen Arbeitern, wovon die Hälfte Kinder und Weibspersonen sind, nur fünf Stunden zur nöthigen Ruhe. Hinzu kömmt aber noch, daß die Arbeitszeit in diesen Fabriken, welche wochenweise oft bis 8 Uhr Abends, an Samstagen sogar bis 11 Uhr Nachts arbeiten lassen. Hier tritt nun ein noch traurigeres Verhältnis für die Erholung und nöthige Ruhe der Arbeiter ein.

Bei einer solchen Sachlage ist es nun selbstverständlich, daß darunter die Gesundheit der Arbeiter empfindlichen Schaden leiden muß. Der Mangel an Schlaf und der nöthigen Erholung und Ruhe, besonders bei Kindern im Alter von 13–17 Jahren, kann nicht anders als höchst nachtheilig auf die Gesundheit einwirken.

Es ist eine offenbare Thatsache, daß die Fabrikarbeiter schon auf den ersten Blick an ihrem blassen und kränklichen Aussehen kennbar sind. Dazu trägt nun hauptsächlich die lange Arbeitszeit bei.

Allein noch andere Umstände sind hierbei in Betracht zu ziehen. In den Sälen dieser Fabriken athmet der Arbeiter ungesunde, mit schädlichen Dünsten geschwängerte Luft ein. Die große Anzahl Arbeiter, welche in einem solchen Saale zu arbeiten haben, erzeugt natürlich ungesunde Ausdünstungen, dazu kommt noch der Staub der Wolle, den die Arbeiter einzuathmen haben, der scharfe Geruch der Oele und Fette, welche in den Fabriken verwendet werden. Diese ungesunde, mit Dünsten geschwängerte Luft aller Art hat nun der Arbeiter 13 volle, oft auch 14 und noch mehr Stunden einzuathmen. Frische reine Luft dringt nicht in diese Säle, weil die Fenster im Sommer nur kurze Zeit, im Winter aber gar nicht geöffnet werden.

Ferner ist hierbei auch hauptsächlich die geringe Wohlhabenheit der arbeitenden Klasse ins Auge zu fassen. Besonders der Mangel an genügender Nahrung und Kleidung; der Verdienst besonders der Kinder in den Fabriken muß größtentheils an die Eltern derselben abgeliefert werden, weil oft ganze Familien auf diesen Verdienst zu ihrem Lebensunterhalt angewiesen sind. Daher kann auch den Kindern nicht so viel Geld zu ihrer leiblichen Nahrung von den Eltern mitgegeben werden, als sie nothwendig bedürfen. Ein anderer Fall ist dieses bei dem erwachsenen selbstständigen Arbeiter, der über seinen verdienten Lohn frei verfügen kann. Auch die Kleidung, besonders der Kinder und Weibspersonen, kann eine ungenügende genannt werden und ist größtentheils auf das Nothwendigste beschränkt.

In Verbindung mit diesen angeführten obigen Gründen ist es daher kein Wunder zu nennen, wenn die Fabrikarbeiter in Bezug auf die Gesundheit sehr im Nachtheil sind. Ist es schon eine große Aufgabe, in der besseren Jahreszeit 13 Stunden in den ungesunden Sälen arbeiten zu müssen, so ist dieses es um so mehr im Winter.

Um 3 Uhr und 4 Uhr im Winter aufstehen, eine halbe oder eine Stunde an die Arbeit bei Kälte, Schnee und Wind gehen zu müssen, sich dann nur wenige Stunden des Schlafes und der Ruhe erfreuen zu können, muß auch eine kräftige Constitution ruiniren, wie viel mehr noch das Kindesalter, das zu seinem Wachsthum und zu seiner körperlichen und geistigen Entwicklung vor allem der Ruhe bedarf.

Es ist dieser Übelstand längst von den besten Autoritäten anerkannt worden, die Folgen davon werden in kurzer Zeit zu Tage treten.

Durch die immer mehr und mehr überhandnehmende Entkräftung des Arbeiterstandes werden nothwendig mehr Arme ihren Gemeinden zur Last fallen, denn nur die wenigsten Fabriken sind durch ihre Pensionsanstalten in die Lage gesetzt, ihren Arbeitern im Falle der Erwerbslosigkeit Pensionen oder Unterstützungen zu geben. Auch werden diese Pensions-Vereine größtentheils nicht so gehandhabt, wie es das Interesse der Arbeiter verlangt, worüber gewisse Aufschlüsse gegeben werden können.

Durch diese Entkräftung der Arbeiter wird aber dem Nationalwohlstande eine tiefe Wunde geschlagen, denn nur ein Volk, das geistig und körperlich kräftig dasteht, vermag denselben zu haben.

Hauptsächlich leiden dadurch die Kinder in den Fabriken und es ist leicht vorauszusehen, daß in kurzer Zeit wir eine ganz entkräftigte, verkommene Arbeiterbevölkerung zu erwarten haben. Diejenigen Kinder, welche genöthiget sind, ihr Brod in den Fabriken zu suchen, sind, wenn sie das 21. Lebensjahr erreicht haben, bereits ausgearbeitet und körperlich zu Grunde gerichtet. Der beste Beweis hiefür kann bei den Militärconscriptionen ersehen werden, denn wie viele Conscriptionspflichtige sind auch dienstuntauglich unter den Fabrikarbeitern. Ein weiterer Punkt, der wesentlich in die Waagschale fallen dürfte, ist der weibliche Theil der Fabrikbevölkerung.

Nur ein gesunder Mensch ist fähig, gesunde Kinder zu erzeugen und zu gebären. Wenn aber die Lebenskraft einer zukünftigen Mutter schon in ihrem Keime erstickt wird, wie wird sie dann im Stande sein, dem Staate kräftige und gesunde Kinder gebären und erziehen zu können.

Dieses sind die Gründe, welche wir Euerer Königlichen Majestät in gedrängter Kürze allerunterthänigst, treu gehorsamst vorzutragen wagen und an welche wir um die allerunterthänigste Bitte anreihen: »Euere Königliche Majestät wolle durch Gesetzeskraft zu bestimmen geruhen, daß die Arbeitszeit in denjenigen Fabriken, wo dieses noch nicht geschehen ist, von Morgens 6 Uhr bis Abends 7 Uhr festgestellt werden, ferner daß eine Überschreitung dieser Arbeitszeit unter keinem Namen mehr statthaft sei.«

StadtA Augsburg, Nachlaß Hassler, K 3

8. Der Abgeordnete Prof. Dr. Edel über einen Antrag Münchner Gewerbsgesellen wegen Verkürzung der Arbeitszeit (1848)

Ein Antrag der Gewerbsgehilfen mehrerer Gewerbe-Vereine in München, »die Arbeitszeit betr.«, angeeignet von dem Abg. Dr. Edel – in der Art, daß die hohe Kammer diese Eingabe benützen möge, zur Verbesserung des Looses der arbeitenden Klasse mitzuwirken.

Die Antragsteller bitten zu bewerkstelligen, daß die Arbeitszeit auf die Stunden von Morgens 6 Uhr bis Abends 6 Uhr beschränkt werde, und stützen sich auf die Asserte [Feststellung], der Körper werde bei der in Folge der hohen Viktualienpreise allgemein stattfindenden geringen Kost durch eine fast 14stündige, anstrengende Arbeit zu sehr erschöpft, und der Familienvater in die Unmöglichkeit gesetzt, eine Stunde der Pflege und Erziehung seiner Kinder zu widmen. [. . .]

Der Abg. Professor Dr. Edel: Meine Herren! Ich weiß wohl, daß sich dieser Antrag nicht recht eignet für die Kompetenz dieser Kammer; indessen werden Sie mir einige Worte über denselben erlauben. Die Gewerbsgehilfen, von denen dieser Antrag ausgegangen ist, sind Leute, die Ordnung und Gesetzmäßigkeit wollen, und sie haben sich deßhalb an die hohe Kammer gewendet, und wollen durch deren Vermittlung durchsetzen, was zur Verbesserung der Lage dienlich ist. Sie haben mir ihre Verhältnisse offen und redlich dargestellt, und beklagen sich, daß ihre Arbeitszeit im

Verhältnisse zum Lohne sehr bedeutend ist, und bei ihren Arbeiten länger dauert, als bei andern Gewerben. Aber die Härte der Arbeit allein ist es nicht, was ihren Antrag veranlaßt hat, sondern das Loos vieler ihrer Arbeitsgenossen. Sie haben mir geklagt, daß jetzt viele Gewerbe der Arbeit entbehren, und daß viele Gewerbsgehilfen keine Arbeit finden, von Ort zu Ort wandeln müßen, daß sie oft in Folge unseres noch bestehenden polizeilichen Prügelsystems mißhandelt, beschimpft und wie Vaganten behandelt werden, während die Arbeiter nicht immer selbst Schuld sind, daß sie keine Arbeit erhalten. Sie haben geglaubt, das beste Mittel sei, wenn man die Arbeitsstunden abkürzt, weil durch Abkürzung derselben eine weit größere Zahl von Arbeitern beschäftigt wird. Das war die Ansicht, von welcher die Bittsteller ausgegangen sind; meine Ansicht ist folgende:

Die Kammer hat bisher jede Gelegenheit benützt, um den arbeitenden Klassen ihre Theilnahme zu bewähren, und hat hiebei in dieser Beziehung dem hohen Ministerium alle Maaßregeln vorgeschlagen, welche zur Abhilfe der Noth der arbeitenden Klassen dienen. Wir leben unter Zeitumständen, wo kein Stand im Staate ohne Opfer ausgehen kann. Die Verhältnisse sind für alle Klassen der Bevölkerung getrübt; der Kapitalist und der Besitzende ist in der Lage, einen großen Theil seines Vermögens aufopfern zu müßen, und daß diese Lage auch auf die Arbeiter wirken muß, liegt am Tage. Der größere Theil der Bevölkerung wird das traurige Loos der Zeit mittragen; Jeder wird auch mitarbeiten müßen, um diesem traurigen Schicksale ein Ende zu machen. Man kann nicht oft genug wiederholen, daß die Ordnung und Gesetzmäßigkeit der Grund zur Wiederkehr eines geregelten Zustandes ist. Mit der Ordnung wird der Friede, das Vertrauen, der Absatz, und mit ihr wird auch die Arbeitsgelegenheit wiederkehren. [...] Mögen sich die Arbeiter darauf verlassen, daß ihre Angelegenheiten befördert werden. Vorzugsweise wird auch das bevorstehende deutsche Parlament hiefür einwirken. Eine Reihe von Maßregeln, welche darauf hinwirken sollen, sind vorgeschlagen; sie werden aber kraftlos, so lange die Zersplitterung der deutschen Staaten besteht, und sind nur wirksam, wenn ein Staatenbund oder ein Bundesstaat sie gemeinsam ausführt. Ich rechne dazu vorzüglich die Einführung eines Systems, das der inländischen Arbeit den inländischen Markt sichert, und kräftig den Handel in ganz Deutschland, von den Alpen bis an den Belt, fördert; ich rechne dazu jene Maßregeln, welche die Industrie kräftigen, so wie eine bessere Fürsorge zur Versorgung jener Arbeiter, welche ohne Verschulden in hilflose Lage gerathen sind; ich rechne hiezu die Behandlung der Auswanderung als Nationalangelegenheit. Warten wir ab, was das Parlament in dieser Beziehung zu Gunsten der Arbeiter beschließen wird.

Aus: Verhandlungen der Kammer der Abgeordneten 1848, Protokollband 3, Sitzung vom 1. 5. 1848, S. 136ff.

9. Der Finanzminister Frhr. von Lerchenfeld über Lohnerhöhung und Arbeitszeitverkürzung (1848)

Der Staatsminister der Finanzen, Freiherr v. Lerchenfeld:

Seien Sie aber überzeugt, daß die wichtige Frage der Verbesserung des Looses der arbeitenden Klasse nicht unter diejenigen gezählt wird, welche erst einer ferneren Zukunft vorbehalten werden sollen.

Wir erkennen sehr wohl die Nothwendigkeit, in dieser Frage so schnell und so entschieden als möglich einzuwirken. Allein, meine Herren, verkennen Sie auch nicht die unendlichen Schwierigkeiten, welche der Lösung dieser Frage in einer Zeit entgegenstehen, wo der Kredit allgemein erschüttert ist, und welche allein schon durch die Beunruhigungen, welche allgemein verbreitet sind, und die Industrie überall hemmen und lähmen, herbeigeführt werden. Von Tag zu Tag beschränkt sich der Luxus, von Tag zu Tag beschränkt sich selbst die Konsumtion in allen Fächern, und es ist deshalb die Schwierigkeit, die Arbeiten fortzusetzen, eine unermeßliche.

Zwei Ansprüche werden von allen Seiten erhoben. Auf der einen Seite verlangt man Erhöhung des Lohnes, auf der anderen Herabsetzung der Arbeitszeit.

Meine Herren! in einem Momente der allgemeinen Stockung, wo die Fabrikanten selbst in den allermeisten Fällen nicht im Stande sind, ihre Produkte zu verwerthen, oder wo sie wenigstens nicht im Stande sind, baares Geld dafür zu erhalten, stehen der Erhöhung des Lohnes ungeheuere Hindernisse im Wege.

Ich glaube sogar, daß eine Erhöhung des Lohnes in den meisten Fällen selbst gegen das Interesse der Arbeiter seyn würde. Eine solche Erhöhung des Lohnes würde in diesem Augenblicke, wo der Fabrikant schon mit der Schwierigkeit, sich Kapital zu verschaffen, kämpft, und ihr beinahe unterliegt, in den meisten Fällen eine Erhöhung des Preises der Produkte zur Folge haben, und dadurch die Gelegenheit zur Arbeitsgebung noch mehr herabdrücken. Auf der anderen Seite läßt sich nicht verkennen, daß in dem gegenwärtigen Augenblicke, wo wir Gott Lob eine gesegnete Ernte hatten und einer gesegneten Ernte entgegensehen, wo die Preise der meisten Produkte herabgekommen sind und noch immer herabgehen, schon dadurch den Arbeitern dieselben Vortheile größtentheils zugehen werden, welche eine Erhöhung des Lohnes unter anderen Verhältnissen verschafft haben würde.

Ich gebe es zu, daß in vielen Fällen noch eine kleine Erhöhung des Lohnes möglich ist, allein daß die Regierung sich in die Frage der Regulirung des Lohnes zwischen die Arbeiter und den Arbeitsgeber eindränge, halte ich für ein höchst verderbliches Prinzip.

Wir können in dieser Beziehung nur Wünsche aussprechen, wir können nur die Möglichkeit hiezu anbahnen; aber eine direkte Einmischung der Regierung, eine Erhöhung des Lohnes durch eine Verordnung halte ich im höchsten Grade gefährlich.

Was die Herabsetzung der Arbeitszeit betrifft, so ist, meine Herren, auch dieses eine Frage, welche schon vielfältig in gesetzgebenden Versammlungen berathen worden ist, und auch in dieser Beziehung hat in den meisten Fällen die Einmischung der Gesetzgebung wenig Nutzen geschafft.

Allerdings gebe ich es zu, daß es viele Gewerbe gibt, bei welchen die Arbeiter billigen Anspruch auf Ermäßigung der Arbeitszeit haben. Allein auch hier hoffen wir, daß es der Billigkeit der Arbeitsgeber und der Arbeiter selbst, und daß es dem freundschaftlichen Verständnisse derselben, unterstützt durch die Thätigkeit der Regierung, gelingen werde, auch diese Frage zur freudigen Lösung zu bringen, ohne daß die Gesetzgebung störend in diese Verhältnisse eingreift.

Ich gestehe aufrichtig, daß ich dem Grundsatze der Freiheit auch in dieser Beziehung unbedingt huldige, und glaube, daß die größtmöglichste Freiheit auch in diesen wie in anderen Verhältnissen des bürgerlichen Lebens das allein heilbringende Element ist. [...]

Der Staat wird allerdings, soweit seine Kräfte reichen Alles aufbieten, um das Loos der arbeitenden Klasse zu begünstigen. Dieses, glaube ich, kann er aber am besten dadurch, daß er selbst Gelegenheit zu arbeiten bietet; er wird, was nur möglich ist, für Eisenbahnbauten, Straßen- und Wasserbauten thun, um dadurch dem Fleißigen, welcher Gelegenheit zur Arbeit sucht, diese Gelegenheit zu bieten. Wir werden vielleicht auch noch Arbeiten für Urbarmachung in einzelnen Gegenden vornehmen können, um dem Arbeiter Verdienst zu verschaffen. Einer späteren Zeit wird es dann vorbehalten seyn, durch gerechtere Vertheilung der Steuerlast auch in dieser Beziehung und durch Erleichterung in dem Betriebe der Gewerbe der freieren Bewegung des Arbeiters den möglichsten Vorschub zu leisten.

Aus: Verhandlungen der Kammer der Abgeordneten 1848, Protokollband 1, Sitzung vom 8. 4. 1848, S. 292ff.

10. Der Augsburger Bankier F. B. v. Schaezler über die Fürsorge der Fabrikherren (1847)

Ich halte es für eine heilige Pflicht, für die Tausende von armen Arbeitern des Zollvereins ein ernstes Wort zu reden, und zu ermahnen, daß alsbald Maaßregeln ergriffen werden möchten, auf daß nicht auch die bayerischen Fabrikherren in die Lage versetzt werden, wie es in anderen Ländern der Fall ist, die Löhne ihrer Arbeiter zu mindern, oder dieselben sogar entlassen zu müssen. Gott sei Dank, ich kenne in Bayern keine Fabrikanten, welche sich auf Kosten ihrer Arbeiter bereichern wollen; – es gibt bei uns nicht jene traurigen Vampire, die mit oder ohne Grund unglückliche Zeiten benützen, den Fabrikarbeitern ihren Lohn zu entziehen und sie zu drükken. Auch machen sich die bayerischen Fabrikanten nicht wie die englischen des Vergehens schuldig, daß sie Mißbrauch mit den menschlichen Kräften treiben, die Arbeitsstunden zum Nachtheil der Gesundheit ihrer Arbeiter verlängern, und dadurch freilich auch wieder zu einer grossen Superiorität gegen unsere Fabriken gelangen. Ich kann Ihnen, meine Herren, die Versicherung geben, daß namentlich Augsburg lauter solche Fabrikherrn zählt, welche Väter und Versorger ihrer Arbeiter sind, und welche sich die materielle sowohl, als die sittliche Wohlfahrt derselben angelegen sein lassen, was sich ganz besonders in diesem Theuerungsjahre bewährte. Wo solche der Wahrheit getreue Thatsachen angeführt werden können, liegt es doch wahrlich einer jeden Regierung ob, dafür Sorge zu tragen, daß die Fabrikherren auch fernerhin für das Wohl ihrer Arbeiter sorgen können.

Wenn diejenigen, denen es obliegt, ihre Arbeiter zu erhalten, nicht mehr im Stande sind, sie zu ernähren, und zu unterstützen, so sehe ich etwas kommen, das wir dann nicht mehr verhindern können.

Aus: Verhandlungen der Kammer der Abgeordneten 1847, Protokollband 1, Sitzung vom 28. 10. 1847, S. 439f.

11. Unterstützungskassen (1849)

Aufruf an die Arbeiter.
Immer hörte man früher klagen, daß von Seite des Magistrats Heirathsgesuche der Fabrik-Arbeiter abgewiesen worden sind. Der Grund dazu liegt sehr nahe; starb der Arbeiter, ohne seiner Familie Vermögen zu hinterlassen, so fiel dieselbe der Commune zur Unterstützung zu. Hiesige Fabrikherren und deren Arbeiter, wohl einsehend, daß der Commune ferner nicht alles aufgebürdet werden könne und im eigenen Interesse der Beruhigung für die Zukunft, stifteten Unterstützungs-Vereine, und durch wöchentliche Beiträge der Arbeiter sowohl als auch durch bedeutende Geschenke ihrer Häuser bei besondern Gelegenheiten, kam ein sehr ansehnliches Kapital zu Stande. Zuerst war der Verein nur Kranken-Unterstützungs-Verein, wird aber jetzt noch weit wohlthätiger ins Leben der Arbeiter eingreifen. Um den hochlöbl. Magistrat von dem Dasein eines solchen Instituts zu überzeugen, wurde vom Directorium der mechanischen Baumwollspinn- und Weberei das Collegium der Gemeindebevollmächtigten zur Augenscheinnahme der Kasse dieser Lebensversicherungs-Pfründe eingeladen und der Verein wies unter der sehr umsichtigen und weisen Leitung des Herrn Director Riedinger einen Kapitalstock von 20 000 fl. nach. Ebenso vernehmen wir, daß auch in der Schöppler und Hartmann'schen resp. Forsterschen Cattunfabrik ein Unterstützungsfond von 13 170 fl. sich vorfinde, auf dieselbe Weise durch Beiträge der Arbeiter und durch Geschenke hiesiger Häuser aufgebracht. Wie wohlthuend das Wirken dieser Vereine dem Arbeiter, dem es wirklich um Sicherung seiner Zukunft zu thun ist, sein muß, überlassen wir jedem Denkenden selbst. Dieß ist das wahre Streben, der gedrückten Lage dieses Standes aufzuhelfen; andere Vereine politischer Art dienen nur dazu, sich in vergeblichen Hoffnungen zu erschöpfen und die Unzufriedenheit zu nähren. Sichert euere und euerer Familien Zukunft durch Gründung solcher Vereine, tretet zusammen, fangt mit Kleinem an, und sieht man euren guten Willen, von allen Seiten wird euch Hilfe fließen wie den zwei obengenannten Vereinen. Es gibt schon noch uneigennützige Männer, denen euer Wohl am Herzen liegt, nur wendet zur Verbesserung euerer Lage nicht Mittel an, die total verkehrt sind und nicht zum Zwecke führen. Bedenkt

diese Worte wohl und seid nicht taub dagegen! Ihr Fabrikbesitzer aber, nehmet euch euerer Arbeiter an; es ist euere Pflicht sogar. Ihr Schweiß ist's ja, der euch gute Prozente bringt; seht in euren Arbeitern Mitmenschen, nicht bloß Werkzeuge! Greift ihnen unter die Arme – durch Gründung solcher Vereine kann es leicht geschehen; scheut die Mühe nicht! –

Aus: Der Lechbote, Nr. 87, 28. 3. 1849

12. Der Fabrikherr und seine Arbeiter (1. Mai 1850)

München, 1. Mai. In Folge einer allgemein verbreiteten Nachricht von der Probefahrt eines, in der rühmlichst bekannten v. Maffei'schen Maschinenfabrik Hirschau erbauten Dampfschiffes, welches, ehe dasselbe an seine Bestimmung (es soll unsers Wissens zwischen Donauwörth und Regensburg Dienst thun) auf der Donau abgeht, heute stattfinden sollte, hatte sich von schönem Wetter begünstiget, eine unabsehbare Menge Menschen aus unserer Stadt den Isarstrom entlang, versammelt, dessen beide Ufer weithin bis an die äußersten, fast kaum zugänglichen Punkte, dicht mit Schaulustigen aller Stände gefüllt waren. Jene Nachricht aber, von einigen hiesigen Tagblättern veröffentlicht, war nur insoweit richtig, als man allerdings einen Versuch mit dem Schiffe anstellen wollte, wie es bei jeder andern Maschine, wenn es nur immer möglich ist, auch geschieht, ehe sie die Werkstätte verläßt, um dieselbe vorläufig reguliren zu können. Die Isar aber schon von ihrer Natur nach für die Schiffahrt höchst ungünstig, bot bei vermindertem Wasserstande ein so schmales scharfwinkeliges Fahrwasser, daß eine Kraftentwicklung der vortrefflich arbeitenden Maschine nicht zulässig war, und das lange, schlank gebaute Schiff diesen Krümmungen nicht folgen konnte, so daß es nur eine ganz kurze Strecke mit der größten Vorsicht geleitet, zurückzulegen vermochte, und die große Mehrzahl der erwartungsvollen Zuschauer, zumal auch ein gewaltiges Gewitter drohte, unbefriedigt nach der Stadt zurückkehren mußte. Doch einer verhältnißmäßig kleinen Zahl von einigen Tausenden, welche in nächster Nähe standen, wurde eine eben so unerwartete als erfreuliche Entschädigung geboten durch ein Fest der Arbeiter obengenannter Fabrik, welches dieselben aus Dankbarkeit gegen ihren Herren, den Ritter Joseph v. Maffei, ohne dessen Wissen veranstaltet hatten, bei welchem die Probe der Maschine als ein besonderer Theil stattfinden sollte, was dann als vergrößertes Gerücht in die Oeffentlichkeit gedrungen war.

Von seinen Arbeitern zu einem kleinen Maifeste geladen, wurde Hr. v. Maffei am äußersten Thore des Fabrikbezirkes von einer Deputation derselben eingeholt, durch die Hofräume zu einem Triumphbogen geleitet und daselbst von der Gesammtheit derselben mit dem lebhaftesten und herzlichsten Jubelrufe empfangen. Nachdem einer der Arbeiter im Namen Aller eine kurze Anrede gehalten, worin dieselben ihre Anerkennung der großen Verdienste dieses Ehrenmannes im allgemeinen, und den innigsten Dank für seine väterliche Fürsorge, welche er seinen Arbeitern jederzeit zugewendet besonders ausgesprochen, wurde noch ein sehr sinniges von denselben Gefühlen durchdrungenes Lied unter Musikbegleitung vorgetragen. Das Ganze gewährte einen tiefen, höchst erfreulichen Blick in die Stimmung, welche unter unseren Arbeitern herrschte.

Mehr als befriedigt, fast ergriffen verließen wir den festlich geschmückten Platz, auf welchem Herr und Arbeiter, wie Vater und Söhne noch bis spät Abends beisammen verweilten.

Aus: Neue Münchener Zeitung, Beilage zu Nr. 105, 3. 5. 1850

XIII. Die Diskussion um Pauperismus und Proletariat

1. Einbürgerung der »Proletairs« in die Gesellschaft (1835)

In der That, wer als Augenzeuge nur einen Blick in den Abgrund des physischen und moralischen Elends und Verwahrlosigkeit geworfen hat, welchem der größere Theil der Proletairs in England und Frankreich Preis gegeben ist [...], der wird [...] gestehen müssen, daß die Hörigkeit, selbst in der härtesten Gestalt (als Leibeigenschaft, mit welcher die Geisteigenschaft gleichen Schritt hielt, wie denn keine ohne der andern bestehen kann), doch noch minder grausam und unmenschlich, folglich unchristlich war (denn Christenthum ist Menschthum), als diese Vogelfreiheit, Schutz-und Hilflosigkeit des bei weitem größten Theils unserer, wie man sagt, gebildetsten und cultivirtesten Nationen. Ein solcher Beobachter, sage ich, wird gestehen müssen, daß im sogenannten christlichen und aufgeklärten Europa größtentheils noch die Civilisation der Wenigen nur durch die Uncivilisation, ja Brutalität der Vielen besteht, und daß man dem alten unmenschlichen Sklaven- und Helotenthum bereits ungleich mehr sich wieder genähert hat, als dieses z.B. der Fall im Mittelalter war, dessen Barbarei übrigens wohl kein Geschichtskundiger deßwegen in Schutz nehmen wird. [...]

Wie nun aber die Proletairs durch Auflösung ihres Hörigkeitsverbandes in den reichsten und industriösesten Staaten wirklich nur relativ ärmer und hilfs- wie schutzbedürftiger geworden sind, so sind sie eben in den constitutionellen Staaten (durch Einführung des blos auf Gut und Geldbesitz begründeten Repräsentativsystems) auch noch zum nicht mehr gehört werdenden Theil des Volkes herunter gekommen. [...]

Wenn nun schon die Proletairs als vermögenslos nicht gleiche Rechte der Repräsentation mit den vermögenden Klassen haben, so haben sie doch das [moralische] Recht, in den Ständeversammlungen ihre Bitten und Beschwerden in öffentlicher Rede vorzutragen, d.h. sie haben das Recht der Repräsentation als Advokatie. [...]

Der Zweck dieses Aufsatzes [ist] kein anderer [...] als vorerst die Aufmerksamkeit der Rechtskundigen und Publicisten auf das große, der Societät dermalen vorliegende Problem der Einbürgerung der Proletairs in selbe zu lenken [...]. Denn jede in der Societät sich aus irgend einem Rechtsgrunde erzeugende Puissance [Macht] wird der bestehenden Ordnung und ihren Organen nur damit gefährlich, daß man sie von der Einverleibung (Repräsentation) in diesem Gesammt-Organism ausschließt, anstatt sie in diesen mit aufzunehmen, wie denn bekanntlich eine Opposition nur dann gefährlich zu werden beginnt, wenn sie nicht mehr in den Regierungsorganen sich spürbar macht.

Aus: Franz Baader, Ueber das dermalige Mißverhältnis der Vermögenslosen oder Proletairs zu den Vermögen besitzenden Klassen der Societät in Betreff ihres Auskommens, sowohl in materieller als intellektueller Hinsicht, München 1835, S. 7ff.

2. Die Notjahre 1846/47

Durch eine Zeit schwerer Noth und Bedrängniß ist Deutschland, ist Europa eben hindurchgegangen.

Vieles ist zur Linderung der Noth geschehen, was den wärmsten Dank des Volkes verdient, Vieles muß noch geschehen, soll der Wiederkehr ähnlicher Uebel nach Möglichkeit vorgebeugt werden.

Die Erfahrung, daß einige mittelmäßige Erndten und eine halbe Mißerndte hinreichend waren, in einem getreidereichen Lande, wie Bayern, solchen Mangel und eine solche Preiserhöhung der nothwendigsten Lebensmittel hervorzurufen, wie wir vor Kurzem erlebt haben, und die auffallende Erscheinung, daß eine der reichsten Erndten bis jetzt nicht im Stande war, die Opfer des brodbedürftigen Volkes auf ein billiges Maß zurückzuführen, läßt darauf schliessen, daß die Staatsmaßregeln zur Sicherung der Volksernährung jenen Grad von Vollkommenheit noch nicht erreicht haben, dessen sie bedürfen. Es handelt sich um eine Lebensfrage für Staat und Volk. Die Nahrung von Millionen Menschen, die Zufriedenheit der Hauptmasse der Bevölkerung, die Erhaltung eines grossen und hochwichtigen Bestandtheiles des National-Vermögens, die öffentliche Sicherheit und Ordnung ist durch die glückliche Lösung dieser Frage bedingt.

Bei einer Fortdauer der bisherigen Preise würden die zur Gewinnung des täglichen Brodes nöthigen Opfer für die grössere Masse der Bevölkerung unerschwinglich werden. Die Classe der Lohnarbeiter würde sich in ein unzufriedenes unruhesüchtiges Proletariat auflösen, der Mittelstand würde in den Stand der Armuth herabsinken. Die Mittelclasse der Gewerbetreibenden, der kleinbegüterte Landmann, die gering besoldeten Beamten und öffentlichen Diener, diejenigen, welche von mässigen Kapitalrenten und knapp zugeschnittenen Ruhegehalten, Witwen- und Waisenpensionen leben müssen, könnten bei solchen Preisen nicht mehr auf die Dauer ihr genügendes Auskommen finden, in Zufriedenheit und häuslichen Ehren bestehen. Noch bluten viele Wunden, welche die traurige Vergangenheit geschlagen hat.

Schon ist der mühsam aufgesparte Nothpfennig zahlreicher Familien aufgezehrt, viele Betriebs-Kapitalien sind angegriffen oder für Lebensmittel verbraucht, der Nahrungsstand vieler Familien ist mit Schulden beschwert, die zur Fristung des Lebens aufgenommen werden mußten. [...]

Zu den ständigen Staats-Maßregeln, deren Begründung Gegenstand eines Bedürfnisses und eines vielfach getheilten Volkswunsches bilden dürfte, zählen wir folgende: Die Annahme eines nationalen, wenigstens alle Zollvereinsstaaten umfassenden,

Schutzsystems zur Sicherung der für die inländische Bevölkerung erforderlichen Nahrung [...], die Revision und zeitgemäße Verbesserung der Verwaltungs-Normen über den Getreidehandel im Inlande [...], Sicherung angemessener Vorräthe für künftige Nothfälle [...], Schutz gegen wucherliche Umtriebe durch Rechtsgesetzgebung.

Aus: Verhandlungen der Kammer der Abgeordneten 1847, Antrag der Abgeordneten Dr. Edel und Lechner, Beilagenband 1, München 1847, S. 206ff. (Beil. VIII)

3. Die rote Gefahr (1847)

Es ist unverkennbar: viele und tiefe Wunden sind geschlagen worden, und sie bluten noch bis auf diese Stunde trotz des so reichlichen Erntesegens in diesem Jahre. Noch ein ähnliches Calamitäts-Jahr, und das Schlimmste stünde wohl dann zu befürchten, zumal in Anbetracht des üppig wuchernden Gift-Saamens überall verbreiteter communistischer Ideen und Doctrinen mit ihren destructiven, allen Rechtsboden unterminirenden, der arbeitsscheuen, besitzlosen, aber dennoch genußsüchtigen Menschen-Klasse plausibeln Tendenzen, wie solche leider schon an vielen Orten sichtbar hervorgetreten sind; in Anbetracht des immer mehr sinkenden sittlich-religiösen Elementes, – jenes Gottvertrauens, das da allein wahrhaft stark macht für Stunden der Noth; in weiterem Anbetracht der stets progressiven Population, der Vermögenszerstücklung und der durch eine bekannte, nordamerikanische Verfügung sehr erschwerten Möglichkeit, ja fast Unmöglichkeit für die schwachbemittelte Klasse, dort jenseits des Ocean's sich ein anderes Vaterland, eine bessere Heimath zu suchen und eine sicherere Lebens-Existenz sich zu begründen. Der Mittelstand, namentlich unter dem Landvolke, noch an alten Wunden blutend, und obschon mit Fleiß und Schweiß und in christlicher Resignation Pflug und Hacke führend und die harte Erdscholle bebauend, droht immer mehr zu schwinden, und eben dadurch die bereits schon zahlreich vorhandene, desperate Genossen-Schaar des Pauperismus und Proletariats als neue Mitgenossen in bedenklichem Maaße zu vermehren.

Aus: Verhandlungen der Kammer der Abgeordneten 1847, Abg. Riede, Protokollband 2, München 1847, S. 271f.

4. Möglichkeiten der Regierung (1847)

Das Proletariat, es kann nicht geläugnet werden, war bisher in Deutschland unbekannt. In mächtigen Verhältnissen hat es seine Existenz beurkundet, und es müssen kräftige, hilfreiche Mittel angewendet werden, um nicht jede Ordnung der Gesellschaft zu untergraben und alle sozialen Verhältnisse umzustürzen. Bayern ist vorherrschend auf den Bebau seines Bodens angewiesen, und hat eine nicht sehr dichte Bevölkerung. Wo während der Theuerung kein Mangel an Lebensmitteln vorhanden war, zeigte sich dennoch theilweise Aufregung und Unruhe. Aber noch eine andere Erscheinung ist in's Leben getreten. Es ist das Abnehmen des Mittelstandes, des

Gewerbtreibenden, des Handwerkstandes, theilweise auch des minder begüterten Landmannes. Mögen einzelne Gegenden eine Ausnahme machen, ich rede vom Allgemeinen. Das Proletariat ist hervorgegangen aus der Abnahme des Mittelstandes, wenn auch bei uns nicht in jener Grösse vorhanden, wie in Schlesien und in anderen Gegenden Deutschlands, doch immer groß genug, um die ganze Aufmerksamkeit der Regierung und jedes Ordnung und Gesetzlichkeit liebenden Vaterlandsfreundes in Anspruch zu nehmen. [. . .]

Meine Herren, es kann nicht geläugnet werden, daß Bayern als Ackerbaustaat einen ungeheuern Reichthum in sich beherbergt; es beweisen dieses seine Einnahmen im Budget. Daß aber die Kräfte seines Naturreichthums ungleichmässig vertheilt sind, daß die Verwendung der Staatseinnahmen nicht verhältnißmässig allen Classen der Bevölkerung zu Gute kommt, in Verbindung mit seinen politischen Zuständen, die ich nicht weiter berühre, liegt wohl ein grosser Theil der Ursache in unserem materiellen Zustande. Meine Herren! nur kurz einen Blick auf unsere Staatsschuld. Die ärmere Classe hat das meiste zu tragen, und das ungeheuere Militärbudget, die Unfreiheit des Bodens, die Ungleichheit der Besteuerung, die Besteuerung der nothwendigsten Lebensmittel, das Lotto, die drückende Verwaltung und Rechtspflege, meine Herren, sind Uebelstände, die dürften wohl Blutsauger an dem Leibe der minder Bemittelten genannt werden, und durch deren Beseitigung müßten gewiß die glänzendsten Vortheile für den allgemeinen Wohlstand hervorgehen. Ich glaube daher, die Bitte an die Regierung richten zu müssen, einem grossen Theile dieser Uebelstände wo möglich abzuhelfen, und erlaube mir noch hauptsächlich auf unsern Zollverein hinzuweisen; er sei etwas mehr als nur eine Finanzquelle der Regierung; der Staat erkenne die Wichtigkeit desselben an, er dringe darauf, daß ihm seine nothwendigsten Lebensbedingungen zu Theil werden. Erweiterung des Zollgebietes, Aufhebung lästiger Wasser- und Strassen-Zölle. Es ist voller freier Verkehr im Innern, es ist die Hebung der Industrie und der Schutz derselben gegen das Ausland, damit solche erstarke, es ist der Wunsch zugleich auch, daß unser tief gesunkener Handwerkerstand gehoben, damit er zu einem neuen Leben erblühe. Meine Herren, in Betreff der Wohlthätigkeit, der Unterstützung der Armen von Seite der Regierung, kann nicht geläugnet werden, daß sie während der Theuerungsjahre sehr viel gethan habe. Ob nicht noch mehr hätte gethan werden können, will ich nicht die Frage stellen. Aber die Regierung rege fortan den Wohlthätigkeitssinn bei der wohlhabenden Classe an; sie gehe voran, damit Anstalten zur Unterstützung für Nothleidende errichtet werden, zu Erziehung unbemittelter Kinder, und demjenigen, der arbeiten kann, werde Arbeit verschafft, und wie wir in andern Ländern, meine Herren, gemeinschaftlich mit der Regierung Anstalten finden, wodurch der Gewerbetreibende, der Handwerker durch kleine Summen vor dem Verderben geschützt werde, solche würden oft hinreichend sein und eine grosse Wohlthat für denselben. Diese Summen fehlen und Tausende gehen zu Grunde, um dann doch als Bettler ernährt werden zu müssen.

Aus: Verhandlungen der Kammer der Abgeordneten 1847, Abg. Schnetzer, Protokollband 2, München 1847, S. 184ff.

5. Preisfrage König Maximilians II. (1848): »Durch welche Mittel kann der materiellen Noth der untern Klassen der Bevölkerung Deutschlands und insonderheit Bayerns am zweckmäßigsten und nachhaltigsten abgeholfen werden?«

a. Commissionsbericht über die Lösungsvorschläge

Allerdurchlauchtigster Großmächtigster König! Allergnädigster König und Herr! Euere Königliche Majestät haben vermöge allerhöchsten Beschlusses die allergehorsamst unterfertigte Commission zur Beurtheilung der eingekommen Elaborate für Lösung der königlichen Preisfrage, die Mittel zur Hebung des Nothstandes der untern Classen der Bevölkerung betreffend, zu ernennen, desgleichen die Preisschriften zur weiteren Behandlung ausfolgen zu lassen geruht. Unter dem Ausdrucke des ehrfurchtsvollsten Dankes für dieses allergnädigste Vertrauen, in einer so wichtigen Angelegenheit die höchst wohlthätigen landesväterlichen Absichten Ew. k. Majestät durch ihre Mitwirkung unterstützen zu dürfen, sieht sich die Commission zunächst verpflichtet, der allgemeinen und weit über die Gränzen Bayerns verbreiteten Theilnahme zu erwähnen, welche die Aufstellung dieser königlichen Preisfrage gefunden hat. Das ehrerbietigst anverwahrte Verzeichniß der von der Commission protokollirten Elaborate weiset die Gesammtzahl von 656 Preisschriften nach, worunter insoweit deren Ursprung angegeben ist, 547 von bayerischen Bewerbern aus allen Regierungsbezirken herstammen. [...]

Soweit der großen Mehrzahl nach die Verfasser sich genannt haben, sind viele Stände bei der Lösung dieser Aufgabe betheiliget; besonders zahlreich Personen aus dem Seelsorger- und Lehrstande, wie auch eine nicht unbeträchtliche Zahl aus den gewerblichen Classen der Bevölkerung.

In vielen Elaboraten ist die richtige Ansicht voran gestellt, daß zur Lösung der vorliegenden Frage unter so verschiedenartigen und örtlichen Ursachen, welche bei der Erzeugung des Nothstandes zusammenwirken, nicht von einem Universal-Heilmittel die Sprache seyn könne; daß jedoch ein Punct allen übrigen vorangestellt werden müsse: die völlige Wiederherstellung der geselligen Ordnung und der Herrschaft des Gesetzes, wodurch allein das öffentliche Vertrauen neu belebt, der allgemeinen Betriebsamkeit und den Künsten des Friedens wieder jene freie Bewegung gestattet wird, welche ihre segensreichen Folgen durch alle Classen der Bevölkerung verbreitet.

Als die übrigen wichtigsten Puncte übereinstimmender Wünsche sind zu bezeichnen:

I. Als erstes und dringendes Bedürfniß zur Beseitigung des Nothstandes der untern Classen wird allseitig die Verbesserung der sittlichen Zustände des Volkes erkannt, daher a. Beseitigung des religiösen Verfalles und Hebung der Sittlichkeit, vorzüglich auf dem Lande, durch Verbesserung des Religionsunterrichtes, unter kräftiger Mitwirkung der Geistlichkeit; sich erhebend von gedankenlosem Auswendiglernen von Katechismen und Bibelsprüchen auf wahre Principien der Religion und Sittlichkeit, verbunden mit strengerem Anhalten zum Schulbesuche und Abhaltung der Feiertagsschulen für die erwachsene Jugend; b. Verbesserung des Elementar-Unterrichts überhaupt, beginnend mit einer besseren Vorbildung der Landschullehrer unter gleichzeitiger Verbesserung ihres Nahrungszustandes; c. Sorge für nützliche materielle Kenntnisse neben den gewöhnlichen Elementar-Gegenständen, in dieser Beziehung namentlich schon in den Landschulen einiger Unterricht in den ersten Lehren der Landwirthschaft; d. Stiftungen zur Aufmunterung des Fleißes und der Ordnungsliebe für die schulpflichtige Jugend, Kinderbewahranstalten auf dem Lande, Kreisanstalten für verlassene elternlose oder von unwürdigen Eltern verwahrloste Kinder; e. Verminderung der Feiertage (ein höchst vielfältig wiederholtes Petitum), Beschränkung des Wirthshausbesuches und der Kirchweihfeste, sittliche Reformen in den Gefängnissen und Vorsorge für die Besserung entlassener Sträflinge; f. Vorsorge für die Verbreitung guter populärer Schriften unter der ländlichen Bevölkerung.

II. Reform der Armengesetzgebung und der Armenpflege. Daher a. Bildung von Local-, Districts-, Kreis- und Staats-Armenfonds; b. Unterstützungen der Hilflosen und Erwerbsunfähigen, Verweigerung der Unterstützungen an Arbeitsfähige, mit Ausnahme solcher Unterstützungen, welche jede künftige entbehrlich machen; c. strenge Handhabung des Verbotes des Bettels; d. Armenbeschäftigungs-Anstalten; e. theilweise Verbindung der Armen-Erziehung und Beschäftigung mit der Agricultur durch Gründung besonderer landwirthschaftlicher Etablissements für diese Zwecke.

III. Aufforderung der Kirche zur werkthätigen Mitwirkung für Linderung der Armuth und Hebung der sittlichen Zustände der unteren Classen. [...]

IV. Vorsorge für Arbeit, im Allgemeinen durch thunlichste Ausgleichung zwischen Arbeitskräften und Arbeitsgelegenheit und durch, so weit ausführbar, richtige Vertheilung der Kräfte in den vorhandenen Erwerbskategorien; daher a. gründliche und öfters wiederholte statistische Erhebungen von Seite des Staates über die Zustände der arbeitenden Classen überhaupt und specielle Enqueten über die wichtigsten einzelnen Arbeitszweige; b. Bildung von Arbeitsausschüssen in den Gemeinden; c. Arbeits-Vermittlungsanstalten, in verschiedenen Gegenden vertheilt; d. sorgfältige Ueberwachung der öffentlichen Arbeiten des Staates in Ansehung richtiger Vertheilung der Arbeiten, der freien Concurrenz der Arbeitsfähigen an denselben; gegen Uebervortheilung und Bevorzugung Einzelner und gegen die Speculationen der Arbeitsunternehmer; e. Beförderung der Arbeiter-Associationen für wechselseitige Unterstützung und Vorsorge für richtige Statutarbestimmungen derselben; f. Vorsorge für Local-Getreide-Magazine zur Preisausgleichung der Früchte für die arbeitenden Classen, insbesondere der Fabrikarbeiter, theils von Gemeindewegen, theils aus den Mitteln der Arbeiter selbst; g. thunliche Ermäßigung der indirecten Auflagen auf Consumtabilien, welche vorzugsweise auf dem Arbeiterstand ruhen.

V. Beförderung der Agricultur als erste Grundlage des Nationalwohlstandes, daher a. Nachhilfe im Wege der Gesetzgebung durch Einführung eines umfassenden Culturgesetzes, welches Bayern gebricht; b. sorgfältige Ueberwachung und Beförderung des landwirthschaftlichen Unterrichtes durch die bereits bestehenden landwirthschaftlichen Schulen und deren Vermehrung nach Bedürfniß, unter Vorsorge für wohlunterrichtete Lehrer und Unterstützung des landwirthschaftlichen Unterrichtes durch Musterwirthschaften; c. Beförderung der Vertheilung von entbehrlichen Gemeindegründen, der Cultur öder Gründe überhaupt und der großen bayerischen Moose insbesondere; d. Beförderung und Begünstigung der Anlage von Musterwirthschafts-Colonien; e. Beförderung der Güterarrondirung; f. Reorganisation und Unterstützung des landwirthschaftlichen Vereines zu kräftiger Einwirkung in Einführung der erprobten landwirthschaftlichen Verbesserungen, der besten Fruchtarbeiten, in Steigerung der landwirthschaftlichen Production überhaupt.

VI. Größere Beförderung des Bergbaues und Hüttenwesens sowohl hinsichtlich der Bergbauten und Hütten des Staates als der Privaten.

VII. Beförderung des Gewerbswesens, a. Pflege der Gewerbschulen und des technischen Unterrichtes überhaupt; Anhalten zum regelmäßigen Besuche der Gewerbschulen; b. bessere Ueberwachung der Gewerbslehrlinge und ihrer Behandlung durch ihre Meister; c. desgleichen der Handwerksgesellen; Freigebung des Wanderns derselben, ihrem eigenen Wollen überlassend unter Beschränkung auf eine gewisse Zeit zur Verminderung des Heranbildens von Streunern; d. Revision der Gewerbsgesetzgebung, unter Ausschließung des Zunftzwanges einer- und der unbedingten Gewerbefreiheit andererseits, unter Festhaltung der leitenden Principien, der persönlichen Befähigung für Concessions-Ertheilung, der Unterscheidung zünftiger und freier Gewerbe nach der Art derselben, der Berücksichtigung der Local- und übrigen auf den Gewerbsbetrieb einwirkenden Verhältnisse; e. Errichtung von Gewerbskammern, zugleich mit den Competenzen zur Schlichtung von Differenzen unter den Gewerbsunternehmen und Arbeitern; f. Begünstigung für Ausübung neuer Gewerbszweige; g. Evidenthaltung einer umfassenden Gewerbestatistik; h. permanente Gewerbe-Ausstellungen für die Landesindustrie, in Verbindung mit Verloosungen; i. Hebung einiger specieller vaterländischer Industriezweige, insbesondere der Leinen- und Schafwollen-Fabrication.

VIII. Beförderung des Handels und Verkehrs, a. Aufstellung eines angemessenen Handels- und Zollsystems; b. Maaßregeln gegen den Hausirhandel; c. Pflege der Handelskammern und Berücksichtigung ihrer Gutachten in allen ihren Wirkungskreis berührenden Gegenständen.

IX. Verbesserte Gemeinde-Ordnung mit möglich selbstständiger Entwicklung des gemeindlichen Lebens und ohne hemmende Bevormundung von Seite des Staates.

X. Revision der gesetzlichen Bestimmungen über Heimath und Ansäßigmachung, als ein in sehr zahlreichen Elaboraten wiederholtes Petitum unter Berücksichtigung der in denselben niedergelegten vielfachen Wünsche und Anträge.

XI. Verbesserung der Rechtspflege und der gesammten Polizei-Gesetzgebung.

XII. Consequent durchgeführte allgemeine Wehrpflicht, ohne die bisherigen strengen Tauglichkeitsanforderungen, als eine wichtige sittliche Bildungsstufe für die untersten Classen betrachtet.

XIII. Aufstellung einer besonderen, nicht als Regierungsorgan bestehenden Behörde zur Ergründung des Nothstandes und der erhobenen Beschwerden, als parteilos zwischen Regierung und Volk stehend; dieselbe würde zu bilden seyn als Comités größerer Districte, deren Mitglieder zu wählen aus Communalbeamten, Richtern, Advocaten, Aerzten, Fabrikbesitzern und Gewerbetreibenden und Geistlichen.

Aus: Beilage zur Augsburger Postzeitung, Nr. 106, 26. 8. 1849

b. Vom Einfluß der Sittlichkeit auf den Zustand der untern Klassen

Nächstdem hat aber der Staat die Aufgabe, alle diejenigen Institutionen zu ändern und abzuschaffen, die der Sittlichkeit nachtheilig sind. Als solche sind hervorzuheben: die vielen Feiertage. Die bayr. Regierung hat bekanntlich in den Jahren 1800 bis 1817 eine außerordentliche Thätigkeit entwickelt in Abschaffung und Minderung der vielen Feiertage. Seit jener Zeit hat man wieder allmälig eingelenkt und gegenwärtig haben wir wieder eine gute Portion Feiertage mehr als sonst, nämlich außer den 52 Sonntagen noch ohngefähr 20 bis 25 Wochentage, wozu an einzelnen Orten noch besondere Festtage kommen, dies macht also im Ganzen auf jede Woche durchschnittlich anderthalb Tage.

Da nun jeder Handarbeiter, er sey bei der Agrikultur oder bei den Gewerben beschäftigt, seinen Unterhalt für die Feiertage nur am Werktag verdienen kann, so wird die Anforderung an ihn um so mehr gesteigert, je weniger er Werktage hat.

Abgesehen aber hiervon, so ist der gemeine Mann in der Regel nicht so an geistige Beschäftigung gewöhnt, um den Feiertag auf eine edle und würdige Weise zuzubringen. Vielmehr in unserm unglücklichen Deutschland ist es mehr als irgend wo anders Sitte beim Volk, einen Theil des Feiertags, oft schon den Vormittag, im Wirthshaus zu sitzen.

Dieser Wirthshausbesuch ist aber begreiflich sehr kostspielig und kommt dem Arbeiter vielleicht so hoch zu stehen, als sein gewöhnlicher Unterhalt von 2–3 Werktagen.

Er wird also durch den Feiertag zu weitern unverhältnißmäßigen Ausgaben induzirt, die er nur schwer oder gar nicht mehr hereinzubringen im Stande ist, also im letztern Fall selbst darben muß, oder auch seine Familie darben läßt und allmälig ganz der Demoralisation und ihren schlimmen Folgen verfällt.

Aus: August von Holzschuher, Die materielle Noth der untern Volksklassen und ihre Ursachen, gekrönte Preisschrift, Augsburg 1850, S. 111f.

c. Mangelnde Bildung und Erziehung

Die Noth der untern Klassen ist die Wirkung der komplizirten Thätigkeit der menschlichen Gesellschaft im Verkehr, insbesondere der Konkurrenz im Großen, der Macht des Kapitals, der Zunahme des bloßen Arbeiterstandes ohne Kapital, nächstdem eine Folge der Schwankungen im System der Produktion und Cirkulation aller Güter, hervorgerufen durch politische Veränderungen und genährt durch die fortwährenden Experimente der Gesetzgebung gegenüber der Agrikultur und Industrie, endlich und hauptsächlich die Folge eines gesteigerten Luxus in allen

Klassen und des Mangels der Erziehung und Ausbildung in den untern Klassen der Bevölkerung. [. . .]

Nicht die Uebermacht des Kapitals, nicht der Eigennutz oder die Verabredung der Unternehmer ist die wahre Ursache der Noth des Arbeiterstandes, sondern vielmehr seine eigene mangelhafte Erziehung und Bildung.

Ohne etwas gelernt zu haben, ohne eine Fertigkeit zu besitzen, kann der gemeine Arbeitsmann natürlich sein Lebenlang nichts anders, als um Taglohn arbeiten.

Der Unternehmer für sich ist nie im Stande, den Arbeitslohn zu drücken, sondern die Menge der vorhandenen Arbeiter drückt sich gegenseitig selbst herunter.

Man vergleiche nun mit diesen Arbeitern, die eine blos physische Arbeitskraft besitzen, – andererseits diejenigen, die etwas Tüchtiges gelernt und in Folge dessen eine gewisse technische Fertigkeit inne haben, und frage letztere, ob sie je in Verlegenheit waren, eine einträgliche Arbeit, ein sicheres Unterkommen zu finden?

Aus: Holzschuher, Materielle Noth, S. 134 ff.

d. Ausgleich der schwankenden Lebensmittelpreise (1849)

Hunderte von warnenden Stimmen haben schon auf die Noth der untern Klassen hingewiesen, die nicht allein an unser Gewissen appellirten, sondern auch an die Gefährdung unserer Sicherheit mahnten; – aber sie waren nicht gehört: [. . .]

Was Wunder, wenn endlich der Hunger zur Selbsthilfe antrieb, als in den Jahren 1846 und 47 der Preis der nothwendigsten Lebensmittel durch unergiebige Ernten und Kartoffelfäule zu einer den Armen unerschwinglichen Höhe anstieg.

Allenthalben durchbrach der Hunger die Schranken eines gesetzlichen Zustandes, der ihn nicht sättigte.

Der Haus- und Strassenbettel nahm eine erschreckende Gestalt an; – nicht in Irland allein, auch in dem gesegneten Deutschland ward mit bewaffneter Hand um Almosen gebeten.

Die Volksjustiz pflanzte ihre Fahne auf. Häuser wurden demolirt, Vorrathkammern erstürmt, die Besitzer mißhandelt, wenn nicht getödtet.

Der Haß gegen die sogenannten »Kornwucherer«, welcher sogar von Seiten genährt wurde, wo man ein vorurtheilsfreieres, tieferes Denken zu erwarten berechtiget war, überschritt alle Gränzen.

Die erregte Menge machte aus eigener Machtvollkommenheit beliebige Brod- und Biertaxen.

Einzelne Gemeinden mußten sich Waffen oder Militär-Abtheilungen erbitten, um sich zu schützen gegen das Wüthen des – Hungers. [. . .]

Es wurden in einzelnen deutschen Staaten Commissionen ernannt, welche »die Mittel zur Linderung oder Abhilfe der gegenwärtigen Noth« angeben sollten, deren Wirksamkeit sich aber auch nur auf die »gegenwärtige Noth« beschränkte.

Es wurden die Staats-Fruchtspeicher geöffnet, – und Schonung bei Eintreibung der Steuern empfohlen.

Die Getreide-Ausfuhr wurde verboten; aber erst nachdem schon tausend und abertausend Schäffel Getreides ins Ausland gewandert waren, so daß man in der

Schweiz unser selbsterzeugtes Korn billiger kaufte, als auf dem Boden, der es trug, und von Frankreich dasselbe Getreide zu unerhörten Preisen über die Gränzen zurückkam, das früher zu billigen Preisen ausgeführt worden war.

Es waren ferner strenge Gesetze gegen den Kornwucher erlassen, weil man sich der Täuschung hingab, daß dieser die Theuerung verursache. Wenn Kornwucher das Brod theuer machen soll, warum thut er es jetzt nicht auch? [...]

Aber nicht die Regierungen allein, – auch die Privatwohlthätigkeit war emsig besorgt, der Noth der unteren Klassen abzuhelfen, – sowohl aus Menschenfreundlichkeit, als im Interesse der Sicherheit von Person und Eigenthum.

Die Fürsten thaten ihre mildthätige Hand auf; – ergiebige Sammlungen wurden veranstaltet; – Suppenanstalten wurden errichtet. – Brod und Holz zu billigen Preisen abgegeben; kurz der Nothleidende nun so reichlich unterstützt, daß mancher sich besann, ob er – als die Kälte lästig wurde – noch Taglohn-Arbeit annehmen soll. – Die Folge der unbedingten Gratisabgaben an jeden Armen. [...]

Auch der heilige Vater in Rom kam der Noth mit Geldbeiträgen zu Hilfe, und veranstaltete ein dreitägiges Gebet.

Und alles das half Nichts. Wenigstens nicht weiter als für den Augenblick. – Die Noth war nicht beseitigt, sondern nur der Hunger von einem Tage zum andern gestillt.

Und damit begnügte man sich. [...]

Jene Noth konnte eine vorübergehende, – ein vereinzelt dastehender Fall – sein, wenn sie nur von den Mißernten der letzteren Jahre und dem sogenannten Wucher hergerührt hätte; und in diesem Falle dürften die versuchten Abhilfsmittel ausreichend gewesen sein. – Diese Ursachen konnten wohl ein Schwanken und Wogen, ein vorübergehendes Steigen der Getreidepreise verursachen, aber niemals werden dieselben bei durchschnittlichen mittleren Ernten späterer Jahre (denn auf ausgezeichnete kann nicht gerechnet werden) bis zu dem für den Arbeiter in der Regel leichter erschwinglichen – ehemaligen Preise herabsinken, weil die Zahl der Consumenten im Allgemeinen, besonders aber die Zahl der Arbeiter, die in gleichem Verhältnisse ihres Zunehmens den Arbeitspreis herabdrückt, in weit höherem Grade zunimmt, als die Produktion der Lebensmittel, während nur durch ein streng verhältnißmäßiges, – gleichheitliches Steigen beider die Lebensmittel in durchschnittlich gleichem Preise erhalten werden können.

Hiedurch entsteht ein Mißverhältniß zwischen Arbeit und Lohn.

Wie sich bei den von einigen deutschen Regierungen gepflogenen Recherchen herausstellte, war in Deutschland kein Mangel an Lebensmitteln, am wenigsten in Bayern, das selbst in Mißjahren genug für den eigenen Bedarf erzeugt, sondern Mangel an den Mitteln, selbe anzuschaffen, da sie den gewöhnlichen Preis weit überschritten hatten. Während die Anschaffung der Lebensmittel durch die, trotz der massenhaften Auswanderung, bedeutend zunehmende Bevölkerung täglich mehr erschwert wird, ist aus demselben Grunde der Arbeitslohn gefallen.

Die Hände werden wohlfeil. – Der Arbeitslohn ist nur mehr zur Noth hinreichend; – mit anderen Worten: der Arbeiter schwebt stets über einer kaum zu ziehenden Gränzlinie zwischen Entbehrung und Noth. – In wohlfeiler Zeit kann er leben, d.h. er stirbt nicht Hungers; – bei dem mindesten Steigen der Getreidepreise aber reicht sein Verdienst nicht mehr hin, ihn zu nähren. – Und doch arbeitet er in den magern Jahren mindestens ebensoviel als in den fetten, wenn es überhaupt solche für den Arbeiter gibt.

Der Preis der Lebensmittel hängt von andern Umständen ab, als der Preis der Arbeit. Der Staat erkennt dies an, indem er für manche seiner unmittelbar Angehörigen für diesen Mißstand Abhilfe trifft. – Der Staatsdiener und der Soldat erhalten einen Theil ihrer Besoldung in Naturalbezügen oder entsprechender Geldentschädigung. [...]

Wenn das Prinzip nicht aufgegeben werden soll, von dessen fester Durchführung wohl allein die Lösung der Arbeiterfrage erwartet werden dürfte, nehmlich den Lohn zum Equivalent des Bedarfes zu erheben, so muß das vom Staate für seine unmittelbaren Diener gegebene Beispiel benützt, und die Einrichtung getroffen werden: daß der Arbeiter, – da eine Verpflichtung des Arbeitgebers, auch dem Arbeiter einen Theil seines Lohnes in Naturalbezügen zu geben, practisch kaum ausführbar sein wird, aus öffentlichen Magazinen die ersten Lebensbedürfnisse zu einem Durchschnittspreise erhalte, sobald der momentane Preis der Lebensmittel diesen überschreitet. [...]

Der Arbeiterstand ist, seit er im Winter 1846/47 zum erstenmale in Deutschland durch die eisernen Bande der Noth zu einem compacten, seiner Kraft bewußten Körper vereiniget wurde, zu einer nicht zu übersehenden Macht herangewachsen, die stets aufstandsfertig, weil unzufrieden ist, und die jede politische Umwälzung mit Freuden begrüßen wird, weil sie in dieser eine sociale zu finden glaubt.

Der Hunger ist der einzige gefährliche Wühler; – er spricht am eindringlichsten, und schrickt nicht vor Bajonetten zurück.

Es fordert also nicht allein die Menschlichkeit, sondern auch die Klugheit zur ernstlichsten Fürsorge für diesen Stand auf. [...]

Was bisher vom Staate für die Arbeiter gethan wurde, geschah vom Standpunkte der Armenpflege aus.

Diese sociale Frage, von deren Lösung mehr oder weniger die Existenz des Staates für die Zukunft abhängt, muß der dürftigen gelegentlichen Fürsorge der Bureaukratie abgenommen, und als eine der Hauptaufgaben des Staates den ersten Staatsangelegenheiten gleichgestellt werden.

Aus: Über die Arbeiterfrage in Bayern aus Anlaß der Preisfrage des Königs, München 1849, S. 1ff.

6. Auswanderung als Lösung der Armutsfrage (1848)

Mit Schaudern blicken wir in die nächste Zukunft, und herzliches Mitleid muß jeden Patrioten ergreifen, wenn er an die in unser deutsches Vaterland hereinbrechende Armuth und ihre erschrecklichen Folgen denkt. – Es wird zwar nicht verkannt, daß ein allgemeines Streben um Abwendung dieses Uebels alle deutschen Völker belebt, und es sind zu diesem Ende schon mancherlei Vereine gebildet und nicht unbedeutende Unterstützungen erfolgt. Ob aber solche Unterstützungen genügen – ist sehr zu bezweifeln. Die Armuth steht, wie ein kolossales Gespenst vor uns – ein gräßlicheres Bild um das andere uns vorhaltend. [...]

Die Armen sollen und müssen unterstützt werden, und zwar dauernd, wenn Ruhe und Friede wieder zurückkehren sollen. – Wer arbeiten kann – soll und muß arbeiten. Der Vernünftige will es auch. – Aber – wer will – wer kann jetzt Arbeit geben, – und wenn auch – was ist ihr Lohn? – Europas gegenwärtige politische Verhältnisse, das gegenseitige Mißtrauen der Völker, der Gesellschaften und der einzelnen Glieder hemmen den Handel, drücken die Gewerbe darnieder und vermehren so täglich die Nothleidenden. – Diesem Uebel nun dauernd abzuhelfen, schlage ich die schon von vielen Redlichen anempfohlene Auswanderung und zwar nach Amerika vor. Damit aber an dieser Auswanderung insbesondere die Armen Antheil nehmen, so sollen dieselben von dem betreffenden Staate nicht nur mit hinreichenden Geldmitteln versehen, sondern auch von Deutschlands Regierung für ihre sichere Ueberfahrt sowohl, wie für die Ansiedlung sämmtlich dahin auswandernden Deutschen strenge Sorge getragen – ja, es müßte gleichsam ein überseeisches Deutschland gegründet werden.

Aus: Der Lechbote, Nr. 190, 10. 7. 1848

7. Produktionsgenossenschaften und Betriebsfürsorge (1850)

Die Erscheinung des Pauperismus oder der Massenarmuth wird nun von denjenigen erzeugt, welche theils zum Erwerb unfähig sind, theils kein oder kein genügendes Besitzthum haben, und über ihren Unterhalt keine Sicherheit erhalten können, die fast nur ihre Familie ihr eigen nennen können, daher Proletarier genannt, und endlich von den freiwilligen Proletariern, den unzufriedenen, arbeitsscheuen Menschen, den gefährlichsten von allen, die freilich mehr an geistiger als leiblicher Noth leiden, deßhalb aber besondere Berücksichtigung erheischen. [...]

Gar sehr dürfte der Staat sich die Förderung und Aufmunterung eines natürlichen gewerbartigen Fabrikbetriebes mit Association der Arbeiter oder Gewerbtreibenden angelegen sein lassen, und nöthigen Falls mit Darlehen zum Ankauf wichtiger und kostspieliger Maschinen sie unterstützen, so daß dieselben, wenn nicht schon ein tüchtiger, erfahrner Verleger vorhanden ist, einen gemeinsamen Verlag bilden können, den Gewinn aber nach der gelieferten Arbeit, nicht, wie Louis Blanc in seiner träumerischen Weise meint, nach der gebrauchten Zeit, theilen. Solche Fabriken können noch am besten der Uebermacht des Capitals entgegenstehen, und zur ausgedehnten Wahrung eines soliden Mittelstandes beitragen, wenn sie anders statutenmäßig vor Ueberproduktion sich hüten, und auf hoffnungsvolle Erwerbzweige gerichtet sind. [...]

Fabriken und Manufakturen haben uns ein bedeutendes Proletariat, wenn auch viel weniger im Süden und Osten, als im Westen und Norden Deutschlands, herangezogen, das sich bei Handelskrisen und Fällen der Ueberproduktion sehr bemerkbar macht. Man wird am besten thun, den natürlichsten Fabrikbetrieb mittelst Association der Arbeiter, wie wir schon oben bezüglich der Gewerbe angedeutet haben, zu befördern. Im übrigen wird es gerathen sein, alle Fabrikbesitzer anzuhalten, daß sie für ihre Arbeiter eine Unterstützungskasse gründen, daß sie wo möglich ein Maximum der Arbeiterzahl sowie ein Minimum des Lohnes nicht überschreiten, und daß sie, sobald sich Ueberproduktion einstellt, theils die Arbeitszeit herabsetzen, theils die jüngern Arbeiter entlassen. Die Verwendung der Kinder in den Fabriken muß jedenfalls auf's äußerste beschränkt werden, zumal sie doch am Ende auch den Arbeitslohn der Eltern herabdrückt. Auch die Verwendung weiblicher Individuen in Fabriken wäre thunlichst zu beschränken, da sie sonst dem Hauswesen zu sehr entfremdet, und zu früh selbstständig werden, was erfahrungsmäßig die traurigsten Folgen nach sich zieht. Findet man dieß freiheitwidrig, dann lasse man auch den Arbeitern volle Associationsfreiheit. – In England und Belgien sind mehrfach Medicinalcommissionen ernannt worden zur Untersuchung des Gesundheitszustandes in den Fabriken, und zur Entfernung von der Gesundheit schädlichen Einrichtungen. Dieß sollte auch bei uns geschehen. Gegen den Mißbrauch des Trucksystems, durch welchen Arbeiter als Schuldner dem Fabrikherrn gänzlich preisgegeben sind, sollte stets nachdrücklich eingeschritten werden. Hinwieder muß aber auch den Fabrikanten der nöthige gesetzliche Schutz gegen böswillige Arbeiter allzeit zur Seite stehen. Strenge Maßregeln werden im Fabrikwesen nicht mehr zu umgehen sein, wenn nicht die moderne Sklaverei sich vollständig ausbilden soll, die ohnedem in der Einförmigkeit vieler Arbeiten auf dem Geist der Arbeiter drückend lastet. Selbst einer höheren Besteuerung der Fabriken gegenüber den Gewerben und Verlagsgesellschaften der Arbeiter wären wir nicht abhold, und gegentheilig wünschten wir Förderung der letzteren durch Darlehen und Prämien.

Aus: L. Merz, Über die Linderung des herrschenden Nothstandes, Regensburg 1850, S. 36ff.

8. Der vierte Stand und die Monarchie (1848)

Wie zur Zeit der Reformation, sind in Deutschland alle Stände und Interessen zugleich in Fluß gerathen. Die Monarchie, aus dem alten Geleise herausgeworfen, steht rathlos und unsicher vor der neuen Zeit. Der Adel sieht seine Existenz bedroht. Das Bürgerthum, endlich siegreich gegen die Reaktion, ist unschlüssig, wie weit es den Sieg verfolgen soll. Der Bauer empört sich gegen die mittelalterlichen Lasten. Im Hintergrund droht, halb noch Gespenst halb schon Wirklichkeit, das Proletariat.

Auf Augenblicke im Jubel der Freiheit und Nationalität vereint, streben diese Stände doch auseinander und gegeneinander im Zielpunkt. Die Monarchie mißtraut dem Adel, der, um sich zu retten, der Bewegung zu ihrem Nachtheil die Hand reicht. Sie hat Angst vor dem Bürgerthum, das ihr ein Stück der souveränen Vollgewalt nach der andern abreißt. Der Bauer beunruhigt sie auf den Domänen, in den

Städten der Proletarier, der, einmal gereizt, Autorität und Gesetz mit Füssen tritt und aus dessen Reihen das Militär sich füllt.

Der Adel hat es noch nicht verschmerzt, einst selbst Herr gewesen zu sein. Nicht ohne Schadenfreude sieht er die monarchische Allmacht wanken, die ihn gebeugt hat. Dem Bürgerthum muß er gram seyn, weil es gegen die Erbkammern anstrebt. Der Bauer bedroht seine Rechte, zuweilen sein Leben. Der Adel weiß kaum mehr wohin den Fuß setzen, um Fuß zu fassen.

Das Bürgerthum ist der Monarchie nicht feindlich, wenn die Monarchie – es machen läßt. Die Dynastien und Höfe sind ihm genehm, aber regieren soll die Kammermajorität und die aus ihr genommenen Minister, d. h. es selber. Der Adel ist ihm widerwärtig; es weiß nicht wozu er noch gut ist. Den ächten Adel sieht es selten; den Geldadel haßt es als Concurrenten, den armen mißachtet es. Das Proletariat ist ihm ein Pfahl im Fleisch, weil es das Eigenthum bedroht.

Der Bauer ist in offenem Krieg wider den Adel. Die Krone wäre ihm recht, aber der Fiskus hats ihm angethan, und der Fiskus ist ja die Krone. Der Mittelstand ärgert ihn, denn was helfen ihm Preßfreiheit, Ministerverantwortlichkeit und alle die Reden im Ständesaal? Ihn drückt der Jude, und auf Einen israelitischen kommen zehn christliche. Der Proletarier endlich ist wie Esau: seine Hand wider Jedermann und Jedermanns Hand wider ihn. Des Monarchen Hand wohl nicht, »wenn er's wüßte«. Aber er weiß es nicht und läßt ihn darben. Gegen Adel und Bürger ist der Proletarier ergrimmt; er meint, sie spekuliren auf seine Kosten. Nur mit dem kleinen Bauer ist er eins, ihr Band ist der Wucher zu Stadt und Land. [. . .]

Alle diese Interessen, wie sehr sie sich durchkreuzen, treffen in Einem Punkte zusammen: in der Abneigung gegen die Bureaukratie. [. . .]

Die Initiative für den vierten Stand ist die Grundlage der Monarchie.

Beim vierten Stand überwiegt die Körperarbeit die Arbeit des Geistes. Mit andern Worten: der vierte Stand wird in der Vertretung immer von den andern Ständen überholt werden. Sogar wenn die rein dienende Klasse zur Vertretung zugelassen werden sollte, würde dieses Mißverhältniß nicht aufhören. Welches Wahlgesetz man auch machen mag: dieser Stand wird niemals in die Lage kommen, sich wie Adel und Mittelstand sagen zu können: ich sorge für mich selber. Wer für sein tägliches Brod arbeitet, hat keine Zeit zu studiren, zu debattiren. Die Masse bedarf eines Vormundes, der für sie sorgt. Dieser Vormund ist die Krone. [. . .]

Die Krone und der vierte Stand sind auf einander angewiesen. [. . .]

Wenn die Monarchie die bürgerliche Freiheit ehrlich festhält und in der bezeichneten Grenze fortentwickelt, wenn sie zugleich im Verständniß mit Adel und Bürgerthum die Initiative für den vierten Stand ergreift: so ist sie nicht nur gesichert, sondern sie kann sich zu einer Höhe erheben, auf der sie noch niemals gestanden ist.

Die Monarchie in Deutschland ist berufen, das zu verwirklichen, was die Republik in Frankreich, einen edeln Geist an der Spitze, vergeblich erstrebt:

die endliche Sicherung des Looses der niederen Klassen, die endliche Verwirklichung der Freiheit Aller.

Aus: Friedrich Rohmer, Der vierte Stand und die Monarchie, München 1848, S. 3ff.

9. Der Proletarier (1849)

Wenn wir von dem Proletarier sprechen, so muß, als hier von einem Stück Leben die Rede ist, unsre Schilderung ganz aus dem Leben gegriffen seyn. – Wie ist nun, möchte vor Allem die Frage gehen, das Proletariat entstanden? Um ganz allgemein die Antwort zugeben: der Fabriken wurden immer mehr, aber auch das Elend der arbeitenden Klasse wuchs zu einer riesigen Höhe an. Jedes größere Unternehmen erheischt ein Kapital, der Arbeiter hat keines, also ist er zur Besitzlosigkeit verdammt. Man weist vielleicht den Arbeiter auf seinen Lohn an, um sich ein Kapital nach und nach zu gründen. Zugegeben; wenn nicht die Maschinen den größten Theil der mechanischen Arbeit verrichteten, bei der größer werdenden Vervollkommnung der Maschinen sind natürlich immer weniger Arbeiter nöthig, und statt daß die Arbeit dadurch geringer, der Lohn größer würde, wird die Arbeit immer größer, der Lohn stets geringer. Dem besitzlosen Arbeiter ist also auch die letzte Möglichkeit geraubt, sich ein Kapital zu erwerben, ja noch mehr, er lebt in der tiefsten Abhängigkeit des Unternehmers. Von entscheidendem Einflusse ist auch die Theilung der Arbeit, wodurch der Fabrikherr bereichert wird, während des armen Arbeiters Geist und Körper unter dieser furchtbaren Eintönigkeit gänzlich erschlafft.

Der Proletarier ist also ein Mensch ohne Besitz, dem jedes Mittel, je zum Besitz zu gelangen, genommen ist, der Willkür des Arbeitgebers preisgegeben, durch kärglichen Lohn auf kümmerliche Befriedigung der nothwendigsten Bedürfnisse angewiesen, und wenn ein Zufall, oder die Laune seines Herrn ihn aus dem Dienste stößt, der Verzweiflung und dem Hungertode unterliegend.

Aus: Gradaus mein deutsches Volk! Nr. 64, 3. 3. 1849, S. 221

10. Der Begriff des vierten Standes (1851)

Also nicht Proletarier als solche bilden den vierten Stand, nicht bloß Besitzlose, die von der Hand zum Mund leben, Heloten des Capitals, beseelte Werkzeuge, welche als Rad, Walze, Kurbel von Fleisch und Blut neben den eisernen Rädern, Walzen und Kurbeln unlösbar und unerlösbar in den Mechanismus unserer märchenhaften Maschinenwelt eingekeilt sind: sie alle machen nur Ein Glied, und gerade das bewußtlosere des vierten Stand aus. Der vierte Stand umfaßt nicht bloß »Arbeiter«, sondern auch Faullenzer, nicht bloß Arme, auch Reiche, nicht bloß Niedere, auch Hohe; er ist uns der Inbegriff aller derjenigen, die sich losgelöst haben oder ausgestoßen sind aus dem bisherigen Gruppen- und Schichtensysteme der Gesellschaft, die es für einen Frevel an der Menschheit halten, zu reden von Herren und Bürgern und Bauern, die sich selber für das »eigentliche Volk« erklären und die da wollen, daß alle organische Gliederung der Stände sich auflöse in den großen Urbrei des eigentlichen Volkes. Wenn die sociale Demokratie vom eigentlichen Volke redet, so ist sie nicht so einfältig, wie man ihr das wohl angedichtet hat, darunter bloß die Ge-

Der Zeitphilosoph.

„Das ist also die Frage: Sollen Alle arbeiten und nichts haben oder soll Keiner arbeiten und ein Jeder Alles haben? — Darüber muß ich nachdenken."

Karikatur von 1848

sammtsumme aller armen Teufel zu verstehen, sie meint vielmehr alle diejenigen, welche sich frei gemacht haben von dem historischen Begriff der Gesellschaft, welche nicht erst Bürger, erst Bauern, erst Herren und dann als solche Volk seyn wollen, sondern von vornherein Volk, Volk sans phrase, pures Volk, das Volk an und für sich – den Inbegriff des vierten Standes. Darum ist mit dem Begriffe des vierten Standes der Gedanke der Polemik gegen alle übrigen Stände untrennbar verknüpft. [...]

Der Schwerpunkt des vierten Standes liegt in Deutschland nicht bei den Taglöhnern oder Fabrikarbeitern, wie in Frankreich und England, noch weniger bei den verdorbenen Bauern. Denn nicht die untern Schichten der Gesellschaft sind bei uns am meisten zerbröckelt und verwittert, sondern die höheren. In der Aristokratie, im gebildeten Mittelstande Deutschlands ist die Existenz des Einzelnen durchschnittlich weit mehr gefährdet, die Concurrenz weit übermächtiger als bei den Handwerkern und im Bauernstande. Die Proletarier des Geistes sind für Deutschland dasselbe Schreckgespenst, was für Frankreich die brodlosen Handwerker, für England die Fabrikbevölkerung. Die gebildeten Proletarier sind bei uns der Sauerteig, der das gesammte übrige Proletariat immer erst in Gährung versetzt. Das eigentlich gefährliche Proletariat unseres Vaterlandes geht nicht in der Blouse, sondern in Oberrock und Frack, es fängt bei apanagirten Prinzen und mediatisirten Reichsfürsten an und geht bis zum letzten hungrigen Literaten abwärts.

Aus: Wilhelm Riehl, Die bürgerliche Gesellschaft – Die Naturgeschichte des Volkes als Grundlage einer deutschen Social-Politik, Stuttgart 1855³, S. 275ff.

XIV. Die Revolution von 1848/9

1. Nationale und liberale Opposition auf dem Hambacher Fest (1832)

Die Könige von Preußen und Österreich, welche die Plünderung Deutschlands von jeher methodisch übten, wollten den aufstrebenden deutschen Volksgeist im Werden erdrücken, und befahlen deshalb ihren Statthaltern, den Diminutiv-Königen in Deutschland, jene Presse zu erdrücken, welche zur Erweckung der Bürgerwürde und eines deutschen Nationalgefühles gegen den Feind des Bürgerthums und Deutschlands, das Königthum, in die Schranken getreten war. Dieser Befehl konnte nur durch Verletzung des Staatsgrundgesetzes in Baiern in Vollzug gesetzt werden, allein in diesen Dingen hat die baierische Regierung Praxis und das Volk ist bereits daran gewöhnt; – die Befehle Preußens und Österreichs wurden daher vollzogen. Und wie benahm sich das Volk dabei? Wie es getreuen Unterthanen geziemt, die keine Rechte, sondern nur Pflichten haben; sie waren ruhig. Nur ein kleiner Theil trauerte, jedoch unthätig. Ein anderer kroch ängstlich unter die Peitsche des Herrn zurück, ein sehr großer Theil jauchzte aber laut über die energischen Maßregeln der meineidigen Gewalt gegen die Schutzwehr des Volkes; und der übrige Theil der deutschen Menschenhaufen war ganz theilnahmlos, weil er von Vaterland, Bürgerwürde und Volkshoheit durchaus keinen Begriff hat. In der That die deutschen Könige wären die größten Thoren gewesen, wenn sie wider die patriotische Presse, die ihnen mit der Zeit doch noch gefährlich werden konnte, nicht Gewalt gebraucht hätten. Sie kennen ja die Deutschen, sie können daher ruhig alle Rechte des Menschen mißhandeln, sie können keck die äußerste Despotie ausüben, um das Streben nach Freiheit und Nationalität zu erdrücken; denn sie dürfen mit Gewißheit darauf rechnen, daß die große Mehrheit des Volkes hierbei auf ihrer Seite steht. Wie könnte es auch anders seyn? Die Preußen wollen keine Deutschen und keine Bürger werden. Sie schätzen sich in ihrer Unwürdigkeit glücklich »Unterthanen« eines preußischen Königs zu heißen; sie sind, eben so, wie ihre Könige, von der nichtswürdigen Begierde durchdrungen, Preußen auf Kosten Deutschlands zu vergrößern, und alles in Preußenthum zu verwandeln. Ein armseliger Krämergeist hat jede Empfänglichkeit für Bürgerwürde erstickt; die Preußen fühlen nicht einmal die Schande der Censur; die Preußen vertheidigen sogar den treubrüchigen Verrath an den edlen Polen. – Ungleich besser ist der Volksgeist in Österreich. Allein niedergehalten unter dem Messer einer asiatischen Tyrannei, ist jede Regung desselben zur Zeit unmöglich. Indessen würde der gewaltsam gebundene Geist dennoch erstarken und allmählich sich Luft machen, wenn er von dem constitutionellen Deutschlande besser gepflegt und genährt würde. Dazu gehörte aber ein gutes Vorbild, namentlich das Beispiel enger Verbrüderung der freiern deutschen Volksstämme, um den Sinn für deutsche Nationalität zu wecken, und für Freiheit und gemeinsame Schutzwehren der Volksrechte gegen den Bund verrätherischer Könige mit vereinter Macht zu wachen und zu wirken. Baiern könnte an der Spitze einer solchen Verbrüderung stehen. Allein das Volk ist zu sehr mit seinen Particular-Interessen beschäftigt, ordnet diese nicht den allgemein deutschen, sondern letztere jenen unter und bleibt kalt, wenn die Sehnsucht nach Wiederaufrichtung Eines Deutschlands alle Gemüther zur höchsten Begeisterung entflammen sollte.

Aus: J. G. A. Wirth, Aufruf an die Volksfreunde in Deutschland, Homburg, am 21. 4. 1832, S. 2

2. Das Revolutionsvorspiel (1847/8)

Eine spanische Tänzerin, Lola Montez, war es, welche die Jesuiten stürzte und das Königthum an den Pranger stellte. Sie war, durch freche Verhöhnung aller Zucht und Sitte berüchtigt, aus den Armen des Einen in die des Andern übergehend, auf ihrer Weltfahrt nach München gekommen, ohne Ahnung ihrer »höheren Bestimmung«, wie es scheint; denn auch in München war ihr erster Umgang nichts weniger als gewählt. Sie war weder jung noch schön mehr, aber Geist und Leidenschaft belebten ihre Züge. Überdieß verstand sie es Aufsehen und von sich reden zu machen, und König Ludwig war nicht der Mann, eine so interessante Erscheinung unberücksichtigt aus seinen Staaten ziehen zu lassen. [. . .]

Die Tänzerin aber wurde allmächtig und gebot bald nicht bloß über das Herz des Königs, das man ihr hätte gönnen können, sondern mittelst dieses Herzens über das Königreich Baiern. Da trat nun recht klar das Widersinnige hervor, das im Prinzip des Königthums liegt. Hatte der König, der Heilige und Unverletzliche, nicht das Recht, das verfassungsmäßige Recht, sich eine Maitresse zu halten und Ehebruch zu treiben, mit wem er wollte? hatte er nicht das Recht, sich seine Minister zu wählen, wie er wollte? die Staatsstellen zu besetzen, aus reiner Gnade, wie es ihm gefiel? Und weiter hat König Ludwig nichts gethan. Und wenn nun gleichwohl eine Wirthschaft entstand, welche das ganze Land zum Gespötte von Europa machte, so ist dieß nur ein Beweis, daß das Königthum selbst nichts taugt; denn keine Verfassung ist im Stande, Garantien gegen die Narrenstreiche der Könige zu geben; im Gegentheil, jede Verfassung gewährleistet ihre Straflosigkeit.

Es verdient keine nähere Untersuchung und ist ganz gleichgültig, ob Lola einen alten, festgewurzelten Haß gegen Pfaffen und Jesuiten schon mit nach München gebracht, oder ob sie erst bei ihrem Streben nach der bestrittenen Alleinherrschaft über den König auf [den Ministerpräsidenten] Abel und seine frommen Genossen erbost wurde. Es war nothwendig, daß sie ihren wachsenden Einfluß zum Nachtheil derjenigen geltend machte, welche ihren bisher ausschließlich geübten Einfluß auf den König nicht aufgeben wollten. Aber die Tänzerin siegte; sie wußte den König nicht bloß zu außerordentlichen körperlichen Anstrengungen, sondern auch zu einem ungewöhnlichen geistigen Anlauf zu erwecken, aus dem fromm-christlichmittelalterlichen Kirchen- und Klöstererbauer, der seine Fleischessünden durch Buße und fromme Werke sühnte, wurde plötzlich ein Freigeist, welcher der Pfaffen und seines eigenen bisherigen Treibens spottete. So sehr war ihm in »Lolita« ein neues Leben aufgegangen.

Abel fühlte seine Stellung wanken und das Vertrauen des Königs schwinden, als ihm im Januar 1847 die Verwaltung des Kirchen- und Schulwesens abgenommen und daraus ein besonderes Ministerium gebildet wurde. Diese Maßregel traf in's Herz des bisherigen Systems; das Kirchen- und Schulwesen, »der Lieblingskreis seines Wirkens«, wie Abel jammerte, war der Haupthebel zur Verwirklichung der ultramontanen [katholisch-»ultrakirchlichen«] Pläne. Alles, was man seit Jahren emsig, mit unabläßigem Eifer und eiserner Konsequenz gebaut, drohte plötzlich zusammenzustürzen, jetzt, da man eben die letzte Hand an das Riesenwerk legen wollte; was dem Sturm der Jahrhunderte trotzen sollte, das erschütterte der Fuß einer Tänzerin! Es stand Alles auf dem Spiele. In diesem entscheidungsvollen Augenblick hielten die Vertrauten einen geheimen Rath, und es wurde beschlossen, daß man die erste günstige Gelegenheit ergreifen wolle, um dem König Gewalt anzuthun und den Gegenstand zu entfernen, der sich zwischen den Fürsten und seine Minister eingedrängt. Der Zwang sollte in erster Linie ein moralischer sein, durch Drohung mit Revolution und Minister-Entlassungsgesuch; man hoffte auf die Feigheit des Königs, vielleicht auch darauf, daß er keine Minister finden würde. Sollten indessen diese Mittel fehlschlagen, so wollte man zur wirklichen Revolution weiterschreiten, wozu man in dem bigotten Pöbel und etwa tausend fanatisirten katholischen Studenten die brauchbaren Elemente in Bereitschaft zu haben glaubte.

Die Gelegenheit ließ nicht lange auf sich warten. Lola wollte ihr Schäfchen rasch in's Trockene bringen und verlangte die Erhebung in den Grafenstand, die ihr auch versprochen wurde. Schon war in dem reichen Silbergeschirr, in den Knöpfen der Dienerschaft die Grafenkrone eingegraben, als ein unerwartetes Hinderniß eintrat. Der Erhebung in den Grafenstand mußte die Verleihung des bairischen Indigenats [Staatsangehörigkeit] vorhergehen, das, nach dem Ausdruck der Verfassung, der König »nach Vernehmung des Staatsraths« ertheilt. Der Staatsrath sprach sich gegen die Verleihung aus, allein was kümmerte das den König? Es stand nirgends geschrieben, daß er nur »mit Zustimmung« des Staatsraths das Indigenat verleihen könne; nur die »Vernehmung« war gefordert, und vernommen hatte er ja den Staatsrath. Wer wollte daher leugnen, daß der König in seinem konstitutionellen Rechte war, als er, unbeirrt durch das Votum des Staatsraths, auf der Verleihung bestand? Aber zur Gegenzeichnung des Verleihungsdekrets bedurfte er freilich eines Ministers, und nun war der Augenblick für die Ultramontanen gekommen, zu handeln, ihre Macht zu entfalten. Die Minister verweigerten wie ein Mann die Gegenzeichnung und gaben in Form eines Memorandums ihre Entlassung ein. [...]

Die Ultramontanen hatten geglaubt, der König werde keine Minister finden und wieder zu den alten seine Zuflucht nehmen müssen. Sie sahen sich getäuscht. Ein König findet immer Minister. Derselbe Mann, auf dessen Erklärung im Staatsrath, daß die Indigenatsertheilung an Lola die größte Kalamität für Baiern wäre, sich die abgetretenen Minister in ihrem Memorandum berufen hatten, derselbe Mann [von

Maurer] übernahm die Bildung eines neuen Ministeriums und fertigte mit seiner eignen Unterschrift das Indigenatsdekret für die Spanierin aus.

Die Ultramontanen sahen, daß es mit dem »moralischen Zwang« nichts war. Sie beschlossen sofort, zum »physischen« zu greifen und eine Straßenrevolte hervorzurufen. Mittelst der zu München in Masse anwesenden katholischen Seminaristen und Theologen hoffte man diese zu Stande zu bringen. Lasaulx, ein ultramontaner Fanatiker, stellte zu diesem Ende im akademischen Senat den ganz ungehörigen und nur auf Aufregung berechneten Antrag, eine Deputation an den abgetretenen Minister Abel zu senden und ihm wegen der von ihm bewiesenen sittlichen Haltung zu danken. In diesem Antrag lag nicht nur eine Majestätsbeleidigung, sondern auch ein in jenen Zeiten noch ganz unerhörtes Mistrauensvotum gegen das neue Ministerium, worin sich ein Kampf auf Leben und Tod ankündigte.

Mit der Antwort auf diesen Antrag ließ der König, der inzwischen in Hrn. Zu-Rhein ein gefügiges Werkzeug zur Vollziehung seiner Rachepläne gegen die gestürzte, aber wühlerische Partei gefunden hatte, nicht lange auf sich warten. Lasaulx wurde auf der Stelle und ohne irgend weitere Untersuchung von seinem Amte als Universitätslehrer entfernt. Dieß schien die Pläne der Ultramontanen nur zu befördern. Während der entlassene Lasaulx in einem an die schwarze Tafel angeschlagenen Abschied an den Fanatismus der katholischen Theologen appellirt, schleudert die Partei das von den Ministern an den König eingesandte Memorandum unter das Volk und verbreitet es in Tausenden von Exemplaren in alle Schichten der Gesellschaft.

Damit hatte die Partei den letzten Trumpf ausgespielt. Eine so strafbare, in einem monarchischen Staate unerhörte Verletzung des Amtsgeheimnisses, wie diese Veröffentlichung des ministeriellen Memorandums, konnte nur als eine offene Kriegserklärung gegen den König aufgefaßt werden, als die Ankündigung eines Kampfes, aus welchem die Partei entweder nach Beseitigung des Königs durch eine gelungene Revolution siegreich, oder, wenn die Revolution mislang, unterdrückt und gedemüthigt hervorgehen mußte. Denn diese Veröffentlichung war kein Zufall, wenn auch Abel und Konsorten nach der Hand, als die Ultramontanen aus dem Feld geschlagen waren, ihre Hände in Unschuld wuschen und keinen Theil an der Verbreitung gehabt haben wollten; sie war ein Plan. Dieß ist schon daraus klar, daß gerade in diesem Augenblicke solche Massen von Exemplaren unter das Volk verbreitet wurden. [...]

Der Plan war schlau genug berechnet, nur Schade, daß er mislang. Man wollte eine Revolution zu Stande bringen, und man brachte nur einen Krawall zu Wege; man wollte die Münchner Bürger zu einer allgemeinen Erhebung elektrisiren und dadurch den König zwingen; aber man elektrisirte nur den Fenster- und Laterneneinwerfenden Pöbel und die bezahlten Schusterjungen, die vor den Bajonetten alsbald das Hasenpanier ergriffen.

Die Krawalle fanden am 1. und 2. März [1847] in den Straßen von München Statt. Im ersten Treffen standen die katholischen Studenten, die vor das Haus ihres »geliebten Lehrers«, will sagen des Herrn Lasaulx zogen und dort Spektakel machten mit Lebehochs für Lasaulx und Pereats [nieder mit!] für Lola. Das »Volk«, d.h. in diesem Fall derjenige Münchner Straßenpöbel, welcher sich bei den stereotypen Münchner Bierkrawallen durch Rohheit und Zerstörungswuth auszuzeichnen pflegt und durch Straflosigkeit sicher gemacht ist, verband sich mit den Jüngern der Musen und zog vor das Haus, in welchem die Spanierin wohnte, unaufhörlich rufend: Pereat du H. .! Pereat du H. .! Eine Dame, die so sehr auf der Höhe der Zeit steht, wie Lola, konnte durch solche Epitheta ornantia [schmückende Beiwörter] wenig angefochten werden; im Gegentheil, der Spektakel entzückte sie, sie trat an's Fenster und verhöhnte auf drastische Weise die Druntenstehenden, um sie noch wüthender zu machen. Vielleicht wäre ihr das doch schlimm bekommen, aber plötzlich erschien, Allen unerwartet, der König selbst, freundlich grüßend, unter der aufgeregten Menge, und schritt durch sie hindurch in das Haus seiner »Lolita«. Hatte er von dem Auflauf noch keine Kenntnis erhalten, oder wollte der plötzlich muthig gewordene Mann der Aufregung offen Trotz bieten, er kam ungefährdet durch die Menge hindurch, die gleichwohl in ihrer Stellung vor dem Hause beharrte. Daß er indessen seinen gefahrlosen Durchgang nur der Überraschung, nicht der Ehrfurcht vor der königlichen Majestät verdankte, erfuhr er, als er nach einer Stunde den Rückweg nach der Residenz antrat. Er wurde verhöhnt, beschimpft und bis in's Schloß verfolgt. Der König schäumte vor Wuth und schwur, die Ultramontanen sollten ihm das entgelten. Jetzt erst wurde auch mit der Säuberung der Straßen Ernst gemacht und dieselbe ohne alle Schwierigkeit zu Stand gebracht. Der Pöbel und die Schusterjungen liefen natürlich überall davon, die Herren Studenten drückten sich auch nach Hause. Der Pöbel hatte seinen Zweck erreicht, seine Herzensgelüste befriedigt; denn die Straßenlaternen, die Fenster in mehreren öffentlichen Gebäuden und theilweise in der Residenz lagen zertrümmert.

Am nächsten Abend wiederholten sich die Scenen; aber mit noch geringerem Erfolg, weil die Vorsichtsmaßregeln besser getroffen waren. Der Plan war vollständig mislungen; und die Ultramontanen mußten sich mit den zwei Lehren trösten, die sie sich aus ihren jüngsten Erfahrungen abnehmen konnten: erstens, daß man mit gedungenem, rohem Straßenpöbel, ohne alle Theilnahme der Bürger, keine Revolution macht; zweitens, daß die Münchner Spießbürger, obgleich gut katholisch, sich doch verdammt wenig darum bekümmern, ob das Ministerium Abel oder Maurer heißt. [. . .]

Die konstitutionelle Presse jubelte und verkündigte begeistert das neue Morgenroth, das nach Überwindung der finstern Gewalten über Baiern aufgegangen sei. Aber sie jubelte zu früh. Nicht die Freiheit war aus dem Kampf mit der Finsterniß und Knechtschaft siegreich hervorgegangen, sondern das Königthum mit all' seiner Willkür und all' seinen Launen, Unsittlichkeiten und Lächerlichkeiten hatte sich frei gemacht aus den Banden einer Partei, die seiner Herr zu werden versucht hatte, und herrschte jetzt wieder allmächtig und unbeschränkt. Das Königthum war frei geworden, aber nicht das Volk.

Zwar versuchte nun das neue Ministerium Maurer-Zu-Rhein über die Münchner Skandale dadurch einen Schleier zu decken, daß es in einem Rundschreiben an die deutschen Regierungen sich zu wahrhaft konstitutionellen Grundsätzen bekannte, und in einer guten Stunde ließ man den König sogar das wohlfeile Versprechen geben, Öffentlichkeit und Mündlichkeit des Gerichtsverfahrens im diesseitigen Baiern einführen zu wollen. Aber das Ministerium dachte nicht daran, diese Grundsätze zu befolgen, diese Versprechungen zu verwirklichen: es wußte auch recht wohl, daß es beim besten Willen es nicht konnte. Die Minister waren Handlanger der königlichen Launen, weiter nichts. Während Maurer die Erhebung der Tänzerin Lola zur Gräfin von Landsfeld unterzeichnen mußte, vollstreckte Zu-Rhein, als gehorsamer Diener der königlichen Rache, die willkürlichsten und gewaltthätigsten Maßregeln gegen die ultramontanen Professoren: Moy, Höfler, Philipps, Döllinger und Andere, die sämmtlich ohne Urtheil und Recht von ihren Lehrstellen entfernt wurden. Das Erste, was das Ministerium gewähren mußte, wenn es eine freisinnige Richtung einschlagen wollte, war ein gewisses Maß von Freiheit für die schmachvoll geknechtete Presse. Dieß konnte man aber schon deshalb nicht wagen, weil die Erleichterung auch den ultramontanen Blättern zu Gute gekommen wäre und diese waren ja jetzt in der Opposition und die Regierung fürchtete ihren Einfluß selbst unter der Censur.

Es war eine ehrlos-erbärmliche Wirthschaft unter diesem Ministerium Maurer-Zu-Rhein, und nie hat ein Ministerium mehr als dieses den Fußtritt verdient, mit dem es endlich vom Amt gejagt wurde. Es war ein Ministerium ohne Kraft, ohne Fähigkeit, ohne Ehre. Die Lola-Skandale wurden immer ärgerlicher; die Spanierin vergab die Stellen des Staates; Alles, selbst höhere Beamte bewarben sich auf's kriechendste um ihre Gunst, ohne welche es unmöglich war, irgend ein noch so bescheidenes Ziel zu erreichen. Die Minister ließen das Alles geschehen und blieben, und nahmen dadurch die Verantwortlichkeit dessen, was geschah, auf sich. Als aber die Kammer zusammentrat und Angriffe auf die Minister gemacht wurden, da vertheidigten sie sich schwach und wußten weder die Krone noch die Regierung zu decken. Lola liebte die Minister auch nicht; sie waren ihr nicht unterthänig genug, und so konnte es nicht fehlen: Herr v. Maurer, der seinen guten Ruf seinem Könige zu Lieb gebrandmarkt hatte, wurde von diesem nämlichen König gleich nach dem Schlusse des Landtags sammt allen seinen Kollegen plötzlich und unvermuthet entlassen. [...]

Die bedeutendste Persönlichkeit in dem neuen Ministerium war unstreitig Fürst [Oettingen-]Wallerstein. [...]

Sah er doch klar genug ein, daß dem König nur zwei Wege offen standen; entweder den freisinnigen Ideen Konzessionen zu machen, wodurch zugleich Baiern an die Spitze Süddeutschlands und zu einer Macht erhoben wurde, oder zu dem alten ultramontanen Pfaffenregiment zurückzukehren. Wirklich gelang es Wallerstein, den König zu vermögen, daß vom 1. Januar 1848 in Baiern Preßfreiheit für die inneren Angelegenheiten gewährt wurde, eine Maßregel, durch welche er die deutschen Regierungen allerdings in nicht geringe Verlegenheit setzte und welche von bedeutenden Folgen gewesen wäre, wenn nicht die Februarrevolution Deutschland plötzlich mit einer wahren Fluth von noch ganz anderen Freiheiten überschwemmt hätte.

In einem Punkte aber hatte sich Wallerstein getäuscht: die Spanierin wurde er nicht los. Er hatte vielleicht gehofft, durch die Preßfreiheit ihren antikonstitutionel-

Preßfreiheit.

„Na, was giebts Neues in der Zeitung?"

„Allerlei, z. B. Preßfreiheit in Bayern, NB. aber nur für innere Angelegenheiten." —

„Was hältst denn du für innere Angelegenheiten?"

„Narr, das sind: Theater, Pferdefleisch, schlechte Trottoirs, wie viel Hasen geschossen worden, Geborne und Gestorbene ꝛc. alles Andere gehört in die Categorie der Persönlichkeiten, worüber die Presse nichts bringen darf — voila unsre Preßfreiheit."

Karikatur auf die Lockerung der Zensur 1847

len Einfluß zu lähmen; allein der Punkt war kitzlich und die konstitutionelle Presse in Bauern sehr loyal. Die ultramontane Presse aber, welche die neugewährte Freiheit trefflich zu nützen verstand, zog mit täglich zunehmender Schärfe – nicht gegen die Einflüsse, welche sich zwischen König und Minister drängten, sondern gegen das Ministerium zu Felde, und nicht am wenigsten gegen das Haupt dieses Ministeriums, den Fürsten Ludwig Wallerstein.

Lola's Übermuth kannte keine Grenzen mehr. Es genügte ihr nicht, thatsächlich zu herrschen, sie wollte auch als allmächtige Gebieterin des Landes anerkannt sein, und vor Allem verlangte sie Unterthänigkeit von den Ministern. [. . .]

Vom König mit der Grafenkrone geschmückt, wollte sie auch in die adeligen Häuser Zutritt erhalten und machte hiezu wiederholte Versuche. Aber diese mislangen fast durchaus. Die Häuser des Adels blieben ihr verschlossen. Nun wollte sie wieder zeigen, daß sie sich diese Zurückweisung nicht anfechten lasse. Sie umgab sich mit einem Kreis von jungen, kräftigen aber meist armen Studenten, mit denen sie in ihrem Hause fröhliche Gelage hielt, bis tief in die Nacht hinein, an denen [Staatsrat] Berks und andere Günstlinge der Spanierin, sogenannte »Lolaritter«, Theil nahmen. Dem sonst so filzigen König war keine Ausgabe für seine »Lolita« zu hoch; ihr Haus wurde in einen Feenpalast umgewandelt; dieses, ihr Schmuck, ihr Haushalt verschlangen hundert- und aber hundert Tausende; Ludwig gab willig Alles. Die armen Studenten, welche sich der gräflichen Huld zu erfreuen hatten, wurden gekleidet und unterstützt. Und als nun die übrigen Studenten von den so zweideutig bevorzugten sich zurückzogen, sie aus ihren Gesellschaften ausschlossen, da mußte auch hier wieder das in den spanischen Banden zappelnde Staatsoberhaupt helfen und durch besondere königliche Entschließungen wurde das von den Lolajüngern gestiftete Studentenkorps Alemannia in die Zahl der von der Staatsregierung anerkannten Studentenverbindungen aufgenommen.

Es ist anzunehmen, daß der Haß gegen Lola und ihre Anhänger bei der Mehrzahl der Studenten aus reinen und edlen Motiven entsprang, aus dem der uneigennützigen Jugend eigenen Abscheu und der Verachtung gegen Sittenlosigkeit und Skandal. Leugnen aber läßt sich nicht, daß die Münchner Studenten bei ihren Demonstrationen gegen Lola und die Alemannen lediglich in ultramontanem Interesse thätig waren und daß aus dem Februarkrawall nur die ultramontane Partei Nutzen gezogen haben würde, wenn nicht der plötzlich über Europa dahinbrausende Revolutionssturm alle Nachtvögel für den Augenblick in ihre Höhlen zurückgescheucht hätte. Diese Erscheinung ist charakteristisch. Sie beweist, daß in der öffentlichen Meinung Münchens damals nur zwei Faktoren sich Geltung hatten verschaffen können, der reine Absolutismus, und das Pfaffenthum oder vielleicht besser gesagt: der durch das Pfaffenthum gemäßigte Absolutismus. Lola und ihre Anhänger repräsentirten den reinen Absolutismus; Graf Arco-Valley und seine katholische Sippschaft das Pfaffenthum. Wer gegen Lola's Regiment kämpfte, der stritt für das Pfaffenthum, er mochte es anstellen, wie er wollte, er mochte kirchlich und politisch noch so frei denken. Es gab in München weder eine eigentlich konstitutionelle noch eine republikanische Partei. Die wirklich feinsinnigen und sittlich entrüsteten Studenten kämpften daher nur zum Vortheil der Ultramontanen wie die Alemannen andererseits sich einer ultramontanen, »zum Theil verdorbenen« Jugend selbstgefällig gegenüberstellten und »Freude zu den Studien, Sittlichkeit und Humanität« als Vorzug für sich in Anspruch nahmen. [...]

Entweder mußte der Opposition der Studenten ein Ende gemacht werden, oder die Alemannen mußten weichen; mit anderen Worten: entweder mußte der königliche Wille durchdringen oder von den Ultramontanen gebrochen werden: denn immer stellen sich uns diese zwei Faktoren als die eigentlichen streitenden Prinzipien dar. [...]

Am 9. Februar erfolgte auf Befehl des Königs die von Lola schon seit mehreren Tagen vorausverkündigte Schließung der Universität München, auf das laufende und nächstfolgende Semester. Sämmtliche [auswärtigen] Studenten sollten binnen 3 Tagen die Stadt verlassen. Wallerstein hatte das königliche Dekret gegengezeichnet. [...]

Der König hatte sich diesmal getäuscht, als er auf die Theilnahmlosigkeit und den Stumpfsinn der Münchner Spießbürger rechnete. Für den gefährdeten Katholizismus hatten sie freilich im vorigen Jahr keine Hand gerührt, und für die Freiheit würden sie es ebensowenig gethan haben, und wenn sie sie hätten vom nächsten Ast brechen können. Aber etwas ganz Anderes ist es, wenn es sich um den Verdienst, um den Erwerb, um das Geld des Spießbürgers handelt. Das ist die Stelle, wo er sterblich ist! Durch die Schließung einer Universität mit 2000 Studenten waren die »theuersten Interessen« namentlich der ärmeren und geringeren Bürger gefährdet. Sie verloren nicht nur für die nächste Zukunft ihren Erwerb, sondern sie mußten auch fürchten das einzubüßen, was sie an die verwiesenen Studenten zu fordern hatten. Diese Gefahr bewirkte, was keine Macht der Erde zu bewirken im Stande gewesen wäre: die Münchner Spießbürger wurden muthig, sie wurden sogar revolutionär und machten sich aus der allerhöchsten Ungnade nichts mehr. Der Bund zwischen den schwer beleidigten Jüngern der Wissenschaft und den an ihrer verwundbarsten Stelle angegriffenen Philistern wurde geschlossen. »Ihr müßt bleiben, wir werden Euch schützen!« hieß es. Und zum erstenmal seit Münchens Erbauung versammelten sich die Bürger ohne vorgängige hohe obrigkeitliche Bewilligung, um über ihre Interessen sich zu berathen: und im Feuer dieser gefährdeten Interessen fielen Worte über Maitressenskandal und Verschleuderung der Staatsgelder, so scharf und schneidend, daß die loyalen Philister sich gewiß nachmals mit ihrer plötzlichen Kourage selbst ganz räthselhaft vorkamen.

Der König war natürlich vor Erstaunen und Wuth über diese hochverrätherische Bewegung seiner getreuen Hauptstadt ganz außer sich. Die erste allerunterthänigste Deputation der Bürgerschaft wurde schnöde zurückgewiesen und das Beharren auf der einmal beschlossenen Maßregel in den stärksten Ausdrücken versichert. Allein die Sache änderte sich bald. Die Stimmung der Bürger wurde immer revolutionärer, die Bewegung immer drohender; der lang genährte Haß gegen die Gendarmerie, Lolas gewöhnliche Beschützerin, durch einen brutalen und blutigen Angriff derselben auf die friedlich versammelten Studenten noch gesteigert. Der König bekam Angst und parlamentirte. Er ließ sich bereit finden, schon nach Ostern die Universität wieder zu eröffnen. Diese Schwäche machte den Bürgern Muth, und sie erklärten sich mit der angebotenen Konzession nicht befriedigt. Sie hatten mittlerweile eine Entdeckung gemacht, die freilich eben so geeignet war, ihren Muth zu erhöhen, als den König zum Nachgeben zu bestimmen. Das Militär hatte sich allenthalben sehr mild und schonend gegen das Volk benommen und schien nicht geneigt, gegen die Bürger einzuschreiten. [. . .]

Der 11. Februar 1848 sah die Hauptstadt Baierns in voller Revolution. Die Forderungen der Bürgerschaft hatten sich gesteigert; man verlangte nicht bloß augenblickliche Wiedereröffnung der Universität, sondern auch Verbannung der fremden

Gedenkblatt der Volksbewegung in München 9.–12. Februar 1848 (Schließung der Universität/Deputation an den König), Lithographie von G. Kraus

Maitresse aus dem Lande. Das Letztere war eine gesetzliche Unmöglichkeit; denn Lola hatte das bairische Indigenat und war in den Grafenstand erhoben. [...]

Von dem Berathungssaale der Bürgerschaft, wo jetzt die kühnsten und revolutionärsten Reden fielen, setzte sich der Zug nach der Residenz in Bewegung, um den König zur unbedingten Gewährung der gestellten Forderungen zu zwingen. Ludwig, von allen seinen Freunden verlassen, [...] ohne Hilfe gegen die hochverrätherische Fluth, die gegen sein Schloß anwogte, knirschte in ohnmächtiger Wuth und mußte zuletzt in Alles willigen. Sein stolzer Königswille war gänzlich gebrochen; er war kein König mehr, er war nur noch ein armseliger Spielball der Launen einer revolutionären Bevölkerung. [...]

An diesem 11. Februar erhielt in München das Königthum einen schweren Schlag, und das war jedem Denkenden augenblicklich klar, daß es sich unter Ludwig nimmermehr davon erholen könne.

Die geliebte »Lolita« mußte entfernt werden. Sie hatte noch zuvor einige Erfahrungen gesammelt, die geeignet waren, ihr die gezwungene Abreise aus München minder schmerzlich zu machen. Mit gewohnter Frechheit hatte sie dem »Pöbel« Trotz geboten und war mitten im Wogen der Revolution auf der Straße erschienen. Allein es war ihr diesmal schlecht bekommen. Von der wüthenden Menge erkannt, wurde sie verfolgt, beschimpft, thätlich mishandelt, und zitternd suchte sie in einer Kirche Schutz, von wo man sie mit Mühe unter schirmender Bedeckung nach einem sichern Orte brachte. Sie verließ München in fliegender Eile, und die Nachricht von ihrer Abreise wurde durch öffentlichen Anschlag bekannt gemacht zur Beschwichtigung der Volkswuth. [...]

Das war die Münchner Februarrevolution, die den Willen des drittmächtigsten Deutschen Fürsten beugte und knickte, wie der Sturmwind das schwache Rohr; ein folgenschweres Ereigniß für Deutschlands politische Entwicklung, wenn nicht die überwältigende Februarrevolution von Paris, vor der alles Andere in den Hintergrund trat, ihm auf der Ferse gefolgt wäre. Wer mag bestimmen, welche Weiterentwicklung die Dinge in Baiern genommen hätten, wenn nicht auf die vom Westen drohende Gefahr alle verkommenen und reaktionären Richtungen sich schnell geeinigt hätten gegen den gemeinsamen Feind, und König Ludwig nicht durch seine Abdankung dem unter ihm bankrott gewordenen Königthum eine neue Firma mit neuen Fonds gegeben hätte?

Aus: Gustav Diezel, Baiern und die Revolution, Zürich 1849, S. 55ff.

3. Die Münchner Märzereignisse 1848

a. Der 3. März

München, 3. März. Die Ruhe unserer friedlichen Stadt ist gestern Nacht [2.3. 1848] durch arge Excesse gestört worden. Gegen 7 Uhr Abend zog eine Masse Volkes vor die Wohnung des Minister-Verwesers von Berks. Es begann ein furchtbares Geheul und Gepfeife und Geschrei; Steine wurden aufgerissen und flogen in die Fenster der untern Stockwerke; die Thore drohten jeden Augenblick den wiederholten Schlägen zu weichen; dieß dauerte mehrere Stunden, die verhaßte Gendarmerie wagte nicht zu erscheinen; die Cuirassiere wurden mit Lebehoch durchgelassen. [...]

Von hier zog die Masse nach dem Innern der Stadt, wo, wie ich höre, mehrere öffentliche Gebäude gleichfalls beschädigt wurden; es wurde Generalmarsch gegen halb eilf Uhr geschlagen und Linie und Bürgermilitär mußten ausrücken. Auftritte dieser Art, die zeigen, daß der Dämon der Anarchie unser bisher so glückliches Bayern heimzusuchen beginnt, müssen jeden Freund des Vaterlandes nachdenklich machen. Diese Unruhen sind vor dem drohenden Ausbruche eines allgemeinen Krieges, der Einigkeit gebietet, doppelt zu beklagen; aber überraschen konnten sie Niemand. Nicht einmal, sondern zum öfteren haben die öffentlichen Blätter dem Hrn. v. Berks nahe gelegt, daß [...] seine Haltung im Ministerium unmöglich geworden. War seine Anhänglichkeit an die Krone wirklich aufrichtig, so konnte das Land das Opfer seines freiwilligen Rücktrittes erwarten, in Frankreich und England wäre ein Minister unter solchen Umständen keinen Augenblick mehr im Cabinet geblieben. Allein auch dem übrigen Ministerium erklärte die öffentliche Meinung nur allzu deutlich, daß es eine eilige Pflicht gegen das Land übe, wenn es diesen Rücktritt seines Collegen fordere oder im Weigerungsfall selbst zurücktrete. [...]

Diesen Nachmittag wurde an den Straßen-Ecken angeschlagen, daß Staatsrath v. Berks heute Morgen aus Gesundheits-Rücksichten eine Urlaubsreise angetreten habe und Staatsrath v. Voltz dessen Portefeuille übernehme. Die Unruhen gestern Abends waren ernster, als man Anfangs glaubte. Zwar die Scene vor der Wohnung des etc. v. Berks, war allerdings nur ein gewöhnlicher Straßenscandal, allein die Vorfälle in der Stadt hatten ein drohenderes Aussehen. Man hörte zum Theil hochverrätherische Ausrufe, und einzelne Haufen wollten verschiedene Waffenmagazine stürmen und plündern, was ihnen aber glücklicherweise nicht gelang. Dagegen wurden einige Gebäude in den Vorstädten, in denen sich Stationen der Gendarmerie befanden, gestürmt und theilweise zerstört. Erst gegen 2 Uhr Morgens war die Ruhe wieder hergestellt. [...] Es ist aber bis diesen Augenblick – Abends 7 Uhr – die Ruhe nicht mehr gestört worden. Allem Anscheine nach wird es auch heute ruhig bleiben. Die ganze Garnison und die gesammte Landwehr ist diesen Abend ausgerückt, um Ruhe und Ordnung aufrecht zu erhalten. Daß die Bürger kräftigst hiezu mitwirken werden, dessen konnte man sich auf dem Rathhaussaale überzeugen, wo Vormittags Volksversammlung wegen der Adresse war. Diese Adresse – gestern Abends von 50 Bürgern entworfen – wurde heute in der Versammlung durch Zuruf genehmigt. Von 10 Uhr an begann die Unterzeichnung, und bis Nachmittags 3 Uhr waren 4–5000 Namen unterschrieben,[1] unter welchen sich die der sämmtlichen hier anwesenden Reichsräthe befinden. Um 3 Uhr begab sich eine Deputation nach der k. Residenz, und übergab die Adresse Sr. Maj. dem Könige, höchstwelcher sie huldvollst entgegen nahm. Die k. Antwort soll morgen erfolgen. Man hofft auf Gewäh-

[1] Nach Josef Heinrich Wolf, Die allgemeine politisch-moralische Volkserhebung in München am 3. und 4. März 1848, S. 4, war die Adresse zu diesem Zeitpunkt bereits mit mindestens 12 000 Unterschriften unterzeichnet.

rung, so daß dann in wenigen Wochen die Stände des Reiches zusammen treten würden.

Aus: Augsburger Postzeitung, Nr. 64, 4. 3. 1848, S. 253f.

b. Die Münchner Adresse an König Ludwig I.

Allerdurchlauchtigster, Großmächtigster König! Allergnädigster König und Herr! Angesichts der gegenwärtigen Weltlage – Angesichts eines bedeutungsvollen Ereignisses jenseits des Rheins, welches den Frieden Europa's in Frage stellt, können sich die unterzeichneten Bürger und Einwohner der Hauptstadt der Besorgniß nicht entschlagen, daß die Tage der Gefahr das Vaterland weniger einig und stark finden möchten als nach den denkwürdigen Erfahrungen von 1813 und 1815 und nach mehr als dreißig Friedensjahren hätte erwartet werden müssen.

Die Gefahr ist groß, aber nicht minder die Mittel sie zu bestehen; – sie liegen in der unwandelbaren Treue und Hingebung des Volkes an König und Vaterland, aber gefestet durch verbürgte Anerkennung und zeitgemäße Fortentwicklung seiner Rechte.

Vollständige Abschaffung der Censur und unverweilte Einführung der Öffentlichkeit und Mündlichkeit in die Rechtspflege mit Geschwornengerichten ist dringendes Bedürfniß, um der erhöhten Einsicht, sowie dem erstarkten Rechtsgefühl des Volkes zu genügen.

Gleiche Ursachen fordern ein zeitgemäßes Polizeigesetz.

Es ist eine bereits allseitig anerkannte Nothwendigkeit, daß nichts im Weg stehe, Fähigkeiten wo sie sich finden mögen, mit Sicherheit zur Vertretung des Landes heranzuziehen. Hierdurch wird die Änderung der Wahlordnung für die Stände des Reichs bedingt.

Doch keine Änderung in den öffentlichen Einrichtungen hat eine Zukunft, wenn die Verantwortlichkeit der Minister keine Wahrheit ist. Sie kann nur durch ein Gesetz gewährleistet werden, das den Richter, das Verfahren und die Unerläßlichkeit der Strafe genau bestimmt.

Die Beeidigung des stehenden Heeres auf die Verfassung schließt die Reihe jener Bürgschaften, deren Erreichung das Volk als heißen Wunsch seit Jahren im Herzen trägt. Die Gefahren, welche das deutsche Vaterland von Ost und West bedrohen, – die bedenkliche Gestaltung seiner inneren Verhältnisse verlangen eine rasche Vereinigung der Fürsten und des Volkes in einer wohlverbürgten einheitlichen Vertretung am Bundestage.

Die Bürger der Hauptstadt erachten Gut und Leben für ein geringeres Pfand der Treue als die Wahrheit und indem sie diese vor Ew. k. Maj. in allertiefster Ehrfurcht darlegen, sollen die Tage der Gefahr uns als Männer finden, deren unerschütterliche Liebe zu ihres Königs Majestät dem Vaterlande die sicherste Bürgschaft seiner Unabhängigkeit bieten wird und muß.

Nun aber richten wir an Ew. k. Majestät die allerehrfurchtsvollste Bitte:

Allerhöchstdieselben wollen die Stände des Reichs unverzüglich um sich zu versammeln und unter ihrer gesetzlichen Mitwirkung jene Maaßregeln zu ergreifen geruhen, welche des Vaterlandes Wohl nach Innen und dessen Sicherheit nach Außen dringend fordern. – Gott, der Allmächtige! erhalte Ew. k. Maj. zum Glück und Ruhm des deutschen Vaterlandes!

München den 3. März 1848.

Aus: Augsburger Postzeitung, Nr. 64, 4. 3. 1848, S. 254

c. Der 4. März

Noch am Abende dieses Tages [3.3. 1848] wurde die nach abgehaltenem Ministerrathe erfolgte königliche Entschließung bekannt, welche die Auflösung der Kammern und die Einberufung neu gewählter Stände bis zum 31. Mai aussprach.

Das erste Gefühl, welches diese unerwartete Anwort auf die Adresse hervorbrachte, war bei der großen Mehrzahl der Bevölkerung das einer augenblicklichen Verblüffung. Bald aber sah man klarer und es drängte sich die natürliche Erwägung auf: Soll das die von uns verlangte, von der Zeit dringend gebotene Abhilfe unserer staatlichen Übelstände seyn? Verspricht man dem bedenklich Kranken ein Heilmittel in drei Monaten? Und hat man überhaupt unseren Wünschen ein geneigtes Gehör geschenkt? Wir hatten die sofortige Einberufung der Stände als dringendste, erste Bitte hingestellt, – statt dessen erfolgt deren Auflösung; wir haben deren unverzügliche Versammlung vor Allem erbeten, – statt dessen erfolgt eine Zusammensetzung der Kammern in drei Monaten!

Wahrlich, es lag die Ansicht so nahe, man wolle die gerechten Hoffnungen des Volkes abermals täuschen, man wolle durch ein unzeitiges Temperisiren nur einen günstigeren Zeitpunkt zur gänzlichen Versagung der Volkswünsche abwarten! Die auf diese Bekanntmachung entstandene Aufregung war daher sehr natürlich.

Schon am Abende des 3. März hatte sich in einzelnen Gruppen, am 4. Morgens an den Straßenecken, wo die Entschließung angeschlagen war, die allgemeine Unzufriedenheit deutlich und laut ausgesprochen.

Am letzteren Tage gegen 11 Uhr Vormittags versammelte sich das Volk zu Tausenden im großen Rathhaussaale. Eine kaum zu beschreibende Aufregung herrschte unter den Anwesenden. Mißtrauen und Unwillen wurden laut, mitunter drohend geäußert; unzufriedenes Murren wogte durch die Menge, ohne bestimmten Ausdruck und Zielpunkt. Gerade diese Unklarheit in der erregten Menge, so wie die immer wachsende Theilnahme der Proletarier an der Bewegung trug einen Charakter, der weit eher ein bedrohliches als gedeihliches Resultat der Bewegung besorgen ließ. Dieser Augenblick war's, als ein Anwesender, Dr. Greiner, das Wort ergriff. In feuriger Rede die Wünsche des Volkes beleuchtend, gab er dem Gefühle der Masse Ausdruck, wie später Leitung und Zügelung. Donnernder Beifall erscholl am Schlusse seiner Rede, und mit dem klaren Bewußtseyn des vorgesteckten Zieles erstand der Mittelklasse des Volkes die Kraft, die Bewegung, welche außerdem leicht zum Unheil führen konnte, in ihre Hand zu nehmen und zum erfreulichen Ende zu leiten.

Um 12 Uhr Mittags wurde die Abordnung einer Deputation an den Minister-Verweser Fürsten v. Wallerstein beschlossen, welche ihm das dringende Verlangen

Allgemeine politisch-moralische Volkserhebung in München am 2., 3. und 4. 3. 1848 (Einwerfen der Fenster des Innenministeriums am 2. 3. 48/Sturm auf das Zeughaus am 4. 3. 48), Lithographie von G. Kraus

der gesammten Einwohnerschaft nach Zurücknahme der gestrigen Entschließung, unverzüglicher Einberufung der Stände und Gewährung der Adreßpunkte vortragen sollte. Nach Anhörung derselben begab sich Fürst v. Wallerstein mit den Ministerverwesern v. Beisler und v. Heres sogleich in die Residenz und verhieß, weitere Antwort auf's Rathhaus sagen zu lassen.

Nachmittags neuerdings Versammlung im gedrängt vollen Rathhaussaale; Dr. Greiner ergriff das Wort und mahnte unter kräftiger Auseinandersetzung des zu erstrebenden Zieles, zum ruhigen Abwarten der verheißenen Botschaft. Lauter Beifall begleitete den Schluß seiner Rede. Bürgermeister v. Steinsdorf äußerte sein Bedenken darüber, daß auch Andere als Münchener Bürger in dem Rathhaussaale, dem Eigenthum der Commune als Redner aufträten. »Das sey keine Communal-Angelegenheit mehr, das sey Volkssache,« scholl ihm von allen Seiten entgegen. Der Regierungspräsident Frhr. v. Godin erschien in Begleitung des Polizeidirektors Mark. Einige der Anwesenden entblößten ihr Haupt. »Hüte auf!« rief man von allen Seiten. Vergebens wollte der Regierungspräsident zu ruhigem Abwarten der königlichen Entscheidung ermahnen. Er ward nicht gehört. Immer stürmischer ward die Versammlung. Kaum gelang es noch dem Dr. Greiner, welcher durch sein seitheriges Auftreten das Vertrauen der Versammlung gewonnen hatte, sie im Saale durch wiederholte Mahnung zurückzuhalten, daß man am Rechtsboden festhalten müsse, daß nur aus ihm der Baum der ersehnten gesetzlichen Freiheit erwachsen könne. – Endlich beschloß man auf den Vorschlag Greiners eine Deputation an den König zu senden, um ihm die bei der unbeschreiblichen Aufregung drohende Gefahr zu schildern und unverzügliche Gewährung der an ihn gerichteten Wünsche zu erbitten. Zugleich versprach die Menge auf die Mahnung Greiners durch Akklamation Ruhe bis zur Rückkehr der Deputirten. Viele Stimmen wollten, Greiner sollte die Deputation begleiten, andere hielten ihn auf dem Rathhause für nothwendiger, welch letztere Meinung den Sieg erlangte. Die wackern Bürger Rosipal, Reschreiter, Zipperer und Radspieler begaben sich sogleich zum Könige, um ihm die dringende Lage der

Dinge, die Unmöglichkeit das Volk länger zu beschwichtigen vorzustellen. »Eine Stunde wolle man noch auf die Rückkehr der Deputation warten, hieß es von allen Seiten in drohendem Tone. Die nun entstandene Pause füllte eine Anrede des Hofraths v. Martius aus, welcher die Hoffnungen des Volkes auf den Bundestag vertröstete, aber mit Gelächter und der Äußerung: »der Bundestag komme nur, wenn er Etwas brauche,« zurückgewiesen wurde. – Noch war keine halbe Stunde verronnen, da ertönte plötzlich das dumpfe Rasseln der Trommeln. »Der Generalmarsch, der Generalmarsch! man braucht die Waffen gegen das Volk! Das ist die Antwort auf unsere Bitten! man will uns alle umringen und metzeln!« riefen hundert Stimmen durcheinander. Vergebens suchte Dr. Greiner das ruhige Beisammensein auf dem Rathhause zu erwirken. Hunderte hatten sich bereits entfernt. Verstärkt durch Andere, meistens aus den niedern Volksklassen stürzten sie mit dem Rufe: »zu den Waffen« gegen das bürgerliche Zeughaus am Anger. Die Nachricht, man stürme das Zeughaus, verbreitete sich sogleich auf dem Rathhause. Allgemein rieth man nun gleichfalls, sich dort zu bewaffnen, und die Waffen des Zeughauses zum größten Theile in die Hände der Studenten, Künstler etc. zu bringen, deren sich außerdem das Proletariat gänzlich bemächtigt haben würde. – Inzwischen war am Zeughause das Thor eingerannt worden und aus den Fenstern des obern Stockwerkes flogen nun bündelweise die alten Hellebarden und Schwerter, die neueren Musketen und Säbel herab. Ohne auszuweichen fing sie die untenstehende Menge mit emporgehobenen Händen auf und im Nu stand ein Haufen von mehreren Tausenden unter den Waffen. Morgensterne, Spieße, Hellebarden, Flamberge, Schwerter, Pickelhauben, Musketen und Säbel, darunter auch manche Schaufel und Mistgabel dienten zur Wehre, alte Fahnen wehten voran, Trommeln, mit schnell und roh geschnitzten Schlägeln gerührt, rasselten dazwischen; – es war ein malerischer aber äußerst bedrohlicher Anblick! Eine ungeheuer aufgeregte Menge aus den verschiedenartigsten Elementen der bürgerlichen Gesellschaft unter den Waffen! Eine friedliche Lösung war kaum mehr zu erwarten! –

Mittlerweile war die Bürgerdeputation in der Residenz angelangt. Anfänglich durch Adjutanten und den Prinzen Karl aufgehalten, wurden sie endlich vor den König gelassen. Dieser war zuerst über die Kleidung der Deputirten – sie waren in Rock und Paletot vom Rathhause hergeeilt – ungehalten. Von dem Drängen der Umstände unterrichtet, versprach er endlich Einberufung der Stände in 3 bis 4 Wochen. Die wackern Bürger stellten ihm hierauf auf's Dringendste vor, daß jede Minute Zögerung die drohendste Gefahr bringe. Da bringt ein Adjutant die Nachricht, das Zeughaus sey erstürmt. Nun warfen sich die Bürger vor dem Monarchen auf die Kniee und beschworen ihn, durch längeres Zögern nicht Alles auf's Spiel zu setzen. Heftig erschüttert unterschreibt nun der König die unverzügliche Einberufung der Stände.

Prinz Carl begibt sich selbst mit der Deputation auf's Rathhaus, um dort die königl. Entschließung zu verkünden. Es waren nur mehr wenige Bewohner versammelt und so sehr war durch die früheren Maßregeln das Mißtrauen des Volkes gesteigert worden, daß ein großer Theil der verkündeten Botschaft keinen Glauben mehr schenkte! –

Unterdessen hatte sich die bewaffnete Menge, um sich mit der nun gleichfalls unter die Waffen getretenen Bürgergarde zu vereinen, durch die Sonnenstraße auf den Dultplatz gezogen, dort eine Zeitlang sich den aufgestellten Truppen und drohenden Kanonen gegenüber gestellt und dann auf dem Promenadeplatze einem Bataillon der Landwehr angeschlossen. Hier erschien zuerst der Kreisinspektor der Landwehr, Graf Bieregg, um die neue königliche Entschließung zu verkünden. Der Ruf: »Man glaube es nicht mehr!« hallte auch ihm entgegen. Endlich kam Prinz Karl angeritten und machte den neuen Beschluß bekannt. Gleiche Äußerungen des Mißtrauens aus der bewaffneten Schaar! »Man glaube wohl seiner Person, sey aber sonst schon zu oft getäuscht worden.« Da gab der Prinz, durch die Reihen reitend, sein fürstliches Ehrenwort, und nun erst begann der drohende Sturm sich zu legen. Aber noch war die schon oben geschilderte Menge unter den Waffen; – Grund genug zu den ernstlichsten Besorgnissen!

Hier nun trat ein Ereignis ein, welches den Ordnungs- und Rechtssinn der Bewohner Münchens auf eine wahrhaft wunderbare Art bewährte und welchem wohl keine andere Stadt ein ähnliches Beispiel gegenüber zu stellen hat! –

Nachdem der Glaube an die königliche Verheißung Wurzel gefaßt hatte, stellten die Führer der bewaffneten Schaar – meistens Studenten – und Andere, die sich dem Zuge angeschlossen hatten, den einzelnen Reihen vor: »Man habe jetzt erreicht, was man gewollt und zu dessen Erringung man die Waffen ergriffen; man solle diese wieder ablegen, erforderlichen Falles könne man sie wieder holen!«

Das drang zu dem gesunden Sinne der Menge und sie marschirte in geordnetem Zuge, eine Compagnie Landwehr an der Spitze, dem Zeughause zu. Wo sich die Dultgasse abwärts gegen den Anger zieht, wurden neue Bedenklichkeiten laut, ob es gerathen sei, die Waffen abzulegen und der Marsch gerieth in's Stocken. Ein Student stieg auf einen Wagen, und empfahl das Niederlegen der Waffen. In den Reihen neue Vorstellungen der Führer, daß man die Waffen ja nur ergriffen habe, um das, was man jetzt erhalten, nöthigenfalls zu erstreiten; daß die Waffen Eigenthum der Stadt seien, und man die gute Sache nicht durch einen Raub an dieser entweihen dürfe! – Und siehe da! Tausende von Bewaffneten, unter ihnen eine Menge aus den niedersten Klassen, legten freiwillig die mit Gewalt eroberten Waffen nieder, nachdem vorher das Losschießen von einigen hundert Musketen gezeigt hatte, wie sehr man bereits auf den ernstesten Kampf gefaßt war. – Wahrlich, ein Volk, bei welchem eine solche Handlung möglich ist, verdient die ausgedehnteste politische Berechtigung! – Der Abend ging ruhig vorüber.

Aus: Die Märztage Münchens nebst Aktenstücken, München 1848, S. 5ff.

4. Die Königliche Proklamation vom 6. März 1848

Ich habe mich entschlossen die Stände meines Reiches um Mich zu versammeln; dieselben sind auf den 16. d. Mts. in die Hauptstadt berufen.

Die Wünsche meines Volkes haben in Meinem Herzen jederzeit vollen Wieder-

hall gefunden. An die Stände des Reiches werden ungesäumt Gesetz-Vorlagen gelangen, unter anderen:
über die verfassungsmässige Verantwortlichkeit der Minister;
über vollständige Preßfreiheit;
über Verbesserung der Stände-Wahl-Ordnung;
über Einführung der Öffentlichkeit und Mündlichkeit in die Rechtspflege mit Schwur-Gerichten;
über die in der IX. Verfassungs-Beilage angedeutete umfassendere Fürsorge für die Staatsdiener und deren Relikten; dann deren Ausdehnung auf die übrigen Angestellten des Staates;
über Verbesserung der Verhältnisse der Israeliten.

Ferner ordne Ich in diesem Augenblicke die schleunige Abfassung eines Polizei-Gesetz-Buches an; ebenso befehle Ich die unverzügliche Beeidigung Meines Heeres auf die Verfassung, und lasse Ich von heute an die Censur über äussere wie innere Angelegenheiten ausser Anwendung treten.

Bayern erkennt in diesem Entschlusse die angestammte Gesinnung der Wittelsbacher.

Ein großer Augenblick ist in der Entwicklung der Staaten eingetreten. Ernst ist die Lage Teutschlands. Wie Ich für teutsche Sache denke und fühle, davon zeugt Mein ganzes Leben. Teutschlands Einheit durch wirksame Maaßnahmen zu stärken, dem Mittelpunkte des vereinten Vaterlandes neue Kraft und nationale Bedeutsamkeit mit einer Vertretung der teutschen Nation am Bunde zu sichern, und zu dem Ende die schleunige Revision der Bundes-Verfassung in Gemäßheit der gerechten Erwartungen Teutschlands herbeizuführen, wird mir ein theuerer Gedanke, wird Ziel meines Strebens bleiben.

Bayerns König ist stolz darauf, ein teutscher Mann zu seyn.

Bayern! Eurer Vertrauen wird erwiedert, es wird gerechtfertigt werden! Schaaret Euch um den Thron. Mit Euerem Herrscher vereint, vertreten durch Euere verfassungsmässigen Organe, laß Uns erwägen, was Uns, was dem gemeinsamen Vaterlande Noth thut.

Alles für Mein Volk! Alles für Teutschland!
München, den 6. März 1848.
Ludwig.

Bayerische Staatsbibliothek

5. Jubel in der Bevölkerung

Augsburg, 7. März. Die Königliche Proclamation – königlich im eminentesten Sinne des Wortes – traf gestern Nachmittags mit einem festlich geschmückten Extrazuge hier ein, der nach kurzem Aufenthalte die Fahrt nach Donauwörth fortsetzte, um so schnell als möglich allen Gauen unseres Vaterlandes diese hocherfreuliche Botschaft mitzutheilen. Unsere Stadt war, als der Überbringer der Proclamation, Hr. Dr.

Zander, zur städtischen Behörde eilte um den Anschlag des Placates zu erwirken, von dieser Kunde wie elektrisirt und die Druckereien, welche sofort in vielen Tausenden von Abdrücken das wichtige Actenstück verbreiteten, wurden vom Publicum förmlich belagert. Der Eindruck, den das königliche Geschenk machte, wirkte überwältigend. Der Entschluß, die Stadt zu beleuchten, wurde von tausend Lippen zu gleicher Zeit ausgesprochen – sie bot am Abend mit ihren herrlichen Straßen und dem festlichen Fahnenschmuck einen wundervollen Anblick. Das war ächte Begeisterung; dem geliebten Herrscher ertönten tausendfach jubelnde Lebehoch. Die feierliche Verkündung der Proclamation findet diesen Morgen um 11 Uhr im goldenen Saale des Rathhauses statt.

Aus: Augsburger Postzeitung, Nr. 67, 7. 3. 1848, S. 265

6. Die Bamberger 14 Artikel (4. 3. 1848)

Blicken Sie nach Frankreich, dort sind aus Leibeigenen und Hörigen des Mittelalters Heloten der Geldwirthschaft geworden, an die Stelle des feudalen Druckes war eine Oligarchie des Kapitals getreten, die Volksvertretung war eine bare Rechtsdichtung, eine Kammarilla ihrer eigenen Geldinteressen. Dort hat sich aus diesen unnatürlichen Zuständen eine neue mächtige Erscheinung entwickelt – das Proletariat, die ganze große Masse derjenigen, denen man, weil sie eigenthums- und besitzlos, trotz ihrer natürlichen Rechte, jegliches Recht, jegliche Geltung im Staate und in der Gesellschaft verweigerte, die nur dem Namen nach Staatsbürger, in der That aber Staatsunterthanen waren. Unaufhaltsam, wer kann es leugnen, rückt sie auch uns näher, die finstere Gestalt des Pauperismus. Schon hat sie in den östlichen Marken des Vaterlandes, vereinigt mit einer fürchterlich wüthenden Seuche, der natürlichen Folge unnatürlicher Entbehrungen, die Reihen der Bevölkerung gelichtet. Auch bei uns hat das Proletariat mit ernster, mahnender Stimme auf sein Dasein hingewiesen; es ist zur Thatsache geworden, es anerkennen, heißt bloß die Geschichte anerkennen. Wir fühlen diese Misstände, ja mehr noch, wir sind darüber in Unruhe, wir erschrecken über die Misgeburt unserer eigenen Schöpfung und fühlen, daß wir die Schuld von Jahrhunderten gut zu machen haben. Welches aber sind die Mittel? Die halben misglückten Versuche unsrer Bureaukratie? Die Grundursachen unsrer gesellschaftlichen Zerrüttung kennt sie nicht. Wenn sie die bewegte Oberfläche der Gesellschaft beruhigen kann, hält sie es nicht der Mühe werth, die unergründliche Tiefe des Elendes zu ermessen, deren trübe Wogen, unbeachtet und keines Blickes gewürdigt, immer höher und höher schwellen. Die Zeit wird die Gefahr nicht mindern; jedes Jahr, jeder Tag mehrt sie! Unmöglich ist es, die große Masse einer Bevölkerung, von der man rühmend zu sagen gewohnt ist, daß es ein treues, achtungswerthes Volk sei, ausgeschlossen zu halten von den wichtigsten Rechten des Bürgers. Man verkenne die Zeit nicht! Ein neuer Bestandtheil des staatlichen Lebens, und wenn wir denn doch von Ständen sprechen sollen, der vierte Stand steht vor der Schwelle des Ständehauses und verlangt Einlaß in den Ständesaal. Er will durch und mit der Gesetzgebung gleich den übrigen seine Interessen gewahrt, sein Recht anerkannt wissen. Er ist der mächtigste von allen, zahlarm sind seine Gegner. Man lasse ihn nicht unbefriedigt, denn ein zündender Gedanke und das ganze Gebäude des Staates schwankt unter seinen Schlägen. Nicht diejenigen sind die Feinde des Staates, welche durch eine allseitige Erwägung unsrer Nothverhältnisse durch eine Betheiligung Aller an dem Gemeinwesen die Ursachen unsres gesellschaftlichen Siechthums bewältigen wollen; diejenigen sind es, welche in unseliger, heilloser Verblendung vor einer Untersuchung und Erörterung der ernsten und gewaltigen Fragen der Zeit zurückbeben, gleich den unverständigen, eigensinnigen Kranken vor der Sonde des Arztes. Noch ist der Kommunismus ein Phantom, wer bürgt uns, daß nicht eine verkehrte Politik, eine fortgesetzte soziale Härte und Rechtsverweigerung dem Gespenst Seele und Leben gibt? Gestehen wir es offen, nie wird, nie kann der staatliche Zustand ein befriedigter sein, als bis die Rechte des Menschen und Bürgers bis auf die tiefsten Schichten der Gesellschaft, bis auf die untersten Reihen des Volkes ausgedehnt werden. Hiezu gibt es nur eine Maßregel, eine ganz durchgreifende, und das Prinzip dieser Maßregel, ruhend auf der breiten unerschütterlichen Grundlage des Rechtes und der Billigkeit, ist, wir sprechen es mit wenig Worten aus: die Abschaffung des Census; sie vernichtet alle auf bloße Geburt, auf bloßes Vermögen gegründeten politischen Vorrechte und setzt an die Stelle des Privilegiums die Vollkraft der Gesammtheit. Wir verlangen demnach, daß jeder selbständige und mündige Staatsbürger ohne Unterschied des Standes, des Vermögens und der Arbeit an den Wahlen für die Gesetzgebung Theil nehmen und als Volksvertreter gewählt werden könne. Wir verlangen unmittelbare Wahlen und jährliche Versammlung der Volksvertreter. Wir verlangen ferner: 1. Vollkommene Preßfreiheit. 2. Gewissens- und Lehrfreiheit. 3. Gesetz über Verantwortlichkeit der Minister. 4. Beeidigung des Militärs auf die Verfassung. 5. Aufhebung aller feudalen Lasten. 6. Persönliche Freiheit (die Polizei höre auf, den Bürger zu bevormunden und zu quälen; das Vereinsrecht, ein frisches Gemeindeleben, das Recht des Volkes sich zu versammeln und zu reden, das Recht des Einzelnen sich zu ernähren, sich zu bewegen und auf dem Boden des deutschen Vaterlandes frei zu verkehren, seien hinfüro ungestört). 7. Vertretung des Volkes beim deutschen Bunde. 8. Volksthümliche Wehrverfassung. 9. Gerechte Besteuerung (progressive Einkommensteuer). 10. Allgemeine gleichmäßige Zugänglichkeit der Bildung durch unentgeldlichen Unterricht. 11. Ausgleichung des Misverhältnisses zwischen Arbeit und Kapital. 12. Gesetze, welche freier Bürger würdig sind und deren Anwendung durch Geschwornengerichte. 13. Volksthümliche Staatsverwaltung (an die Stelle der Vielregierung der Beamten trete die Selbstregierung des Volkes). 14. Abschaffung aller Vorrechte.

Aus: Diezel, Revolution, S. 121ff.

Gleichzeitig aber und ganz unabhängig für sich hatte auch das fränkische Landvolk seine sozialen Forderungen gestellt, zwar nicht auf dem Papier, aber etwas tumultuarisch mit Brand und Plünderung gegen diejenigen, von denen es seit langen Jahren systematisch ausgesogen und an den Bettelstab gebracht wurde, gegen die Gutsherren und die Juden.

Wie in Baden, im hessischen Odenwald, in Schwaben und Hohenlohe durch die Pariser Nachrichten und die gänzliche Ohnmacht der durch ihr eigenes Gewissen verurtheilten Behörden ein kleiner, jedoch bald unterdrückter Bauernkrieg hervorgerufen wurde, so auch in Franken, zuerst in der Nähe von Aschaffenburg und Miltenberg, namentlich auf den Gütern des Fürsten Leiningen, dann in Oberfranken in der Gegend von Cronach. Die Bauern zogen vor die Schlösser und Rentamtskanzleien der Gutsherren, mishandelten diese und ihre Beamten, verbrannten die Zehnt- und Giltbücher u. s. w., zwangen die Gutsherren zur förmlichen Verzichtleistung auf die bisher bezogenen Feudalabgaben und glaubten nun in ihrer unaussprechlichen Naivetät, diese Konzessionen hätten rechtliche Giltigkeit und mit den Giltbüchern seien auch die feudalen Ansprüche vertilgt. Es kamen dabei schwere Exzesse, Brutalitäten und Grausamkeiten vor, nur erklärlich aus der seit Jahrhunderten angesammelten Bitterkeit und dem Ingrimm über eine drückende Abgabe, deren grenzenlose Ungerechtigkeit sich dem natürlichen Verstande nicht in ein »historisches Recht« umdeuten läßt. Dieser Ingrimm wurde indessen noch gesteigert durch die Rücksichtslosigkeit und barbarische Härte, mit welcher einzelne dieser Gutsherrn oder ihre Rentbeamten die Abgaben eintrieben. Dahin gehörten besonders die Freiherren von Redwitz und von Künsberg bei Cronach in Oberfranken, und gegen sie richtete sich daher die Wuth der empörten Bauern vorzugsweise. Sie wurden schwer mishandelt und namentlich träufelte man dem ersteren so lange brennendes Siegellack auf die Finger, bis er sich entschloß, die verlangte Verzichtleistung auf sämmtliche Feudalabgaben zu unterzeichnen. Der arme Bauer hat aber nicht bloß den Gutsherrn zu seinem Feinde, der von den Früchten seines Schweißes in behaglicher Üppigkeit leben kann, sondern auch den Juden, der seine Noth und Verlegenheit ausbeutet, ihn beim Schacher betrügt und ihm seine schlechten Artikel so lange auf Borg anschmeichelt, bis der Jude, seiner Beute gewiß, den Unglücklichen dem Gantverfahren und dem Elend preis geben kann. Wie daher einerseits gegen die Gutsherrn, so wurden bei Lichtenfels, in Burgkundstadt und an andern Orten gegen die Juden von den aufständischen Bauern Exzesse verübt und eine Menge jüdischer Familien flüchteten sich nach den größern und sichern Städten. So stellte sich in dieser bäuerlichen Bewegung in Franken die zwiefache Seite des sozialen Elendes dar, die Empörung gegen die mittelalterliche Hörigkeit und der Ingrimm gegen die schrankenlose Macht des Kapitals. Der Aufstand wurde durch das aus Bamberg, Baireuth, Nürnberg requirirte Militär schnell unterdrückt; aber der panische Schrecken, der auf die Nachricht von diesen Ereignissen hin selbst in den Städten sich verbreitete, beweist am besten, wie hohl und haltungslos damals alle Zustände waren. Nach Nürnberg zogen in jenen Tagen einmal ein Paar Hundert Bauern, um beim Forstamt ihre Beschwerden wegen Entziehung der Waldstreu zu Protokoll zu geben. Man hatte vor diesen Bauern damals so gewaltigen Respekt, daß man sie mit einer ganz außerordentlichen Rücksicht behandelte, nebenbei aber doch die Hauptwache verstärkte, und die Garnison theils konsignirte, theils ausrücken und die Straßen besetzen ließ.

Aus: Diezel, Revolution, S. 124ff.

8. Die Münchner Adresse an den Landtag (17.3. 1848)

Hohe Kammer der Abgeordneten der Stände des Reichs!
Die unterzeichneten Bürger und Einwohner der Hauptstadt sind von dem Ernst des Augenblicks, in welchem die Stände des Reichs dießmal den von der bewaffneten Volkswehr beschirmten Frieden dieser Stadt betreten, tief ergriffen.

Die Stunde der Entscheidung naht.

Sie soll dem ganzen Volke seine vollen Rechte, den Gemüthern Beruhigung und Vertrauen, besonders aber dem Vaterlande jene sittliche Erhebung wieder bringen, deren allgewaltige Kraft zu allen Zeiten der einzige Rettungsanker unserer Ehre und unserer Freiheit war.

Vertreter des Volks! wir fordern die Freiheit auf dem Boden des Gesetzes, – wir fordern Rechte, ohne welche die Freiheit nur ein Name ist, und dann sind wir auch bereit Gut und Leben für sie einzusetzen. Keine Täuschung mehr! – Nur die Wahrheit, die ganze Wahrheit kann uns jetzt retten!

Es gibt kein Vertrauen, das nicht durch die That erworben ist; – das verlorne kehrt schwer zurück; – im Leben der Völker kann es nur durch Heilighaltung ihrer Rechte errungen und durch rechtzeitige und redliche Gewährung zeitgemäßer Ansprüche erhalten werden.

Das Heer hat die Verfassungsurkunde des Reichs beschworen und damit deren Verbindlichkeit übernommen; es möge sich auch deren Wohlthaten, besonders durch Anwendung der Staatsdienerpragmatik [des Beamtengesetzes von 1805] auf dasselbe in vollem Umfange zu erfreuen haben. Dieses ist der feuerige Wunsch, mit welchem die Bevölkerung Münchens die bayerische Armee begrüßen will.

In diesem Augenblick erwartet das Volk eine Wahlordnung mit möglichst gemindertem Census für die aktive Wahlfähigkeit und mit der größten Ausdehnung für die passive Wahlfähigkeit, ohne Minoritätwahlen, ohne Gebundenheit an einen gewissen Bezirk, bedingt durch das Vertrauen der Wähler. Alle Interessen des Landes – Intelligenz, Grundbesitz, Kapital und Arbeit, – müssen Vertretung finden, wenn Beruhigung wiederkehren soll.

Die Räthe der Krone müssen die größte Summe des Volksvertrauens in sich vereinigen, und ihre Handlungen vor einem Richter vertreten, dessen Strafurtheil der Vollstreckung niemals entbehren darf.

Das Volk erwartet Gleichberechtigung aller legislativen Gewalten in dem Recht der Initiative für die Gesetzgebung, und zeitgemäße Erweiterung ihrer Wirksamkeit durch alljährliche Berufung der Reichsstände. Die allgemeine Forderung einer einheitlichen Vertretung des Volkes in einem deutschen Parlamente setzt gebieterisch voraus, daß sich in der Landesvertretung und den Räthen der Krone der unverkümmerte Ausdruck des wahren Volkswillens finde, und daß dieser zu jeder Zeit einen gesetzmäßigen Boden der freien Äußerung habe.

Wie die deutschen Fürsten durch ein staatsrechtliches Band vereinigt sind, so wollen auch die deutschen Volksstämme in nächster Zukunft von denselben Rechten und Sympathien getragen eine Solidarität bilden, an welcher sich alle feindlichen inneren und äußeren Zeitströmungen als einen unüberwindlichen Wall brechen werden.

Das Volk erwartet unverzügliche Trennung des Richteramts von der Verwaltung und Einführung der Öffentlichkeit und Mündlichkeit in die Rechtspflege mit Schwurgerichten nach dem Vorbilde Englands; – es erwartet eine durchgreifende Verbesserung des Schulwesens, unbedingte Lehrfreiheit, bürgerliche und politische Gleichberechtigung aller religiösen Bekenntnisse, das Recht der Association und freien Volksversammlung, auf daß in Verbindung mit der entfesselten und gesetzlich garantirten Presse das Gebäude einer vernünftigen Volkserziehung vollendet und jener Grad von Bildung und Einsicht in die öffentlichen Angelegenheiten erreicht werde, der allein gegen Extreme schützt.

Wir werden mit Freuden den Tag begrüßen, wo durch ein Polizeigesetz und dessen Handhabung durch Richteramtspersonen der Willkühr auch der letzte Boden entzogen und das erhebende Bewußtsein gewonnen wird, daß unter allen Umständen nur der klar erkannte Wille des Gesetzes entscheidet.

Wir verlangen Volksbewaffnung zum Schutz des Gesetzes und der Unabhängigkeit unseres deutschen Vaterlandes.

Die Befreiung des Grundbesitzes von drückenden Reallasten ist ein unabweisliches Bedürfniß. Das Volk erwartet, daß alle Vorrechte schwinden, welche die Kraft der Verwaltung schwächen, die Sicherheit der Rechtspflege gefährden und den Wohlstand des Landes verkümmern. Bessere Fürsorge für die arbeitende Klasse einerseits durch Hebung von Industrie und Gewerben, anderseits durch zweckmäßigere Vertheilung der Steuern, ist zur unabweislichen Nothwendigkeit geworden.

Ungehemmte Entwicklung der individuellen Freiheit fordert das Volk als erste Bürgschaft seiner staatlichen Existenz, – von Ihnen aber, Abgeordnete des Landes, sicheres und rasches Handeln in diesen Tagen der Gefahr.

Alle formellen Fragen mögen in Hintergrund treten vor der beflügelten Eile, mit welcher die Ereignisse dieser Zeit uns überholen.

Wir beschwören Sie! geben Sie dem Volke ungesäumt Beruhigung durch redliche Gewährung seiner gerechten Forderungen, – schenken Sie ihm Vertrauen, – es ist dessen würdig, – geben Sie ihm Güter, deren Vertheidigung es für werth hält, und Sie sollen es unüberwindlich finden in der Stunde blutiger Entscheidung, die uns jeder Tag aus Osten oder Westen bringen kann.

Handeln Sie im Sinne der königlichen Proklamation vom 6. ds. Mts.; sie führt die Sprache des Zeitverständnisses und der Wahrheit, unmittelbar entsprungen aus einem ächt deutschen, – aus einem königlichen Herzen.

Ergreifen Sie aber auch diesen Augenblick von diesem Herzen eine allgemeine Amnestie für alle politischen Vergehen zu erbitten und der Dank des Vaterlandes wird Ihre Tugend krönen.

Deutschland hat sein Auge auf Sie gerichtet, täuschen Sie das Vaterland nicht in dieser großen Stunde!

Bayerische Staatsbibliothek

9. Der Rücktritt König Ludwigs I.

Bayern!

Eine neue Richtung hat begonnen, eine andere als die in der Verfassungs-Urkunde enthaltene, in welcher Ich nun im 23. Jahre geherrscht.

Ich lege die Krone nieder zu Gunsten Meines geliebten Sohnes, des Kronprinzen Maximilian.

Treu der Verfassung regierte Ich; dem Wohle des Volkes war Mein Leben geweiht; – als wenn Ich eines Freystaats Beamter gewesen, so gewissenhaft ging Ich mit dem Staatsgute, mit den Staatsgeldern um. Ich kann jedem offen in die Augen sehen. – Und nun Meinen tief gefühlten Dank Allen, die Mir anhingen.

Auch vom Throne herabgestiegen, schlägt glühend Mein Herz für Bayern, für Deutschland.

München, den 20. März 1848.

Ludwig.

Aus: Augsburger Intelligenzblatt, Nr. 24. 22. 3. 1848, S. 155

10. Der Regierungsantritt König Max II.

Bayern!

Mein vielgeliebter Vater und König hat geruht, Mir die Krone zu übertragen. – Tief ergriffen fühle Ich das ganze Gewicht der Verpflichtungen, das Er Mir auferlegt.

In einer Zeit besteige Ich den Thron, die mit ihren großen Anforderungen das In- und Ausland mächtig bewegt. Auf Gottes allmächtigen Schutz vertraue Ich und auf Meinen redlichen Willen, dieser Zeit Gebot zu verstehen und zu vollbringen. Wahrheit will Ich in Allem – Recht und gesetzmäßige Freiheit im Gebiet der Kirche wie des Staates.

Auf der Bayern Treue hoffe Ich, auf die seit Jahrhunderten bewährte Liebe zu ihrem Fürsten.

Bayern, steht Mir bei, in Meinem festen Vorhaben, Euch auf die Stufe zu erheben, zu der Ihr als ein freies Volk berufen seyd, ein Achtung gebietender Staat im einigen deutschen Vaterlande!

München den 20. März 1848.

Maximilian.

Aus: Augsburger Intelligenzblatt, Nr. 24, 22. 3. 1848, S. 156f.

11. Der Reformlandtag (22.3.–4.6. 1848)

Unter dem gewöhnlichen Ceremoniell begab sich heute [5.6. 1848] Mittag 12 Uhr Prinz Luitpold in das Ständehaus, um die feierliche Schließung der Ständeversammlung vorzunehmen. Nur 54 Abgeordnete und 23 Reichsräthe sowie eine nicht bedeutende Anzahl von Staatsdienern und Officieren waren im Saale vereint, während die Gallerien dicht gedrängt erschienen. Nachdem Prinz Luitpold sich als von seines Herrn Bruders Majestät zu diesem Acte bevollmächtigt erklärte und durch den Staatsminister des Inneren, Frhrn. von Thon-Dittmer, die Vollmacht verlesen war, verkündete Ministerialrath Benning den Landtagsabschied. Die sämmtlichen von den Kammern berathenen Gesetze sind nach Abschnitt I des Abschiedes mit Genehmigung der von den Ständen vorgeschlagenen Modificationen sanctionirt, und so weit dieß noch nicht geschehen durch das Gesetzblatt verkündet. Diese Gesetze betreffen: 1. die Wahl der bayerischen Abgeordneten zur Volksvertretung bei dem deutschen Bunde [der Nationalversammlung in der Paulskirche] und 2. die deshalbigen Kosten; 3. die vermehrte Repräsentation der [Rhein-]Pfalz in der Kammer der Abgeordneten; 4. die Amnestirung; 5. das freiwillige Subscriptionsanlehen; 6. die Behandlung neuer Gesetzbücher; 7. einige Änderungen des Strafgesetzbuches von 1813; 8. die ständische Initiative [das Gesetzesinitiativrecht des Landtags]; 9. die Ministerverantwortlichkeit; 10. die Wahl der Landtagsabgeordneten [durch gleiches Wahlrecht der volljährigen Männer, die eine direkte Steuer entrichten]; 11. die Freiheit der Presse und des Buchhandels; 12. die Aufhebung der standes- und gutsherrlichen Gerichtsbarkeit; dann Aufhebung, Fixirung und Ablösung von Grundlasten; 13. die Ablösung des Lehenverbandes [der feudalen Grundherrschaft]; 14. die Aufhebung des Jagdrechts auf fremden Eigenthum; 15. die Grundlagen der künftigen Gesetzgebung [Aufhebung aller privilegierten Gerichtstände, Unabsetzbarkeit der Richter, öffentliche und mündliche Rechtsprechung, Einführung von Schwurgerichten, Trennung von Justiz und Verwaltung]; 16. die protestantischen Generalsynoden und den Consistorialbezirk Speyer; 17. die Einkommen- und 18. die Kapitalsteuer; 19. die Sparcassen; und 20. die Einführung der bayerischen Gesetze in den jüngst von Böhmen erworbenen Gebiethstheilen.

Aus: Augsburger Allgemeine Zeitung, Nr. 158, 6.6. 1848

12. Aufruf des Königs zur Wahl der Nationalversammlung

Bayern!

An Euch ergeht unter allen deutschen Stämmen zuerst der Ruf, aus Eurer Mitte; aus der des ganzen Volkes die Abgeordneten zu wählen zur deutschen National-Vertretung. Seyd stolz darauf und erkennt die Größe Eurer Aufgabe!

Einer der ältesten, edelsten deutschen Stämme, im Herzen unseres Gesammtvaterlandes gelegen, seyd Ihr bestimmt mitzuwirken zur Gestaltung des großen Nationalwerkes.

Der deutsche Michel bis zum Jahre 1841 (oben im Bild: »Es lebe der deutsche Rhein! Es lebe deutsche Kraft!«), Lithographie von G. Kraus

Deutschland soll nach Innen und Außen gekräftigt die ihm gebührende, Achtung gebietende Stellung einnehmen unter den Staaten Europa's, zum mächtigen Schutze seiner Freunde, zur Abwehr seiner Feinde.

Dieses Ziel zu erreichen thut Eintracht Noth; mit Deutschland stehen und fallen wir. Wir sind Alle Kinder einer Mutter, Söhne eines Volkes. – Ihm verdanken wir Sprache, Gesittung, Freiheit und Recht, der Menschheit höchste Güter. Doch jeder deutsche Stamm in seiner eigenthümlichen, selbstständigen Entwicklung trug zu ihrer Erlangung bei, durch Wort und That, durch Gut und Blut. Darum vergesset auch nicht, daß wir Bayern sind. Über ein Jahrtausend zählt unsere Geschichte. Bayern wollen wir seyn und bleiben.

Schreitet nur mit Gott dem Herrn, an Euer wichtiges Werk; flehet seinen allmächtigen Beistand an, daß er Euch erleuchte und stärke. Wählet nach Pflicht und Gewissen, frei von Leidenschaft und niedrigen Partheizwecken.

Bayern, höret auf die Stimme Eures Königs, er trägt Euch Alle in seinem Herzen;

Die Erholung des deutschen Michels vom Jahre 1841 bis [. . .], Lithographie von G. Kraus

Eure Ehre, Euer Ruhm, Euer Glück sind die seinen! Lasset uns zusammenhalten in guten wie in bösen Tagen, wie es unsere Vorfahren gethan; sie haben vollendet, wir haben noch zu kämpfen.

Gedenket, des Gebers unserer Verfassung, unseres Vaters Max! er blickt segnend auf uns herab; sein Geist umschwebe Euch in der Stunde ernster Berathung über das Werk nationaler Einigung zwischen Deutschland's Fürsten und Völkern! Ringen wir vereint nach innerer herrlicherer Entfaltung des heiligen Vermächtnisses der Vergangenheit in Religion, Recht und Wahrheit.

Kinder und Kindeskinder werden auch auf uns einst stolz und zufrieden zurückblicken, wenn wir unsere Aufgabe gelöst, Bayern und Deutsche zu seyn.

München, den 14. April 1848.
Maximilian.

Aus: Augsburger Intelligenzblatt, Nr. 31, 15. 4. 1848, S. 205f.

13. Das Wahlrecht (April 1848)

Gesetz, die Wahl der bayerischen Abgeordneten zur Volksvertretung bei dem deutschen Bunde betreffend.
Maximilian II. von Gottes Gnaden König von Bayern

Wir haben nach Vernehmung Unseres Staatsrathes und mit Zustimmung Unserer Lieben und Getreuen, der Stände des Reichs, hinsichtlich der Wahl der bayerischen Abgeordneten zur Volksvertretung bei dem deutschen Bunde beschlossen, und verordnen, was folgt:

Art. 1.

Die Wahl der bayerischen Abgeordneten zur allgemeinen deutschen Volks-Vertretung geschieht [...] im Verhältnisse von je Einem Abgeordneten auf 50 000 Seelen der Gesammtbevölkerung des Königreichs Bayern [...]

Art. 3.

Die Wahl findet in zwei gesonderten Wahlhandlungen statt, nämlich
1. mittelst Wahl der Wahlmänner (durch die Urwähler);
2. mittelst Wahl der Abgeordneten (durch die Wahlmänner).

Art. 4.

In der ersten Wahlhandlung wird auf 500 Seelen Ein Wahlmann gewählt.

Sämmtliche Wahlmänner eines Bezirkes wählen Einen Abgeordneten und zwei Ersatzmänner in drei gesonderten Wahlakten.

Art. 5.

Aktiv wahlfähig ist ohne Rücksicht auf Verschiedenheit des Glaubensbekenntnisses jeder volljährige bayerische Staats-Angehörige, welcher dem Staate eine direkte Steuer entrichtet, insoferne er nicht wegen eines andern als eines politischen Verbrechens, oder wegen Vergehens der Fälschung, des Betrugs, des Diebstahls oder der Unterschlagung verurtheilt worden ist.

Passiv wahlfähig ist jeder volljährige deutsche Staats-Angehörige, gegen welchen eine solche Verurtheilung nicht vorliegt.

Aus: Gesetzblatt für das Königreich Bayern, Nr. 1, 17. 4. 1848

14. Wahlaufruf des Münchner Bauhof-Clubs[1]

Die Wahl der Mitglieder zur teutschen Nationalversammlung ist das wichtigste Geschäft des teutschen Volkes. Ihr ist, vermöge eines Beschlusses der berathenden Versammlung, des Vorparlaments, die Begründung der Verfassung des teutschen Vaterlands übertragen.

Wer zur großen Ehre, unser Volk zu vertreten, erhoben sein will, der muß sich zu

[1] Zum Bauhof-Club vgl. Nr. XV/10.

ihm gesellen, der muß öffentlich durch Wort und That zeigen und gezeigt haben, daß sein Herz schlägt für das Wohl des Vaterlands.

Die constituirende Nationalversammlung hat eine dreifache Aufgabe zu lösen. Sie soll die Einheit Teutschlands begründen; sie soll ihm seine neue Stellung nach Außen anweisen und die traurigen Zustände im Innern beseitigen.

Die Oberleitung des teutschen Volkes soll durch das teutsche Parlament aus dem ganzen Volke geschaffen werden. Derselben Stelle stehen zwei gewählte Kammern, der Senat, beschickt von den einzelnen Staaten, und das aus unmittelbaren Wahlen hervorgegangene Volksparlament zur Seite. Die Oberleitung wird sich mit einem dem Senat und dem Volksparlamente verantwortlichen Ministerium umgeben. Zu diesem Endzwecke wird ein eigener selbstständiger Gerichtshof angeordnet.

Die Rechte dieser drei Central-Behörden sollen vorzugsweise umfassen:

1. Die völkerrechtliche Vertretung der Nation nach Außen;
2. Die Oberherrlichkeit über die ganze Land- und Seemacht;
3. Das allgemeine Zoll- und Steuerwesen;
4. Die Überwachung der nationalen Freiheiten, der Preßfreiheit, des Vereinigungsrechtes in jeder Beziehung, der Volksbewaffnung, der vollkommenen Gleichstellung aller Teutschen, in politischer wie in bürgerlicher Beziehung, ohne Unterschied des religiösen Bekenntnisses.

Es bedarf wohl kaum der Bemerkung, daß ein gleiches System des Handels- und Gewerbwesens, der Schiffahrtgesetze und der Münze, daß ein gleiches System in Maas, Gewicht, Posten, Wasser-Straßen und Eisenbahnen, daß Einheit der Civil- und Straf-Gesetzgebung, sowie des Gerichtsverfahrens, Grundbedingungen sind im neuen Teutschland. Alle andern innern Angelegenheiten, das besondere Wohl, das eigenthümliche Leben der Stämme und Länder, sie bleiben sämmtlich, mit ihren bestehenden Staats- und Regierungsformen, den Einzelstaaten überlassen.

Die Herstellung Polens als selbstständiger Staat, mit der möglichsten Berücksichtigung des Wohles der halben Million Deutschen im Großherzogthume Posen, ist nach Aussen eine große, eine wichtige Aufgabe der Nationalversammlung. Das freie Polen ist der sicherste Vorposten gegen den Selbstherrscher aller Reußen [Russen]. Täuschen wir uns nicht, so werden folgende Grundsätze von dem teutschen Volke anerkannt werden:

1. Alle national-teutschen Länder können, wenn sie es wünschen, mit dem neuen Bundesstaate vereinigt werden;
2. Kein fremder Herrscher gebiete über ein bereits zum Bundesstaate gehöriges Land;
3. Kein teutscher Fürst unterjoche fremde Länder. Die neue Zeit duldet keine unterdrückten Nationalitäten.

Was will unsere Zeit? Sie will, um es in wenigen Worten zusammenzufassen, gesetzliche Freiheit für alle Klassen der Gesellschaft, ohne Unterschied der Geburt, des Standes und des Glaubens, Sicherheit des Eigenthums und der Person, Bildung, Wohlstand; sie will namentlich Verbesserung des Looses der Arbeiter. Teutsches, bayerisches Volk! dies sind die Grundsätze, auf welchen du dich von der Abhängigkeit zur Freiheit, aus der Schmach zur Achtung, aus dem Elende zum Glücke empor-

arbeiten kannst und wirst. In diesem Sinne müssen deine Abgeordneten zu Frankfurt sprechen und handeln. Teutsches, bayerisches Volk nimm ihnen, nimm allen deinen Vertretern ein feierliches Handgelübde ab, daß sie nicht abweichen von dieser einzigen Bahn deines Rechtes, deines Glückes. Nur dann, nur dann wirst du dein Ziel erreichen. Und somit, Mitbürger und Landsleute, Gott befohlen!
München, den 18. April 1848.
Der Bauhof-Club zu München: Verein für Volkswohl.

15. Warnung vor »Tumulten«

Bekanntmachung.

Beklagenswerthe Vorkommnisse aus der jüngsten Zeit haben dargethan, daß die wiederholt erlassenen Warnungen gegen neugierigen Zudrang zu öffentlichen Zusammenrottungen und Ruhestörungen wenig beherziget worden sind.

Noch immer arten unerhebliche Wirthshaus- und andere Exzesse deshalb zu förmlichen Cravallen aus, weil die meist geringere Zahl der Exzedenten stets einen Schwarm müßiger Zuschauer nach sich zieht, die ebenso erfolgreich als unabsichtlich den Übermuth der Frevler steigern, sich selbst aber dabei den ernstlichsten Gefahren Preis geben. [...]

1. Als Tumult bezeichnen die Gesetze die Versammlung von 10 oder mehr Personen, die der Obrigkeit mit Gewalt zu widerstehen, eine Verfügung oder die Zurücknahme einer erlassenen Verfügung von einer Obrigkeit zu erzwingen oder wegen einer Amtshandlung Rache an derselben zu verüben beabsichtigen. Gegen Verbrecher dieser Art, welche von dem Gesetze mit den schwersten Strafen (bis zur Todesstrafe) bedroht sind, muß von der Polizeibehörde die bewaffnete Macht aufgeboten werden. [...]

3. Die Anwendung der Waffengewalt kann aber auch ohne vorherige Aufforderung in dem Falle eintreten, wenn das Militär durch direkte Angriffe in die Lage der Selbstvertheidigung versetzt ist, oder sonst bereits Thätlichkeiten an Personen oder Eigenthum unternommen wurden, deren Abstellung nicht mehr den mit einer vorherigen Warnung verbundenen Aufschub verstattet.

Dies ist namentlich der Fall, wenn, wie wiederholt vorgekommen, das Militär schon bei seinem Anrücken mit Steinwürfen empfangen wird, wenn es durch das Anwogen der Massen aus seiner Stellung verdrängt werden soll, oder zum wirksameren Widerstande mit Verrammlung der Zugänge (Barikadenerrichtung) begonnen wird. In solchen Fällen gibt es ein augenblickliches Einschreiten, welches nicht von der Anwesenheit des etwa gerade an einem andern Punkte der Zusammenrottung beschäftigten Polizeibeamten und von einem verzögernden Aufrufe an die Menge abhängig gemacht werden kann. [...]
München, den 18. Juli 1848
Königliche Polizeidirektion

Aus: Neueste Nachrichten aus dem Gebiete der Politik, Juli 1848, S. 1068f.

16. Verbot demokratischer Vereine[1] (August 1848)

In mehreren Orten Deutschlands haben sich unter dem Namen »demokratische Vereine« Verbindungen gebildet, welche die Einführung einer demokratischen Republik, also die Aufhebung der Selbstständigkeit der einzelnen deutschen Staaten bezielen, und deren Centralausschuß zu diesem Zwecke in einer Bekanntmachung vom 28. Juni l. Js. nicht nur der deutschen Nationalversammlung die fernere Anerkennung versagt, sondern auch zur Auflehnung gegen die Beschlüsse dieser Versammlung, und zur eigenmächtigen Bildung einer neuen Vertretung aufgefordert hat.

Der staatsverrätherische Charakter dieser Vereine ist hiedurch nach den in dem Königreiche geltenden Strafgesetzen zur Genüge bezeichnet.

So wenig Wir gemeint sind, Vereinigungen zu erlaubten Zwecken entgegen zu treten, so dringend fühlen Wir Uns durch Unsere beschwornen Regentenpflichten aufgefordert, der Herrschaft der Gesetze gegen solche verbrecherische, die verfassungsmäßige Staatsordnung offen bedrohende Verbindungen die vollste Geltung zu verschaffen.

Unseren Kreisregierungen, Kammern des Innern, ertheilen Wir demgemäß den Auftrag, der Bildung und Ausbreitung jener demokratischen Vereine, so wie allen auf gleiche gesetzwidrige Zwecke gerichteten Verbindungen in Bayern vorbeugend zu begegnen, damit die Staatsangehörigen vor den schweren Folgen unbedachter Theilnahme an solchen Verbindungen bewahrt werden.

Sollte dennoch wider Erwarten die Bildung solcher Vereine bewirkt werden, so sind dieselben ungesäumt aufzulösen, und es ist gegen die Theilnehmer die Einschreitung der Gerichte hervorzurufen.

Bei allen diesen Anordnungen und Einschreitungen haben Unsere Stellen und Behörden ihr Verfahren strenge nach den Bestimmungen der Verfassung und der einschlagenden Gesetze zu bemessen, und jede Überschreitung ihrer gesetzlichen Amtsbefugnisse sorgfältigst zu vermeiden.
Reichenhall, den 12. August 1848.
Max.

Aus: Regierungsblatt für das Königreich Bayern, Nr. 47, 18. 8. 1848, S. 802ff.

17. Programm des Münchner demokratischen Vereins (September 1848)

Deutschlands Freiheit und Einheit ist der Grundgedanke, der das deutsche Volk beseelt. Durch die Märzrevolution hat es sich ein neues Staatsrecht geschaffen, den alten Polizeistaat gestürzt und will, daß auf dem Boden der Freiheit und Gleichheit

[1] Im Gegensatz zu anderen Staaten führte Bayern dies Verbot nicht konsequent durch.

der Rechtsstaat in möglichster Vollkommenheit hergestellt werde. Die Grundlage des Rechtsstaates ist die Volks-Souveränität. Vorrechte jeder Art müssen daher für immer aufgehoben werden. Es herrsche die Mehrheit im Staate; die Rechte der Minderheit aber seyen gewahrt und ihr die Mittel gesichert, ihre Ansichten zur Geltung zu bringen. Alles durch und für das Volk, dieser Grundsatz der Selbstregierung jedes freien Volkes muß in den vereinigten Staaten Deutschlands zur vollsten Anerkennung gelangen. Eine diesem obersten Grundsatze widersprechende Verfassung im neuen Deutschland für unmöglich haltend, erkennen daher die Mitglieder des demokratischen Vereins die Erstarkung einer wahren und kräftigen Einheit des deutschen Volkes, die Einführung des Prinzips der Humanität und gleicher Berechtigung in allen gesellschaftlichen und bürgerlichen Verhältnissen, die entschiedene Durchführung des demokratischen Princips im deutschen Vaterland als das Ziel ihres Strebens. –

Aus: Der Bayerische Landbote, Nr. 259, 14. 9. 1848

18. Pamphlete gegen »links«

a.

Die bisher verhältnismäßig geringe Empfänglichkeit des bayerischen Volkes für republikanische, kommunistische, terroristische Tendenzen wurde von aufgeklärteren, weiseren teutschen Brüdern als Mangel an politischem Selbstbewußtseyn bezeichnet, man möchte uns schamroth darüber machen, daß wir nicht, in trunkenem Schwindel, der Abänderungen an dem Staatsgebäude wegen dasselbe total umstürzen, daß wir uns nicht wahnsinniger Weise unter dessen Schutt und Trümmern begraben wollen.

Die Geschichte unserer nationellen Existenz zählt indessen zu viele Secula [Jahrhunderte], als daß wir noch ungeschickt jungferlicher Weise über so sinnlose Vorwürfe erröthen sollten.

Mit patriotischem Stolze und mit erhobenem Haupte können wir es gestehen, daß wir unser politisches Selbstbewußtseyn nicht aus der Anzahl eingeworfener Fenster, demolirter Gebäude, brodloser, sich nothdürftig von der Bezahlung für Excesse nährender Arbeiter und roher Schmähungen schöpfen, sondern aus historischen Erinnerungen und aus dem Factum der enormen Majorität jener Bayern, die für Ordnung, Recht, Billigkeit, für vernünftige haltbare Freiheit, für die constitutionelle Monarchie einstehen und deren Kraft die Bestrebungen der unter den verschiedenartigsten Titeln und Masken auftretenden Hetzer nicht zu brechen vermögen.

Aus: Ideen eines Bayern im Laufe des Jahres 1848 bei verschiedenen Anlässen (anonym), o. O., o. J., S. 29f.

Gallerie der berühmtesten Communistenchefs der Jetztzeit.

(Fortsetzung.)

„Guck Schwimmeldinger, das isch Frankfort; do krigt Jeder von uns sei Haus, wenn mers durchsätze."

Philipp Schnubber
aus Frankethal in der Palz.

Karikatur von 1848

b.

Nun komme ich auf einen anderen Punkt, der nicht blos uns Städter, sondern auch euch Landleute noch ganz besonders angeht. Ihr habt gewiß in den Zeitungen schon gelesen, oder von Andern etwas reden gehört von absonderlich merkwürdigen Menschen, von den Communisten nemlich? Was sind nun das für Leute? Aus welchem Lande sind sie? Sehen sie auch aus, wie andere Menschen? Statt diese Fragen zu beantworten, will ich einen einfachen Fall setzen, nemlich den: »ich, der ich dieses schreibe, wäre gesetzten Falles ein Communist. Als solcher dürfte ich (und das gehört nothwendig dazu) weder Religion noch Gottesfurcht im Herzen, noch Geld im Beutel haben; über das hinaus müßte ich aber stinkfaul und doch voll Heißhunger sein nach Gold, Silber, Pferden und Wagen, schönen Häusern und Bauerngütern. Ich habe nun, setze ich weiter, meinetwegen noch 50–60 Leute unter mir, die gerade so sind wie ich, und wir zusammen statten euch in eurem Orte eines Tages, wohl mit Waffen versehen, einen »freundlichen« Besuch ab, und sagen zu den Reichsten und Vermöglichsten aus euch: »Hört! ihr habt Geld, wir haben Keines – ihr habt Häuser, wir nicht – ihr habt Felder, Ochsen, Pferde , wir nichts von Allem dem. Was ihr nun zu viel habet, das haben wir zu wenig. Somit theilt mit uns, gebt uns von dem, was ihr habet, überall die Hälfte und wir sind zufrieden. Gebt ihrs aber nicht gutwillig, so schlagen wir euch ohne weiteres todt.« – Wißt ihr nun, was Communisten eigentlich sind, und was sie eigentlich wollen? Daß diese Leute vorzugsweise aus Deutschland gerne eine Republik machen möchten, das ist gewiß, und warum sie das wünschen und darnach streben, das begreift ihr leicht; denn dann wären sie am Ziele ihrer Wünsche und könnten von anderer Leute Sach, Hab und Gut ein lustiges Leben führen.

Aus: An die Bürger und Landsleute von wegen einer deutschen Republik und einigen anderen Sachen, von einem Freund des Volkes, Augsburg 1848[3], S. 22f.

19. Das Wahlprogramm des Augsburger constitutionell-monarchischen Vereins zur Landtagswahl (November 1848)

Unsere Gesinnung aber ist – dessen sind wir fest überzeugt – die Gesinnung der überwiegenden Mehrheit des bayerischen Volkes. Das Volk in seinen zwei Hauptelementen – dem Bürger- und Bauernstand – ist treu seinem König, dessen Rechte eben so sehr von Gottes Gnaden sind, wie die des Volkes selbst und jedes Einzelnen – es zollt Achtung dem Gesetze und huldigt eben darum dem Grundsatz wahrer Freiheit, die da nicht in völliger Ungebundenheit besteht, sondern ihre Beschränkung findet in dem Staatszweck und in der Anerkennung der Rechte Dritter. Auf solchen Grundlagen fortbauend, der Despotie eines Einzelnen wie der Massen feind, will das Volk den Staatsbau erweitert wissen; denn diese Grundlagen haben sich, soweit seine Geschichte reicht, bewährt und werden nicht umgewühlt werden können, möge noch so viel Blutes darum vergossen werden. [. . .]

Die Sorge für die Klasse der Handarbeiter ist zur Lebensfrage geworden; sie darf aber nicht einseitig behandelt werden, da sie aufs innigste mit der Gewerbsfrage und der Handelsfrage zusammenhängt. Gewerbefreiheit wie Handelsfreiheit sind Ideale, welche sich mit der Wirklichkeit meist schlecht vertragen. Es ist Pflicht einer weisen Regierung, in solchen Fragen nur nach Einholung von Gutachten der betreffenden Interessenten zu handeln, und der Wirklichkeit die Theorie zum Opfer zu bringen. Die Classe der Handarbeiter verlangt aber nicht bloß leiblichen Schutz, sie will auch geistig und sittlich gehoben werden, um Krisen mit größerer moralischer Stärke ertragen zu können. In dieser Hinsicht hat der Staat die Pflicht, die geistigen Institute, Kirche und Schule, frei gewähren zu lassen. Der Mensch lebt nicht vom Brode allein; er hat noch höhere Bedürfnisse, deren Befriedigung vom Staate vergeblich erwartet würde [. . .] Die Besteuerung geschehe allmälig nach gerechteren Grundsätzen, mit möglichster Schonung der Proletarier, also falle vor Allem die »freiwillige Steuer«, das Lotto! Culturgesetze, Colonisation im Innern und Auswanderung im Großen – unter der Leitung des Staates! – sind wesentliche Momente, um der Verarmung vorzubeugen.

Aus: Der Lechbote, Beilage, November 1848

20. Politische Vereine

Aus den bei dem Staatsministerium des Innern eingelaufenen Berichten der Kreisregierungen über die Wirksamkeit der in Bayern bestehenden politischen Vereine erhellt, daß nur einige sich geweigert, dem diesbezüglichen Reichsministerialerlasse Folge zu leisten. Bei weitem die Mehrzahl hat Statuten und Beschlüsse bereitwillig vorgelegt, überzeugt, daß die Absicht der Regierung keineswegs auf eine Beschränkung des Assoziations-Wesens dabei gerichtet war, und daß es sich nur um statistische Erhebungen handelte, um die vorwaltende politische Gesinnung des Landes kennen zu lernen. Protestationen wurden vorzugsweise von den pfälzischen und einigen fränkischen Volks- und Demokraten-Vereinen erhoben. Im Ganzen erscheint das rein konstitutionell-monarchische Prinzip überwiegend, mit Ausnahme der Regierungsbezirke der Pfalz, von Mittelfranken und einiger Theile Oberfrankens und Schwabens. In der Provinz Niederbayern hat sich bis jetzt, wie es scheint, kein Verein von eigentlich politischer Geltung gebildet; nur haben sich vorhandenen gewerblichen Vereinen politische Elemente beigesellt. In Oberbayern bestehen politische Vereine zu München, Dachau, Indersdorf; in der Oberpfalnz zu Regensburg und Stadtamhof, Sulzbach, Amberg Tirschenreuth; in Oberfranken zu Bayreuth, Hof, Bamberg, Schwarzach, Gräfenberg, Herzogenaurach, Wunsiedel, Redwitz, Schwarzenbach an der Saale; in Unterfranken zu Würzburg; in Schwaben und Neuburg zu Augsburg, Kempten und Nördlingen; in Mittelfranken zu Ansbach, Dinkelsbühl, Erlangen, Fürth, Nürnberg, Schwabach, Altdorf, Weissenburg, Windsheim; dazu kommen noch eine Anzahl Bauernvereine in den Landgerichten Erlangen und Nürnberg, welche zusammen mehr als tausend Mitglieder zählen; in der Pfalz endlich zu Speier, Zweibrücken, Kaiserslautern, Kirchheim, Neustadt, Dürkheim, Edenkoben, Frankenthal, Grünstadt, Lambsheim. – Derjenigen, welche unverhohlen die republikanische Staatsform anzubahnen suchen, sind wenige; manche lassen die Frage der Staatsform offen; viele verlangen Durchführung der demokratischen Grundlage in der konstitutionellen Monarchie. Der letzteren Statuten beweisen übrigens, daß eben hierin die Begriffe äußerst unklar und schwankend (und daher die Tendenz der Vereine selbst wohl auch wandelbar) sind. Die meisten scheinen nicht den konsequenten äußersten Verfolg des Grundsatzes der Volkssouveränität zu wollen, sondern nur die natürliche Erbseinsetzung gewisser demokratischer Prinzipien im konstitutionellen Staate, nachdem nämlich das aristokratische Element in Deutschland durch die Märzbewegung gestürzt und beseitigt worden ist.

Eine Demokratie, als die gesetzliche und rechtliche Betheiligung der Volksgemeinde am allgemeinen Staatswesen aufgefaßt, zählt auch Anhänger außer den »Demokraten«-Vereinen.

Aus: Neue Münchener Zeitung, Nr. 121, 16. 11. 1848, S. 485

21. Die Stimme der katholischen Kirche

a. Freiheit

So besteht vielleicht die Freiheit der Gesellschaft darinn, daß die Völker wohl unter Gesetz und Verfassung, aber nicht unter Königen oder Fürsten leben? Es hat in der Vergangenheit solche Völker gegeben, es gibt deren in der Gegenwart. Über Maß, Wesen und Werth ihrer Freiheit im Vergleiche mit andern Völkern, die unter Königen oder Fürsten leben, gibt uns Aufschluß die Geschichte. Diese unpartheiische Lehrerinn der Wahrheit weist demjenigen, der ihre Blätter mit Ruhe zu vergleichen im Stande ist, nach, daß in Republiken weit mehr Willkür und Gewaltthat zu herrschen pflegt, als unter andern Verfassungen, gesetzt auch daß jene, welche die Gewaltthat üben, gleich den Freischaaren eines Nachbarlandes mit schönen Titeln sich schmücken; die Geschichte weist nach, daß gerade in jenem Staate des Alterthums, welcher die Volksherrschaft am vollkommensten ausgebildet hatte, die weisesten und verdientesten Männer den meisten Mißhandlungen ausgesetzt waren, und, wenn sie der Todesstrafe entgingen, öfter im Kerker oder in der Verbannung den Lohn ihrer Verdienste fanden. Die Geschichte weist nach, daß bei dem Bestehen gleich guter Gesetze und bei gleicher Heiligachtung derselben die Unterthanen eines Königs gerade so frei seien, wie die Bürger einer Republik, nur mit dem Unterschiede, daß diese viele und öfter wechselnde Herren haben, jene aber nur einen, der bleibt, bis es dem Herrn aller Herren, dem König der Könige gefällt, ihn abzurufen.

Daraus folgt, was schon die weisesten Männer des heidnischen Alterthums durch Erfahrung belehrt erkannt und ausgesprochen haben, daß die Freiheit eines Volks weit weniger auf dessen Verfassung und Gesetzen beruht, als auf dessen Sitten und auf der Achtung vor dem Gesetze. Wie also der einzelne Mensch nur in dem Maße frei wird, in welchem er sich los macht von der Knechtschaft der Sünde und an sittlicher Haltung zunimmt, eben so wird ein Volk nur in dem Maße frei, in welchem es den Impulsen sinnlicher Triebe und Leidenschaften Heiligachtung der Gesetze entgegenstellt und tugendhafter Sitte sich befleißt.

Aus: Oberhirtliche Ermahnung an die Gläubigen des Bisthums Augsburg beim Eintritte der heiligen Fastenzeit 1848, gegeben Augsburg, den 25. 2. 1848, Peter, Bischof von Augsburg

b. Gleichheit

Aber erwartet auch nicht zu viel von der Gesetzgebung in Bezug auf die Gleichheit der Rechte. Eine Gleichstellung aller Menschen beziehlich aller Rechte läßt sich wohl träumen, aber so wenig wie die gleiche Vertheilung des Besitzes ins Leben der

Völker einführen. Erwäget selbst, Geliebteste, wie wird, wie kann eine Familie bestehen, in welcher der Sohn das gleiche Recht mit dem Vater, die Tochter das gleiche Recht mit der Mutter, der Geselle das gleiche Recht mit dem Meister, der Lehrjunge das gleiche Recht mit beiden, Knecht und Magd das gleiche Recht mit Allen ansprechen, – in welcher Jedermann befehlen und Niemand gehorchen will? Und wenn das nicht angeht in einer Familie von fünf oder zehn Personen, wie sollte es angehen in einer Gemeinde von so viel Hunderten, oder gar in einem Staate von so viel Millionen? Nur wenige allgemeine Rechte sind es, an denen die Gesetzgebung allen Menschen den gleichen Antheil zusprechen kann.

Aus: Hirtenbrief an die Gläubigen des Bisthums Augsburg bei Eintritt der heiligen Fastenzeit 1849, gegeben Augsburg, am 4. 2. 1849, Peter, Bischof von Augsburg

22. Die verfassunggebende Nationalversammlung und die deutschen Fürsten

Die Bemühungen für Herstellung der deutschen Einheit und Macht sind aus der Revolution hervorgegangen, und werden auch jetzt noch vom Geiste derselben unterhalten und gestärkt. Die Revolution ist etwas Fortschreitendes; dachte man daher Anfangs über die Stellung der Aufgabe nicht klar genug, so ging man bald darauf über die undeutlich gezogenen Gränzen, die Vertretung des deutschen Volkes beim neuorganisirten Bundestage, selbst hinaus, und erhob sich zu der Idee, daß das deutsche Parlament mit souverainer Machtvollkommenheit dem Gesammtvaterlande eine Verfassung geben müsse. Als dieser Gedanke Wurzel faßte, sahen sich die deutschen Fürsten vom hohen Rathe, welcher die Geschicke Deutschlands in die Hand nahm, ausgeschlossen, und für ihre Bereitwilligkeit bitter getäuscht. Und dennoch war jene Progression eine Geburt der Nothwendigkeit, und den Verhältnissen angemessen. Für's Erste hatten die Regierungen von jeher keine Sympathie weder für erweiterte Volksrechte überhaupt, noch für die Constituirung eines einheitlichen Deutschlands, und einer würdigen Vertretung desselben nach außen; ein ungeheurer elektrischer Stoß mußte sie für dieses Ziel empfänglich machen, wobei nicht überall leicht zu unterscheiden war, welchen Antheil die aufgedrungene Nothwendigkeit, und welchen die gute Einsicht, die Liebe zu den Unterthanen, und die Macht großer Ideen daran hatte. Für's Zweite fürchtete man das Zeitraubende einer Unterhandlung mit 38 Regierungen, welche die Meinungsverschiedenheit noch vermehrt hätten; und die Wechselwirkung der Fürsten und ihrer Unterthanen beim Parlamente mußte zweifelsohne zu Reibungen führen, welche die Würde beider Theile gleich tief verletzten; die Versammlung wäre gleich von vorne her auf unüberwindliche Schwierigkeiten gestoßen. Es lag also die Überzeugung nahe, daß die Kraft, welche die Bewegung hervorgebracht, sie auch bis zu dem Punkte vollenden müsse, wo eine nachhaltige Errungenschaft einen Stillstand zur weisen Pflicht machte, nämlich bis zur Ausgleichung derjenigen Gegensätze, welche eine erfolgreiche Berathung zum Voraus unmöglich machten. Vor diesem Zeitpunkte war es ganz überflüssig Hand an das große Werk zu legen. Diese Gegenstände sind: das Streben nach centraler Einheit, und der Partikularismus der Fürsten und Völker, welche zu verlieren fürchten; dann die Idee der Republik und der Monarchie. Dadurch, daß sich der Reichstag zum Bewußtsein seiner Souveränität erhob, hatte er, wie gesagt, den Verhältnissen Rechnung getragen, und auch so viel gewonnen, daß eine Verkümmerung der neuerworbenen Volksrechte, eine Reaktion zu Gunsten des alten Absolutismus bisher nicht mehr Statt fand, und die Spannung in dieser Hinsicht als ausgeglichen betrachtet werden konnte; so daß nur mehr von oben bezeichneten Gegensätzen ein gefährlicher Riß zu befürchten war. Aber auch die republikanische Partei wurde, wie zu erwarten stand, siegestrunkener, und brachte es, alles Maaß und Ziel überspringend, in der Paulskirche, in den Provinzen, auf allen politischen Bühnen, bis zum blutigen Verrath. Die Argen von dieser Partei sind nicht zu belehren, sie weichen nur ihrer eigenen Waffe, dem Terrorismus. Die Fürsten, schon durch den kühnen Griff der Nationalversammlung auf's Neue verletzt, vertieften sich nun, da sie der in Schwung gekommenen Freiheit ohnehin nicht begegnen konnten, um so mehr und lieber in den Gedanken ihrer Sonderstellung, und suchten durch sie, auf Kosten der deutschen Einheit, entweder das zu ersetzen, was sie an Selbstherrlichkeit bei ihren Unterthanen verloren hatten, oder wenigstens sich gegen weitere Verluste sicher zu stellen.

Waren sie im vollen Rechte, wenn sie den republikanischen Wühlereien ernste Schranken setzten, und die Ordnung in ihren Ländern streng handhabten, ist dies bei der gegenwärtigen Entwicklung ihre vorzügliche Aufgabe, wozu sie auch allein die hinreichenden Mittel besitzen; warum lassen sie diejenigen dafür büßen, welchen die Einheit und Macht des Vaterlandes über Alles geht? Wie ist es auch nur möglich, daß sie auf diesem Wege ihren Zweck erreichen? Er ist der verkehrte. Die Majorität des Reichstages hat sich als conservativ und der Republik feindlich erwiesen; die extreme Partei in der Paulskirche und in allen Ländern ist es gerade, welche dieser Majorität auf dem Nacken sitzt, und sie und den ganzen Reichstag verwünscht. Laßt nur das Parlament sich selbst über, und die roheste Demokratie ergreift die Zügel; zieht gegen diese Partei zu Felde, und ihr helft dem conservativen Prinzipe in der Nationalversammlung auf; unterstützet das Parlament und dessen Majorität, dann gebt ihr der Republik den Todesstoß! Unsere Republik hat bisher noch nicht gezeigt, daß sie die deutsche Einheit und Ehre will; sie achtet nicht einmal die Gefühle des Rechts und der Sittlichkeit. Aber die Majorität des Parlaments ist davon durchdrungen. Doch nicht die Fürsten allein trifft die Schuld; es wäre ungerecht, nicht auch, und noch mit größerem Nachdrucke die Völker anzuklagen, welche der Demagogenhefe nachjagen, oder den großen Ideen der deutschen Einheit und Macht aus Stumpfsinn, oder schmutzigem Interesse, aus Neid und Eifersucht, noch unzugänglich sind. O die Zerrissenheit Deutschlands ist seit Jahrhunderten der Fluch!

Aus: Die einzigen Mittel zur baldigen Verwirklichung der deutschen Einheit und Macht. An Fürst und Volk, Augsburg 1848, S. 3ff.

23. Die Auseinandersetzung um die Paulskirchenverfassung

a. Die Ablehnung der Paulskirchenverfassung durch die bayerische Regierung (23. 4. 1849)

Die Wendung, welche die im vorigen Jahre begonnene Fortbildung der deutschen Bundesverfassung in den letzten Wochen genommen hat, macht es der Regierung Seiner Majestät des Königs von Bayern zur Pflicht, mit Offenheit und Entschiedenheit den Standpunkt zu bezeichnen, welchen sie in dieser Frage einnimmt, durch deren Lösung die Geschicke Deutschlands für lange Zeit, vielleicht für immer, entschieden werden.

Die bayerische Regierung hat niemals anerkannt, daß der nach Frankfurt a.M. berufenen Nationalversammlung das Recht zustehe, die deutsche Verfassung einseitig ohne Zustimmung der Regierungen festzustellen. Sie findet die rechtliche Grundlage der Nationalversammlung in den Bundesbeschlüssen vom 30. März und 7. April vorigen Jahres, wonach »Nationalvertreter für das zwischen den Regierungen und dem Volke zu Stande zu bringende deutsche Verfassungswerk gewählt werden sollten.« Auf diese Grundlage hin sind in den einzelnen Staaten die Wahlgesetze erlassen und die Wahlen vorgenommen worden. Auf diese Grundlage hin ist die Nationalversammlung zusammengetreten, und hiernach allein ist der Umfang ihrer Rechte zu bemessen, ohne daß einseitige Beschlüsse der Nationalversammlung denselben zu erweitern vermögen.

Indem nun hiernach die bayerische Regierung das Recht der freien Zustimmung zu den Beschlüssen der Nationalversammlung für sich in vollem Umfange in Anspruch nimmt, wie dieß auch von anderen deutschen Regierungen geschehen ist, so erklärt sie zugleich, daß sie der Reichsverfassung, wie sie von der Nationalversammlung in zweiter Lesung beschlossen worden ist, und der darauf gestützten Wahl eines Erbkaisers ihre Zustimmung nicht ertheilen kann.

Durch diese Verfassung und Wahl würde Österreich aus Deutschland ausgeschlossen werden. Eine solche Ausschließung wäre aber eine Verletzung nicht bloß der vertragsmäßigen Rechte und Pflichten, welche alle zum deutschen Bunde gehörigen Staaten an einander binden, sondern auch des großen Gedankens der Einigung des deutschen Volkes in einer starken Bundesverfassung, welchem die Nationalversammlung ihren Ursprung verdankt, die ja nicht berufen wurde, Deutschland zu zerreißen, sondern inniger zu verbinden. Jene Ausschließung wäre eine Verleugnung der ganzen deutschen Geschichte und ein Undank des übrigen Deutschlands gegen Österreich, das zu keiner Zeit die deutsche Sache verlassen hat. Sie wäre endlich ein Preisgeben der Zukunft des deutschen Volkes, dessen Macht und Wohlfahrt nur in dem Maße sich entwickeln können, als sie auf die Gesammtheit der Kräfte gestützt werden, welche die Verbindung mit Österreich zu entfalten vermag.

Die in Frankfurt beschlossene Verfassung unterliegt aber auch, um ihres Inhaltes willen den erheblichsten Bedenken. Sie schafft nicht einen Bundesstaat, sondern einen Einheitsstaat. Sie concentrirt nicht bloß die völkerrechtliche Vertretung, das Recht über Krieg und Frieden, die Verfügung über die bewaffnete Macht, sondern auch die Finanzkräfte, die Gesetzgebung und selbst in vielen wichtigen Zweigen die innere Verwaltung in einer Weise, welche den einzelnen Staaten jede Selbstständigkeit raubt, und sie lediglich zu Verwaltungsbezirken gestaltet. – Dieser Charakter der Verfassung ist auch in dem an die Spitze gestellten Erbkaiserthum klar ausgesprochen und hierdurch die Centralisirung der ganzen Regierungsgewalt um so schärfer begründet, als selbst der in der ersten Lesung angenommene Reichsrath in der zweiten Lesung aufgegeben wurde. [...]

Überdieß ist aber auch die in Frankfurt beschlossene Verfassung nicht einmal geeignet, eine starke Regierung zu begründen. Hervorgegangen aus einer Vermittelung entgegengesetzter Principien, entbehrt sie der vollständigen Harmonie. Sie setzt einen Erbkaiser mit unumschränkter Macht über die einzelnen Staaten, und beraubt ihn doch principiell des monarchischen Charakters, indem sie ihm dem Reichstage gegenüber nur ein suspensives Veto einräumt. Sie enthält für den Reichstag das Zweikammersystem und gleichwohl finden weder die conservativen Elemente eine entschiedene Vertretung, noch die wohlbegründeten Interessen der einzelnen Volksstämme.

Durch diese Verfassung würde der tobende Kampf der politischen Parteien nicht geschlichtet, sondern erst zu neuen Anstrengungen aufgefordert werden. Die eine Partei würde, um den Thron des Erbkaisers zu befestigen, auf sofortige Änderung der Verfassung hinarbeiten; eine andere würde, bis zu erfolgter Vernichtung der Einzelstaaten für die Aufrechterhaltung der Verfassung kämpfen, um dann den Erbkaiser zu stürzen und damit das monarchische System zu beseitigen. Gegen diese beiden Parteien würde das durch die Verfassung nicht sofort ertödtete Stammbewußtsein reagieren, namentlich, wenn die unvermeidliche Erhöhung der Steuerlast sich fühlbar macht, und so würde die ohne gehörige Rücksichtnahme auf die bestehenden Verhältnisse geschaffene Verfassung unter dem Gewichte eben dieser Verhältnisse in Kurzem wieder zerfallen und Deutschland neuen Stürmen preisgeben.

Die Trennung von Österreich würde von keinem deutschen Lande schmerzlicher empfunden werden, als von Bayern, das durch seine Lage, wie durch Stammverwandtschaft eines großen Theils der Bewohner in die unmittelbarsten Berührungen mit Österreich gesetzt ist. Kein deutsches Land würde aber auch von jener in der erbkaiserlichen Centralisation liegenden Vernichtung aller Selbstständigkeit schwerer getroffen werden, als Bayern, das, wenn man auch von seiner tausendjährigen Geschichte absehen wollte, durch seine Größe und seine eigenthümlichen Zustände in der Gegenwart zu verlangen berechtigt ist, daß dieselben bei der Feststellung der deutschen Verfassung genügend beachtet werden. In Frankfurt ist dieß nicht geschehen, indem, um nur eines hervorzuheben, die Bestimmungen über die Productions- und Verbrauchssteuern ganz geeignet sind, die Staatseinkünfte Bayerns um Millionen zu schmälern und den Staatscredit, dessen specielle Gewährleistung auf jenen Abgaben beruht, zu vernichten. Die ganze Verfassung, wie sie in Frankfurt beschlossen wurde, würde im Wesentlichen dahin führen, den Süden Deutschlands dem Norden zu unterwerfen und dadurch die materiellen Interessen des Südens im höchsten Grade zu beeinträchtigen.

Aus: Stenographischer Bericht über die Verhandlungen der deutschen constituierenden Nationalversammlung zu Frankfurt a. M. Bd. 8, Nr. 208, 28. 4. 1849, S. 6328f.

b. Gegen die Paulskirchenverfassung

München, 2. März. Zu den bereits aufgeführten Adressen von 391 Gemeinden und einigen politischen Gesellschaften gegen die unbedingte Einführung der Grundrechte, gegen die unbedingte Unterwerfung unter die Beschlüsse der Nationalversammlung, gegen den Ausschluß Österreichs und das preußische Kaiserthum, sind weiter bis zum 1. März als unmittelbare Eingaben bei Seiner Majestät hinzugekommen: Adressen von 99 Gemeinden zu den 391, macht bis jetzt 490. Dieselben sind aus allen Kreisen Bayerns, aus protestantischen wie aus katholischen Ortschaften, vom Spessart wie vom bayerischen Walde.

Aus: Der Lechbote, Nr. 64, 5. 3. 1849

c. Demokratischer Aufruf

Die Parteien treten sich nun hier [in München] einander ernstlich gegenüber, und es ist gut, denn nur kein Zwitterding bei Männern; Plakate, Flugschriften und Adressen von dieser, wie von jener Seite!

Die sich zu deiner Partei, o Volk! zur Volkspartei zählen, die Demokraten, sie wollen das allgemeine Volkswohl, selbst wenn der Einzelne deshalb ein Opfer bringen müßte. Darum sind sie für die deutsche Reichsverfassung, die Deutschland zur Einheit und zur Freiheit führt. Eben deßhalb aber, weil von den Einzelnen dabei Opfer für das allgemeine Beste gefordert werden, sind die Reaktionäre gegen die deutsche Reichsverfassung. Lügen, Verläumdungen, falsche Vorspiegelungen sind die schlechten Mittel, womit die Reaktionäre ihre verlorene Sache zu halten suchen.

Sie sagen, Österreich werde ausgeschlossen. Es ist nicht wahr, nicht Österreich, sondern die österreichische Herrscherfamilie schließt sich selbst aus. Die Eitelkeit ist's, die eine andere Herrscherfamilie im Bundesstaate nicht obenan sehen kann. – Diese Reaktionäre, sie lügen euch von neuen Steuern vor, die der deutsche Einheitsstaat brächte, aber von Befreiung der ungeheuern Militärlast wollen sie nichts wissen, weil Bajonette ihre einzige Stütze sind – eine moralische, wie die Demokraten, haben sie eben nicht.

Die gefürchtete freie Wahrheit wollen sie unterdrücken, und – (welche Thorheit und Erbärmlichkeit zugleich!) – sie bestehlen in Gestalt von Polizeibediensteten die Colporteure, welche die freisinnigen Blätter ausbreiten. Dieß sind ihre Mittel!

Seht sie, die Feinde des Volkes!

Seht, sie frohlocken über die Auflösung der Volkskammern, über das Niedertreten der verfassungsmäßigen Freiheiten, seht ihre schweigende Zustimmung zu der fortwährenden Vertagung des Landtags, hört ihren lauten Beifall über das Unterjochen der für ihre Nationalität kämpfenden Ungarn und über das Nahen der Russen, die bereits zu Tausenden in Wien stehen!!!

Erkenne dies, o Volk! und wähle dir deine Partei aus!

Aus: Gradaus mein deutsches Volk!, Nr. 125, 3. 5. 1849

d. Augsburger Arbeiter und Liberale

Eine Adresse von hiesigen Handwerksgehilfen, Fabrikarbeitern, Taglöhnern u.a.m. wird an die Ständekammer vorbereitet, unbedingte Annahme der Grundrechte in Bayern zu erzwecken. Es soll dazu am 3. März eine große Arbeiterversammlung stattfinden. Man wünscht dadurch das Streben Jener zu paralliren, welche kein Mittel unversucht lassen, um die Grundrechte beim Volke zu verdächtigen, damit der alte gedrückte Zustand wieder erscheine. Der Arbeiterstand, das ist nicht zu läugnen, hat sich in der jetzigen bewegten Zeit musterhaft betragen und es darf ihm daher nicht verargt werden, wenn er eine Sicherheit der Zukunft beansprucht. Als solche sieht er die Grundrechte an, welche, als die Errungenschaften des vorigen Jahres, die Grundlagen der Gesetze jedes Einzelnstaates seyn sollen, weil sie alle Standesunterschiede aufheben. Man wünscht daher auch den Männern in Frankfurt dafür Dank zu sagen, daß sie den großen Arbeiterstand zu schätzen wußten.

Aus: Der Lechbote, Nr. 59, 28. 2. 1849

Gestern Abend fand die ausgeschriebene Arbeiterversammlung im Saale des Hrn. Jung statt und war so zahlreich besucht, daß nicht nur im Hauptlokale alles, Leib an Leib gedrückt stand, sondern daß auch die Nebenzimmer und Musiktribüne eben so besetzt waren und die Leute bis zur Treppe auf Stühlen und Tischen emporragten. Die Adresse, von den wärmsten Freunden des Arbeiterstandes verfaßt, wobei noch viel andere Stimmführer geladen waren, wurde verworfen und eine neue proponirt, die Herr Kronacher in Vereinigung mit Herrn Rudolph u.a.m. jetzt verfassen und nächsten Montag vortragen werden. Auch ein neuer Verein, der Märzverein, wurde von Herrn Dr. Kronacher vorgeschlagen und ohne weiteres die Statuten und das Programm zu publiziren, angenommen. Man legte Bogen aus und es zeichneten Viele darauf als Mitglieder ein. – Die verworfene Adresse betreffend, so wird sie demungeachtet, von den Arbeitern der größeren Etablissements hier unterschrieben und dann nach Frankfurt abgesendet werden. Man stimmt darin für unbedingte Annahme der Grundrechte. – Wir haben nun seit gestern hier noch einen Verein mehr. Die Neuzeit gebahr uns deren sieben, welche die Namen führen: Gewerbe-, Gesellenbildungs-, constitutionell-monarchischer-, Deutscher-, St. Vincent-, Pius- und Märzverein. Jede Richtung, rein politischer, religiöser oder merkantilischer Wünsche, findet demnach ein bebautes Feld auch bei uns. Die versammelten Arbeiter trennten sich erst 1 Uhr Nachts.

Aus: Der Lechbote, Nr. 64, 5. 3. 1849

Märzverein in Augsburg.

Öffentliche Versammlung am 30. April 1849.

Ein zur Zeit in Augsburg noch nicht gesehenes Bild bot vergangenen Montag Abends der Baugarten in der vom hiesigen Märzverein als öffentlich verkündeten Versammlung, zu welcher das Recht des freien Eintritts Jedermann zugestanden war, da die auf Sonntag angekündigte Volksversammlung wegen schlechten Wetters nicht stattfinden konnte. – Nicht allein die großen Räume dieses Lokals waren mit Männern aus allen Ständen dicht gefüllt, auch vor dem Hause hatte sich eine große Menschenmasse angesammelt, die innerhalb keinen Platz mehr gefunden, begierig der durch die geöffneten Fenster hinabdringenden Worte lauschend. – Ein Musikkorps hatte sich aus frei eigenem Antriebe eingefunden, um zur Macht der Rede die Schönheit der Symphonie zu gesellen, und der Begeisterung der Versammlung durch den Vortrag vaterländischer Weisen passenden Ausdruck zu schaffen. – Nachdem nun einige Märsche mit künstlicher Fertigkeit vorgetragen waren, und damit die Anfangsstunde etwas hinausgerückt wurde, um den Arbeitern Zeit zu geben, an dem Gange der Verhandlungen Theil zu nehmen, eröffnete Hr. Kronacher, der Vorsitzende des Vereins, die Versammlung, begrüßt von lautem Beifallsrufe. – Er wies die materiellen Vortheile deutscher Einheit, die der Begeisterung für diese den nachhaltenden Effekt verleihen, in ausführlicher Rede nach. Die widerstrebenden Interessen wurden sodann aus dem Winkel ihres verborgenen Handelns hervorgeholt, und mit dem hellen Lichte unzweideutiger Wahrheit beleuchtet. – Tiefen Eindruck machte die Kunde von der Auflösung der preußischen zweiten Kammer, und des ersten blutigen Zusammenstoßes zwischen Militär und Volk in Berlin. – Mit nicht minder regem Interesse ward der Bericht der Vorgänge in den letzten Tagen in München aufgenommen, und die Stelle der in der Bürgerversammlung an den Magistrat und das Collegium der Gemeindebevollmächtigten der Hauptstadt beschlossenen Adresse: »Wir sind noch dieselben wie im Monat März des Jahres 1848« wurde mit enthusiastischem Beifallsrufe aufgenommen. Das Resultat der an das Ministerium gerichteten Adresse, die sofortige Einberufung des Landtags betr., ward unter allgemein entschiedener Mißbilligung hingenommen, und dabei auf die immer deutlicher hervortretende Absicht des Oktroyirens hingewiesen, welcher den Schleier des Wohlwollens abgerissen, und deren grinsende Züge zum Unmuthe der ganzen Versammlung vorgezeigt wurden. So sey denn die Reichsverfassung der einzige Schutz, die einzige Abwehr gegen Tyrannei, die neuerdings die Fesseln schmiede, welche wir gebrochen glaubten.

Aus: Gradaus mein deutsches Volk!, Nr. 127, 5. 5. 1849, S. 440

Augsburg, den 16. Mai. Heute Morgen wurde Hr. Kronacher, Vorstand des Märzvereines, verhaftet. Über diese Verhaftung herrscht unter den Arbeitern, die ihm warm anhängen, die größte Erbitterung.

Aus: Gradaus mein deutsches Volk!, Mai 1849, S. 489

e. Der Protest in Franken

Die Bestrebungen des deutschen Volkes, die Reichsverfassung zur Geltung zu bringen, haben bisher auch in Bayern keinen Erfolg gehabt. Die Regierung steht hier eben so kalt und fremd den heißen Wünschen des Volkes gegenüber, wie in Preußen, Sachsen und Hannover, und wenn es noch nicht zu blutigem Zusammenstoß gekommen ist, so hat die ruhige Haltung des Volkes daran nicht mindern Antheil als die Mäßigung der Regierung. Die schlagendsten Beweise dafür gaben ohne Zweifel

Volksversammlung auf dem Judenbühl in Nürnberg am 13. Mai.

Volksversammlung auf dem Nürnberger Judenbühl 1849

die beiden großen Volksversammlungen, welche am 2. und 13. Mai auf dem Judenbühl bei Nürnberg abgehalten wurden. Die Erklärung der bayerischen Regierung in Betreff der deutschen Reichsverfassung, in welcher der Nationalversammlung offen und rückhaltlos das Recht abgesprochen wird, ohne Zustimmung der Fürsten eine Verfassung zu gründen, hatte namentlich in den fränkischen Theilen Bayerns eine Stimmung hervorgerufen, die von jener in der Pfalz nicht sehr verschieden ist und, um den anschwellenden Strom innerhalb seines Bettes zu halten, daß er nicht mit stürmischer Flut Alles überschwemme und ohne Maß und Ziel dahinstürme, schrieb der Ausschuß für Volksversammlungen die erste für den 2. Mai aus. Tags zuvor erschien der Regierungspräsident von Mittelfranken, Freiherr von Welden, in Nürnberg und hinter ihm rasselte eine Batterie durch die Stadt; nicht weniger als acht Escadrons Cavallerie und ein Bataillon Infanterie verstärkten die ohnedies starke Garnison und alle erforderlich scheinenden Maßregeln wurden getroffen. Der Magistrat hielt sich verpflichtet, vor der Theilnahme an der Versammlung zu warnen und abzumahnen, – aber »trotz alledem und alledem« wie R. Burns singt, zogen am Tage der Versammlung über 20,000 Menschen aus allen Ständen nach dem Judenbühl, die Gewerbe und sämmtliche politische Vereine aus Nürnberg und der Umgebung mit flatternden Fahnen, die deutsche, getragen und beschirmt von den Turnern, an der Spitze des unübersehbaren Zuges. Auf der unter den frühlingsgrünen Bäumen errichteten Rednerbühne wurden die Ankommenden von dem Ausschuß und mehreren Abgeordneten der Linken der bayerischen Volkskammer, welche sich eigens zu dieser Versammlung eingefunden hatten, erwartet. Der Abgeordnete für

Nürnberg, Jakob Schmitt, eröffnete als Präsident die Versammlung mit einer Rede, worin er die ernste Lage der Dinge auseinander setzte, sich dann ausführlich über die Verdrehungen und Unwahrheiten verbreitete, welche nach seiner Ansicht die bayerische Erklärung an die Reichsgewalt enthalten soll, und damit schloß, daß man nur mit Ruhe und Besonnenheit berathen wolle, welche gesetzliche Maßregeln das Volk zu ergreifen habe, um den ungesetzlichen Schritten der Regierung entgegenzuwirken. Hierauf legte das Mitglied Dr. med. Schwarz ein Bittgesuch an den König, um unbedingte Annahme der Reichsverfassung, vor, welches mit einer von Kargau aus Fürth vorgeschlagenen, allerdings dem verfassungsmäßigen Rechte des Königs zu nahe tretenden Änderung, daß der König sofort sein volksfeindliches Ministerium entlassen solle, angenommen wurde. Dann sprachen noch mehrere Redner, besonders der Abgeordnete Tröger mit großer Begeisterung, bis endlich Dr. med. Kreitmayr, der gegen die Adresse als nicht mehr zeitgemäß gesprochen hatte, andere Vorschläge zur Erreichung des vorgesteckten Zieles verlangte. Da wurden vielseitige Rufe hörbar: »Lostrennung! Reichsunmittelbarkeit!« Der Vorsitzende ergriff das Wort und Beifall schallte ihm entgegen, als er aussprach: »Auch in unserer Brust ist der Gedanke der Lostrennung Frankens von Bayern erwacht, aber dieser Gedanke ist ein staatsverrätherischer, so lange es noch gesetzliche Mittel gibt, die noch versucht werden müssen! Aber, wenn diese erschöpft sind, – wenn man uns die letzten Früchte unserer Revolution gewaltsam rauben will, – wenn ihr, – wenn das ganze fränkische Volk einen solchen Beschluß faßt, wie ihn die Pfalz vielleicht in diesem Augenblick schon gefaßt hat, – dann erst läßt sich dieser Gedanke auch zur Ausführung bringen!« Der Anklang, den diese Worte bei der Versammlung fanden, dürfte wol der Regierung keinen Zweifel übrig lassen, mit welchem Gegner sie es zu thun bekommt, wenn sie in ihrem verfassungsmäßigen Widerstande beharrt, und selbst dem weniger scharfsinnigen Beobachter muß in die Augen springen, daß damit ein Funken erweckt wurde, der leicht zur gewaltigen Flamme werden kann.

Aus: Leipziger Illustrierte Zeitung, Nr. 310, S. 361

f. Der Pfälzer »Aufstand«[1]

Speyer, 4. Mai. Über die Volksversammlung in Kaiserslautern, die auf 8 bis 13 000 Menschen geschätzt wird, sagt die »Neue Speyer. Ztg.« vom 4., die vorberathende Versammlung vom 1. habe beschlossen: Das Verfahren der bayerischen Regierung in ihrer Auflehnung gegen die Beschlüsse der Nationalversammlung und gegen die Reichsverfassung ist als rebellisch zu betrachten, und die Pfalz allen bezüglichen Anordnungen in so lange den kräftigsten Widerstand zu leisten verpflichtet, bis dieselbe ihre unbedingte Unterwerfung unter die Reichsgesetze erklärt haben wird; aus diesen Gründen ernennt die Volksversammlung einen Landesvertheidigungs-Ausschuß, welcher sogleich in Thätigkeit tritt und so lange in Permanenz verbleibt, bis die gefahrdrohende Lage des Vaterlandes vorüber ist.

Aus: Der Lechbote, Nr. 124, 6. 5. 1849

[1] Der »Aufstand« in der Rheinpfalz und in Baden wurde durch preußische und bayerische Truppen niedergeschlagen.

Die Vorgänge in der Pfalz, wenn auch noch immer alle Merkmale einer Komödie bewahrend, nehmen doch eine Gestalt an, welche der Sache den Charakter der offenen Rebellion gegen die bestehende Regierung, wenigstens von Seite derer, die als Leiter an die Spitze des Wohlfahrtsausschusses getreten sind, und des Landesverrathes gibt. Unter den Mitgliedern des Wohlfahrtsausschusses erblicken wir vorzugsweise Männer, die erklärte Anhänger der demokratischen und sozialen Republik sind, welche sich als Mitglieder der Nationalversammlung zu Frankfurt offen zu diesen Grundsätzen bekannt haben. Die »Speyerer Zeitung«, welche die Rolle des »Moniteur« der projektirten demokratisch-sozialen Republik in der Pfalz übernommen zu haben scheint, spricht von den »Bürgern« Schüler, Culmann, Dr. Hepp, Dr. Greiner, Dr. Hannitz und einiger andern als an der Spitze stehend. Wir führen die Genannten namentlich an, weil sie Mitglieder der bayerischen Kammer der Abgeordneten sind, als solche den Eid der Treue dem König und der Verfassung (wenn auch letzteren mit einem unserer Überzeugung nach unzulässigen Vorbehalt) geschworen haben, deßungeachtet aber jetzt ungescheut, ihren Eid vergessend, sich gegen die Regierung des Königs auflehnen, den bewaffneten Aufstand organisiren, dazu Ausschreiben erlassen, und sogar einen fremden General zur Übernahme des Oberbefehls der Aufständischen auffordern. Die Namen der an der Spitze stehenden Männer, können über das Endziel dieses Aufruhrversuches, zumal im Zusammenhalte mit den Namen, die bei dem Dresdener Aufruhr an die Spitze getreten sind, keinen Zweifel lassen. Die demokratisch-soziale Republik will man, d.i. den Kommunismus. Was um den Preis von Strömen des edelsten Bürgerblutes zu Paris in den Junitagen abgewendet wurde, das soll jetzt in Deutschland, zuerst in Sachsen und der bayerischen Pfalz versucht werden. In Bayern wird dieß nicht gelingen: wir vertrauen deßfalls der Festigkeit der Regierung, deren Pflicht es ist, nun mit aller Energie einzuschreiten. Sie thue es ungesäumt, mit dem Aufgebote ihrer ganzen Kraft; je energischer sie auftritt, desto sicherer kann sie auf den Beistand aller guten Bürger und den Erfolg rechnen. Dem Verbrecher muß sein Recht werden.

Aus: Der Lechbote, Nr. 127, 9. 5. 1849

24. Die Proklamation Max II. zur Ausschreibung von Neuwahlen (Juli 1849)

Bayern!

Ihr kennt die ernsten Umstände, welche die Auflösung der Kammern veranlaßt haben.[1] Ihr habt mit mir die traurige Nothwendigkeit gefühlt und beklagt, diese Maßregel in einem Augenblicke eintreten zu lassen, in welchem eine würdige,

[1] Die Abgeordnetenkammer hatte der Regierung mit knapper Mehrheit das Mißtrauen ausgesprochen. Rein rechnerisch spielten die Pfälzer Abgeordneten das Zünglein an der Waage. Die Regierung vertrat den Standpunkt, ein abtrünniger Landesteil habe keinen Anspruch auf Vertretung im Parlament. Daraufhin zog die Linke aus dem Landtag aus. Die Regierung antwortete mit der Auflösung des Landtags am 10. Juni 1849.

wohlmeinende Mitwirkung der Kammern die glückliche Lösung so mancher schwierigen Frage und dadurch das Heil Deutschlands, wie die Wohlfahrt des bayerischen Volkes, gefördert haben würde.

Ein biederes Volk, – das allen Versuchen einer verbrecherischen Partei mit sittlicher Kraft widerstanden, das mit Abscheu den Treubruch Einzelner von sich gewiesen, und das Mir wie überall, so auch auf Meiner jüngsten Reise durch einen Theil des Landes die unzweideutigsten und herzlichsten Beweise von Liebe und Anhänglichkeit gegeben hat, – ein solches Volk wird die Worte nicht unbeherzigt lassen, die sein König ihm zuruft in einem Augenblicke, in welchem das Schicksal des Vaterlandes abermals in die Hände seiner Vertreter gelegt werden soll.

Treu den Bestimmungen der Verfassung, und durchdrungen von der Überzeugung, daß eine tüchtige Volksvertretung den sichersten Hort für die Freiheit und das Glück der Völker, wie die kräftigste Stütze der Throne darbiete, erkenne Ich die Nothwendigkeit, die Kammern, so bald es möglich, wieder zu berufen, und Ich habe deshalb nicht gesäumt, nach dem Antrage Meiner Minister die unverweilte Vornahme neuer Wahlen anzuordnen.

Sollen jedoch die Männer, welche aus diesen Wahlen hervorgehen, ihre große Aufgabe lösen, so müssen sie ein wahres und warmes Gefühl für Gesetz und Recht, eine weise Mäßigung in der Wahl der Mittel, eine edle Aufopferungsfähigkeit und jenen Grad ächter, sittlicher Bildung besitzen, welche, jedem Vorurtheile fremd, den Beruf der Volksvertretung nicht im starren Verneinen und im Zerstören des Bestehenden, sondern in einem thatkräftigen Entwickeln des vorhandenen Guten, und in einem lebendigen Befördern der geistigen und materiellen Interessen des Landes erkennt. Mit Männern, die das Gefühl der Ehre und Pflicht mit treuer Vaterlandsliebe wie mit aufrichtiger Anhänglichkeit an das konstitutionell-monarchische System verbinden, und ihre geistigen Kräfte dem wahren Wohle des Landes weihen, – mit solchen Männern kann und wird Meine Regierung die großen Fragen der Gegenwart zu lösen vermögen; und fürwahr, Bayern ist nicht arm an solchen Männern!

An dem gesunden Sinne des Volkes ist es, jetzt zu beweisen, daß es verstehe, das wahre Verdienst zu erkennen und zu unterscheiden zwischen ächter Vaterlandsliebe und unheilbringender Partei-Leidenschaft, zu wählen zwischen den gesinnungsvollen Vertheidigern der gesetzmäßigen Freiheit und gewissenlosen Vorkämpfern solcher Theorien, deren Durchführung die Gewalt, deren Verwirklichung die Revolution heraufbeschwören muß.

Bayern! Euer König hält, was er Euch versprochen! Freiheit und Gesetzmäßigkeit sollen nicht Wort seyn ohne That; die wahren Bedürfnisse des Volkes zu erkennen und zu erfüllen, ist Meines Herzens innigster Wunsch.

Aber, wie Ich die Pflicht anerkenne, Meines Volkes Glück zur Aufgabe Meines Lebens zu machen, so habe Ich das Recht zu verlangen, daß Mein ernster Wille treu und kräftig gestützt werde von Denen, die das Gesetz beruft, mitzuwirken zum Heil der Gesammtheit.

Aus: Der Bayerische Landbote, Nr. 191, 11. 7. 1849

Die unartigen Kinder.

Karikatur von 1849

Der »Garten der Errungenschaften«, Karikatur von 1849

XV. Die Anfänge der Arbeiterbewegung

1. Rundschreiben des Centralcomités für die deutschen Arbeiter an sämmtliche Arbeiter und Arbeitervereine Deutschlands (1848)

Arbeiter! Die französische Februar-Revolution hatte ihren unterscheidenden Charakter vor allen vorhergegangenen darin, daß sie vom vierten Stande, dem der Arbeiter, ausging, daß sie die Fahne der Brüderlichkeit und Gleichberechtigung aller Menschen auf die Güter des Lebens vorantrug; sie war eine Revolution des Proletariats. Mag auch die jetzt constituirende französische Nationalversammlung diesen ihren eigentlichen Charakter augenblicklich unterdrückt haben, sehr bald wird er um so schärfer in einer folgenden, allgemeineren Bewegung hervortreten. – Auch in Deutschland ist aus dem Kampfe politischer Umgestaltungen die Bewegung der arbeitenden Classe, als historisch berechtigt, mit jedem Tage mehr hervorgetreten, und wer möchte verkennen, daß diese Bewegung täglich an Geltung gewinnt! Denn auch in Deutschland ist die Macht des Kapitals zu einer solchen Höhe gelangt, daß es der schaffenden Hand nicht mehr gelingen kann, ihre Concurrenz zu ertragen, daß vielmehr der Arbeiter in allen Gewerbszweigen schon der gebeugte Diener, der Sklave des Kapitals geworden.

Brüder! So kann es nicht länger mehr bleiben! Ein Staat, in dem es dem Arbeiter unmöglich geworden, bei allem Fleiße menschlich zu existiren, muß nothwendig einer neuen Umgestaltung entgegengehen, wenn seinen mächtigsten Gliedern, den Arbeitern erst das Bewußtsein ihrer Stellung klar geworden, wenn sie ihres Schaffens fruchtlose Qual eingesehen, wenn sie zur letzten traurigen Erkenntniß gekommen, daß sie das Leben einsetzen müssen, um das Leben zu gewinnen. Diese Erkenntniß unserer Zustände, diese Einsicht in unsere Verhältnisse, nur zu offen tritt sie jetzt hervor unter den Arbeitern, und wir wollen uns Glück dazu wünschen.

Diese Erkenntniß hat auch den allgemeinen deutschen Arbeitercongreß in Berlin hervorgerufen, er sollte rathen und bestimmen, was in dieser großen Zeit zur Hebung und Verbesserung unserer Zustände gethan werden müsse.

Wir Arbeiter müssen uns selbst helfen, das ist das Prinzip, von dem der Congreß zu Berlin ausging. Auf den Grundsatz der nothwendigen Selbsthülfe baute er seine Beschlüsse, die der Oeffentlichkeit zur Beurtheilung jetzt vorliegen:

Deutschlands Arbeiter müssen dahin streben, eine moralische Macht im Staate zu bilden, ein starker Körper zu werden, der jedem Sturme trotzt, der vorwärts und immer vorwärts dringt, und in seiner Bewegung Alles niederhält und forträumt, was einer freiern und besseren Gestaltung der Dinge im Wege steht, der Jeden in sich aufnimmt, wer ein Herz hat für die Noth der Bedrückten und selbst gefesselt ist von der Macht des Kapitals, dessen körperliche oder geistige Kräfte sich verdingen müssen an einen Glücklichen der Erde: einen Jeden, der arbeitet oder arbeiten will. Der allgemeine deutsche Arbeitercongreß zu Berlin nahm keine Gegensätze von Meistern und Gesellen an, wie sie das mittelalterliche Zunftwesen uns aufbewahrt hat, für ihn gab es nur die modernen gesellschaftlichen Gegensätze von Kapitalisten und Arbeitern. Die Arbeiter zur Höhe des Lebens, die Arbeit zu ihrer hohen Berechtigung um Staate zu führen, das war seine Aufgabe, das ist die Aufgabe von Allen, die schaffen, von Allen, die arbeiten. Darum müssen Deutschlands Arbeiter zusammenwirken, müssen sie Eins sein, und daß sie es werden, dazu die Organisation der Arbeiter, wie der Berliner allgemeine deutsche Arbeitercongreß sie beschlossen.

Tretet deshalb zusammen, ihr Arbeiter Deutschlands, wählt aus Euern einzelnen Gewerken oder Vereinigungen heraus Männer des Vertrauens zu einem Localcomité nach Anleitung der Berliner Beschlüsse; schließt Euch dann im Einzelnen geordnet den in den Beschlüssen genannten Bezirkscomités an und schaart Euch so um das von dem Berliner Congreß aus ernannte Centralcomité in Leipzig.

Und wie wir durch die Organisation zu einer moralischen, so müssen wir durch die Association [...] zu einer reellen Macht gelangen, d.h. wir müssen vereint dahin streben, das Kapital in seiner jetzigen, alle Freiheit erdrückenden Gewalt aufzuheben; wir müssen dahin trachten, das Geld zu seinem natürlichen Zwecke eines Tauschmittels zurückzuführen, um seine jetzige unnatürliche Macht, die es nur erlangt hat, indem es durch Anhäufung in einer Hand zur Waare und zum Instrument der Unterdrückung wurde, zu vernichten. Eure zweite Aufgabe, Ihr Arbeiter Deutschlands, wäre demnach, daß Ihr nach Vollendung der Organisation zur Association nach Anleitung der Berliner Beschlüsse schrittet, um in vereinter Kraft Euer großes Ziel zu erreichen. [...]
Leipzig, den 18. September 1848. Das Centralcomité für die deutschen Arbeiter

Aus: Die Verbrüderung, Nr. 1/2, 3. October 1848

2. Aufruf zur Bewaffnung (1848)

Rundschreiben an alle deutschen Arbeiter.

Brüder! An alle Bezirks- und Lokalcomités der Arbeiterverbrüderung erlassen wir hiermit die dringende Aufforderung, alle ihre Kräfte und Mittel zur Bewaffnung der Arbeiter aufzubieten. Die schon gebildeten Assoziationskassen sind hiermit angewiesen, zur Anschaffung von Waffen mit Vorschüssen gegen billige Zinsen zu unterstützen. Die bewaffneten Arbeiter haben mit einander in Verbindung zu treten und den verrätherischen Feind aller Orten zu bekämpfen. An unsere Brüder in Preußen ergeht außerdem die Aufforderung, den Beschlüssen der Nationalversammlung nicht allein zu folgen, sondern ihr möglichst durch entschiedene Bewegung vorzuarbeiten. Es ist in Deutschland jetzt die Zeit, wo jede Stadt, wo jedes Dorf zur Feste werden muß gegen die Tyrannei. Laßt uns zeigen, daß wir der Freiheit würdig sind.
Leipzig, den 22. Nov. 1848.
Das Centralcomité für die deutschen Arbeiter.

Aus: Die Verbrüderung, Nr. 16, 24. Nov. 1848, S. 64.

3. Die Bestrebungen der deutschen Arbeiter im Jahre 1848

Blicken wir heute auf einen Moment zurück in das verflossene Jahr; sehen wir zu, wohin unsere Bestrebungen sich gerichtet, was wir gewonnen und was wir noch hoffen dürfen! –

Nach der Märzrevolution sahen wir fast in ganz Deutschland die Arbeiter sich für eine Besserung ihrer Lage erheben. Die Meisten fühlten das Bedürfniß nach einer andern Gestaltung ihrer Verhältnisse; aber in welchen Mitteln sehen wir sie ihr Heil suchen? Fast in allen größeren Städten beobachten wir eine Vereinigung von Abgeordneten der Gewerke, die über ihre gemeinsamen Interessen berathen. Es ist nur zu natürlich, daß man sich in diesen Versammlungen zuerst um Erhöhung des Arbeitslohns, Kürzung der Arbeitszeit und eine Veränderung der Gewerbegesetzgebung berieth. Nur in wenigen Orten, hauptsächlich in Berlin, hatten diese Bewegungen einen sozialen Charakter, in den Provinzialstädten aber waren sie zumeist reaktionärer Natur, denn hier steckte noch allzusehr der alte Zunftgeist in den Gesellen, die durchaus sich nicht »Arbeiter« nennen wollten, die nicht im Geringsten an eine Umgestaltung gesellschaftlicher Verhältnisse dachten, die sich vielmehr nur mit ihren speziellen Gewerksinteressen abgaben oder wo sie zu größeren Versammlungen zusammentraten, sich wieder nur mit der Erschaffung eines neuen Innungsstatuts u. dergl. beschäftigten. Diese Bestrebungen waren reaktionäre, weil sie darauf hinausgingen, alte, schon längst überlebte Formen mit einem nur scheinbar neuen Inhalt in's Leben zu rufen. Und wenn der Frankfurter Gesellenkongreß später auch soziale Grundsätze aufnahm, indem sein Hauptbestreben darauf hinausging, beim Frankfurter Parlament [der Nationalversammlung in der Paulskirche] den Beschluß durchzubringen, daß ein soziales, ein Arbeiterparlament zusammenberufen werde, so ist seine Wirksamkeit doch eine ganz und gar vergebliche gewesen, indem wir die Frankfurter Nationalversammlung zu gut kennen, als daß wir von ihr irgend etwas erwarten könnten, was nur den Schein einer sozialen Reform trüge, ganz abgesehen von der Frage, ob ein soziales Parlament, wie es vom Professor Winkelblech für den Gesellenkongreß entworfen worden, in der That möglich ist oder unsere Verhältnisse genügend verbessern könnte. Erst mit dem Auftreten des Arbeiterkongresses zu Berlin gewinnt die Bewegung der arbeitenden Klassen auch in Deutschland mehr Klarheit und gelangen dieselben zu einem richtigen Bewußtsein ihrer Zustände und Aufgaben. Die soziale Frage tritt hier sowohl aus dem beschränkten Gesichtspunkte des Zunftgesellen so wie aus dem nebelhaften Ideenkreise des deutschen Philosophen, der sie wie den Stein der Weisen betrachtet, heraus. Die Gesellen fangen an, sich als die Glieder einer großen Gesellschaftsklasse zu fühlen, sie bekennen sich zu Arbeitern und als Glieder einer Klasse beginnen sie damit, sich im Staate den übrigen Klassen gegenüber geltend zu machen, sie wollen nicht die Formen des Staates, sondern die innersten Grundsätze desselben verändert wissen, sie verbinden sich, und wie sie gemeinsam auf die Staatsbehörden einwirken, so beginnen sie auch damit, die Associationsfreiheit zu benutzen, um gemeinsam sich zur Selbstständigkeit empor zu schwingen, die Lohnarbeit zu beseitigen und freie Arbeiter zu schaffen. Bald werden wir in allen unseren Städten Associationswerkstätten eröffnet sehen und das ist das Hauptresultat der Arbeiterbewegungen Deutschlands im Jahre 1848.

Aus: Die Verbrüderung, Nr. 27, 2. 1. 1849, S. 108

4. Die zehn Gebote der Arbeiter (1849)

Erstes Gebot: Du sollst arbeiten.

Wer nicht arbeitet, soll auch nicht essen. So steht es geschrieben. Und doch essen Viele, die nicht arbeiten. Das muß aufhören.

Zweites Gebot: Du sollst keinen Müssiggänger neben dir dulden. [...]

Drittes Gebot: Du sollst keine Sklavenarbeit verrichten.

Alle Menschen sind frei und gleich. Es wird Keiner als Sklave geboren. Es braucht keiner ein Sklave zu werden, deine Arbeit kann und muß eine freie sein, eine solche, die deinen Neigungen und Fähigkeiten entspricht, deinen Geist nicht erschlafft und deinen Leib nicht erdrückt. Nicht zum Vortheil eines Andern sollst du arbeiten und zum Nachtheil deiner selbst. Nicht als Sklave für einen Herrn sollst du arbeiten, sondern als freier Mann für dich und deinen Bruder, der gleichfalls wiederum für dich und sich arbeitet. Die einzigen Sklaven, die es geben soll auf dieser Welt, das sind die Maschinen, die dem Menschen unterthan sind.

Viertes Gebot: Du sollst gerechten Lohn für deine Arbeit fordern.

Wenn man dir sagt: »die Geschäfte gehen schlecht, dein Lohn muß verkürzt werden, du mußt dich fügen in die schlechte Zeit ec.« – und dir so nach und nach den gerechten Lohn entzieht und dich zum elendesten der Lastthiere macht, so antworte du: »die schlechte Zeit macht ihr, nicht ich. Eurer Habsucht, eurer unersättlichen Geldgier, eurer tollen Konkurrenz wegen gehen die Geschäfte schlecht; ihr überrennt euch Einer den Andern, und in euren Fall wollt ihr uns Arbeiter mit hineinziehen. Das muß aufhören! Wir haben den Preis der Waaren zu bestimmen. Wir, die sie schaffen, nicht ihr. Wir wollen einen gerechten Lohn für unsre Arbeit, denn jeder Arbeiter ist seines Lohnes werth.«

Fünftes Gebot: Du sollst keinen Hunger leiden. [...]

Ein Narr, der für Andere arbeitet und für sich hungert.

Sechstes Gebot: Du sollst nicht in zerrissenen Kleidern gehen. [...]

Siebentes Gebot: Du sollst dich deines Lebens freuen. [...]

Achtes Gebot: Du sollst in Ehren leben.

Ehre! d.h. es soll Keiner über dir stehen und dich verhöhnen: »Arbeiter, unwissender Arbeiter, armer Arbeiter!« Nein, du sollst zu Jenen sagen, die bisher von deinem Schweiße sich genährt. »Müssiggänger, arme Müssiggänger! Ich verzeihe euch, was, ihr an mir verschuldet. Ich reiche euch die Bruderhand. Auch ihr sollt in Ehren leben, durch eure Arbeit!«

Neuntes Gebot: Du sollst dein Ohr verschließen vor den Pfaffen.

Der Baum der Erkenntniß ist der Baum des Lebens. Die Pfaffen, die nichts thun und doch schwelgen wollen, scheuchen dich zurück vom Baum der Erkenntniß.

»Nicht hier, sagen sie, sollst du genießen, sondern jenseits. Hier dulde, dort oben wirst du belohnt.« So bieten sie dir ein Schaugericht, um das wirkliche selbst zu genießen. Du aber sollst erkennen, daß das Recht zu leben zugleich das Recht »glücklich zu sein«, hier glücklich zu sein ist.

Zehntes Gebot: Du sollst deinen Nächsten lieben wie dich selbst.

Nur so gelingt es dir, der Knechtschaft dich zu entziehen. Nur so kannst du wahrhaft frei sein, denn Freiheit und Gleichheit gehen nur von einem Dritten: der Brüderlichkeit aus.

Aus: Die Verbrüderung, Nr. 46, 9. März 1849

5. Der bayerische Arbeiterkongreß in Nürnberg (2. und 3.4. 1849)

Heute Abend um 4 Uhr wurde der Kongreß der Bayrischen Arbeiter unter einem starken Zudrang des Publikums im Saale des Bamberger Hofes eröffnet. Es hatten sich bis heute folgende Deputirte eingefunden: Nisle für München, Neuburg a. d. D. und Holzolling; Friedrich für München und Kempten; Stöttner für Nürnberg; Ulrich für Nürnberg; Pachner für Augsburg; Schmidt für Landshut; Hartlieb für Würzburg, Schweinfurt und Wertheim; Lautenschläger für Bamberg; Dresch für Bamberg; Born vom Centralkomité der deutschen Arbeiter zu Leipzig; Ehrstein aus Landau für die pfälzischen Arbeitervereine; Köchert für die Fabrikarbeiter von Nürnberg, Reitmeyer für Regensburg, Philipp für Schweinau, Vogel für Steinbühl, Kern für Sündersbühl, Schwab für Schweinau; Schifterling war für die Arbeitervereine Würtembergs, als eingeladen vom Centralausschuß, erschienen. Die Einleitungsworte sprach Born von Leipzig. Er entwarf ein Bild der Leiden, unter denen die arbeitenden Klassen schmachten, und der Aufgabe, welche die Arbeitervereine sich stellen müssen. Die Versammlung konstituirte sich hierauf und genehmigte den Beschluß einer heute früh stattgefundenen vorberathenden Versammlung, nach welcher Born zum Präsidenten, Friedrich zum Schriftführer bezeichnet wurden.

Es folgte hierauf eine allgemeine Debatte über Gewerbefreiheit, bei der sich alle Abgeordneten einstimmig für dieselbe aussprachen. Nur die Bedingung des Nachweises der Erlernung eines Geschäfts ohne Meisterprüfung wurde als eine Uebergangsstufe aus dem in Bayern herrschenden alten Zunftwesen in die unbedingte Gewerbefreiheit für nothwendig erachtet. Mögen diejenigen unserer norddeutschen Arbeiter, welche sich zu Verfechtern des Innungs- oder Zunftwesens haben gebrauchen lassen, daraus eine Lehre ziehen. Am Abend desselben Tages hatte sich wohl eine Versammlung von mehr als Tausend aus den Bewohnern Nürnbergs zur Begrüßung der Deputirten im großen Saale des Bamberger Hofes eingefunden und hier wurden Worte gesprochen, die gewiß jedem der Anwesenden ewig im Gedächtniß bleiben werden. Nach elf Uhr erst trennte sich die Versammlung, sichtbar ergriffen von der einfachen, aber erhebenden Feier.

Wir geben hiermit die Beschlüsse des Arbeiterkongresses in Nürnberg.

I. Organisation der Arbeitervereine.

1. In jedem Orte treten die Arbeiter zu einem Arbeitervereine zusammen, in dem die Mitglieder durch Vorträge und Diskussionen sich sowohl eine allgemeine Bildung zu verschaffen bestreben, als auch hauptsächlich es sich zur Aufgabe machen, ihre politische und gesellschaftliche Stellung zu verbessern, und sich eine unabhängige, freie Existenz zu sichern. Die Versammlungen der Vereine finden an den dazu bestimmten Tagen regelmäßig statt. Es bleibt den Vereinen überlassen, sich ihre besonderen Statuten den Ortsverhältnissen gemäß zu geben.

2. Da, wo die Arbeiter es für zweckmäßig halten, treten die einzelnen Gewerke zu selbstständigen Gliedern des Vereins zusammen, um ihre materiellen Interessen zu berathen und mit Hilfe der Vereine geltend zu machen. In Bezug auf die Organisation der einzelnen Gewerke treten die Vereine den auf dem Berliner Kongreß vom 27. Juli angenommenen Beschlüssen bis zum nächsten durch das in Leipzig sitzende Centralkomité zu berufenden allgemeinen Arbeiterkongreß bei.

3. Um eine Verbrüderung der bayrischen Arbeitervereine herzustellen, beschließt der Kongreß.

a. Die Arbeitervereine folgender bayrischer Städte haben die Aufgabe, die in ihren Bezirken liegenden Vereine mit einander in Verbindung zu bringen; diese Städte sind: München, Augsburg, Nürnberg, Bamberg, Würzburg, Regensburg, Landshut und Neustadt an der Hardt. Es bleibt jedem Verein unbenommen, welchem Bezirksvereine er sich anschließen will.

b. Der Vorort der bayrischen Arbeitervereine befindet sich für das nächste halbe Jahr (April bis Sept. 1849) in München und werden seine Mitglieder von dem dortigen Vereine erwählt. Er hat die Aufgabe, die Angelegenheiten der bayrischen Arbeiter der Landesvertretung gegenüber zu besorgen.

[...]

g. Die Vororte aller deutschen und insbesondere benachbarten Staaten treten in gegenseitige Verbindung und unterhalten eine brüderliche Mittheilung alles dessen, was für die Arbeitersache von Wichtigkeit ist.

h. Der Kongreß ernennt die in Leipzig vom Centralkomité der deutschen Arbeiter herausgegebene Zeitschrift »die Verbrüderung« zu seinem Organ und machen es sich alle bayrischen Vereine zur Aufgabe, dieses Blatt bei ihren resp. Postämtern oder einer Buchhandlung ihres Orts für sich zu bestellen und nach Kräften zu verbreiten. Außerdem benützen die bayrischen Vereine die in ihren Bezirken bestehenden freisinnigen Zeitschriften zur Besprechung ihrer Interessen.

4. Jeder Verein hat dahin zu trachten, in seinem Bezirke Bauernvereine zu gründen und dieselben mit den Arbeitervereinen zu verbinden.

5. Der Kongreß beschließt, die nächste Generalversammlung bayrischer Arbeiter in Augsburg abzuhalten.

6. Der Congreß beschließt, die Arbeitervereine Bayerns anzuregen, daß sie mit allen ihnen zu Gebote stehenden Mitteln die Errichtung von Arbeiterwerkstätten befördern und das Centralkomité der deutschen Arbeiter in Leipzig übernimmt es, die nähere Anleitung zur Ausführung dieses Zweckes den Vereinen zu geben.

7. Als die nächste Aufgabe, diese Gründung von Arbeiterwerkstätten möglich zu machen, haben die Vereine bei der Landesvertretung für die Aufhebung des Zunftzwanges und Einführung einer freien Gewerbeordnung zu wirken, nach welcher Jedermann, der ein Geschäft erlernt hat und dies einfach ohne Meisterprüfung, mit Ausnahme der Bauhandwerke, nachweist, dasselbe betreiben kann. Bis dahin aber können die Arbeiterwerkstätten mit Zuziehung von Meistern, welche zur Leitung eines Geschäfts berechtigt sind, ins Leben gerufen werden.

8. Sämmtliche bayrische Arbeitervereine müssen sich sowohl an ihre Ortsgemeinden wie an die Staatsbehörde wegen Errichtung von Volksbibliotheken, Fortbildungsschulen für Arbeiter und Ackerbauschulen wenden. Der Vorort in München übernimmt die Abfassung einer Petition an die Volksvertreter zu diesem Zwecke und wird dieselbe zur Sammlung von Unterschriften den Arbeitervereinen zukommen lassen.

9. Die bayrischen Arbeitervereine verlangen Verminderung der stehenden Heere, eine Herabsetzung der Militärdienstzeit auf 1 Jahr, damit an die Stelle einer königlichen bewaffneten Macht eine allgemeine Volksbewaffnung mit freier Wahl der Offiziere trete, so daß der 1jährige Dienst im stehenden Heere eine Exerzierschule für letztere abgebe. Auch verlangen die Arbeitervereine, daß sie bis zur Einführung allgemeiner Volkswehr sich als selbstständige Korps konstituiren können.

10. Ebenso vereinigen sich die auf dem Kongreß vertretenen Vereine über folgende Forderungen, die an die Volksvertretung zu stellen sind:

a. Aufhebung der Bevorzugung gewisser bevorrechteter Stände bei Ertheilung von öffentlichen Aemtern;
b. passive und aktive Wahlfähigkeit aller Männer, die das 21ste Lebensjahr überschritten haben;
c. Aufhebung der Realrechte und Konzessionen.
d. Aufhebung aller Hindernisse, welche der Verehelichung von Staatsmitgliedern im Wege stehen.
e. Aufhebung aller Steuern, die auf Lebensbedürfnissen beruhen und Einführung progressiver Einkommensteuer.
f. Die Arbeitervereine verlangen, daß die von der Nationalversammlung in Frankfurt verkündeten Grundrechte als geringstes Maß der Freiheit gewährleistet werden.
g. Um dem den Arbeiterstand entwürdigenden »Fechten« [Bitte um den Reise-Zehrpfennig] entgegenzuwirken, erhalten diejenigen Reisenden, welche Mitglieder von Arbeitervereinen waren, und einen Nachweis besitzen, daß sie den Verpflichtungen gegen ihren Verein nachgekommen, eine Unterstützung von den auf dem Kongreß vertretenen Vereinen.
h. Die Staatsbehörden sind aufzufordern, alle Ausnahmebestimmungen, welche für das Reisen der Arbeiter in Bayern getroffen sind, aufzuheben, so daß kein Unterschied der Staatsbürger in Bezug auf Paßwesen ferner existire und der wandernde Handwerker nicht anders behandelt werde wie jeder wohlhabende Reisende.
i. Der Kongreß spricht sich dahin aus, daß es endlich Zeit sei, an Stelle der Familien- und Hauspolitik der deutschen Fürsten eine nationale Handelspolitik zu setzen, so

daß das Interesse des Volkes auch in seinen Beziehungen zum Auslande kräftigst gewahrt werde und wird hiezu die Gründung eines Arbeiterministeriums ebenfalls beantragt, damit die Interessen der arbeitenden Klasse vertreten sind. Eine gleiche Forderung geht auf Errichtung von Gewerbekammern und Schiedsgerichten, die aus der freien Wahl der Arbeitgeber und Arbeitnehmer in gleicher Anzahl hervorgehen.

11. Die bayrischen Arbeitervereine haben ihre Erklärung über die hier angenommenen Beschlüsse dem Centralkomité zu Leipzig und dem Vorort zu München auf das Schleunigste einzusenden.

Aus: Die Verbrüderung, Nr. 54, 6. 4. 1849, und Nr. 56, 13. 4. 1849

6. Die Beschlüsse des bayerischen Arbeiterkongresses in Augsburg (13. und 14. 11. 1849)

a.

[Der Vorsitzende] Dr. Oldenburg eröffnete die Debatte mit dem ersten Punkte: Feststellung der Verhältnisse der Bezirks- und Zweigvereine dem Central-Komité gegenüber. Es wurde beschlossen, diesen Punkt unverändert anzunehmen, welcher lautet: a. Nur durch eine zweckmäßige Centralisation der Arbeitervereine kann etwas Ersprießliches geleistet werden und es erscheint daher die Erhaltung des Central-Komité als unumgänglich nothwendig. Zu den Unterhaltungskosten dieses Komités hat jeder Bezirks- wie auch Zweigverein monatliche Beiträge zu leisten, deren Höhe jedoch der Bestimmung eines jeden Vereines überlassen bleibt. b. Jeder Arbeiter-Verein ist verpflichtet, das vom Central-Komité herausgegebene Korrespondenzblatt »Die Verbrüderung« zu halten. [. . .]

In der dritten Sitzung [. . .] wurden folgende Beschlüsse gefaßt:

I. Allgemeine Unterstützungskassen für wandernde Arbeiter. Es wurde nach langer Debatte der Vorort mit Ausarbeitung eines vollständigen Statuts beauftragt, jedoch festgestellt, daß die Verwaltung derselben durch Meister und Gesellen eine gleichmäßige sein müsse.

II. Spezielle Unterstützung der Arbeitervereine. Die Unterstützungen der Vereine werden beibehalten, ja wo möglich zur größeren Ausdehnung gebracht; besonders sollen die Vereine veranlaßt werden, die Kranken-Unterstützungen einzuführen.

III. Versorgungs-Anstalt für alte und gebrechliche Arbeiter. Der Vorort wird beauftragt, zu diesem Zwecke eine Adresse zu entwerfen, und dieselbe der Kammer der Abgeordneten zu übergeben. [. . .]

VI. Zweck der Arbeitervereine ist, für die sittliche und geistige Bildung zu wirken, sowie dem materiellen Nothstande der Arbeiter kräftigste entgegenzuwirken.

VII. Der Vorort wird beauftragt, beim deutschen Turnerbund dahin zu wirken, daß den Mitgliedern von Arbeitervereinen der Zutritt zum Turnen unter möglichst billigen Bedingungen gestattet werde. Sollte dieses Ansuchen kein befriedigendes

Resultat liefern, so ist dahin zu wirken, daß bei den Arbeitervereinen selbstständige Turnerkorps errichtet werden. [...]

Aus: Die Verbrüderung, Nr. 122, 30. 11. 1849

b.

Augsburg, 15. Nov. Bei dem gestern dahier stattgefundenen Zusammentritt der Vertreter der bayerischen Arbeitervereine zu den »Drei-Königen« wurde zuvörderst der ernste Wille ausgesprochen: um jeden Preis den entwürdigenden Betteln der Gesellen zu steuern: »Ehrt euch selbst und ihr werdet geehrt seyn.« Würzburg, Bamberg, Fürth, Nürnberg, München, Schwabach, Kempten und Augsburg waren vertreten. Man beschloß, einige Petitionen, an Kammer und Regierung, zu senden, um das Associationsrecht zu behalten und einen Beitrag zur Fondirung einer Altersversorgungskasse zu gewinnen. Die herrlichsten Kräfte machten sich in dem Kreise bemerkbar und ein löblicher Wille, im Geiste der Zeit zu wachsen, war bei Allen lebendig. Die Mittel sind zwar noch nicht überall dieselben, aber das Gute wird endlich doch erzielt werden, wenn sich auch andere Stände dazu entschließen, eine kleine Unterstützung zu reichen. – Von der Politik wollen sich alle Vereine entfernt halten, dafür einzig ihr Haus verbessern. Sie wollen in der Bildung fortschreiten, durch Turnen u. s. w. sich geschickter zu Handleistungen machen und dem Geiste der Ordnung auf alle Weise huldigen. – Ehre solchen Bestrebungen!

Aus: Der Lechbote, Nr. 315, 16. 11. 1849

7. Der Wanderunterstützungsverein in München (November 1849)

Mit außerordentlicher Genugthuung können wir berichten, daß unser neugegründeter Wanderunterstützungs-Verein immer zunimmt. Außer den Mitgliedern des Bildungsvereins sind laut eingegangenen Listen noch hinzugetreten: 38 Hutmacher, 400 Schuhmacher, 26 Glaser, 20 Korbmacher, 19 Cigarrenarbeiter, 18 Kammmacher, 18 Kürschner, 17 Haarschneider, 16 Schriftgießer und 11 Feilenhauer, zusammen 583 neue Mitglieder, mithin zählt der ganze Verein 890 Mitglieder. Zugleich nehmen wir Gelegenheit hier unsere Statuten folgen zu lassen.

Statuten des Wanderunterstützungs-Vereins zu München.

§. 1. Zweck des Wanderunterstützungsvereins ist die Hebung der sittlichen und geistigen Bildung der Arbeiter durch Abstellung der Mißstände, besonders des Bettels.

§. 2. Dieser Zweck soll erreicht werden durch gegenseitige Unterstützung und Ausbildung.

§. 3. Mitglied ist Jeder, der sich zu einem regelmäßigen Beitrag von wenigstens 1 Kreuzer pr. Woche verpflichtet. Zur Legitimation erhält jedes Mitglied eine Karte.

§. 4. Mitglied zu sein hört auf, wer zwei Monate nach einander seinen eingegangenen Beitrag nicht entrichtet, dasselbe hat keinen Anspruch auf Ersatz der Einzahlung; nur nachgewiesene Krankheit entschuldigt.

§. 5. Jedes Mitglied hat gleiche Rechte und Pflichten.

§. 6. Aus den eingehenden Geldern wird eine Kasse gebildet, welche außer den Vereinsauslagen zur Unterstützung wandernder Arbeiter verwendet wird.

§. 7. Eine solche Unterstützung erhält jeder hier durch- oder abreisende Arbeiter, sobald sein Wanderbuch zur Abreise visirt ist. Derselbe muß aber wenigstens drei Monate lang schon Mitglied eines Reiseunterstützung gebenden Vereins sein, und sich darüber durch genügende Legitimation ausweisen.

Aus: Die Verbrüderung, Nr. 124, 7. 12. 1849

8. Adresse des Würzburger Arbeitervereins an den bayerischen Landtag (Januar 1850)

Hohe Kammer der Abgeordneten! Der gehorsamst unterzeichnete Arbeiterbildungsverein wurde bei einer zu Augsburg von den baier. Arbeitervereinen am 13. November veranstalteten gemeinsamen Besprechung zum Vorort der baier. Vereine gewählt und beauftragt, jene Schritte zu thun, die dem Interesse, dem Wiederaufblühen des Arbeiterstandes förderlich sein können. Diesem ehrenvollen Auftrage zu entsprechen, wenden wir uns mit unseren Bitten an die hohe Kammer der Abgeordneten voll des Vertrauens, daß dieselben bei Hochderselben gerechte Würdigung und Berücksichtigung finden möge. 1. »Hohe Kammer wolle dahin wirken, daß den Arbeitervereinen in keinerlei Weise das Assoziationsrecht verkümmert und daß namentlich die Verbindung mit den übrigen Arbeitervereinen nicht gestört, vielmehr deren gegenwärtige und noch zu verbessernde Organisation geschützt werde, und 2. Hohe Kammer wolle dahin wirken, daß die Verordnung im Betreff des Visirens der Handwerksbursche von einem Gerichte zum andern aufgehoben, und in diesem Betreffe so wie überhaupt in Beziehung auf das Reisen derselben ein die Interessen des Handwerkerstandes förderndes Gesetz erlassen werde, und 3. Hohe Kammer wolle das Unterstützungswesen der reisenden Arbeiter in der Art vertreten, daß demselben von Seite der obersten Staatsbehörde der möglichste Vorschub geleistet werde. Wir erlauben nur hier die Motive für unsere Bittvorträge folgen zu lassen: ad 1. das Assoziationsrecht ist eine der nothwendigsten Bedingungen zum Aufblühen des Arbeiterstandes, indem nur durch dasselbe die von den Arbeitern selbst in die Hand genommene Unterstützungsfrage gedeihlich beschäftigt und durchgeführt werden kann; ebenso kann nur durch gegenseitiges Zusammenwirken der Vereine im Vaterlande eine derartige Bildung des Arbeiterstandes erwartet werden, wie sie der Zeit entsprechend seinem Gedeihen förderlich ist. Das gegenseitige Entgegenkommen der verschiedenen Vereine, die sich zum Ziele gesetzt haben, alte Mißbräuche zu beseitigen, Reisende, Kranke und Alte zu unterstützen und den praktischen Arbeitern auch die nöthige theoretische Bildung anzueignen kann für den künftigen Bürger- und Gewerbestand nur von den günstigsten Folgen sein. Der an

Geist und Gemüth gebildete Arbeiter wird im Verein mit seinen Genossen das Vaterland schützen und vertheidigen, gewiß nicht verderben. ad 2. Die gegenwärtige Weise zu Visiren, gereicht zum höchsten Nachtheile, denn gerade dadurch werden die meisten Streuner und Bettler gezogen. Der arme Wanderer, mit wenigem Gelde versehen, ist gezwungen, das Wenige auszugeben durch Zuwarten an den Gerichtssitzen, hat er aber nichts mehr, so muß er, um sich die Zeit und den Hunger zu vertreiben, zum Betteln oder noch etwas Schlimmeren seine Zuflucht nehmen. Dieses Visiren veranlaßt in der That eine Geld, Zeit, Geist und Sitten tödtende Art zu reisen, und beförderte nicht die Kontrolle, sondern erschwert sie. ad 3. Die Arbeitervereine haben es selbst übernommen, durch Unterstützung von Reisenden, die Vereinen angehörten, dem Bettel zu steuern, doch ist dies Mittel nicht hinreichend, um dieser Giftbeule des Arbeiterstandes wirksam entgegenzutreten. Die besseren Arbeiter wollen sich selbst emanzipiren; hiezu soll die Gründung einer allgemeinen Unterstützungskasse die Mittel abgeben, und sie wird es, wenn Behörden namentlich und Private die Hand dazu bieten. Es wurde ein Plan hiezu bereits vor längerer Zeit durch den Arbeiterverein zu Würzburg entworfen. Wir werden die in Ausarbeitung begriffenen Statuten zur Einsicht einzusenden uns erlauben. Es ist nur in kurzen Umrissen angegeben, was vor Allem unserem Stande Noth thut, wenn er sich aus der entwürdigenden Lage emporarbeiten soll. Wir sind der festen Meinung, daß nur ein wahrhaft sittlich gebildeter, sich selbst achtender und geachtet werdender Arbeiterstand den Stock zu einem tüchtigen Gewerbs- und Bürgerstand geben wird. Wir sind des festen Glaubens, daß Tausende von Arbeitern, die als Flüchtlinge, als Verbrecher im Auslande umherirren, für das Vaterland verloren gehen, weil man ihrem Stande die Berücksichtigung nicht schon lange geschenkt hat, die er mit Recht verdient. Dieser Stand, der einst, wie uns die Geschichte lehrt, so oft und willig Herz und Hand für Fürst und Staat darbot, wird heute ebenso eine Stütze des Landes werden, wenn man seinen Gebrechen abhilft.

Aus: Die Verbrüderung, 1. 2. 1850

9. Die Auflösung und Reorganisation des Nürnberger Arbeitervereins

Wenn man nichts Erfreuliches zu berichten hat, so thut man oft besser, man schweigt gänzlich, um nicht auch Andere durch Mittheilung unangenehmer Vorfälle, die doch nicht mehr zu ändern sind, in trübe Stimmung zu versetzen oder zu entmuthigen.

Ein solcher Grund ist Ursache, warum wir seit geraumer Zeit nichts von uns hören ließen. Da jedoch die gegenwärtige Gestaltung der Verhältnisse bei uns wieder erfreulichere Aussichten darbieten, so will ich nicht länger säumen, unsere Korrespondenz wieder anzuknüpfen. Ich halte es jedoch auch für Pflicht, nun nachträglich auf die erwähnten unangenehmen Vorfälle zurückzukommen.

Bereits schon vor 4 Monaten hatte der hiesige Arbeiterverein, der um diese Zeit nahe an 400 Mitglieder zählte, einen empfindlichen Stoß erlitten. – Der Verein veranstaltete Sonntag den 20. Mai [1849] auf dem Schloßzwinger ein allgemeines Verbrüderungsfest, an dem Tausende von hiesigen Einwohnern, so wie auch eine große Anzahl Soldaten durch ihre Anwesenheit Theil nahmen. Das Fest, zu dessen Verherrlichung alles Mögliche aufgeboten wurde, ging auf die schönste Weise vorüber und schien seinem Zweck vollkommen entsprochen zu haben. Auf vieles Verlangen wurde am Abend des folgenden Tages eine Nachfeier veranstaltet, die jedoch leider einen traurigen Ausgang nahm. – Die gemüthliche Feier des sonntäglichen Festes und namentlich das dabei obwaltende herzliche Einverständniß der anwesenden Soldaten (größtentheils vom 5. Infanterieregiment) mit den Bürgern und Arbeitern mochte in gewissen Kreisen Anlaß zu Aergerniß gegeben haben. Eine Anzahl Chevauxlegers und Artilleristen, größtentheils Unteroffiziere, die, wie später von Soldaten selbst versichert wurde, dafür bezahlt worden sein sollen, suchten durch auffallendes Benehmen Excesse hervorzurufen. Es wurde ihnen jedoch kein Anlaß dazu gegeben, da man ihre Absicht bald durchschaut hatte, sondern das anwesende Publikum machte auf Aufforderung des Vorstandes Anstalt, sich zu entfernen. Plötzlich fielen jedoch diese Vaterlandsvertheidiger über die friedlich Abziehenden her und hieben mit blanken Säbeln unbarmherzig ein, so daß viele schwere Verwundungen vorfielen.

In Folge dieses Vorfalls und noch weiterer Fortschritte, die die Säbelherrschaft machte, zogen sich viele Mitglieder vom Verein zurück, da zu befürchten war, daß rohe Horden selbst in die Vereinsversammlungen dringen würden. Die Mehrzahl ließ sich jedoch nicht abschrecken und der Verein begann allmählig wieder zuzunehmen, als auf's Neue eine traurige Katastrophe eintrat.

Es erfolgte nämlich in der Nacht vom 26. auf den 27. Juni [1849] eine plötzliche Verhaftung von 7 Mitgliedern des Vereins, darunter die Vorstände Köchert und Stöttner, Schriftführer Ditthorn und Kassirer Fischer (erst- und letztgenannter sind verheirathet) und eine Beschlagnahme der Vereinsliste, Kasse, Protokolle, so wie überhaupt aller Papiere, die sich vorfanden. – Die Ursache dieser Gewaltmaßregel ist darin zu suchen, daß sich eine Anzahl Mitglieder des Vereins mit Sensen bewaffneten. Der Hergang ist folgender:

In jener kritischen Zeit, in der selbst von der deutschen Nationalversammlung (die damals von den Regierungen noch anerkannt wurde) die Aufforderung erging, daß sich jeder Deutsche bewaffnen solle, in jener Zeit war der Drang, sich zu bewaffnen, auch bei den hiesigen Arbeitern mächtig, um zum Schutze der gefährdeten persönlichen Sicherheit und auch um nöthigenfalls für die Freiheit und Einheit Deutschlands einstehen, um das Vaterland gegen äußere Feinde vertheidigen zu können. Die Mitglieder des Vereins, die noch bei keinem der bestehenden Freikorps betheiligt waren, wollten anfangs eine selbstständige Kompagnie bilden und sich der Stadt- oder Bürgerwehr anschließen. Da jedoch Feuergewehre nicht mehr verabreicht wurden und solche aus eigenen Mitteln zu schaffen zu kostspielig gewesen wäre, so einigte man sich dahin, sich Sensen anzuschaffen und als Sensenkompagnie dem Freikorps beizutreten. – Es waren die nöthigen Einleitungen bereits getroffen, als (Mitte Mai) ein amtliches Verbot erschien, demzufolge »vor der Errichtung zweier selbstständigen Kompagnien mittelst Sensenbewaffnung« gewarnt wurde. –

Der Verein leistete diesem Verbot Folge und erklärte in öffentlichen Blättern, daß von nun an die Bewaffnung nicht mehr Sache des Vereins sei, sondern daß es jedem Einzelnen überlassen bleibe, sich zu bewaffnen. – Es haben sich nun eine Anzahl unter sich verständigt, Sensen als Hauswaffen anzuschaffen, da eine namhafte Summe, die sich durch eine veranstaltete Sammlung bei den Bürgern in wenigen Tagen herausgestellt hatte, zum Zweck der Bewaffnung zur Verfügung stand. Die gefertigten Sensen wurden an die Einzelnen vertheilt, eine Organisation fand jedoch nicht statt. Dies ist der ganze Hergang.

Bei Gelegenheit der Verhaftungen wurde auch das Namensverzeichniß der bei der Bewaffnung sämmtlichen Betheiligten vorgefunden und in Folge dessen Haussuchungen bei denselben veranstaltet. [...] Die Verhafteten, von denen einige bei der Bewaffnung gar nicht betheiligt waren, sind des Versuchs zum Hochverrath beschuldigt, indem sie eine gewaltsame Durchführung der deutschen Reichsverfassung in Verbindung mit Andern beabsichtigt haben sollen. Es liegt jedoch nichts vor, was diese Anschuldigungen begründen könnte, da auch in der That die Waffen nicht zu diesem Zweck angeschafft wurden. – Weitere Verhaftungen fanden nicht mehr statt (wahrscheinlich wegen Mangel an Gefängnissen) und es wurden nur Einzelne noch zu Verhör gezogen und wieder entlassen. – Diese obengenannten Männer, die, ohne allen persönlichen Eigennutz, nur das allgemeine Beste im Auge hatten, die für das Wohl der Arbeiter, für das allgemeine Wohl, nach Kräften zu wirken suchten, die immer offen und unerschrocken für die Freiheit in die Schranken traten, diese Männer sitzen nun bereits drei Monate im einsamen Gefängnisse. Der Tag ihrer Befreiung wird jedoch hoffentlich nicht mehr fern sein; ja, wir hoffen mit Zuversicht, daß in Folge einer Amnestie sich ihre Kerker bald öffnen werden.

Obgleich durch diese Verhaftungen sich viele Mitglieder vom Verein zurückzogen, so konnte doch eine gänzliche Auflösung desselben, was von den Behörden beabsichtigt wurde, dadurch nicht erzielt werden, denn es giebt unter den hiesigen Arbeitern noch Männer, die man der Feigheit nicht beschuldigen kann, die stets für das Wohl ihrer Brüder, für das allgemeine Wohl in die Schranken treten werden. Die Ausdauer Einzelner spornte auch Andere wieder an, und der Arbeiterverein, der seit dem Umschlag der Dinge die Politik ganz bei Seite setzte, begann sich abermals kräftig zu erholen, als plötzlich ein Strich durch die Rechnung gemacht wurde. Ein Machtausspruch der königlichen Regierung vom 13. August [1849] verfügte die Auflösung des Vereins, da sich durch die vorgefundenen Protokolle herausgestellt habe, daß derselbe staatsgefährliche Tendenzen gehegt. – Dagegen ließ sich nichts mehr einwenden. Der Gewalt muß man weichen.

Das Bedürfniß der Vereinigung, um eine Verbesserung der Verhältnisse der arbeitenden Klasse zu erzielen, gab sich jedoch bald wieder kund. In einer am 3. September abgehaltenen allgemeinen Arbeiterversammlung wurde die Gründung eines neuen Vereins unter dem Namen »Bildungs- und Unterstützungsverein für Arbeiter« bewerkstelligt. – Die Mitgliederzahl ist bereits auf nahe an 100 gestiegen und es ist zu erwarten, daß eine vom Verein erlassene »Ansprache an sämmtliche Arbeiter«, welche die meisten hiesigen Blätter aufgenommen haben und noch besonders an alle Innungen und in alle größeren Werkstätten vertheilt wird, von gutem Erfolg sein und der Verein vielleicht auf Tausende anwachsen wird. Der Zweck, den derselbe verfolgt, besonders die Unterstützung der Reisenden, um das entwürdigende Fechten abzuschaffen, findet allgemein, selbst unter den sogenannten höhern Ständen, Anerkennung, und es ist auf namhafte Unterstützung zu rechnen. Es wird freilich auch von mancher Seite etwas scheel auf die in neuerer Zeit allenthalben sehr rührigen Arbeiter gesehen, da man nur zu gut weiß, daß sich durch eine vollständige Organisation aller Arbeiter Deutschlands, durch die dadurch sich immer mehr entwikkelnden geistigen Kräfte derselben sich eine ungeheure Macht heranbildet, die mit der Zeit ein großes Gewicht in die Wagschale des Volks legen kann. Es wurden schon mehrfache Versuche von einflußreichen Privatpersonen gemacht, diese Unterstützungskassen in ihre Hände zu bekommen oder den magistratischen Behörden zu übertragen, damit die Unterstützung ein bloßes Stadtgeschenk werde und die Arbeiter dennoch verpflichtet würden, Beiträge in diese magistratlichen Unterstützungskassen zu leisten, um dadurch der Vereinigung der Arbeiter entgegenzuwirken. Es könnte hier wohl eingewendet werden: es ist ja schön, wenn die Behörden die Unterstützung in die Hand nehmen, die Vereine können ja doch nebenbei fortbestehen und würden sich dadurch vieler Mühe überheben; allein es ist darauf zu erwidern, daß gerade die Unterstützung ein Köder ist, der die meisten Arbeiter zu den Vereinen locken wird. Diese hochgestellten Herren hätten schon längt Maßregeln treffen können zur Verbesserung der Verhältnisse der arbeitenden Klasse, warum kommen sie jetzt erst, nachdem sich die Arbeiter selbst rührig zeigen? Sie wollen durch eine liberale Maske, die sie plötzlich aufgesteckt, das Zutrauen der Arbeiter gewinnen, um sie an ihrem Gängelbande leiten zu können, um dem Streben derselben einen Damm entgegen zu setzen; denn vor einer Entwicklung der geistigen Kräfte der Arbeiter scheinen sie noch mehr Furcht zu haben, als vor deren physischen. Die Arbeiter haben unter sich Kräfte genug, sich selbst kräftig zu entwickeln; sie können dies, wenn sie nur ernstlich wollen. Es sollen zwar Unterstützungen von anderen Seiten sehr willkommen sein und dankbar anerkannt werden, eine dadurch etwa entstehende Bevormundung dürfen sich jedoch die Arbeiter nicht gefallen lassen oder gar selbst dazu beitragen.

Aus: Die Verbrüderung, Nr. 106, 5. 10. 1849

10. Die Entwicklung des Münchner Arbeiterbildungsvereins

Die großen Ereignisse des Frühjahres 1848, die in jeder Brust die schönsten Hoffnungen erregten und zur Thatkraft spornten, hatten auch die Arbeiter in München das Mangelhafte und drückende ihrer Zustände erkennen lassen und sie veranlaßt, an den Bewegungen sich zu betheiligen, um ihre Lage zu verbessern. In großer Anzahl schlossen sie sich dem damals – schon im März – entstandenen politischen Klub (Bauhofklub)[1] an, dessen Mehrheit sie bildeten und dessen angestrengte Thä-

[1] Zum Bauhof-Club vgl. Nr. XIV/14.

tigkeit nicht wenig dazu beitrug, daß ein ziemlich freisinniges Wahlgesetz errungen wurde. So betheiligten sich die Arbeiter an der Parlamentswahl für Frankfurt, indem eine große Anzahl mit einander ein Grundstück kaufte, um steuerpflichtig zu sein und wählen zu können. Die beiden Abgeordneten Münchens (Fallmerayer und Hermann) gehörten auch wirklich in Frankfurt der Linken und dem linken Centrum an. Später bei der Wahl zum bayrischen Landtag, wo der Arbeiterverein schon bestand, unterzogen sich fast sämmtliche Mitglieder der neueingeführten Einkommensteuer, von welcher sie gesetzlich frei gewesen wären, um das Wahlrecht ausüben zu können.

Unter diesen politischen Bewegungen entging es den Arbeitern nicht, daß ihre Bestrebungen, vorzüglich sozialer Natur sein, und daß sie sich vor allem, aus sich selbst herausbilden müßten. Zuerst wurde der Versuch gemacht, einen allgemeinen Gewerbeverein von Meistern und Gesellen zu gründen und, als dieser mißlang, gründete ein gewisser Sax, ein damals noch wenig gekanntes käufliches Individuum einen Gesellen-Bildungsverein, an welchem sich eine große Anzahl Arbeiter betheiligte. Die tüchtigeren Mitglieder sahen aber bald ein, daß es dem Gründer nur um eine Geldspeculation zu thun sei, ließen sich von Stuttgart die Statuten des dortigen Arbeitervereins kommen, entwarfen unter Zugrundelegung derselben neue Statuten und gründeten so zu Ende Juni 1848 den noch jetzt bestehenden »Bildungsverein für Arbeiter«, welcher sogleich allgemeinen Anklang fand und zur Folge hatte, daß nach und nach alle Mitglieder des Sax'schen Vereins in diesen hinüberkamen und Jene sich auflösten. Die Zahl der Mitglieder stieg schon in einigen Monaten auf 600. Als Vereinszweck wurde bestimmt:

»eine allgemeine, moralisch-politische Bildung des Arbeiters zu erstreben, und die Arbeiter mit allen gesetzlichen Mitteln in den Vollgenuß aller staatsbürgerlichen Rechte zu bringen, sowie überhaupt die materiellen und geistigen Interessen desselben nachdrücklichst zu vertreten und zu fördern.« –

In der zweiten Vereinsversammlung wurde ein Aufruf des Hamburger Arbeiter-

Arbeiter-Bildungs-Verein.

Dessen Mitglieder werden benachrichtigt, daß die Unterhaltungs- und Unterrichtsstunden, von heute an, allwöchentlich in folgender Weise beginnen und fortgesetzt werden: Montag 8 Uhr Abends: **Allgemeine Versammlung** für die Arbeiterinteressen, Tagesgeschichte und Geographie. Dienstag 8 Uhr: Gesang Mittwoch 8 Uhr: Styl-Uebungen. Donnerstag 8 Uhr: Gesang. Freitag 8 Uhr: Geometrie. Samstag 7 Uhr: Oeffnung des Lesezimmers. Sonntag von 1/2 2 bis 3 Uhr Rechnen, und von 1 bis 9 Uhr Oeffnung des Lesezimmers. An allen Abenden ist daneben zur Benützung der Zeitungen Gelegenheit gegeben.

(1183) **Der Auschuss.**

Anzeige des Augsburger Arbeiterbildungsvereins 1849

Seite 294: Anzeigen von Münchner Märzvereinen und dem Arbeiterbildungsverein

Anzeigen.

März-Verein.

(33) Sonntag den 4. März Abends 7 Uhr

Festliche Versammlung im Prater

zur Jahresfeier der

Volks-Erhebung vom 4. März 1848.

Märzverein der Vorstadt Au.

Morgen Montag Abends findet im **Franziskanerkeller** eine

Versammlung

statt.

Der provisorische Ausschuß.

Bildungs-Verein für Arbeiter.

Montag den 5. März Abends 8 Uhr

ALLGEMEINE ARBEITER-VERSAMMLUNG

behufs einer Petition um Abschaffung der Aufenhalts-Karten-Gebühr und näherer Vereinigung im Vereins-Lokal beim Kreuzbräu.

Zu zahlreichem Besuch ladet ein der Ausschuß.

Deutschkatholische Kirchen-Gemeinde.

Heute Sonntag den 4. d. Mts. Vormittags 10 Uhr Gottesdienst, geleitet vom Pfarrer Dumhof. Nachmittags 3 Uhr Gemeinde-Versammlung.

Von dem satyrischen Originalblatte:

Der Revolutions-Teufel, oder: Vorwärtsmarsch!

ist bereits die 9te Nummer erschienen und Färbergraben Nr. 29 zu haben.

Preis 1 kr.

Bei Leonhard Henzel, Promenadeplatz, neben dem Schulhause, ist erschienen:

Das Arbeiter-Banquett in München

am 24. Februar 1848

zur

Feier des Jahrestages der Februarrevolution in Paris.

Zur Erinnerung an den Tag der Feier

den Arbeitern

gewidmet. — Preis 3 Kreuzer.

vereins verlesen, in welchem alle Arbeitervereine eingeladen waren, den Gewerbekongreß in Frankfurt zu beschicken, damit dort nicht blos die Interessen der Meister, sondern auch die der Gesellen vertreten seien. Unser kaum gegründeter Verein beschloß, diesen Kongreß zu beschicken, und in einer eigens hierzu anberaumten Versammlung im größten hiesigen Lokale im Prater, welches gedrängt voll war, wurden Roos und Wassermann als Deputirte gewählt. Die Versammlung hatte von Abends 7 Uhr bis früh 6 Uhr gedauert. Da hierbei Wassermann nicht mit Unrecht unredlicher Wahlumtriebe beschuldigt wurde, schlossen sich die Schuhmacher von der Wahl aus und wählten einen eigenen Deputirten in der Person des Nißle, so daß der Kongreß von hier durch drei Deputirte beschickt wurde. Die Kosten für dieselben beliefen sich für die beiden Erstern auf 360 Thlr. und für den Letztern auf 120 Thlr., welche von den Schuhmachern allein bestritten wurden. Unser Verein sandte überdieß eine Adresse an den volkswirthschaftlichen Ausschuß des Parlaments, welche in 2000 Exemplaren gedruckt wurde. Diese nicht unbeträchtlichen Geldopfer zeugen gewiß von der Aufopferungsfähigkeit der hiesigen Arbeiter, welche in diesem Falle leider nicht den besten Erfolg hatte, indem die Thätigkeit und das Resultat des frankfurter Kongresses bekannt ist.

Während noch dieser Kongreß tagte, kam uns ein Aufruf zur Beschickung des Arbeiterkongresses in Berlin zu. Der Verein beschloß, auch diesen Kongreß zu beschikken und wurde hierzu Spengler als Deputirter gewählt, gleichzeitig aber die Deputirten von Frankfurt abberufen. In Berlin nun wurde die Grundlage der allgemeinen Arbeiter-Verbrüderung in den disfalsigen Statuten geschaffen und das Centralkomite in Leipzig gegründet. Bei der Rückkehr des Deputirten kostete es in unserm Verein eine nicht geringe Mühe, die Arbeiter von der Zweckmäßigkeit der berliner Beschlüsse und von der Fruchtlosigkeit der Arbeiter des frankfurter Kongresses zu überzeugen. Doch siegte bald die bessere Einsicht, das in Frankfurt weder etwas Gründliches noch etwas Dauerhaftes beschlossen worden war, das dagegen die berliner Beschlüsse den erfolgreichsten Einfluß äußern mußten; und es beschloß der Verein, sich der Verbrüderung und dem Leipziger Centralkomite anzuschließen, der erste süddeutsche Verein, welcher diesen Anschluß erklärte, welchem aber bald die übrigen nachfolgten. München wurde zugleich Bezirkskomité und es mehrten sich von dieser Zeit an bald rasch die Arbeitervereine in Bayern, fast alle unter dem Banner der Verbrüderung.

Unser Verein hatte damals wöchentlich drei Versammlungen, in welchen allgemeine politische und Vereinsangelegenheiten besprochen wurden. Je ein Abend in der Woche war zu Vorlesungen und bildenden Vorträgen bestimmt, welche auch vorzüglich aus dem Gebiete der Geschichte, Rechtslehre, Vernunftreligion und Moral u. s. w. regelmäßig stattfanden. An Sonn- und Feiertagen fanden, wie noch jetzt, gewöhnlich Abendunterhaltungen im Vereinslokale statt, wobei die Liedertafel unsers Vereins aus 24–30 Mitgliedern kräftig mitwirkte, deren Gesänge mit Deklamationen einzelner Mitglieder wechselten. Hie und da fanden auch musikalische Produktionen statt. Ein weiteres Bestreben war auf Gründung einer Bibliothek gerichtet, welche auch größtentheils aus Geschenken entstand und jetzt aus 130 Bänden nebst einer Anzahl Landkarten, Zeichnungsvorlagen u. s. w. besteht und fleißig benutzt wird. An Zeitungen erhalten wir die meisten hiesigen unentgeldlich. Wir hielten früher auch mehrere auswärtige Journale, welche aber seitdem alle eingegangen sind. Von auswärtigen Zeitungen halten wir jetzt außer der »Verbrüderung« seit dem 1. Jan. d. J. nur noch die »Neue fränkische Zeitung« (Würzburg) und den »freien Staatsbürger« (Nürnberg), da uns mehrere zu kostspielig waren. – Um unsere Ansichten in einem eigenen Organe aussprechen zu können und unser Wirken und unsere Bestrebungen auch der Oeffentlichkeit zu übergeben, gründeten wir noch im Herbste 1848 ein eigenes Vereinsorgan unter dem Titel: »Es muß Tag werden«, welches aber wegen wiederholten Konfiskationen, Verhaftung des Redakteurs (Nißle) und dann auch wegen der etwas lauen Betheiligung der Arbeiter selbst, nach 22 Nummern wieder aufgegeben werden mußte. – Die Vereinsauslagen wurden durch den monatlichen Pflichtbeitrag der Mitglieder von 6 kr. und die Aufnahmsgebühren von ebenfalls je 6 kr. bestritten und glichen sich in der Regel die Einnahmen und Ausgaben aus. Größere Auslagen, wie die für die Beschickung der Kongresse, wurden übrigens durch gesonderte Umlagen gedeckt. Bei der zu Ende des vorigen Monats gepflogenen Abrechnung ergab sich ein Aktivrest von 8 Gl. 56 kr., nachdem die Einnahmen und Ausgaben des Vereins seit seinem Bestehen mit den Kongreßkosten über 1000 Gl. betrugen. Doch hat der Verein noch mehrere Schulden. In dem Gesagten bestand so ziemlich das allgemeine Wirken des Vereins bis zum Herbste v. J., wobei aber noch bemerkt werden muß, daß wir auch zu allen Zeiten vom Petitionsrechte den umfassendsten Gebrauch machten, jedoch immer ohne Erfolg. Außerdem müssen wir aber noch verschiedene einzelne Vorkommnisse, bei welchen unser Verein selbstständig oder mitwirkend handelt, anführen. [...]

In Folge der Aufforderung des Centralmärzvereins in Frankfurt betheiligten auch wir uns am hiesigen Märzverein, welcher sich am 22. Dez. 1848 konstituirt und wobei wir im Ausschusse durch drei Mitglieder vertreten waren. In den Versammlungen dieses Vereins bildeten wir auch gewöhnlich die Mehrheit. Die Geschicke unseres Vereins gingen während dieser Zeit meistens Hand in Hand mit dem Märzverein, doch versäumten wir dabei nicht, auch die innere Thätigkeit des Vereins zu entwickeln.

Am 24. Febr. 1849 hielten wir zur Gedächtnißfeier der französischen Revolution, eigentlich der damit verbundenen oder wenigstens erwarteten Emanzipation des Arbeiterstandes, ein Bankett in den prächtig dekorirten Sälen des Kreuzbräu, unserm gewöhnlichen Versammlungslokal. Die Ausschüsse der andern freisinnigen Vereine, so wie die Linke des Landtags war hierzu eingeladen. Es wurden viele feurige Reden gehalten, welche aber Veranlassung zur Einleitung einer großen Kriminaluntersuchung gaben, welche noch nicht geschlossen ist. Dieses Fest, allgemein »Revolutionsbankett« genannt, wurde seitdem von unsern Feinden fortwährend gegen uns ausgebeutet. [...]

Der Kampf, welcher um dieselbe Zeit an mehreren Punkten um Einführung der deutschen Reichsverfassung begann, aber unglücklich endete, hatte auch für unsern Verein traurige Folgen. Eine große Anzahl von Mitgliedern reiste von hier ab und betheiligten sich mehrere derselben am badischen Kriege, andere wurden eingezogen und der Rest versank in eine solche Theilnahmslosigkeit, daß die Zahl der Mitglieder im November v. J. nunmehr auf 30 sich belief. – Indessen war der Verein auch während dieser Zeit thätig. Nicht nur wurde das Stiftungsfest auf würdige Weise gefeiert, sondern es wurde auch (am 26. August v. J.) eine Festlichkeit für die deutschen Flüchtlinge in der Schweiz veranstaltet, welche 25 fl. eintrug, die an den Ort ihrer Bestimmung gesendet wurden. Nebstdem wurden mehrere Unterhaltungen mit freiwilligen Beiträgen für unser vom 26. Mai 1849 bis zum 30. Januar 1850 verhaftetes Mitglied Nißle gehalten, wodurch dessen arme Familie unterstützt wurde. [...]

Wir haben es für zweckmäßig gehalten, den Wanderunterstützungsverein gesondert zu konstituiren und es besteht derselbe unabhängig neben unsern Verein; doch muß jedes Mitglied unsers Vereines auch Mitglied des Wanderunterstützungsvereines sein.

Aus: Die Verbrüderung, Nr. 39, 29. 6. 1850

11. Der Arbeiterbildungsverein in Regensburg und die ersten Auswirkungen des Vereinsgesetzes von 1850[1]

Regensburg, den 20. Mai [1850]. Da über unsern Verein schon längere Zeit nichts mehr in der Verbrüderung zu lesen war, so wollen wir, um allenfallsigen irrigen Meinungen, als wäre er eingeschlafen, entgegenzutreten, unsern Vereinsbericht fortsetzen und da fortfahren, wo wir in Nr. 4 der »Verbrüderung« stehen geblieben sind. Mit guter Hoffnung gingen wir, auf unser Recht und unsere gute Sache fest vertrauend, getrost und freudig der Zukunft entgegen und haben auch bis heute noch keine Ursache gehabt, ein Klagelied anzustimmen, so trübe auch im Augenblick die Aussichten sind und so eng zusammengedrückt auch die Atmosphäre durch das königl. bayrische Vereinsgesetz für uns ist. Es muß doch einmal Morgen werden!

Noch bevor wir Gelegenheit hatten, mit dem liebenswürdigen k. b. Vereinsgesetz nähere Bekanntschafft zu machen, suchte eine gewisse Partei, die nicht in jeder Gegend unsers lieben sogenannten deutschen Vaterlandes in gleicher Blüthe vegetirt, wie gerade hier, durch eine Reihe sich förmlich jagender Angriffe gegen uns mit absonderlichem Eifer dahin zu streben; uns auch für fernere Angriffe bereit zu machen, damit solche uns nicht überraschen. Wir sind dieser Partei, die Ultramontanen oder Schwarzen, auch geistliche Herren genannt, für ihre jedenfalls gutgemeinten Angriffe und Verleumdungen sehr dankbar und lassen ihr sogar das Verdienst, uns einen Theil unserer Mitglieder zugeführt zu haben, da deren Zahl in der letzten Zeit von 200 auf über 400 gewachsen ist. Wir lassen ihnen ihre Freude oder ihren Aerger und thun was Recht ist.

Der in unserm Verein bestehende Sängerbund hat uns seit unserm letzten Berichte mit zwei Gesangs-Produktionen erfreut, am 20. Januar und 15. April, die beide sehr gut ausfielen und viel zur Empfehlung unseres Vereins beim Publikum beige-

[1] Zum Vereinsgesetz vgl. Nr. XV/13, Anm. 1.

tragen haben mögen, besonders die letztere, bei der unter Anderen die Vorstandsmitglieder der drei hier bestehenden Gesangvereine, sowie die Ausschußmitglieder des hiesigen Gewerbevereins als Gäste anwesend waren. Letzterer Verein, dessen Spitze aus liberalen Elementen besteht, hat uns bisher stets fördernd mit Rath und That zur Seite gestanden; er erleichterte uns die Sendung eines eigenen Deputirten nach Leipzig durch einen Beitrag von 25 Gulden, er stellt unsern Mitgliedern sein Lesezimmer zur Benutzung frei und gestattet ihnen den Besuch von Vorlesungen, die in einer fortlaufenden Reihe von mehreren hiesigen Professoren zunächst für den Gewerbeverein gehalten werden. Wir hoffen noch recht oft mit ihm zu verkehren und sind im Augenblick wieder im Begriffe, Hand in Hand mit ihm, die Errichtung eines großen Wanderunterstützungsvereins zu bewirken.

Der in unserm Verein, wie früher bereits erwähnt, angeregte Plan eines Turnunterrichts ist insofern realisirt, als am 9. April die theilnehmenden Mitglieder des Arbeiterbildungsvereins sich als selbstständiger Turnverein constituirten, der auch bereits so weit gediehen ist, daß der nothwendige Platz und Apperate acquirirt sind und die Vorübungen bereits begonnen haben. [...]

Seit dem Erscheinen des neuen bayrischen Vereinsgesetzes, das schon manchem Vereine das Licht ausgeblasen, sind wir auch schon dreimal auf Grund desselben vom hiesigen Magistrate als Polizeibehörde mit Zuschriften beehrt, bis jetzt aber weder für politisch erklärt noch aufgelöst worden. Der Herr segne unsern Magistrat und behüte ihn – und uns auch.

Der Arbeiterbildungsverein in Regensburg und Stadtamhof.

Aus: Die Verbrüderung, Nr. 35, 1. 6. 1850

12. Der Wanderunterstützungsverein in Augsburg

Die Zahl der unterzeichneten Geber beträgt circa 365. Eingenommen wurden: 262 fl. 20 kr. Die Ausgaben betrugen für Druckereien, Papier, Porti, Lokale u. s. w. 84 fl. 48 kr. Unterstützt wurden 134 Reisende, jeder mit 18 kr. Summarum der Ausgaben 148 fl. 15 kr., bleibt demnach in Kasse: 134 fl. 5 kr. Vierzig Gegenstände zu einer Verloosung, wozu jedoch die Erlaubniß noch nicht eingegangen ist, wurden meistens von Arbeitern geschenkt. Viele Meister haben sich, wenn auch oft mit geringen Beiträgen, unterzeichnet; vor allem schätzenswerth ist die Zusage der löbl. Conditor-Innung, welche aus ihrer Vereinskasse jährlich 40 fl. zusagte; auch die Wachsarbeiter-Innung will ähnliches ausführen. Die Fabrikherren stehen in erster Reihe und betheiligten sich einzeln durch sofortige Geschenke bis zu 30 fl. und durch Unterschriften zu jährlichen Spenden bis zu 50 fl. Endlich nehmen die löblichen Redactionen hiesiger Blätter die Annoncen des Vereines unentgeltlich auf. Am wenigsten zahlreich sind bisher die Arbeiter selbst, für welche diese wohlthätige Kasse gestiftet worden, eingezeichnet. Doch darf meines Erachtens nach, dies Verkennen ihres Vortheiles die Menschenfreunde nicht abhalten, diesen allerdings jetzt nur geduldeten Verein, mit allen Kräften zu unterstützen; denn sein Einfluß auf höhere Sittlichkeit, Moralität und bessere Würdigung des eigenen Ich's bei dem großen Handwerkerstande kann nicht ausbleiben.

Aus: Bericht des Vorsitzenden des Augsburger Wanderunterstützungsvereins, F. A. Oldenburg, in: Die Verbrüderung, Nr. 35, 1. 6. 1850

13. Die Auflösung der Arbeitervereine und des Centralcomités (Juni 1850)

Würzburg. Der hiesige Arbeiterverein, sowie jene zu Schweinfurt, Kitzingen, Winterhausen und Ochsenfurt wurden durch die Polizei aufgelöst.

Augsburg. Die Arbeitervereine des bayerischen Schwabens zu Kempten und Memmingen wurden polizeilich geschlossen.

Regensburg. Der hiesige Arbeiter-Bildungsverein, der Wanderunterstützungsverein sind als politische erklärt worden. Die Auflösung wird nicht lange auf sich warten lassen.

Aus: Die Verbrüderung, Nr. 38, 22. 6. 1850

Es wird hiermit Folgendes veröffentlicht:

In Sachsen, Preußen und Baiern ist bekanntlich das Vereinswesen durch neue Gesetze umgestaltet. Die Sache der Arbeiter entzieht sich den Staatsgesetzen nicht. In Sachsen, wo bisher das Centralkomité der Verbrüderung seinen Sitz hatte und wo gegenwärtiges Blatt erscheint, ist durch die neue Verordnung vom 3. Juni 1850 das bisherige Gesetz über Vereine vom 14. November 1848 aufgehoben und statt dessen bestimmt worden:

§. 23. Vereine, deren Zweck sich auf öffentliche Angelegenheiten bezieht, dürfen nicht nach Außen als Körperschaften auftreten, Zweigvereine bilden oder sich mit andern Vereinen in Verbindung setzen, indem ein Verein hierzu das Recht erst dadurch erlangt, daß er als solcher vom Staate bestätigt wird.[1]

Um einer polizeilichen Auflösung, die bei Zuwiderhandlungen gegen diesen §. 23 angedrohet wird, vorzubeugen, ist nunmehr Folgendes festzuhalten:

1. Das Centralkomité ist aufgelöst.
2. Die Bezirkskomités bestehen nicht mehr.

Es werden jedoch die nöthigen Schritte gethan werden, um Korporationsrecht zu erlangen, und wir hoffen, da unsere Verbrüderung rein wohlthätige Zwecke und keine anderen im Auge hatte, daß eine Staatsgenehmigung unserer Statuten ertheilt werden wird.

Aus: Die Verbrüderung, Nr. 39, 29. 6. 1850.

[1] Der Art. 17 des bayerischen Vereinsgesetzes von 1850 lautet entsprechend: »Politischen Vereinen ist es nicht gestattet, mit anderen in der Art in Verbindung zu treten, daß entweder die einen den Beschlüssen und Organen der anderen unterworfen oder mehrere solcher Vereine unter einem gemeinsamen Organe zu einem gegliederten Ganzen vereinigt werden«.

Quellen- und Literaturverzeichnis

I. Archivquellen

1. Stadtarchiv Augsburg: Aktenbestände 2/1126; 4/B245; 5/674; 10/1677; Weberakten Nr. 94 b; Nachlaß Hassler, K 3. Anschläge u. Dekrete Nr. 931
2. Bayerisches Hauptstaatsarchiv München: MH 5677; MH 13 161; MInn 16 318.
3. MAN-Archiv Augsburg: Ms. Foth
4. Krauss-Maffei-Archiv München
5. Pfarramt Lechhausen, Akt: Pfarrer
6. Familienarchiv Schwenck, Langenau

II. Periodika

Augsburger Allgemeine Zeitung
Augsburger Intelligenzblatt
Augsburger Postzeitung
Augsburger Tagblatt
Der Bayerische Eilbote
Der bayerische Gewerbefreund
Die Bayerische Landbötin
Der Bayerische Landbote
Bayerische Nationalzeitung
Churpfalzbaierisches Intelligenzblatt
Eisenbahn-Zeitung
Gesetzblatt für das Königreich Bayern
Gradaus mein deutsches Volk!
Königlich-Bayerischer Polizey-Anzeiger von München
Königlich-Baierisches Regierungsblatt
Der Lechbote. Ein politisches Tagblatt
Leipziger Illustrierte Zeitung
Münchener Politische Zeitung
Münchener Tagblatt
Nationalzeitung der Deutschen
Neue Münchener Zeitung
Neueste Nachrichten aus dem Gebiete der Politik
Stenographischer Bericht über die Verhandlungen der deutschen constituierenden Nationalversammlung zu Frankfurt a. M.
Die Verbrüderung
Verhandlungen der Kammer der Abgeordneten des Königreiches Bayern
Der Wahrheitsfreund
Wöchentlicher Anzeiger für Kunst- und Gewerb-Fleiß im Königreiche Bayern, später: Kunst- und Gewerbe-Blatt des polytechnischen Vereins im Königreiche Bayern
Zeitschrift des Vereins für deutsche Statistik

II. Gedruckte Quellen und Literatur

Die Münchner Adresse an den Landtag vom 17. 3. 1848.

Über die Arbeiterfrage in Bayern aus Anlaß der Preisfrage des Königs, München 1849 (anonym).

Baader, Franz, Über das dermalige Mißverhältnis der Vermögenslosen oder Proletairs zu den Vermögen besitzenden Klassen der Societät in Betreff ihres Auskommens, sowohl in materieller als intellektueller Hinsicht, München 1835.

Baader, Joseph von, Über die neuesten Verbesserungen und die allgemeinere Einführung der Eisenbahnen, München 1825.

Baumgartner, Anton, Beschreibung der Stadt und des Gerichtes zu Neustadt an der Donau, München 1784.

Bavaria. Landes und Volkskunde des Königreichs Bayern, Bde. 1 u. 2, München 1860 und 1863.

Bericht von der auf Veranlassung des Central-Ausschusses des polytechnischen Vereins für Bayern gehaltenen Industrie-Ausstellung im Oktober 1822, 1822.

Bitte eines baierischen Landmannes an Max Joseph III bei dessen Wiederkehr um Ärzte, Wundärzte und Geburtshelfer auf das Land, 1801 (anonym).

Bode, H. C., Ludwig der Erste, König von Bayern. Erinnerungsbüchlein an das Wirken und die Werke des verewigten Fürsten zur Feier seines 100. Geburtstages, München 1886.

Bosl, Karl (Hg.), Dokumente zur Geschichte von Staat und Gesellschaft in Bayern, Abt. III, Bd. 2, München 1976.

An die Bürger und Landsleute von wegen einer deutschen Republik und einigen anderen Sachen, von einem Freund des Volkes, Augsburg 1848[3] (anonym).

Allgemeine Cur-Vorschrift in der sich äußernden Dysenterie für die Wundärzte und Landbaader. Vom Churfürstlichen Collegio-Medico verfaßt, München 1794.

Diezel, Gustav, Baiern und die Revolution, Zürich 1849.

Dingler, Johann Gottfried, Über die Notwendigkeit der Gründung einer polytechnischen Akademie in Augsburg, Augsburg 1821.
Kurz gefaßt, doch wohl überlegt, und in Erfahrung gegründete Bemerkungen und Vorschläge. Sämmtlichen biedern baierischen Landständen gewidmet, und in Namen des ganzen Vaterlandes an das Herz gelegt von einem das Vaterland, Fürsten, und seine guten Landsleute liebenden baierischen Patrioten, o. O., 1800 (anonym).
Fibel zu den ersten Leseübungen, München 1828.
Gebele, Joseph, Das Schulwesen der königl. bayer. Haupt- und Residenzstadt München, München 1896.
Graßmann, Josef, Die Entwicklung der Augsburger Industrie im 19. Jahrhundert, Augsburg 1894.
Grueber, Bernhard, Die künstlichen Gewerbe in ihrer Ausübung durch Handwerker und Fabrikanten, in: Jahresbericht über die königliche Kreis-, Landwirtschafts- und Gewerbsschule zu Regensburg für das Schuljahr 1840/41, Stadtamhof 1841.
Harl, Johann, Rede von den Zwecken der Industrie und Kultur und von den Folgen ihrer Vereinigung, am Vorabend des Maximilians-Festes 1820 bei der ersten öffentlichen Jahres-Versammlung des Industrie- und Kultur-Vereins in Nürnberg gehalten, Nürnberg 1920.
Haupt, K., Die Vereinigung der Reichsstadt Augsburg mit Bayern, München 1923.
Hazzi, Joseph von, Betrachtungen über Theurung und Noth der Vergangenheit und Gegenwart, München 1818.
Ders., Statistische Aufschlüsse über das Herzogtum Baiern aus ächten Quellen geschöpft, Bd. 2, 1803.
Hirtenbrief des Bischofs von Augsburg, Peter, an die Gläubigen des Bisthums Augsburg bei Eintritt der heiligen Fastenzeit 1849.
Hirtenbrief des Bischofs von Regensburg, Johann Michael von Sailer, an seinen Diözesan-Klerus über die gegenwärtige Zeit und das Wirken des Priesters in ihr, 1832.
Hofmann, Georg (Hg.), Biedermeier auf Walze. Aufzeichnungen und Briefe des Handwerksburschen Johann Eberhard Dewald 1836–1838, Berlin 1936.
Holzschuher, August von, Die materielle Noth der untern Volksklassen und ihre Ursachen, gekrönte Preisschrift, Augsburg 1850.
Ickstatt, Johann von, Akademische Rede von dem Einfluß des Nationalfleißes und Arbeitsamkeit der Unterthanen in die Glückseligkeit der Staaten, München 1770.
Ideen eines Bayern im Laufe des Jahres 1848 bei verschiedenen Anlässen, o. O., o. J. (anonym).
Ideen über die Eisenbahnen in Bayern und deren Gefahren für das bayrische Vaterland und für ganz Teutschland, Erlangen 1836. (anonym).
Hundert Jahre mech. Baumwoll-Spinnerei und Weberei Augsburg, o. O., o. J. (ca. 1937).
Karmarsch, Karl, Geschichte der Technologie, München 1872.
Koch-Sternfeld, Joseph von, Salzburg und Berchtesgaden in historisch-statistisch-geographisch- und staatsökonomischen Beyträgen, Bd. 2, Salzburg 1810.
Kratter, Franz, Bemerkungen, Reflexionen, Phantasien, Skizzen von Gemälden und Schilderungen auf meiner Reise durch einige Provinzen Oberteutschlands, Brünn 1791.
Liebl, Anton J., Die Privateisenbahn München-Augsburg (1835–1844). Entstehung, Bau und Betrieb, Miscellanea Bavarica Monacensia Bd. 103, München 1982.
List, Friedrich, Das Nationale System der politischen Ökonomie, in: Friedrich List's gesammelte Schriften, T. 3, hrsg. von Ludwig Häusser, Stuttgart 1851.
Die Märztage Münchens nebst Aktenstücken, München 1848 (anonym).
Merz, L., Über die Linderung des herrschenden Nothstandes, Regensburg 1850.
Die einzigen Mittel zur baldigen Verwirklichung der deutschen Einheit und Macht. An Fürst und Volk, Augsburg 1848 (anonym).
Nachricht an das Publikum, die neue freiwillige Beschäftigungs-Anstalt betreffend, Augsburg 1811.
Nicolai, Friedrich, Beschreibung einer Reise durch Deutschland und die Schweiz im Jahre 1781, Bd. 7 u. 8, Berlin 1787.
Obernberg, Joseph von, Reisen durch das Königreich Baiern, Bd. 3, München 1816.
Pettenkofer, Max, Untersuchungen und Beobachtungen über die Verbreitungsart der Cholera nebst Betrachtungen über Maßregeln, derselben Einhalt zu gebieten, München 1855.
Pezzl, Johann, Reise durch den Baierschen Kreis, Salzburg 1784.
Pfeilschifter, Johann Baptist von, Wanderung durch Baiern, Th. 1, München 1816.
Königliche Proklamation vom 6. 3. 1848.
Rede des Abgeordneten Dr. Rudhart über den Gesetzentwurf einer Zollordnung, München am 5. 6. 1828, Nürnberg o. J.
Reise eines Engelländers durch einen Teil von Schwaben und einige der unbekanntesten Gegenden der Schweiz, Amsterdam 1789.

Riehl, Wilhelm: Culturstudien aus drei Jahrhunderten, Stuttgart 1859[2].

Ders., Die Naturgeschichte des Volkes als Grundlage einer deutschen Social-Politik, Bd. 1: Land und Leute, Bd. 2: Die bürgerliche Gesellschaft, Bd. 3: Die Familie, Stuttgart 1855.

Rohmer, Friedrich, Der vierte Stand und die Monarchie, München 1848.

Rosch, D., Über die Noth im Volke, die Unzufriedenheit und die Auswanderungen, Nürnberg 1838.

Rudhart, Ignatz, Über den Zustand des Königreichs Baiern, Bde. 1–3, Stuttgart 1825–1827.

Sailer, Johann Michael, Handbuch der christlichen Moral Bd. III, München 1817.

Steub, Ludwig, Kleinere Schriften, Bd. 1: Reiseschilderungen, Stuttgart 1873.

Taglöhner- und Ehehaltenordnung für Baiern von 1781, München 1821.

Utzschneider, Joseph von, Antrag an die hohe Kammer der Abgeordneten zur Begründung und Erhaltung des Wohlstandes der baierischen Güterbesitzer, zur Beförderung des vaterländischen Gewerbfleißes und zur Belebung des Handels in Baiern, München 1825.

Ders., Kurzer Umriß der Lebens-Geschichte des Herrn Dr. Joseph von Fraunhofer, München 1828.

Virchow, Rudolf, Die Noth im Spessart, Würzburg 1852.

Westenrieder, Lorenz von, Beyträge zur vaterländischen Historie, Bd. 1, München 1788.

Wilberforce, Edward, Social Life in Munich, London 1863.

Wirth, Johann Georg, Über Kleinkinderbewahranstalten, Augsburg 1838.

Ders., Mittheilungen über Kleinkinderbewahranstalten, Augsburg 1840.

Ders., Nachrichten über Verpflegung, Versorgung und Beschäftigung der Armen, gesammelt auf einer Reise im Auftrage des Magistrats der Kreishauptstadt Augsburg, Augsburg 1848.

Wirth, J. G. A., Aufruf an die Volksfreunde in Deutschland, Homburg, 21. 4. 1832.

IV. Ergänzende Quellensammlungen

Ebel, Wilhelm (Hg.), Quellen zur Geschichte des deutschen Arbeitsrechts (bis 1849), Göttingen 1964.

Pöls, Werner (Hg.), Deutsche Sozialgeschichte. Dokumente und Skizzen, Bd. I: 1815–1870 München 1976[2].

Treue, Wilhelm, Manegold, Karl-Heinz (Hg.), Quellen zur Geschichte der industriellen Revolution, Göttingen 1977[2].

Die Briefe des ausgewanderten Handwerksgesellen Nikolaus Schwenck (vgl. Nr. II.16) aus Chicago sind abgedruckt in: Keil, Hartmut (Hg.), Deutsche Arbeiterkultur in Chicago von 1850 bis zum Ersten Weltkrieg. Eine Anthologie, Ostfildern 1984.

Bildnachweis

Abb. S. 27: Stadtarchiv Augsburg
Abb. S. 34: Graphische Sammlung Augsburg
Abb. S. 41: Deutsches Museum München
Abb. S. 81: Staatsbibliothek Augsburg
Abb. S. 93: »Leuchtkugeln« 1848, Staatsbibliothek München
Abb. S. 135: »Fliegende Blätter« 1845, Staatsbibliothek München
Abb. S. 156: Graphische Sammlung Augsburg
Abb. S. 158: »Leipziger Illustrierte Zeitung« 1849, Staatsbibliothek München
Abb. S. 171: »Fliegende Blätter« 1845, Staatsbibliothek München
Abb. S. 176: Deutsches Museum München
Abb. S. 183: Germanisches Nationalmuseum Nürnberg
Abb. S. 193: Germanisches Nationalmuseum Nürnberg
Abb. S. 198: M.A.N.-Werksarchiv Augsburg
Abb. S. 231: »Fliegende Blätter« 1848, Staatsbibliothek München
Abb. S. 238: »Fliegende Blätter« 1848, Staatsbibliothek München
Abb. S. 240: Stadtmuseum München
Abb. S. 245: Stadtmuseum München
Abb. S. 257: Stadtmuseum München
Abb. S. 263: »Fliegende Blätter« 1848, Staatsbibliothek München
Abb. S. 274: »Leipziger Illustrierte Zeitung« 1849, Staatsbibliothek München
Abb. S. 278 oben: »Leipziger Illustrierte Zeitung« 1849, Staatsbibliothek München
Abb. S. 278 unten: »Leuchtkugeln« 1849, Staatsbibliothek München
Abb. S. 294: »Gradaus« 1849, Staatsbibliothek München
Abb. S. 295: »Der Lechbote« 1849, Staatsbibliothek München